Die kürzeste Weltgeschichte der Unwissenheit

PETER BURKE

FBV

Bibliografische Information der Deutschen Nationalbibliothek
Die Deutsche Nationalbibliothek verzeichnet diese Publikation in der Deutschen Nationalbibliografie. Detaillierte bibliografische Daten sind im Internet über https://dnb.de abrufbar.

Für Fragen und Anregungen:
info@m-vg.de

Wichtiger Hinweis
Ausschließlich zum Zweck der besseren Lesbarkeit wurde auf eine genderspezifische Schreibweise sowie eine Mehrfachbezeichnung verzichtet. Alle personenbezogenen Bezeichnungen sind somit geschlechtsneutral zu verstehen.

1. Auflage 2024
© 2024 by Finanzbuch Verlag, ein Imprint der Münchner Verlagsgruppe GmbH
Türkenstraße 89
80799 München
Tel.: 089 651285-0
Fax: 089 652096

Die englische Originalausgabe erschien 2023 bei Yale University Press unter dem Titel *Ignorance: A Global History* © 2023 by Peter Burke. Originally published by Yale University Press. All rights reserved.

Alle Rechte, insbesondere das Recht der Vervielfältigung und Verbreitung sowie der Übersetzung, vorbehalten. Kein Teil des Werkes darf in irgendeiner Form (durch Fotokopie, Mikrofilm oder ein anderes Verfahren) ohne schriftliche Genehmigung des Verlages reproduziert oder unter Verwendung elektronischer Systeme gespeichert, verarbeitet, vervielfältigt oder verbreitet werden. Wir behalten uns die Nutzung unserer Inhalte für Text und Data Mining im Sinne von § 44b UrhG ausdrücklich vor.

Übersetzung: Martin Bayer, Thomas Stauder
Redaktion: Silvia Kinkel
Umschlaggestaltung: Karina Braun
Umschlagabbildung: Shutterstock.com/onot
Satz: Zerosoft, Timisoara
Druck: GGP Media GmbH, Pößneck
Printed in Germany

ISBN Print 978-3-95972-751-8
ISBN E-Book (PDF) 978-3-98609-457-7
ISBN E-Book (EPUB, Mobi) 978-3-98609-458-4

Weitere Informationen zum Verlag finden Sie unter

www.finanzbuchverlag.de

Beachten Sie auch unsere weiteren Verlage unter www.m-vg.de

Inhalt

Vorwort und Dank	7
Teil I: Unwissenheit in der Gesellschaft	**11**
Kapitel 1: Was ist Unwissenheit?	12
Kapitel 2: Philosophen über die Unwissenheit	32
Kapitel 3: Kollektive Unwissenheit	37
Kapitel 4: Erforschung der Unwissenheit	50
Kapitel 5: Geschichte der Unwissenheit	63
Kapitel 6: Unwissenheit in der Religion	74
Kapitel 7: Unwissenheit in der Wissenschaft	97
Kapitel 8: Unwissenheit in der Geografie	117
Teil II: Folgen der Unwissenheit	**155**
Kapitel 9: Unwissenheit im Krieg	157
Kapitel 10: Unwissenheit im Geschäftsleben	179
Kapitel 11: Unwissenheit in der Politik	211
Kapitel 12: Überraschungen und Katastrophen	246
Kapitel 13: Geheimnisse und Lügen	267
Kapitel 14: Ungewisse Zukünfte	310
Kapitel 15: Unkenntnis der Vergangenheit	328
Schlusswort: Neues Wissen und neue Unwissenheit	345

Weiterführende Literatur	351
Anmerkungen	353
Stichwortverzeichnis	419

*Gewidmet allen Lehrerinnen und Lehrern der Welt, den Heldinnen und
Helden des alltäglichen Kampfes gegen die Unwissenheit*

Bildung ist nicht teuer. Unwissenheit ist teuer.
Leonel Brizola

Gibt es ein weiteres Feld ... als eine Abhandlung über Unwissenheit?
Francesco Petrarca

Vorwort und Dank

Unwissenheit, definiert als fehlendes Wissen, kommt einem gar nicht wie ein richtiges Thema vor – ein Freund meinte, ein Buch darüber werde wohl nur leere Seiten enthalten. Dennoch weckt dieses Thema immer mehr Interesse, das durch spektakuläre Beispiele der Unwissenheit bei den Präsidenten Trump und Bolsonaro (ganz zu schweigen von anderen Regierungen) gefördert wird.[1]

Das fachübergreifende Unternehmen der Unwissenheitsstudien hat in den vergangenen 30 Jahren zugelegt, wie in Kapitel 4 erklärt wird, auch wenn die Geschichtsforschung bis vor kurzer Zeit kaum daran beteiligt war. Die Zeit scheint gekommen für einen Überblick über die Rolle der Unwissenheit (einschließlich des bewussten Ignorierens) in der Vergangenheit. Ich bin zu der Ansicht gelangt, dass diese Rolle bisher unterschätzt worden ist, was zu Missverständnissen, Fehlurteilen und anderen Arten von Fehlern geführt hat, oft mit schlimmen Folgen. Das wird besonders zum jetzigen Zeitpunkt deutlich, da die Regierungen zu wenig und zu spät auf den Klimawandel reagieren. Aber wie ich zu zeigen hoffe, sind sowohl die Arten von Unwissenheit wie auch die daraus folgenden Katastrophen zahlreich und vielfältig.

Ich habe dieses Buch für zwei Arten von Lesern verfasst: zunächst einmal für interessierte Laien. Jeder Mensch weist seine eigene individuelle Kombination von Wissen und Unwissenheit auf, beziehungsweise, wie ich es lieber ausdrücke, Arten von Wissen und Arten von Unwissenheit. Deshalb ist das Thema sicher von Interesse für die Allgemeinheit. Zum anderen habe ich es für meine

Kollegen in der Forschung geschrieben, nicht nur die in meinem eigenen Fachgebiet, sondern auch die aller anderen Fächer, in denen die Unwissenheit inzwischen Forschungsgegenstand ist. Ich hoffe, dass der vorliegende Versuch, ein umfassendes Bild des bereits Erreichten und des noch Ausstehenden zu bieten, einige jüngere Forscher dazu anregen wird, ein noch junges Fachgebiet zu betreten – und natürlich dazu, meine vorläufigen Schlussfolgerungen zu bewerten, einzuordnen und zu präzisieren.

Eine zukünftige Geschichte der Unwissenheit könnte in traditioneller Weise als fortlaufende, nach Jahrhunderten gegliederte Abhandlung angelegt werden. Diese müsste allgemeine Tendenzen auf verschiedenen Gebieten identifizieren. Falls das vorliegende Buch zu zukünftigen Studien dieser Art anregt, werde ich mich glücklich schätzen. Angesichts der gegenwärtigen Unkenntnis bezüglich dieses Themas ist es vorerst realistischer, die Informationen in einer Reihe von Essays zu bestimmten Themen anzulegen.

Im Folgenden konzentriere ich mich wie in meinen früheren Studien über das Wissen, auf Europa und Nordamerika in den letzten 500 Jahren, nenne aber zusätzlich eine Reihe von Beispielen aus Asien und Afrika. Eine solche Fokussierung könnte man aus zwei Gründen kritisieren: einerseits, weil sie den Rest der Welt und die Jahrhunderte davor nicht berücksichtigt, und andererseits, weil sie über meine eigenen Recherchen zu Europa zwischen 1500 und 1800 hinausgeht.

Ich hoffe den Leser zu überzeugen, dass in dieser Situation – wie bei vielen Konflikten – ein Kompromiss sinnvoll ist. Der Grund, warum ich wenig bis nichts über die Jahrhunderte vor 1500 und einen großen Teil der Welt sage, ist ganz einfach: »Unwissenheit, Madam, reine Unwissenheit«, wie Dr. Johnson einmal einer Dame erklärte, die ihn auf einen Fehler in einem seiner Bücher hinwies. Andererseits glaube ich fest daran, dass Vergleiche und Gegenüberstellungen zwischen dem Europa der Frühen Neuzeit und der

Spätmoderne zu Erkenntnissen führen. In diesem Glauben bestärkt mich das Beispiel Françoise Waquets, die mehrere Bücher zum Thema Wissen veröffentlicht hat, die sich alle mit den letzten 500 Jahren befassen.[2]

Die langfristige Perspektive zeigt, dass Praktiken, die oft als neu gelten, wie das absichtliche Durchsickern von Informationen (Leaking) und Desinformation in Wirklichkeit schon seit Jahrhunderten gebräuchlich sind. Sie lenkt außerdem die Aufmerksamkeit auf allmähliche, fast unmerkliche Veränderungen im Bestand des Unbekannten, die keine Rücksicht auf die Unterscheidung zwischen früher und später Neuzeit (vor und nach 1800) nehmen. Die einzelnen Kapitel dieses Buches bringen daher jeweils Beispiele von beiden Seiten der Trennscheide.

Den hier vorgestellten Überblick versteht man am besten als Vorspiel zu einer zukünftigen Geschichte, als Geländeerkundung mit vielen weißen Flecken. Eine Landkarte des Unbekannten klingt nach einem Widerspruch. Dennoch halte ich sie ebenso wie Kollegen in der Geschichts- und Gesellschaftswissenschaft für ein sinnvolles Vorhaben. Kritiker mögen den Versuch voreilig nennen. Ich würde dem entgegnen, dass eine Erkundung solcher Art in einer Phase beginnenden Interesses an der Geschichte der Unwissenheit sogar besonders nützlich ist. Mit Blick auf die Zukunft hoffe ich, potenzielle Autoren zukünftiger Studien Ermutigung und Orientierung bieten zu können, indem ich ihnen Hypothesen vorstelle, die sie überprüfen können, und sie anrege, ihre Forschungen in einen größeren Rahmen zu stellen. Das tiefe Graben des Spezialisten und die Vogelperspektive des Generalisten regen einander an und hängen voneinander ab.

Wie bei meinen bisherigen Büchern waren wieder Freunde und Kollegen eine große Hilfe und gingen gegen meine Unkenntnis der Unwissenheit an, indem sie mir Ratschläge erteilten, Entwürfe kommentierten, auf Auslassungen hinwiesen und mir Quellen nannten.

Vorwort und Dank

Meinen herzlichen Dank an Richard Drayton, Tim Harris, Julian Hoppit, Joe McDermott, Alan Macfarlane, Juan Maiguashca, David Maxwell, Anne Ploin, James Raven, David Reynolds, Jake Soll, Kajsa Weber, Iro Zoumbopoulos und Ghil'ad Zuckermann. Besonders dankbar bin ich Geoffrey Lloyd für sein Fachwissen über das Alte Griechenland und China, ebenso wie zwei anonymen Rezensenten für ihre konstruktiven Anmerkungen. Meinen besonderen Dank auch an Cao Yijing für den Vorschlag, Unwissenheit als Thema für die Gombrich Lectures zu wählen, die ich bereits 2002 halten sollte, was aber bis heute noch nicht geschehen ist; an Lukas Verbugt, meinen Kollegen im »Fachgebiet« Unwissenheit, für unseren Gedankenaustausch zum Thema und dafür, dass er den gesamten Text im Entwurf durchgesehen hat; und auch diesmal wieder an meine Frau Maria Lúcia für Quellenverweise wie auch für ihre scharfsinnigen Kommentare zum Entwurf.

Teil I

Unwissenheit in der Gesellschaft

Kapitel 1

Was ist Unwissenheit?

Unwissenheit wird von der Gesellschaft geschaffen, ebenso wie Wissen.

Michael Smithson

Das Vorhaben, eine Geschichte der Unwissenheit zu schreiben, klingt fast so seltsam wie Flauberts Wunsch, ein Buch über nichts zu schreiben, *un livre sur rien*, »ein Buch, das von nichts Äußerlichem abhängt ... ein Buch, das so gut wie keinen Gegenstand hätte oder in dem der Gegenstand zumindest so gut wie unsichtbar wäre«, anders ausgedrückt ein Versuch in reiner Form.[1] Es ist nur angemessen, dass Flaubert dann nichts über nichts schrieb. Im Gegensatz dazu ist über Unwissenheit viel geschrieben worden, meist negativ. Es gibt eine lange Tradition, Unwissenheit aus verschiedenen Ursachen und Gründen anzuprangern.

Anprangerung der Unwissenheit

Im Arabischen heißt die vorislamische Epoche das »Zeitalter der Unwissenheit« (*al-Jahiliyya*). In der Renaissance bezeichneten die Humanisten das von ihnen erstmals als solches abgegrenzte Mittelalter als dunkles Zeitalter. Im 17. Jahrhundert nannte Lord Clarendon, der Historiker des englischen Bürgerkrieges, die Kirchenväter »helle Lichter, die in sehr dunklen Zeiten aufschienen, Zeiten voller Barbarei und Unwissenheit«.[2] In der Aufklärung wurde Unwissenheit als Stütze des Despotismus, Fanatismus und Aberglaubens angeführt, die in einem Zeitalter des Wissens und der Vernunft allesamt hinweggefegt würden. George Washington meinte zum Beispiel, »die Fundamente unseres Reiches« seien »nicht im düsteren Zeitalter der Unwissenheit und des Aberglaubens gelegt worden«.[3]

Solche Ansichten bleiben auch viel später geläufig. Der Begriff *al-Jahiliyya* wird zum Beispiel von radikalen Moslems wie dem ägyptischen Intellektuellen Sayyid Qutb, der besonders die USA aufs Korn nimmt, auch auf jüngere Epochen angewandt.[4] Unwissenheit war (neben Armut, Krankheit, Elend und Faulheit) einer der »fünf Riesen«, zu deren Niederwerfung der liberale britische Politiker William Beveridge aufrief. Beveridges Bericht diente 1945 der Labour-Regierung als Grundlage zur Errichtung des britischen Wohlfahrtsstaats.[5]

Erst kürzlich hat Charles Simic in den USA geschrieben, »weitverbreitete Unwissenheit, die an Schwachsinn grenzt, ist unser neues Ideal als Nation«, während der Wissenschaftshistoriker Robert Proctor unsere Gegenwart zum »goldenen Zeitalter der Unwissenheit« erklärt.[6] Auch wenn wir uns natürlich bewusst sind, dass wir viel mehr wissen als frühere Generationen, sind wir uns sehr viel weniger dessen bewusst, was sie noch wussten, wir aber nicht mehr. Beispiele für diesen Wissensverlust, auf die wir noch zurückkommen, sind etwa die Kenntnis der griechischen und römischen Klassiker oder die Vertrautheit mit der Natur und ihren Pflanzen und Tieren.

Früher war ein Hauptgrund für die Unwissenheit vieler Menschen, dass in ihrer Gesellschaft zu wenig Information frei verfügbar war. Manches Wissen war »gefährlich«, wie es der Historiker Martin Mulsow nennt, und nur handschriftlich fixiert und weggeschlossen, weil die Obrigkeiten in Gestalt von Staat und Kirche es ablehnten.[7] Heute ist dagegen paradoxerweise der Überfluss an Informationen zum Problem geworden, die »Informationsflut«. Der Mensch wird mit Informationen »überschwemmt« und kann oft nicht mehr heraussuchen, was er möchte oder braucht; er erlebt ein »Filterversagen«. So kommt es, dass unser sogenanntes Informationszeitalter »die Verbreitung von Unwissenheit ebenso sehr erleichtert wie die des Wissens«.[8]

LOB DER UNWISSENHEIT

Als Gegenstück zur Tradition, die Unwissenheit anzuprangern, finden wir auch Lob: Eine kleine Anzahl Denker und Schriftsteller, die darzulegen wagt, dass Wissensbegeisterung (Epistemophilie) auch ihre Gefahren habe, während Unwissenheit ein Segen sein könne oder zumindest Vorteile biete. Manche solcher Autoren, besonders im Italien der Renaissance, meinten das allerdings nicht ernst und lobten nicht nur die Unwissenheit, sondern auch Glatzköpfigkeit, Feigen, Fliegen, Würstchen und Disteln, um ihren Einfallsreichtum und ihr rhetorisches Geschick vorzuführen, indem sie die antike Tradition der Scheinlobrede wiederbelebten. Einige meinten es jedoch ernst. Seit dem heiligen Augustin gibt es eine lange Tradition, die »eitle« Wissbegier kritisiert und damit impliziert, dass eine gewisse Unwissenheit die weisere Haltung sei. Die Geistlichkeit der Frühen Neuzeit, ob katholisch oder protestantisch, lehnte

Neugierde gewöhnlich ab, »als eine Sünde, gewöhnlich eine lässliche, mitunter aber auch eine Todsünde«.[9] Eine Todsünde ist die Wissbegierde jedenfalls in der Faustlegende, die in Theaterstücken, Opern und Romanen verbreitet wurde.[10] Als Kant mit *Sapere aude* (»Wage zu wissen«) den Wahlspruch der Aufklärung prägte, wandte er sich damit gegen die biblische Empfehlung *Noli altum sapere sed time* (»Strebe nicht Höheres zu erfahren, sondern fürchte es«), vom englischen Dichter Alexander Pope als »wage es nicht, Gott zu überprüfen« umschrieben.[11]

Manche der weltlichen Argumente ergänzten die religiösen. Michel de Montaigne hielt Unwissenheit für ein besseres Glücksrezept als Wissbegierde. Der Philosoph und Naturforscher Henry Thoreau wollte eine Gesellschaft für die Verbreitung Nützlichen Unwissens als Gegenstück zur tatsächlich bestehenden Gesellschaft für die Verbreitung Nützlichen Wissens gründen.[12] Der Romancier und Botaniker Bernardin de Saint-Pierre pries in seinen *Naturstudien* (1784) die Unwissenheit, weil sie das Vorstellungsvermögen anrege.[13] Die französische Feministin Olympe de Gouges schwamm gegen den Strom von Geschichtsbüchern, die während der Aufklärung herauskamen, und meinte in *Le Bonheur primitif de l'homme ou les Rêveries patriotiques* (1789), »die ersten Menschen« seien glücklich gewesen, weil sie unwissend waren, während zu ihrer eigenen Zeit »der Mensch sein Wissen zu weit ausgedehnt hat«.[14]

Was die Rechtsprechung angeht, so wird die Göttin Justitia seit der Renaissance oft mit verbundenen Augen dargestellt, um Unwissenheit im Sinn von Unvoreingenommenheit und Unbefangenheit zu symbolisieren.[15] Im angelsächsischen Prozessrecht werden die Geschworenen, um sie in diesem Sinn unwissend zu halten, mitunter von der Öffentlichkeit isoliert. Debatten über die sogenannte »tugendhafte Unwissenheit« werden häufiger. Der Philosoph John Rawls sprach sich für einen »Schleier der Unwissenheit« aus, worunter er versteht, man solle für Hautfarbe, soziale Schicht,

Volkszugehörigkeit und Geschlecht blind werden, um den einzelnen Menschen als moralisch allen anderen gleichwertig zu sehen.[16]

»Tugendhafte« Unwissenheit ist auch als Begriff für die Weigerung gebraucht worden, zum Beispiel an der Entwicklung von Atomwaffen zu forschen oder wenigstens für die Weigerung, solche Forschungsergebnisse zu veröffentlichen. Soziologen und Anthropologen weisen auf die positiven Wirkungen weiterer Arten der Unwissenheit hin und sprechen von ihren diversen »Sozialfunktionen« oder »Sozialregimes«. Geistliche sind gehalten, das Beichtgeheimnis zu wahren, Ärzte die Schweigepflicht. Geheimes Wahlrecht schützt die Demokratie. Kollegenrezensionen, sogenannte *peer reviews*, bedeuten, dass wissenschaftliche Aufsätze vor der Veröffentlichung anonym und unparteiisch geprüft werden können, ohne dass der Rezensent sich dem Kollegen verpflichtet glauben muss, dessen Arbeit er beurteilt. Regierungen können in diplomatischen Geheimverhandlungen Zugeständnisse wagen, die im gleißenden Scheinwerferlicht der Medien unmöglich wären. Information ist nicht nur nützlich, sondern kann auch riskant sein.[17]

Ende des 19. Jahrhunderts wurde Unwissenheit als Heilmittel für das immer drängendere Problem des überhandnehmenden Wissens genannt. Der US-amerikanische Neurologe George Beard zum Beispiel meint, Unwissenheit schenke »nicht bloß Freude, sondern auch Macht« und sei ein Mittel gegen »Nervosität«.[18] Manche Business- und Management-Ratgeber halten Unwissenheit für ein »Aktivum« oder einen »Erfolgsfaktor« im Geschäftsleben.

Anthony Tjan beispielsweise rät, »die eigene Unwissenheit anzunehmen«, weil Unternehmer, die sich »ihrer eigenen Grenzen und der äußerlichen Umwelt« nicht bewusst seien, »unbeschränkt Ideen haben können«. Später erklärt er vorsichtiger: »Entscheidend ist, die kritischen Augenblicke im Fortschritt eines Unternehmens zu erkennen, wenn ein völlig unbefangenes Vorgehen von Vorteil ist.« Der Ausdruck »schöpferische Unwissenheit« setzt voraus, dass zu viel Wissen Neuerungen verhindert, nicht nur in der Wirtschaft, sondern auch auf anderen Gebieten.[19] Der Ausdruck »schöpferische Unwissenheit« wurde in einem Artikel des *New Yorker* für die Einstellung geprägt, die Beardsley Ruml, Leiter einer großen Forschungsstiftung, davon abhielt, »die Sperr- und Verbotsschilder in der Welt der Ideen zu sehen«, Warnungen, die der fachübergreifenden Forschung, die er fördern wollte, im Weg standen. Henry Ford soll, mehr auf die Praxis bezogen, gesagt haben: »Ich suche haufenweise Leute, die eine unerschöpfliche Fähigkeit haben, nicht zu wissen, was nicht gelingen kann.«[20]

Die Behauptung, Unwissenheit habe ihre Vorteile, führt zu Erkenntnissen, zumindest, wenn wir daran denken zu fragen, *wem* sie Vorteile bringt. Die im vorliegenden Buch angeführten Beispiele legen allerdings nahe, dass die nachteiligen Folgen der Unwissenheit gewöhnlich die Vorteile überwiegen; deshalb widme ich das Buch auch den Lehrern, die versuchen, der Unwissenheit ihrer Schüler abzuhelfen. Der Wunsch, selbst nicht zu erfahren, was einen bedroht, beziehungsweise der Wunsch, dass andere nicht erfahren, was einem peinlich ist, ob als Person oder als Gemeinschaft, ist verständlich, seine Folgen aber oft genug schädlich, zumindest für unsere Umgebung. Das absichtliche Übersehen oder Abstreiten unbequemer Tatsachen ist deshalb ein wiederkehrendes Thema in diesem Buch.

Was ist Unwissenheit?

In dem langen Streit für und gegen Unwissenheit hängen die einzelnen Standpunkte natürlich davon ab, was ihre Vertreter unter diesem Begriff verstehen. Die herkömmliche Erklärung ist ganz einfach: das Fehlen oder die »Abwesenheit« von Wissen.[21] Ein solches Fehlen oder eine Abwesenheit ist für den oder die Unwissenden oft nicht erkennbar, eine Art der Blindheit, die schwere Folgen hat, bis hin zu den Katastrophen, die im zweiten Teil besprochen werden.

Die herkömmliche Erklärung wird mitunter als zu umfassend abgelehnt; man müsse verschiedene Arten der Unwissenheit unterscheiden. Im Englischen wird *ignorance* (Unwissenheit) manchmal gegen *nescience* (Unwissen) und beide von *non-knowledge* (Nicht-Wissen) abgegrenzt. Es gibt auch noch *unknowing*, ein Begriff, der hypermodern wirkt, aber auf den unbekannten Verfasser eines mystischen Traktats im 14. Jahrhundert zurückgeht.[22] In anderen Sprachen wird ähnlich unterschieden: Im Deutschen zum Beispiel zwischen *Unwissen* und *Nicht-Wissen*. So schreibt der Soziologe Georg Simmel etwa über die »Alltagsnormalität des Nicht-Wissens«.[23] Leider verwenden die einzelnen Autoren diese Begriffe unterschiedlich.[24]

Allgemein anerkannt ist dagegen die Notwendigkeit, zwischen »bekannten Unbekannten«, etwa dem Aufbau der DNS vor ihrer Entdeckung im Jahr 1953, und »unbekannten Unbekannten« zu unterscheiden, wie zum Beispiel im Fall von Christoph Kolumbus, der auf der Suche nach Indien, ohne es zu ahnen, Amerika entdeckte. Diese Unterscheidung ist Ingenieuren und Psychologen schon länger bekannt, wird aber häufig dem ehemaligen US-Verteidigungsminister Donald Rumsfeld zugeschrieben. Als er auf einer Pressekonferenz im Vorfeld des Einmarsches in den Irak nach Beweisen für Saddam Husseins angebliche Massenvernichtungswaffen gefragt wurde, antwortete Rumsfeld:

> *Berichte, dass etwas nicht der Fall sei, finde ich immer interessant, denn wie man weiß, gibt es bekannte Bekannte; von diesen Fakten wissen wir, dass wir sie kennen. Man weiß auch, dass es bekannte Unbekannte gibt; das heißt, wir wissen, dass wir manches nicht wissen. Aber es gibt auch unbekannte Unbekannte – das sind die, von denen wir nicht wissen, dass wir*

sie nicht kennen. Und wenn man sich die Geschichte unseres Landes und die anderer freier Länder anschaut, dann sieht man, dass es die [Tatbestände] in der letzteren Kategorie sind, die Probleme machen.[25]

Zwar hat Rumsfeld diese Begriffe hier verwendet, um einer unangenehmen Frage aus dem Weg zu gehen, aber die Unterscheidung zwischen bekannten Bekannten, bekannten Unbekannten und unbekannten Bekannten ist dennoch nützlich.

Die Psychologie der Unwissenheit

Wie steht es mit »unbekannten Bekannten«? Dieser Begriff, wohl eine angemessene Umschreibung dessen, was normalerweise »stillschweigendes Wissen« heißt, verwendet der Philosoph Slavoj Žižek in einem anderen Sinn. Er wies darauf hin, dass Rumsfeld »den entscheidenden vierten Begriff hinzuzufügen vergessen habe: das unbekannte Bekannte … das Freud'sche Unbewusste, ›das Wissen, das sich selbst nicht kennt‹, wie Lacan zu sagen pflegte«, darunter auch Rumsfelds Kenntnis von der Folter in Abu Ghuraib.[26]

Freud interessierte sich auch für andere Arten unbewusster Unwissenheit. In seiner berühmten *Traumdeutung* stellte er die Frage, ob der Träumer wisse, was sein Traum bedeute, und kam zu dem Schluss, es sei »sehr wohl möglich und sogar hochwahrscheinlich, dass der Träumende tatsächlich weiß, was sein Traum bedeutet; *allerdings weiß er nicht, dass er es weiß.*«[27] Allgemein interessierte sich Freud dafür, was die Patienten über sich selbst nicht wissen wollten. Etwas nicht wissen zu wollen, ist ein wiederkehrendes Thema im vorliegenden Buch.

Ein besonderes Interesse an der Unwissenheit zeigte der unorthodoxe Freudianer Jacques Lacan. Er beschrieb Psychoanalytiker als diejenigen, die nicht wissen, was Psychoanalyse ist (und auch wissen, dass sie es nicht wissen), im Gegensatz zu denjenigen, die glauben, sie wüssten es, es aber in Wirklichkeit nicht wissen. Für Lacan war Unwissenheit eine Leidenschaft wie Liebe und Hass; er meinte, manche Patienten gingen vom Widerstand gegen Selbsterkenntnis zu einer Leidenschaft dafür über.[28]

Die Soziologie der Unwissenheit

»Wenn es eine Soziologie des Wissens gibt, sollte es auch eine Soziologie der Unwissenheit geben.«[29] Eine solche Soziologie könnte mit der Frage beginnen, wer was nicht weiß. Man sollte immer bedenken, dass »wir alle unwissend sind, nur über verschiedene Sachen«, wie es der amerikanische Humorist Mark Twain in einem seiner zahlreichen Bonmots zu diesem Thema formulierte. So werden zum Beispiel heute um die sechstausend Sprachen auf der Welt gesprochen, und selbst die vielsprachigsten Menschen kennen 99,9 Prozent davon nicht. Ein anderes Beispiel: Die Ausbreitung des Covid-19-Virus wurde von Epidemiologen vorausgesagt, die erkannt hatten, welche Gefahr ein Übersprung von Wildtierkrankheiten auf den Menschen darstellt. Die Verantwortlichen in den Behörden wussten das nicht oder wollten es nicht wissen, also wurden sie kalt erwischt.

Viele Unglücksfälle, von denen wir auf einige in späteren Kapiteln zurückkommen, geschahen, weil diejenigen, die Bescheid wussten, nicht handeln konnten, während die Handelnden nicht Bescheid wussten. Der Anschlag auf die Bürotürme des Welthandelszentrums 2001 bietet ein dramatisches Beispiel für mangelnde Verständigung. Geheimdienste und Polizeibehörden der USA verdächtigten bereits vorher mehrere Personen der Planung eines solchen Terrorakts, aber ihre Warnungen gingen in den vielen derartigen Meldungen an die US-Regierung unter, ein schlagendes Beispiel für »Informationsüberflutung«. Condoleezza Rice, die damalige Sicherheitsberaterin des Präsidenten, gab später zu, im System habe es »eine Menge Geschwätz gegeben«.[30]

SPIELARTEN DER UNWISSENHEIT

Spricht man über Unwissenheiten, so muss man ihre vielen Spielarten, die unterschiedlichen Unwissenheiten (*ignorances*), unterscheiden, entsprechend den vielen Spielarten des Wissens (*knowledges*).[31] Eine bekannte Unterscheidung stellt das Wissen, wie man etwas tut, dem Wissen, dass etwas der Fall ist, gegenüber, also Gewusst wie (*knowing how*) gegenüber Gewusst dass (*knowing that*).[32] Die Folgen des Fehlens eines bestimmten Gewusst wie werden im Folgenden noch oft angesprochen. Eine weitere Unterscheidung ist im Französischen, Deutschen und anderen Sprachen gebräuchlich: der Gegensatz zwischen *savoir* und *connaître* beziehungsweise *wissen* und *kennen*. Von etwas zu wissen ist etwas anderes, als es aus eigener Erfahrung zu kennen. Zu wissen, dass es eine Stadt namens London gibt, heißt nicht, dass man London kennt. Jede Form des Wissens hat ihre eigene Form der Unwissenheit als Gegenstück.

Die britische Soziologin Linsey McGoey, die Unwissenheit zu ihrem Spezialgebiet gemacht hat, beklagt sich, dass sie eine »verarmte Sprache« zur Beschreibung Unbekannter vorgefunden habe, als sie Anfang des 21. Jahrhunderts mit ihren Forschungen auf diesem Gebiet begann.[33] Das ist heute, da Völlerei statt Knappheit zum Problem geworden ist, nicht mehr der Fall. Zahlreiche neue Varianten sind benannt worden und bilden eine ausgefeilte Klassifikation mit Adjektiven wie »aktiv« oder »absichtlich«. Es gibt tatsächlich beträchtlich mehr Adjektive als Varianten, die sie bezeichnen; hier wurde mehrfach das Rad neu erfunden, weil die Spezialisten der einzelnen wissenschaftlichen Fachgebiete oft unwissend sind, was die Ergebnisse anderer Disziplinen angeht.

Manche Unterscheidungen sind allerdings nützlich und werden im Folgenden beachtet. Ein offensichtliches Beispiel ist der Gegensatz zwischen der Unkenntnis, dass etwas existiert, und der Unkenntnis seiner Ursachen. Seuchen und Erdbeben sind schon lange bekannt, aber wir wissen erst seit ziemlich kurzer Zeit, wie sie zustande kommen. »Sanktionierte« Unwissenheit, eine Wortprägung der Philosophin und Kritikerin Gayatri Chakraovorty Spivak, bezeichnet die Situation, in der sich eine Gruppe, wie etwa die Intellektuellen des Westens, berechtigt glaubt, andere Kulturen nicht kennen zu müssen, aber erwartet, dass deren Angehörige *sie* kennen.[34]

Unwissenheit wird genau wie Wissen manchmal vorgetäuscht, ein Thema, das im achten Kapitel behandelt wird. Regierungen leugnen Völkermorde, wissen aber von den Massakern, die sie angeordnet oder zugelassen haben. Die einfachen Bürger Siziliens gaben lange Zeit lieber vor, nichts von der Mafia zu wissen. Im viktorianischen England zeigten die Damen ihre Wohlanständigkeit, indem sie Unkenntnis sexueller Praktiken behaupteten, während ein Mann, um als echter Gentleman zu gelten, vorgab, nichts von Geldgeschäften zu verstehen. Für eine Dame gehörte es sich auch nicht, Kenntnisse auf anderen Gebieten einzugestehen, selbst wenn sie vorhanden waren, zum Beispiel in Latein, Politik oder Naturkunde (außer Botanik). Die Erzählerin in Jane Austens *Northanger Abbey* erklärt, eine Frau müsse, »sollte sie das Unglück haben, etwas zu wissen, dies so gut als möglich verbergen.«[35]

Eine weitere sinnvolle Unterscheidung ist die zwischen bewusster und unbewusster Unwissenheit, wobei »unbewusst« die Bedeutung »der Fragestellung nicht bewusst« hat, nicht die in der Freud'schen Psychologie übliche. Auch der Begriff der »tiefen« Unwissenheit wird für fehlendes Bewusstsein für bestimmte Fragen gebraucht, etwa für das Fehlen von Begriffen, die Voraussetzung einer Fragestellung sind.[36] Der französische Historiker Lucien Febvre wies vor 80 Jahren auf eine ähnliche Erscheinung im Französischen des 17. Jahrhunderts hin, dem bestimmte »Wörter gefehlt« hätten. Laut Febvre habe dieser Mangel seinerzeit die Entwicklung der Philosophie behindert und Atheismus als persönliche Überzeugung unmöglich gemacht.[37]

Ein weiteres Beispiel tiefer Unwissenheit ist die verbreitete Unfähigkeit, sich eine andere Denkweise als die eigene vorzustellen. Folglich hinterfragt man die eigene Denkweise nicht, weil sie als selbstverständlich und natürlich gilt, ob auf der Mikroebene des »wissenschaftlichen Paradigmas« (Thomas Kuhn) oder der Makroebene eines vollständigen Glaubenssystems. Wenn man versucht, seine eigenen Normen zu beurteilen, erkennt man die Grenzen der Selbstkritik.[38]

Die Geschichtsforschung hat Einzelne und Gruppen oft als »leichtgläubig« bezeichnet, also als unfähig, ihre eigenen Glaubensvorstellungen zu kritisieren. Dabei ignoriert die Forschung allerdings, dass die Betreffenden keinen Zugang zu abweichenden Glaubenssystemen haben. In einem geschlossenen System kann man sich nur schwer für neue Gedanken öffnen.[39] Man kann das System kaum oder gar nicht angreifen, wenn man keine Alternativen kennt. Das ist für gewöhnlich erst nach dem Zusammentreffen mit Angehörigen anderer Kulturen der Fall, wenn der Erwartungshorizont beider Seiten erweitert wird.[40]

Der Vogel Strauß, der den Kopf in den Sand steckt, ist ein bekanntes Sinnbild dafür, dass man etwas zwar weiß, aber nicht wahrhaben oder lieber gar nicht erst erfahren will, die sogenannte freiwillige, absichtliche oder willkürliche Unwissenheit.[41] Dazu kann man auch absichtliches Auslassen oder Schweigen rechnen. Der haitianische Historiker Michel-Rolph Trouillot unterschied zum Beispiel vier Phasen der Wissenserzeugung über die Vergangenheit, in denen der Einzelne sich jeweils entschließt, bestimmte Informationen mitzuteilen oder sie zu verschweigen: das Erstellen von Dokumenten, ihre Aufnahme in ein Archiv, das Heranziehen der darin enthaltenen Information und ihre Verarbeitung in einer schriftlichen Darstellung der Geschichte.[42]

Ein Beispiel für den gegenteiligen Fall, die unabsichtliche Unwissenheit, bietet die katholische Theologie. Mittelalterliche Theologen wie der heilige Thomas von Aquin unterschieden zwischen »unüberwindlicher Unwissenheit«, wenn sie von Heiden wie Aristoteles sprachen, die vom Christentum nichts wissen und es daher auch nicht annehmen konnten, und »schuldhafter Unwissenheit«, wenn jemand, der von der Existenz des Christentums wusste, es nicht annahm.

Schuldhafte Unwissenheit kann einen Einzelnen oder eine Gruppe betreffen. Sozialhistoriker befassen sich besonders mit Letzteren; so postuliert etwa der jamaikanische Philosoph Charles W. Mills eine *white* ignorance [also ein Nichtwissen, das für Weiße als Gruppe charakteristisch ist] als Grundlage rassistischer Vorurteile. Kollektive Unwissenheit steht oft auch hinter der Herrschaft einer Gruppe über eine andere, und zwar auf beiden Seiten: Die Herrschenden halten ihre Vorrechte für naturgegeben, die Beherrschten wiederum ihre Unterdrückung und werden dadurch oft von einer Rebellion abgehalten. Daher, wie Diderot bemerkt, die Bemühungen der Herrschenden, »das Volk in einem Zustand der Unwissenheit und Dummheit zu halten«.[43]

Die sogenannte »selektive« Unwissenheit wurde vor 100 Jahren von Lytton Strachey, einem britischen Biografen, in seiner gewohnt ironischen Manier gefordert: »Unwissenheit ist das wichtigste Werkzeug des Historikers, Unwissenheit, die vereinfacht und klärt, die auswählt und auslässt«.[44] Die Auswahl kann dabei unbewusst geschehen, indem man auf bestimmte Umstände einfach nicht achtet. Schaut man sich zum Beispiel einen Film ohne Ton an, fallen einem Gesten und Gesichtsausdrücke der Darsteller auf, die man ignoriert, wenn man den Dialog hören kann.

Ähnlich achten verschiedene Arten von Reisenden am selben Ort auf jeweils andere Merkmale, weil sich ihre Sichtweise je nach Geschlecht oder Beruf unterscheidet. Die Zuverlässigkeit der Berichte von Reisenden, ihre Kenntnis oder Unkenntnis der Orte, an denen sie gewesen sind, ist ein altes Problem, aber eines, das neuerdings auch geschlechtsspezifisch beleuchtet wird; angeblich sehen weibliche Reisende fremde Orte anders als männliche.[45] Die häufigen Schilderungen häuslicher Umgebungen in Reiseberichten von Frauen werden als eigene Art der »Herausbildung von Wissen« geschildert.[46]

Was Frauen sehen und für eine Mitteilung auswählen, sagt uns etwas Wichtiges darüber, was Männer übersehen oder was sie nicht sehen sollen. Ein berühmtes Beispiel dafür aus dem 18. Jahrhundert ist Lady Mary Wortley Montagus Schilderung eines türkischen Frauenbades in Adrianopel (dem heutigen Edirne), weil, wie sie schreibt, »jedem Manne, welcher etwa an einem solchen Orte betroffen wird, die Todesstrafe sicher ist«.[47] Die Vielfalt der Sichtweisen – Eroberer, Völkerkundler, Arzt, Kaufmann, Missionar und so weiter – legt nahe, dass man nicht nur davon reden sollte, das Auge sehen zu lehren, sondern es auch *über*sehen zu lehren. Sowohl Erkenntnis wie Betriebsblindheit sind im jeweiligen Berufsbild angelegt.

In der Forschung übersieht man gern, wonach man nicht sucht. Ein neueres Beispiel sind die Ärzte, die sich auf die Diagnose des Covid-19-Virus konzentrierten und dabei Symptome anderer gefährlicher Krankheiten übersahen.[48] Selektive Unwissenheit umfasst auch die vom US-Soziologen Robert K. Merton so genannte »spezifizierte« Unwissenheit, also eine bewusste Abwendung vom Wissen über einen Gegenstand, um sich auf einen anderen zu konzentrieren: Man entscheidet sich für spezifische Fragestellungen, spezifische Methoden oder spezifische Denkweisen.[49] In jedem solchen Fall hat die positive Wahl negative Folgen, indem sie bestimmte Arten des Wissens ausschließt, ob bewusst oder als unbeabsichtigte Konsequenz. Als zum Beispiel die Geschichtswissenschaft des 20. Jahrhunderts ihren Schwerpunkt von der politischen auf die Wirtschafts-, Sozial- und Kulturgeschichte verlagerte, erschloss sie damit nicht nur neues Wissen über die Vergangenheit, sondern schloss gleichzeitig tradiertes Wissen von der Weitergabe an kommende Generationen aus.

Unwissenheit kann auch als aktiv oder passiv definiert werden. »Passive Unwissenheit« ist das Fehlen von Wissen einschließlich seiner Nichtanwendung in der Praxis. »Aktive« Unwissenheit bezeichnet den Widerstand gegen neues Wissen oder neuartige Vorstellungen und wurde vom österreichisch-britischen Philosophen Karl Popper geprägt, der damit die abwehrende Reaktion mancher Physiker auf die umwälzenden Theorien Albert Einsteins beschrieb.[50] Man kann diesen Widerstand zu der Gewohnheit ausdehnen, alles zu »ignorieren«, was man nicht wissen will, oft mit ernsten Folgen.

Man denke zum Beispiel an die Geschichte der britischen Siedler in Nordamerika, Australien und Neuseeland, die versuchten, die Existenz der Ureinwohner dieser Gebiete zu ignorieren, zumindest aber die Frage, ob diese Bevölkerungsgruppen ein Anrecht auf das jeweilige Land hatten. Die Siedler behandelten das Land als unbewohnt oder als Niemandsland (siehe Kapitel 8). Ähnlich erklärte die Balfour-Deklaration von 1917 das Land Palästina zur »nationalen Heimstatt« des jüdischen Volkes und ignorierte dabei, dass es bereits von Arabern bewohnt war. Die Probleme, die daraus entstanden, sind noch ein Jahrhundert später nicht gelöst. Lord Curzons Frage »Und was wird aus den Einheimischen?« bleibt unbeantwortet.[51]

»Aktive Unwissenheit« kann auch bedeuten, dass man bloß glaubt, etwas zu wissen. Wie es Will Rogers, ein US-Humorist in der Nachfolge Mark Twains, zu formulieren pflegte, besteht Unwissenheit »nicht darin, was man nicht weiß, sondern darin, was man weiß, was aber nicht so ist« (dieser Ausspruch wird auch Twain selbst zugeschrieben).[52]

Hier ist das Wort von der »Produktion« oder »Hervorbringung« von Unwissenheit besonders zutreffend, wie auch der Begriff der »strategischen« Unwissenheit. Zugegebenermaßen bin ich nicht besonders glücklich damit, wenn von der »Produktion« von Unwissenheit gesprochen wird, obwohl gar kein Wissen vorausging. Ich bevorzuge hier den alten Begriff »Verschleierung«, und wenn etwas erzeugt wird, dann höchstens »Verwirrung« oder »Zweifel«, oder es wird Unwissenheit aufrechterhalten oder eine Erkenntnis verhindert (mit der Entsprechung physischer Hindernisse, die in Kapitel 5 besprochen werden). Damit opfert man aufmerksamkeiterregende Schlagworte. Aber man gewinnt immer größere Klarheit, wenn man so dicht wie möglich an der Alltagssprache bleibt und Versuche, die Öffentlichkeit aus politischen oder wirtschaftlichen Gründen zu belügen, auch ganz einfach »Lügen« nennt. Ich stimme allerdings absolut zu, dass es schon lange allzu üblich geworden ist, vieles zu vertuschen, was die Öffentlichkeit wissen sollte. Diese Praxis heißt »Desinformation«, euphemistisch spricht man auch von »aktiven Maßnahmen«, wobei das Studium solcher Maßnahmen »Agnotologie« genannt wird.[53]

Die Unwissenheit anderer ist eine Quelle der Macht für die »Wissenden« in Bereichen wie Politik, Wirtschaft und Verbrechen. Eine Studie über das Marseille der Französischen Revolution behauptet, »Kontrolle der Definition von Unwissenheit« durch die Eliten habe weitreichende politische Folgen, etwa, so der Autor, »die Fähigkeit, andere als unwissend zu brandmarken und sie von der Mitwirkung an der Stadtverwaltung auszuschließen«.[54] Die Behauptung, Männer hielten Frauen unwissend, um sie beherrschen zu können, wird im folgenden Kapitel besprochen.

DIE UNWISSENHEIT UND IHRE NACHBARN

Bisher haben wir uns drei Hauptthemen gewidmet: etwas nicht zu wissen, etwas nicht wissen zu wollen und nicht zu wollen, dass andere etwas wissen. Es ist allerdings unmöglich, eine Geschichte dieser Themen zu schreiben, ohne einige damit zusammenhängende Begriffe einzuführen. Fehler zum Beispiel sind das Ergebnis der Unwissenheit und haben wiederum Folgen, manche tragisch, wie die Kapitel über Krieg und Wirtschaft zeigen.

Um das Problem der Darstellung von Unwissenheit in der Kunst zu lösen, stellten manche Maler sie wie Blindheit oder Narrheit dar. Im 15. Jahrhundert zum Beispiel zeigte der Maler Andrea Mantegna die Unwissenheit als augenlose Nackte. Im 16. Jahrhundert schlug Cesare Ripa in seinem Lexikon der Allegorien vor, die Unwissenheit und ihre Gefahren als Frau mit verbundenen Augen darzustellen, die durch ein Dornenfeld schreitet, oder als Jungen, der, ebenfalls mit Augenbinde, einen Esel reitet. Im 18. Jahrhundert stellte der venezianische Maler Sebastiano Ricci die Unwissenheit als Mann mit Eselsohren dar und nahm damit ebenfalls die verbreitete Gleichsetzung von Unwissenheit mit Dummheit auf.[55]

Heute wird der Begriff Unwissenheit oft als übergreifende Vorstellung gebraucht, die auch Begriffe wie Ungewissheit, Abstreiten und selbst Verwirrung mit einschließt. Angesichts des auch so bereits sehr umfangreichen Themas habe ich eine ziemlich enge Definition der Unwissenheit als Fehlen von Wissen zugrunde gelegt. Wie die deutschen Historiker, die Begriffsgeschichte (ein von ihnen geprägter Begriff) studieren, versuche ich ein Netzwerk verwandter Begriffe zu rekonstruieren, die sich um die Unwissenheit gruppieren und zu denen Hindernisse, Vergessen, Geheimhaltung, Abstreiten, Ungewissheit, Vorurteil, Missverständnis und Leichtgläubigkeit gehören.[56] Verbindungen zwischen diesem Begriffsnetz und den Erscheinungen, auf die sie sich beziehen, zu zeigen, ist ein Hauptziel der vorliegenden Studie.

Wissenshindernisse können physischer Art sein, zum Beispiel die Unzugänglichkeit des Gegenstands, über den man etwas erfahren möchte (in Kapitel 5 am Beispiel der europäischen Erforschung Afrikas gezeigt). Sie können auch geistiger Art sein, wenn alte Vorstellungen, die nicht in Frage gestellt werden, der Annahme neuer im Weg stehen. Die Fälle des Widerstands gegen die Ideen Galileos und Darwins (unter anderen) werden in Kapitel 4 besprochen. Geistige Vorstellungsmodelle (Paradigmen) erhellen ihren Gegenstand, aber weil sie eine Vereinfachung darstellen, haben sie auch eine dunkle Seite und verstellen den Blick auf alles, was nicht in das Modell passt.[57] Hindernisse können auch gesellschaftlicher Art sein, wie etwa der Ausschluss von Frauen und Angehörigen der Arbeiterklasse von der höheren Bildung, oder politischer Art, wenn etwa Regierungen etwas vertuschen wollen.

Der Begriff des Vergessens, also des Übergangs vom Wissen zurück zur Unwissenheit, umfasst auch eine metaphorische Anwendung. Die Begriffe der sozialen, strukturellen oder firmenspezifischen »Amnesie« bezeichnen das bewusste oder unbewusste Umschreiben der Vergangenheit für die Gegenwart wie auch den Verlust von Informationen in einer Organisation.[58] Wissenschaftler müssen sich auch vor der Neigung zur von Robert Merton so genannten »Zitatamnesie« hüten, die darin besteht, die Arbeiten ihrer Vorgänger auf ihrem Gebiet nicht anzuführen.[59] In Anfällen von Zynismus fürchte ich manchmal, dass selbst die gewissenhaftesten Forscher zwar die Priorität anderer in Kleinigkeiten gern anerkennen, aber den Vorgänger, dem sie jeweils am meisten verdanken, ebenso gern zu zitieren vergessen.

Auch Geheimhaltung ist natürlich für das Thema Unwissenheit relevant, weil ein Geheimnis nicht nur eine kleine Gruppe Wissender schafft, sondern auch eine größere Gruppe Unwissender. Heimliche Aktivitäten wie Schmuggel, Drogenhandel und Geldwäsche verbergen sich unter dem Schirm der Geheimhaltung und werden in Kapitel 10 behandelt. Abstreiten gehört zu einem Arsenal an Taktiken, um die Öffentlichkeit in Unkenntnis unangenehmer Tatsachen oder Vorgänge zu halten. In der Geschichte, besonders der Zeitgeschichte, ist Abstreiten nur zu vertraut: Leugnung des Holocausts oder anderer Völkermordbestrebungen, Abstreiten des Zusammenhangs zwischen Rauchen und Lungenkrebs, Leugnung des Klimawandels.[60]

Ebenso wie andere Formen der Propaganda erzielt Abstreiten seine Wirkung, wenn es auf Leichtgläubigkeit trifft, die als Unwissenheit definiert werden kann; wenn der Betreffende nämlich nicht weiß, wie wichtig Kritikfähigkeit ist und worin sie besteht, besonders bei der kritischen Rezeption von »Fake News« in den verschiedenen Medien – Gerüchten, Zeitung, Fernsehen und neuerdings Facebook und Twitter. Leichtgläubigkeit gedeiht in Ungewissheit. Ungewissheit ist das Schicksal aller Entscheidungsträger, denn niemand kennt die Zukunft. Man kann sich allerdings dank der Risikoanalyse und anderer Formen der Voraussage gegen Ungewissheit absichern, wie in Kapitel 14 dargelegt. Was Vorurteile angeht, so handelt es sich dabei um in Unwissenheit getroffene Urteile, ein klassischer Fall des Nichtwissens, dass man etwas nicht weiß. Beispiele dafür finden sich durchgehend im vorliegenden Buch.

Missverständnisse setzen Unwissenheit voraus, und wie die Unwissenheit spielen sie eine große und nicht ausreichend anerkannte Rolle in der menschlichen Geschichte.[61] Besonders auffällig werden Missverständnisse, wenn Angehörige zweier Kulturen zum ersten Mal aufeinandertreffen. Ein bekanntes Beispiel für eine solche Situation ist die Begegnung der Expedition Captain James Cooks mit den Hawaiianern 1779, wie sie der führende US-amerikanische Anthropologe Marshall Sahlins in einem Essay analysiert. Die Hawaiianer hatten nie zuvor Europäer gesehen. Beide Seiten beobachteten einander und versuchten, die Handlungen der anderen zu deuten. Sahlins vermutet zum Beispiel, dass die Hawaiianer in Captain Cook ihren Gott Lono sahen, weil die Expedition zur Zeit des jährlichen Fests dieser Gottheit eintraf. Als die Briten zeigten, dass sie nur Menschen waren, indem sie nach ihrer Abreise mit Schäden am Schiff unerwartet zurückkehrten, töteten die Hawaiianer Cook.[62]

Dieses Kapitel sollte zeigen, dass Unwissenheit ein weit verwickelteres Thema ist, als man auf den ersten Blick meinen könnte. Kein Wunder, dass die Philosophen verschiedener Länder einiges darüber zu sagen hatten. Die Ansichten einiger davon sind Gegenstand des folgenden Kapitels.

Kapitel 2

Philosophen über die Unwissenheit

Que sais-je? (»Was weiß ich?«)

Montaigne

Philosophen waren die Ersten, die sich zur Unwissenheit äußerten, und zwar schon vor über 2500 Jahren. In den *Lun-yü* (»Gesprächen«) des altchinesischen Weisen Kong Fuzi (Konfuzius) heißt es: »Soll ich Euch sagen, was Wissen ist? Es bedeutet, dass man weiß, was man weiß, wie auch, was man nicht weiß.«[1] In dem etwa aus der gleichen Zeit stammenden ältesten Klassiker des Taoismus, dem *Daodejing* (»Buch des Rechten Weges«) des Laozi (Laotse), steht: »Zu wissen, was nicht Wissen ist, ist das Bessere«. Diese Stelle wird mitunter so ausgelegt, dass jede Äußerung, die man tun kann, notwendig den Sinn verfehle. Weil der »Rechte Weg« geheimnisvoll ist, bleiben alle Versuche, ihn zu beschreiben, nur »leere Worte«.[2]

Ein anderer berühmter taoistischer Text, der dem Zhuangzi zugeschrieben wird (*Das wahre Buch vom Südlichen Blütenland*) nähert sich dem Rechten Weg daher indirekt über eine Reihe Anekdoten wie die folgende: »Nieh Ch'üeh fragte den Wang Ni: Wisst Ihr, was alle Dinge übereinstimmend richtig nennen? Wang Ni: Woher soll ich das wissen? Nieh Ch'üeh: So wisst Ihr, dass Ihr es nicht wisst? Wang Ni: Woher soll ich das wissen?«[3]

Der griechische Philosoph Sokrates dachte ähnlich. Sein Schüler Plato berichtet, Sokrates habe sich für weiser als einen Mann gehalten, der »etwas zu wissen glaubt, ohne es wirklich zu wissen«, weil Sokrates selbst nicht »zu wissen glaubte, was er nicht wusste«. In Platos Dialogen wird Sokrates geschildert, wie er mit Genuss seinen Gesprächspartnern (zum Beispiel dem Menon) immer bewusster macht, dass sie weit weniger wissen, als sie gedacht hatten.[4] In einer späteren Quelle wird Sokrates mit der radikaleren Formulierung zitiert, »ich weiß nur, dass ich nichts weiß«. Glaubte er das wirklich, oder war es nur rhetorisch gemeint? Die Forschung ist sich bis heute uneins.[5]

Sokrates lenkte die griechische Philosophie auf den Weg der Erkenntnistheorie, der Epistemologie. Die Epistemologie ist ein Zweig der Philosophie, der sich damit befasst, wie man Wissen erwirbt und woher man weiß, dass es verlässlich ist. Das Gegenstück, die Epistemologie der Unwissenheit, befasst sich damit, wie und warum man unwissend bleibt. Diese Fragen diskutierte unter den griechischen Philosophen insbesondere die Schule der Skeptiker, und hier vor allem Pyrrho von Elis. Wie bei Sokrates kennen wir auch Pyrrhos Ansichten nur aus zweiter Hand, hier aus einer viel späteren Quelle, der *Kurzfassung des Pyrrhonismus* von Sextus Empiricus (etwa 160 bis 210 n. Chr.).[6]

Die antiken Skeptiker gingen weiter als Sokrates, indem sie die Verlässlichkeit verschiedener Arten des Wissens in Frage stellten und grundsätzlich allem Anschein misstrauten. Skeptische Philosophen wiesen darauf hin, dass »ein und derselbe Gegenstand bei verschiedenen Menschen unterschiedliche Eindrücke hervorruft«. So sehe zum Beispiel ein Gelbsüchtiger die ganze Welt mit Gelbstich. Auch sehe ein und derselbe Gegenstand unter verschiedenen Umständen für alle, die ihn sehen, jeweils anders aus. Ein Ruder, zum Beispiel, wirke wie abgeknickt, tauche man es ins Wasser, aber wieder gerade, wenn man es herausziehe.[7]

Die Skeptiker glaubten, um Wissen zu erlangen, bedürfe es einer »Beschau« (der Sinn des griechischen Worts *sképsis*), also einer Untersuchung der Argumente für und gegen eine Annahme, und man müsse sich ein Urteil vorbehalten, bis das Wissen gesichert sei.[8] Genauer gesagt gab es zwei Arten von Skeptikern, einmal die dogmatischen, die sicher waren, dass Wissen unmöglich sei, und zum anderen die reflexiven, die nicht einmal das für sicher hielten.

Im Mittelalter ging die Tradition des griechischen Skeptizismus verloren, auch wenn einige wenige Texte überliefert sind, die die Möglichkeit, etwas zu wissen, »komplizieren, problematisieren oder abstreiten«.[9] In der Renaissance tauchte mit der Wiederentdeckung der *Kurzfassung des Pyrrhonismus* auch der Skeptizismus wieder auf. Diese Neuentdeckung kam zur rechten Zeit, nämlich in der »geistigen Krise der Reformation«, wie der Philosoph und Historiker Richard Popkin schreibt. Er will darauf hinaus, dass sowohl bei Katholiken wie bei Protestanten die negativen Argumente schlagkräftiger als die positiven gewesen seien. Die Protestanten untergruben die Autorität der kirchlichen Tradition, die Katholiken die der Bibel.[10] Was blieb da noch übrig?

Der berühmteste Skeptiker der Renaissance und die »bedeutendste Gestalt für die Wiedergeburt des antiken Skeptizismus im 16. Jahrhundert« war Michel de Montaigne, der in seiner Amtszeit als Bürgermeister von Bordeaux die Konfessionskämpfe zwischen Katholiken und Protestanten unmittelbar miterlebte. Montaigne wählte als persönliche Devise die Frage: »Was weiß ich?«. Damit war er nicht allein. Sein Schüler Pierre Charron nahm das Motto »Ich weiß nichts« an, und Francisco Sanches, Philosophieprofessor an der Universität Toulouse, schrieb ein Buch, dessen Titel besagte, *Quod nihil scitur* (»Dass man nichts weiß«). Charron und Sanches klingen damit wie dogmatische Skeptiker, die sich gewiss sind, dass man nichts wissen kann. Montaignes Wahlspruch lässt dagegen vermuten, er sei ein reflexiver Skeptiker gewesen, der auch den Skeptizismus skeptisch sah.[11]

In seinem *Discours de la méthode* (1637) reagierte Descartes auf Montaigne, ohne ihn beim Namen zu nennen, und übte die »methodische Unwissenheit«, um vom Zweifel zur Gewissheit zu gelangen.[12] Dennoch setzten einige französische Skeptiker die Tradition des Zweifels fort. Bekannt sind François la Mothe le Vayer, der »in Montaignes Fußabdrücke trat«, und der »Überskeptiker« Pierre Bayle. Der berühmte Artikel über Pyrrho in Bayles *Dictionnaire historique et critique* (1697) brachte Argumente für wie gegen den Skeptizismus und ließ die Frage und den Leser in der Schwebe.[13]

Man könnte den Skeptizismus des 17. Jahrhunderts als philosophischen Ausdruck eines allgemeineren Bewusstseins für die Lücke zwischen Anschein und Wirklichkeit sehen, ein Bewusstsein, das für das Barockzeitalter charakteristisch war.[14] Das berühmte Theaterstück *La vida es sueño* (»Das Leben ist ein Traum«) des spanischen Dramatikers Pedro Calderón de la Barca (1636) bietet eine dramatische Darstellung des berühmten skeptischen Arguments, wie schwierig es sei, zwischen Traum und Wachen zu unterscheiden.

Zwei führende Philosophen des 18. Jahrhunderts, George Berkeley und David Hume, teilten die Vorliebe des 17. Jahrhunderts für das Problem der Erkenntnisfähigkeit. Die Philosophen des 19. Jahrhunderts neigten dagegen dazu, die Unwissenheit zu ignorieren, mit der wichtigen Ausnahme des Schotten James Ferrier, des Autors der *Institutes of Metaphysic* (1854). Ferrier prägte auch den Begriff Agnotologie für die Theorie der Unwissenheit (und führte gleichzeitig den Begriff Epistemologie für die Theorie des Wissens ins Englische ein).[15]

Zu Ferriers Lebzeiten verstärkte sich das Interesse an der Unwissenheit wieder. So beschrieb etwa Thomas Carlyle Unwissenheit als »die wahre Armut der Armen« und betonte, wie groß das »weite Weltall des Nichtwissens« im Vergleich zum »elend kleinen Bruchteil des Wissens« der Menschen sei.[16] Karl Marx schrieb über die gesellschaftlichen Hindernisse des Wissenserwerbs wie die Interessen des Bürgertums und das »falsche Bewusstsein« der Arbeiterklasse. Eine Generation später besprach Freud ein psychologisches Hindernis, die unbewusste Zurückweisung von Wissen, etwa die Neigung, peinliche Erlebnisse zu vergessen.[17] Die bereits erwähnte »Zitatamnesie« in wissenschaftlichen Veröffentlichungen bietet ein Beispiel für eine »Psychopathologie des Wissenschaftsbetriebs«.

Sozialepistemologie

Einige Philosophen wandten sich in den 1980er-Jahren einem sozialwissenschaftlichen Ansatz zu und befassten sich auf andere Weise mit Wissen und Unwissenheit als in der traditionellen Epistemologie.

Diese hatte sich darauf konzentriert, wie der Einzelne Wissen erwirbt. Die Sozialepistemologie befasst sich dagegen mit »kognitiven« Gemeinschaften wie Schulen, Universitäten, Firmen, Kirchen und Behörden.[18]

Was die Epistemologie der Unwissenheit angeht, so wird ihr Programm wie folgt beschrieben: »Identifikation der verschiedenen Formen der Unwissenheit sowie Untersuchung ihrer Erzeugung und Erhaltung und ihrer Rolle in der praktischen Anwendung von Wissen«.[19] In der Praxis befasst sich das Programm mit der Unwissenheit, die Geschlechtern, Rassen und Klassen anerzogen wird. Es gibt eine offensichtliche soziale Erklärung für diesen Schwerpunkt: Als Frauen, Schwarze und Arbeiter Zugang zu den Hochschulen gewannen, zuerst als Studenten, dann als Dozenten und Forscher, wurden sie sich der Unwissenheit und der Vorurteile der weißen Männer aus der Mittelklasse bewusst, die bis dahin ein Monopol auf die Stellungen in diesem Bereich gehabt hatten. Es ist Zeit, sich kollektive Formen der Unwissenheit genauer anzusehen.

Kapitel 3

Kollektive Unwissenheit

Irgendwann werden wir uns mit dem Konzept maskulinistischen Nichtwissens auseinandersetzen müssen.

Michèle Le Dœuff

In den vorangegangenen Kapiteln haben wir uns auf die Unwissenheit des Einzelnen konzentriert. Nun geht es um die Unwissenheit kognitiver Gemeinschaften, großer wie kleiner: Firmen, Gesellschaftsschichten, ethnische Gruppen und Geschlechter.

Unwissenheit in organisierten Gruppen

Der Begriff »organisatorische Unwissenheit« bezieht sich auf fehlende Wissensverbreitung innerhalb einer organisierten Gruppe, zum Beispiel eines Unternehmens.[1] Dieses Fehlen ist mitunter für die Gruppe von Nutzen, zumindest in Geheimorganisationen wie zum Beispiel al-Khaida. Diese teilen ihre Mitglieder oft in »Zellen« auf, die sich untereinander nicht kennen. Die Mitglieder einer Zelle wissen nicht, wer den anderen Zellen angehört und was diese vorhaben, sodass ein enttarntes Mitglied im Verhör höchstens die eigene Zelle verraten kann.

Häufiger ist allerdings der Fall, dass organisatorische Unwissenheit der Organisation schadet. Was die Arbeiter eines Unternehmens wissen, dringt zum Beispiel nicht unbedingt in die Chefetage vor. Angestellte, die sehr lange an einem bestimmten Arbeitsplatz tätig waren, sammeln oft implizites Wissen an, das verlorengeht, wenn sie ausscheiden, weil sie niemand rechtzeitig danach gefragt hat. Der Wissensverlust durch fehlende Mitteilung innerhalb eines Unternehmens wird mitunter als »Firmen-Amnesie« bezeichnet.[2]

Eine klassische Analyse des französischen Soziologen Michel Crozier kam zu dem Schluss: »Eine bürokratische Organisation ... besteht aus einer Reihe übereinanderliegender Schichten, die nicht besonders gut miteinander kommunizieren.« Bei der Behörde, die Crozier untersuchte, erzählte eine Sachbearbeiterin dem Forscher, die Vorgesetzten stünden »zu weit über der tatsächlichen Arbeit, um zu verstehen, was wirklich vorgeht«. Die Zentralisierung der Macht in der Organisation erzeugt einen »blinden Fleck«. »Diejenigen, die die notwendigen Informationen haben, können nichts entscheiden, und diejenigen, die entscheiden können, haben nicht die notwendigen Informationen.«[3]

Auch fehlende Informationsmitteilung auf derselben Ebene führt zu Problemen. Der Mangel an Kommunikation zwischen verschiedenen Behörden einer Regierung ist ein offensichtliches Beispiel. In der Frühen Neuzeit gab es noch keine einheitlichen Staatshaushalte. Nehmen wir an, der König gewährt Ihnen eine Leibrente. Die Auszahlung wäre dann an eine bestimmte Einkommensquelle der königlichen Schatulle gebunden. Wenn diese Quelle in einem gegebenen Jahr nicht genug abwirft, bekommen Sie Ihre Leibrente nicht, auch wenn der Gesamthaushalt einen Einnahmenüberschuss aufweist – niemand weiß, ob der Haushalt im

Kollektive Unwissenheit

Plus ist oder nicht, weil niemand den Gesamtüberblick über alle Einnahmen und Ausgaben hat.

Ein einprägsames Beispiel für eine durch Unwissenheit innerhalb einer Organisation verursachte Katastrophe ist der Reaktorunfall in Tschernobyl 1986. Ingenieure und Leitung des Atomkraftwerks wussten um die Gefahr, befolgten aber Anweisungen der Kommunistischen Partei, deren Fristen und Plansollvorgaben nur erfüllbar waren, wenn man ein paar Ecken rund sein ließ. Die Funktionäre wollten bestimmte Ergebnisse sehen. Die Risiken, die eingegangen werden mussten, um diese Ergebnisse zu erzielen, kannten sie entweder nicht oder wollten sie nicht kennen.[4]

Dieser Mechanismus ist ein Beispiel für das sogenannte »Ch-Ch-Syndrom«, das auf dem Vergleich von Tschernobyl (englisch *Chernobyl* geschrieben) mit dem *Challenger*-Absturz beruht, einem anderen schweren Unfall des Jahres 1986, als die amerikanische Raumfähre *Challenger* kurz nach dem Start explodierte und abstürzte. Beide Unglücksfälle waren das Ergebnis »nachlässiger Qualitätskontrolle ... politischen Drucks [sowie von] Inkompetenz und Vertuschung«.[5] Tschernobyl ist außerdem ein extremes Beispiel für die Folgen des Fehlens örtlichen Wissens, einer Erscheinung, die der Anthropologe James C. Scott »den Staatsblick« nennt.[6]

Dieses »örtliche Unwissen«, wie man es nennen könnte, findet sich in vielen Bereichen: im Geschäftsleben, in der Politik oder im Krieg. Die Arbeiter vor Ort kennen die örtlichen Bedingungen, während im Hauptquartier, weiter oben in der Rangordnung, Befehle ausgegeben werden, die diese Bedingungen ignorieren, aber von den Untergebenen nicht angezweifelt werden dürfen. Die späteren Kapitel bringen dazu noch viele weitere Beispiele. Den Gesamtzusammenhang sieht man von oben besser, aber der Preis dieses Überblicks ist Blindheit für vieles, das weiter unten geschieht.

KLASSE

An vielen Orten und zu vielen Zeiten hatten die Angehörigen der Oberschicht keine Ahnung vom Leben der gewöhnlichen Menschen, eine Unwissenheit, für die symbolhaft der (allerdings unbestätigte) Ausspruch Königin Marie-Antoinettes steht, wenn es den Hungernden von Paris an Brot fehle, sollten sie doch Kuchen essen (... *qu'ils mangent de la brioche*). Die Oberschicht sieht die Angehörigen der unteren Klassen oft sogar als groteske, mehr tierische denn menschliche Wesen.

So bemerkte zum Beispiel die japanische Hofdame Sei Shōnagon im 10. Jahrhundert während einer Pilgerfahrt, die Gemeinen »wimmelten wie Raupen« und fand das Verhalten von Schreinern, die ihr Mittagessen in Eile hinunterschlangen, »seltsam«. Der englische Dichter John Gower schrieb anlässlich des Bauernaufstands von 1381, die »Gemeinen« hätten eine »böswillige Natur« und verglich sie mit Ochsen, die sich nicht vor den Pflug spannen lassen wollten. Der Franzose Jean de la Bruyère schrieb 1688 in seinen *Caractères* die inzwischen berühmte Passage über »gewisse wilde Tiere«, die, von der Sonne verbrannt, »ein menschliches Antlitz zeigen«, wenn sie sich aufrichten. Er meinte die Landbevölkerung, und mit der literarischen Technik der Verfremdung wollte er die Leser erschrecken, wenn sie plötzlich erkennen, dass es sich hierbei um Menschen handelt.[7]

Es ist auch viel darüber geschrieben worden, besonders von Marxisten, wie die herrschenden Klassen die Unterschicht unwissend hielten oder irreführten, um sie unter Kontrolle zu behalten. In diesen Zusammenhang gehört Karl Marx' Ausspruch »Die Religion ... ist das Opium des Volkes«, das den Armen »die Illusion des Glücks« biete, damit sie nicht gegen ihr Los aufbegehrten.[8]

Eine komplexere Version der marxistischen Theorie enthält das Konzept des italienischen Philosophen Antonio Gramsci von der »geistigen, moralischen und politischen Hegemonie«. Gramscis

Hauptthese war, die herrschende Klasse regiere nicht durch Gewalt, sondern durch eine Mischung aus Gewalt und Überredung, Zwang und Einverständnis. Das Element der Überredung ist indirekt, zumindest teilweise. Die untergeordneten Klassen (*classi subalterni*) lernen, die Gesellschaft mit den Augen ihrer Herrscher zu sehen.[9] Ihr Wissensschatz wurde von Michel Foucault später »unterworfen« genannt (*savoirs assujettis*).[10] Die mitunter unverständlichen Bemerkungen in Gramscis Gefängnistagebüchern werden durch die Analyse »zum Schweigen gebrachter Gruppen« der britischen Anthropologen Edwin und Shirley Ardener ergänzt. Weil diese Bevölkerungsgruppen keine eigene Weltsicht haben, »müssen sie ihre Weltsicht am Modell (oder an den Modellen) der herrschenden Bevölkerungsgruppe ausrichten«.[11]

ETHNISCHE GRUPPEN

Den Begriff »Erkenntnistheorie der Unwissenheit« prägte Charles W. Mills im Zusammenhang der Analyse des Rassismus. Er bemängelte das Fehlen philosophischer Studien zu diesem Thema, verglichen mit denen zur Geschlechterfrage, und begann die Lücke zu füllen. Mills behauptete, »Weiße haben vereinbart, Schwarze nicht als gleichwertige Personen anzuerkennen«, oder überhaupt als Personen. Er bezeichnete das Ignorieren des Personenstatus von Schwarzen als eine Form des Ethnozentrismus, die weiße Überlegenheit voraussetze. Mills nannte dieses stillschweigende Übereinkommen später »Unwissenheit der Weißen«, ein Konzept, das Studien zur Bildung übernommen haben.[12] Das Konzept könnte auch zur Bezeichnung anderer Probleme übernommen werden. Eines davon, eine Unwissenheit, die heute allmählich behoben wird, ist Unwissenheit über die Wichtigkeit der afrikanischen Sklaverei für die Entwicklung des Kapitalismus im 19. Jahrhundert. Ein anderes ist der langfristige Mangel an Anerkennung der Leistungen Schwarzer Autoren, Künstler und Philosophen durch Weiße, ein Mangel, der eine Mischung aus einfacher Unwissenheit und absichtlichem oder halb absichtlichem Ignorieren enthüllt.

Ein lebhaftes Beispiel dieser Art Unwissenheit, in dem Sinn, dass man etwas Wichtiges übersieht, bietet eine berühmte Stelle in William Faulkners Roman *Intruder in the Dust* (1948). Die Stelle bezieht sich auf eine Form dessen, was Freud »Wiederholzwang« nannte, in diesem Fall den inneren Zwang des Verlierers in einem Konflikt, die Vergangenheit immer wieder neu im Kopf durchzuspielen. Faulkners Beispiel ist Pickett's Charge, der erfolglose Angriff der Division General Picketts in der Schlacht von Gettysburg am 3. Juli 1863, nach dem die Südstaatenarmee die Schlacht verlorengab. Diese Niederlage führte letztlich dazu, dass die Konföderation 1865 im Bürgerkrieg unterlag.

Faulkner schreibt: »Für jeden vierzehnjährigen Jungen aus den Südstaaten kommt, nicht nur einmal, sondern wann immer er will, der Augenblick, da es noch nicht zwei Uhr an jenem Julinachmittag 1863 ist«, der erfolglose Vorstoß also noch nicht begonnen hat. Faulkner dachte gewiss an jeden *weißen* vierzehnjährigen Jungen aus den Südstaaten. Dass er dieses Adjektiv ausgelassen hat, ist eine Freud'sche Fehlleistung, die etwas über seine eigene Identität und seine Werte aussagt.

Weibliche Unwissenheit

Ein wichtiger Anreiz für die gesellschaftswissenschaftliche Umorientierung der Erkenntnistheorie kam von außerhalb der Philosophie: das Aufkommen des Feminismus. Männer haben lange Zeit das Wissen und die Glaubwürdigkeit von Frauen nach dem Grundsatz »Was ich nicht weiß, ist kein Wissen« ignoriert oder herabgesetzt.[13] Seit der römischen Antike und bis in die Frühe Neuzeit bezeichnete der Ausdruck *fabulae aniles* oder Altweibergeschichten unglaubwürdige Behauptungen. Die Hebammenkunst, lange eine Domäne der Frauen, wurde im 18. Jahrhundert von männlichen Ärzten und Chirurgen übernommen, besonders, aber nicht ausschließlich, in England. Die Eindringlinge, bewaffnet mit einem neuen Instrument, der Geburtszange, betrachteten ihre weiblichen Konkurrenten als unwissend. »Hebammen fanden sich in einer Zwickmühle: Sie kannten die neuen Methoden und Verfahren [der Geburtshilfe] nicht, weil sie nicht studieren konnten ... aber studieren durften sie nicht, weil sie Frauen waren.«[14]

Weibliche Unwissenheit wurde im Europa der Frühen Neuzeit in vielen Bereichen gefördert. Eine klassische Zusammenfassung der konventionellen männlichen Weisheit stellt der Erziehungsratgeber für Mädchen (besonders für höhere Töchter) des Erzbischofs François Fénelon aus dem 17. Jahrhundert dar, ein Buch, das nicht nur in Frankreich, sondern in Übersetzungen und Überarbeitungen auch in England beträchtlichen Erfolg hatte.

Erzbischof Fénelon empfahl für Mädchen Unterweisung in Glaubensdingen, im Führen eines Haushalts und im Lesen und Schreiben. Auch die Grundrechenarten hielt er für nützlich, um ein Haushaltsbuch führen zu können. Keinen Sinn sah der Erzbischof dagegen darin, Mädchen in Fremdsprachen wie Italienisch oder Spanisch zu unterrichten. Weil Frauen keine Staatsbeamten, Anwälte, Priester oder Soldaten werden konnten, brauchten sie auch keine Kenntnisse in Politik, Jurisprudenz, Theologie oder Kriegskunst. Auch sollten sie vermeiden, was Fénelon als »ungebührliche und unersättliche Neugier« (*curiosité indiscrète et insatiable*) verurteilte.[15]

Im England des 19. Jahrhunderts kommt das Thema der weiblichen Unwissenheit in mehreren berühmten Romanen der Zeit vor (die ironischerweise von Frauen verfasst wurden). In Jane Austens *Nort-*

hanger Abbey (1817) beschreibt die Erzählerin ihre Heldin Catherine Morland als »ungefähr so unwissend und uninformiert, wie das weibliche Gemüt mit 17 Jahren gewöhnlich ist«, und Catherines Freund Henry Tilney belächelt sie deswegen. In George Eliots *Middlemarch* (1870/71) gibt es – beziehungsweise gab es, bevor sie die Stelle strich – auf der letzten Seite eine Erwähnung der »Erziehungsmethoden, die aus Frauenwissen eine andere Bezeichnung für zusammengewürfeltes Unwissen machen«.[16] Ähnlich äußerte sich die 1882 geborene Virginia Woolf: Ihre Bildungslücken machten aus ihr weniger »ein Mitglied der Intelligenzija als vielmehr der Ignoranzija«.[17]

Im Sprachgebrauch der Ardeners sind die Frauen der Frühen Neuzeit eine »zum Schweigen gebrachte Gruppe«. Dennoch fanden einige Frauen, Feministinnen, bevor es das Wort gab, und hin und wieder ein Mann schon in dieser Epoche die Worte, um gegen die aufgezwungene Unwissenheit der Frauen und die eingeschränkte Bildung zu protestieren, die ihnen traditionellerweise vermittelt wurde.

Christine de Pisan schrieb bereits im Frankreich des 15. Jahrhunderts, dass die von Frauen erfundenen oder entdeckten Künste der Menschheit nützlicher seien als die der Männer. In ihrem Buch *Stadt der Frauen* fragt die Erzählerin »Christine« die Frau Vernunft, »ob je eine Frau gewesen sei, die unentdecktes Wissen zutage gebracht habe«. Frau Vernunft zählt als Antwort eine Liste solcher Frauengestalten auf, unter anderem Minerva, die Erfinderin der Rüstung, Ceres, die Erfinderin des Feldbaus, Arachne, die Erfinderin der Webkunst, und Pamphile, die Erfinderin der Kunst, Seide herzustellen.[18]

Die vielseitig gebildete Anna Maria van Schurman, die in den Niederlanden des 17. Jahrhunderts lebte, verfasste ein lateinisches Traktat, das für eine umfassendere Mädchenbildung eintrat. Sie meinte, das Studium aller Freien Künste sei »einer Christin durchaus angemessen«, und Frauen sollten auch theoretische Kenntnisse in Recht, Kriegswesen und Politik nicht verwehrt sein.[19]

Später im selben Jahrhundert behauptete ein männlicher Philosoph, François Poullain de la Barre, Frauen hätten sich nicht wegen Unfähigkeit auf den verschiedenen Gebieten der Gelehrsamkeit nicht hervorgetan, sondern weil sie »aus den Wissenschaften ausgeschlossen« (*exclues des sciences*) worden seien. Kurz gesagt, »der Geist hat kein Geschlecht« (*l'esprit n'a point de sexe*).[20]

Fast zur gleichen Zeit verteidigten die Philosophen Gabrielle Suchon in Frankreich sowie Margaret Cavendish und Mary Astell in England eine umfangreiche Bildung für Frauen. Suchon untersuchte »die Quelle, die Ursprünge und Ursachen« der weiblichen Unwissenheit und machte diejenigen verantwortlich, »die Frauen im Dunkeln halten und ihnen das Licht des Wissens vorenthalten wollen«. Sie behauptete, Männer schlössen Frauen von den Mitteln des Wissenserwerbs aus, um jene zu beherrschen, »die sie in einem Zustand der Abhängigkeit halten wollen«.[21] Margaret Cavendish, eine Adlige, die selbst Zugang zu vielen Büchern hatte, beklagte sich, Frauen würden »in Schulen und an Universitäten nicht geduldet«.

Die Kaufmannstochter Astell wiederum schrieb, dass »Unwissenheit die Ursache der meisten weiblichen Laster« sei. Diese Unwissenheit, so fuhr sie fort, sei nicht der Fehler der Betroffenen, weil sie vom Zugang zum Wissen ausgeschlossen seien: »Frauen werden schon von Kindheit an jene Vorteile vorenthalten, deren Mangel ihnen danach immer vorgeworfen wird«. Während Jungen »ermutigt« würden zu lernen, würden Mädchen daran »gehindert« und vom »Baum des Wissens« vertrieben; »wenn ... man sie nicht so unwissend halten kann, wie ihre Herrscher es wünschen, werden sie angestarrt wie Monstrositäten«. Als Mittel gegen diese Unwissenheit schlug sie die Gründung eines Damencolleges vor.[22]

Im 18. Jahrhundert war die weibliche Unwissenheit Gegenstand zweier Abhandlungen aus England: *Woman Not Inferior to Man* (1739), unter dem Pseudonym Sophia veröffentlicht, und Mary Wollstonecraft Shelleys *Vindication of the Rights of Woman* (1792). Beide wurden Anfang des 19. Jahrhunderts in andere Sprachen übersetzt, wobei Sophias Abhandlung in der französischen und portugiesischen Version Mary Shelley zugeschrieben wurde.[23]

Sophia gab die Schuld für weibliche Unwissenheit den Männern, »weil sie [den Frauen] keine Möglichkeit gaben, den Aberglauben zu überwinden«. Mary Shelley behauptete, »die Verfassung der bürgerlichen Regierungen selbst ist es, die der Kultivierung weiblicher Bildung nahezu unüberwindliche Hindernisse schafft«, und dass »Frauen gegenwärtig durch ihre Unwissenheit närrisch oder boshaft gemacht werden«. Sie fragte, warum Frauen »unter dem schönen Namen der Unschuld in Unwissenheit gehalten« würden.[24] Zusammengefasst: Im Europa der Frühen Neuzeit gaben einige Frauen ihre Unwissenheit zu und gaben die Schuld dafür den Männern.

Männliche Unwissenheit

Ende des 20. Jahrhunderts zeigte sich die Lage umgekehrt. Feministinnen leugneten die weibliche Unwissenheit und warfen den Männern vor, weibliches Wissen zu ignorieren. Die französische Philosophin Michèle Le Doeuff zog die Schlussfolgerung, »irgendwann werden wir uns mit dem Konzept maskulinistischen Nichtwissens auseinandersetzen müssen.«[25] Wo Frauen sich ihrer Unwissenheit oft bewusst waren, waren Männer sich der ihren allgemein nicht bewusst.

In der Frühen Neuzeit setzten sich bereits einige wenige Frauen in gedruckter Form für die Gleichwertigkeit (gelegentlich auch der Überlegenheit) der Frau gegenüber dem Mann ein und beklagten sich, dass Männer ihre Leistungen nicht anerkannten. Lucrezia Marinella behauptete, der männlichen Kritik an Frauen liege das Bedürfnis zugrunde, sich überlegen zu fühlen, während Mary Astell schrieb, dass Geschichtsdarstellungen, »die von Männern verfasst werden, deren große Taten erzählen« und weibliche Leistungen unterschlügen, weil die Autoren »neidisch auf Frauen« seien.[26]

Die Laufbahnen weiblicher Gelehrter und Forscherinnen im 19. und 20. Jahrhundert zeigen, dass männliche Kollegen hartnäckig zögerten, ihre Beiträge anzuerkennen, nicht zuletzt in Fällen, in denen sie mit Männern zusammenarbeiteten.[27] Zu den bekannten Beispielen überschatteter Forscherinnen gehören Mary Anning, Lise Meitner und Rosalind Franklin, sicher Fälle des Nichtwissenwollens.[28]

Mary Anning wird heute noch oft als Sammlerin und Händlerin von Versteinerungen beschrieben, wobei ihr Beitrag zur Paläontologie ausgelassen wird, der darin bestand, dass sie in der ersten Hälfte des 19. Jahrhunderts in Dorset die Überreste von Dinosauriern bestimmte.[29] Die Physikerin Lise Meitner war in den 1930er-Jahren an der Entdeckung der Kernspaltung beteiligt, den Nobelpreis dafür bekam aber ihr männlicher Kollege Otto Hahn.

Die Forschung der Kristallografin Rosalind Franklin, die als »Dark Lady der DNS« bezeichnet worden ist, wurde von James Watson, einem (gemeinsam mit Francis Crick und Maurice Wilkins) der Nobelpreisträger für die Entdeckung der Struktur der DNS, heruntergespielt. Crick und Watson benutzten allerdings ihre röntgenkristallografischen Aufnahmen (ohne Genehmigung und Nennung der Autorin) in dem Aufsatz in *Nature*, der sie berühmt machte. Es ist behauptet worden, die drei Preisträger gehörten einer Verschwörung von Männern an, die Dr. Franklin ausschließen wollten. Zumindest ist es eines der notorischsten Beispiele für »Zitatamnesie« in der Geschichte der Naturwissenschaft, dass sie den Beitrag Dr. Franklins nicht anerkannt haben.[30]

In den Naturwissenschaften könnte man die amerikanische Forscherin Alice Kober als die Rosalind Franklin der Altertumswissenschaft bezeichnen, weil sie, zumindest anfangs, aus der berühmten

Geschichte der Entzifferung der mykenischen Linear-B-Schrift ausgelassen wurde.[31] Einige zuvor in der Geschichte der Philosophie vernachlässigte Frauen sind in letzter Zeit Forschungsgegenstand geworden.[32] In der bildenden Kunst werden jetzt auf ähnliche Weise wichtige Gestalten wie die Barockmalerin Artemisia Gentileschi und die Impressionistin Mary Cassatt in den Kanon der Kunstgeschichte aufgenommen, dank feministischer Kunsthistorikerinnen wie Linda Nochlin und Griselda Pollock.[33]

Um all diese Fälle von Unwissenheit zu verringern, gründeten Feministinnen Women's Studies (»Frauenstudien«). Eines der ersten Studienprogramme begann 1969 an der Cornell University in Ithaca, New York. Es folgten Zeitschriften wie *Feminist Studies*, *Signs* und *Hypatia*. Der fachübergreifende Ansatz der Women's Studies, aus denen die Gender Studies hervorgingen, verdient besondere Erwähnung. Dem Centre for Gender Studies der britischen Universität Cambridge gehören inzwischen Forscher aus über 20 Fachbereichen der Universität an. Die Feministinnen hatten damit begonnen, dass sie auf den Mangel an Forschungen zu Frauen hinwiesen, ihre angebliche Unsichtbarkeit für die Gelehrten (meist Männer), von denen sie ignoriert würden.[34] Weil es nicht ausreiche, Frauen zu dem, was über Männer bekannt sei, sozusagen hinzuzufügen, stellten sie zwei weitere umfassende Behauptungen über Lücken in dem auf, was Männer »Wissen« nannten.

Einmal kritisierten sie die wissenschaftliche Objektivität, die aufgrund männlicher Vorurteile und eines fehlenden Bewusstseins dafür, dass alles Wissen von einem Standpunkt oder einer sozialen Stellung abhänge, fehlerbehaftet sei.[35] Zweitens hätten Frauen ihre eigene Art, Wissen zu erwerben, die gewöhnlich von Männern ignoriert werde. Emotionen (als typisch weiblich betrachtet), seien »wesentlich für systematisches Wissen«, aber männlich beherrschte Fächer hätten »eine Betonung der Rationalität institutionalisiert, die Intuition unterbewerte«.[36] Weiter ignoriere die traditionelle (männliche) Erkenntnistheorie das »Erkennen anderer Menschen«.[37] Mit anderen Worten, Männer konzentrierten sich auf das Wissen, Frauen auf das Kennen. Wäre das der Fall, hätte der Verstand also doch ein Geschlecht!

In solchen und ähnlichen Schriften ist der angebliche Gegensatz zwischen typisch männlich-objektivem und typisch weiblich-subjektivem Denken offenbar viel zu krass formuliert. Forscherinnen haben gewöhnlich kein Problem, objektiv und vernünftig zu denken, während auch männliche Wissenschaftler ihrer Intuition folgen können. Die Physikerin und Feministin Evelyn Fox Keller behauptete in einer zum Klassiker gewordenen Untersuchung dieses Gegensatzes, »die Verbindung von männlich und objektiv, genauer von männlich und wissenschaftlich« werde im Einzelfall jeweils durch individuelle Unterschiede der Denkweise überlagert. Die Verbindung sei ohnehin nicht erblich bedingt, sondern gehöre einfach zu einem Glaubenssystem, das durch die frühesten Erfahrungen von Männern und Frauen geprägt sei.[38]

Kapitel 4

Erforschung der Unwissenheit

Es gilt immer noch als ein bisschen anrüchig, über Unwissenheit zu schreiben.

Michael Smithson

Wissenschaftliche Fachgebiete sind eine besondere Form der Organisation oder Erkenntnisgemeinschaft. Auch hier kann man institutionalisierte Unwissenheit ausmachen, im Sinne eines gemeinschaftlichen Desinteresses an bestimmten Arten des Wissens und dem Versäumnis ihrer Erforschung. Es ist daher vielleicht ganz erhellend, neuere feministische Ansätze zu bestimmten Fachgebieten zu untersuchen.

Eine Generation Frauen, die ein Universitätsstudium absolviert hatte, behauptete, der akademische Lehrstoff werde nicht nur von Männern gelehrt, sondern scheine auch auf Männer zugeschnitten zu sein. Sie zählten auf, was in der männlichen Forschung vernachlässigt, abgestritten oder sogar unterdrückt worden sei. Seit den 1970er-Jahren »sehen wir eine gewaltige kollektive Anprangerung von Wissenslücken in vielen Fachgebieten in den Geisteswissenschaften und der Gesellschaftswissenschaft, und in geringerem Ausmaß auch in den Naturwissenschaften.«[1]

Erforschung der Unwissenheit

Weibliche Gelehrte haben in einem Fachgebiet nach dem anderen blinde Flecken ausgemacht, Felder, die als Ergebnis männlicher Voreingenommenheit ignoriert worden seien. Im Fall der Jurisprudenz wird zum Beispiel behauptet, die Rechtssysteme ignorierten die Erfahrungen und Standpunkte von Frauen, am auffälligsten im Fall von Gesetzen über Vergewaltigung.[2] Im Fall der Politik meint Carole Pateman, feministische Autorinnen seien aus dem Kanon der Theoretiker ausgeschlossen worden, und dass »Politologie zum größten Teil von feministischen Argumentationen unberührt bleibt«.[3]

Feministische Geografinnen haben die Auswirkungen der Örtlichkeit auf die Ungleichheit zwischen den Geschlechtern erforscht und außerdem eine stärkere Beteiligung von Frauen an der geografischen Forschung und Theoriebildung gefordert.[4] Die dänische Wirtschaftswissenschaftlerin Esther Boserup war Pionier eines feministischen Ansatzes in ihrem Fachgebiet. Sie schrieb: »In der umfangreichen und stetig wachsenden Literatur zur Wirtschaftsentwicklung gibt es kaum Überlegungen zu den spezifischen Problemen von Frauen.«[5]

In einem frühen Beitrag zur feministischen Gesellschaftswissenschaft befasste sich Ann Oakley mit einem Thema, das von Soziologen wie von Wirtschaftswissenschaftlern vernachlässigt worden war: der Hausarbeit. Dorothy Smith behauptete in einer breiteren Kritik dessen, was sie als »patriarchalische Soziologie« bezeichnete, dass deren »Methoden, Begriffsschemata und Theorien innerhalb des männlichen sozialen Universums aufgebaut worden« seien, das die Erfahrungen von Frauen ignoriere. Sie stellte eine männliche Konzentration auf unpersönliche Regeln einer weiblichen Konzentration auf Alltagsleben und persönliche Erfahrungen gegenüber.[6]

Anthropologie und Archäologie

Im Fall der Anthropologie kann man männlichen Forschern nicht vorwerfen, Frauen ignoriert zu haben, aber sie scheinen deren Bedeutung in vielen Gesellschaften unterschätzt zu haben und waren in ihrer Feldforschung auch oft daran gehindert, sie zu sehen oder mit ihnen zu sprechen. Eine Anzahl Frauen betätigte sich jedoch schon relativ früh auf diesem Fachgebiet, nämlich (in zeitlicher Reihenfolge) Ruth Benedict, Zora Hurston, Audrey Richards, Margaret Mead und Ruth Landes. Die erste Auswirkung weiblicher Anthropologen war, dass einige Wissenslücken ausgefüllt wurden, weil sie mehr über die Erfahrungen von Frauen sagen konnten als männliche Anthropologen es gekonnt hatten. Margaret Mead konnte auf Samoa zum Beispiel mit den Mädchen über Sexualität reden. Ruth Landes untersuchte in Bahia die Rolle weiblicher Priesterinnen in der afrobrasilianischen Religion.[7]

In allen diesen Bereichen machten Frauen blinde Flecken aus, die aus der Beherrschung dieser Fachgebiete durch Männer herrührten. In einer zweiten Phase stellten Forscherinnen andere Fragen als ihre männlichen Kollegen. Mary Douglas soll zum Beispiel in die Anthropologie »die weiblichen Themen ihrer Mittelklasseherkunft« eingebracht haben: »das Haus, seine Mahlzeiten und seine Pflege, die häuslichen Reinigungsrituale ... das Einkaufen ... den weiblichen Körper.«[8] In einer dritten Phase wurde die anthropologische Theorie erweitert, um bisher vernachlässigte Themen wie das Geschlecht zu erkunden.[9]

Weibliche Archäologen entdeckten die männliche Voreingenommenheit in ihrem Fach später als ihre Kolleginnen in der Anthropologie, wurden aber von ihnen angeregt, diese Voreingenommenheit zu berichten und brachten so das »Geschlecht« in die Archäologie.[10] Sie sahen sich der Schwierigkeit gegenüber, dass es für eine Geschlechtertrennung der verschiedenen Tätigkeiten in einem Fachgebiet, das im Wesentlichen auf dem Studium materieller Hinterlassenschaften beruht, kaum Beweise gibt. Dieser Mangel an Beweisen ist ein Grund, warum die Thesen der litauischen Forscherin Marija Gimbutas umstritten bleiben.[11] Sie behauptete, in der von ihr postulierten Alteuropa-Kultur des jungsteinzeitlichen unteren Donauraums seien die Geschlechter gleichberechtigt gewesen, und sogar der Ackerbau sei von Frauen erfunden worden (wie schon Christine de Pisan im 15. Jahrhundert schrieb).

Neue Methoden der Erbgutuntersuchung in der Archäologie zeigen jedoch, dass manche Wikinger, die mit Waffen begraben wurden, Frauen waren.[12] Auf jeden Fall können wir mit Sicherheit davon ausgehen, dass der feministische Ansatz traditionelle Annahmen (zum Beispiel, dass Frauen Pflanzen sammelten und die Nahrung zubereiteten, während die Männer jagten und Werkzeuge und Geschirr herstellten) als das bloßstellten, was sie sind – Annahmen.[13]

ÜBER UNWISSENHEIT SCHREIBEN

Zu Recht heißt es, die menschliche Unwissenheit sei »ein weites, unbeherrschbares und anscheinend unendliches Thema«.[14] Sich selbst Unwissenheit zuzuschreiben, wie Sokrates und Montaigne es taten, ist eine Sache; sie anderen zu unterstellen, etwas ganz anderes. Junge Leute glauben immer, dass Ältere keine Ahnung haben, die Älteren meinen, die Jugend sei unwissend. Die Mittelschicht hält die Arbeiterklasse oder die »Massen« für unwissend. Christen und Mohammedaner unterstellen den »Heiden« Unwissenheit, »zivilisierte« Menschen den »Wilden«, und wer lesen und schreiben kann, hält alle für unwissend, die es nicht können.

Zu den umwälzenden Neuerungen in der Alphabetisierungsarbeit Paulo Freires im Nordosten Brasiliens 1963 gehörte auch, dass er den Lehrern in der Erwachsenenbildung riet, nicht mehr anzunehmen, dass Analphabetismus gleich Unwissenheit sei, und bereit zu sein, von ihren Schülern zu lernen und sie als Gleichrangige zu behandeln, die fähig seien, ihre Umwelt kritisch zu beurteilen. Nachdem er die »Banking«-Theorie der Bildung mit ihrer Grundannahme, der Lehrer wisse alles, die Schüler nichts, aufgegeben hatte, stellte Freire fest, dass er Erwachsenen in 40 Stunden Lesen und Schreiben beibringen konnte.[15]

Wie in Kapitel 1 beschrieben, werden frühere Zeitalter häufig als Epochen der Unwissenheit gesehen. Genauer wie auch bescheidener könnte man wohl sagen, dass jedes Zeitalter eines der Unwissenheit ist, und zwar aus drei Hauptgründen.

Erstens spiegelt sich die spektakuläre Zunahme des gemeinschaftlichen Wissens in den letzten beiden Jahrhunderten nicht im Wissen des Einzelnen wider. Die Menschheit insgesamt weiß mehr als je zuvor, aber die meisten Menschen wissen kaum mehr als ihre Vorfahren.

Zweitens ist jedes Zeitalter eines der Unwissenheit, weil mit der Zunahme des Wissens auf einzelnen Gebieten der Wissensverlust auf anderen verbunden ist. Der Nachteil der allgemeinen Kenntnis von Weltverkehrssprachen wie Englisch, Spanisch, Arabisch oder Chinesisch ist das immer raschere Aussterben anderer Sprachen. 50 bis 90 Prozent der heute noch etwa 7000 Sprachen der Welt sollen Berechnungen zufolge im Jahr 2100 keine Sprecher mehr haben.[16] Wissen, das nur in den Köpfen gespeichert ist und mündlich weitergegeben wird, ist besonders gefährdet, wie etwa heute bei Indianerstämmen im Amazonasbecken, denn »wenn die Alten eines Stammes sterben, stirbt ein Großteil, wenn nicht der größte Teil, ihrer Weisheit mit ihnen«.[17] Wenn auf der Konzeptebene ein Modell oder Paradigma durch ein anderes abgelöst wird, bedeutet das nicht nur einen Gewinn, sondern auch Verlust, den »Kuhn-Verlust«. So wird der Schwund an Erklärungspotenzial für manche Erscheinungen bezeichnet, der dabei eintritt, denn jedes Paradigma konzentriert sich auf wenige bestimmte Realitätsmerkmale, auf Kosten der anderen Merkmale.[18]

Drittens ist die rasche Zunahme der Informationsmenge besonders in den letzten Jahrzehnten nicht mit einer Wissenszunahme identisch, wenn man unter Wissen die Menge der geprüften, verarbeiteten und eingeordneten Daten versteht. Jedenfalls halten Organisationen aller Art, besonders Behörden und große Konzerne, eine immer größere Menge der Informationen geheim, die sie sammeln. Angeblich wurden in den USA im Jahr 2001 »ungefähr fünfmal so viele Druckseiten« an Geheimdokumenten wie Seiten in veröffentlichten Büchern und Zeitschriften produziert, und dieses Verhältnis soll seitdem noch unausgewogener geworden sein.[19]

Aus all diesen Gründen ist die Vorstellung einer »Unwissenheitsexplosion«, nach dem Titel eines Buches, das der polnisch-amerikanische Ingenieur Julius Lukasiewicz 1992 herausbrachte, nicht so widersinnig, wie sie zuerst erscheinen mag.[20] Es heißt oft, wir lebten in einer »Informationsgesellschaft« oder »Wissensgesellschaft«, in der Arbeiter und Bauern durch »Wissensarbeiter« ersetzt werden, aber genauso gut könnte man sagen, dass wir in einer »Unwissenheitsgesellschaft« lebten. Immer mehr Information wird angehäuft, und das heißt, es gibt immer mehr, was man als Einzelner nicht weiß.

Wie sind wir in diese Lage geraten? Wie sehr unterscheidet sie sich von der in früheren Jahrhunderten? Menschen glauben schon immer gern, dass die jeweils eigene Epoche sich von der Vergangenheit stark unterscheide. Diese Einstellung wird durch Schlagzeilen wie »zum ersten Mal« oder »nie zuvor« noch gefördert. Autoren der Epochen, die wir als Renaissance und Aufklärung kennen, sahen sie jeweils in dramatischen Ausdrücken als Befreiung von der Unwissenheit. Der Chronist Filippo Villani schrieb um 1400 über die Wirkung des Malers Cimabue, dieser habe die »realistische« Abbildung wiederhergestellt, nachdem frühere Maler durch ihre »Unwissenheit« (*inscicia*) von diesem Standard abgewichen seien.[21]

Selbst in einer Zeit immer schnelleren kulturellen und gesellschaftlichen Wandels wie der unseren ist es nur zu einfach, die Lücke zwischen Vergangenheit und Gegenwart übertrieben zu zeichnen. Man sollte nicht übersehen, wie viel fortbesteht, und eine der Aufgaben des Stammes der Historiker ist es, die Öffentlichkeit daran zu erinnern. Im Folgenden biete ich einige solche Erinnerungen und hoffe, dabei nicht selbst in Übertreibung zu verfallen.

DIE MACHT DER METAPHER

Autoren, die über Unwissenheit schreiben, haben es schwer, bestimmte immer wiederkehrende bildliche Ausdrücke zu vermeiden. Im 18. Jahrhundert beklagten sich führende Vertreter der Bewegung, die sich selbst Aufklärung nannte, regelmäßig über die »Finsternis« der Unwissenheit, wie schon ihre Vorgänger in der Renaissance. Der Journalist Joseph Addison behauptete, er habe den *Spectator* gegründet, um »die Unwissenheit der Öffentlichkeit zu zerstreuen«, als ob es sich dabei um eine Art Nebel handele (300 Jahre später schrieb ein anderer Journalist vom »Smog der Unwissenheit«).[22] Der Historiker William Robertson stellte das frühe Mittelalter als eine Zeit vor, in der »die Unwissenheit der Epoche zu mächtig war ... die Dunkelheit zurückkehrte und sich über Europa legte, finsterer und tiefer als zuvor.«[23]

Eine Variante dieser Metapher waren die »Wolken der Unwissenheit«. Als Mary Astell ihren »ernsthaften Vorschlag« zur Einrichtung eines Frauencolleges schrieb, wollte sie damit »jene Wolke der Unwissenheit vertreiben«, in deren Schatten Frauen standen.[24] Die 1819 gegründete University of Alabama sollte »die Wolken der

Unwissenheit und des Vorurteils zerstreuen, welche schon so lange das Gesicht unseres Landes überschatten und verdunkeln«.²⁵ Diese Metapher wurde im *Historical Atlas* (1830) des britischen Anwalts Edward Quin mit dem Untertitel »Eine Reihe Karten der Welt, wie sie in verschiedenen Zeitaltern bekannt war« wörtlich genommen: Die jeweils bekannte Oberfläche der Welt war auf den Karten von schwarzem Gewölk umgeben, das die unbekannten Gebiete überdeckte.

Edward Gibbon nannte die barbarischen Invasoren des Römischen Reiches »eingetaucht in Unwissenheit«, als ob sie in einem Fluss oder Meer schwämmen.²⁶ David Hume bezeichnete das England des 13. Jahrhunderts als »im tiefsten Abgrund der Unwissenheit versunken«.²⁷ Die Aufklärung sollte nach der Absicht ihrer Vertreter die Menschheit aus dem »Schlaf« der Unwissenheit wecken oder den Geist aus ihren »Fesseln«, ihren »Ketten« oder ihrem »Joch« befreien.

DIE ERKUNDUNG DER UNWISSENHEIT

Jenseits der Metaphern die Ursachen und Folgen der Unwissenheit zu erforschen ist schwieriger, als sie anderen zu unterstellen. Als Forschungsgegenstand wurde die Unwissenheit selbst bis vor vergleichsweise kurzer Zeit ignoriert, auch wenn der Philosoph James Ferrier bereits in den 1850er-Jahren über die Möglichkeit einer solchen Erforschung geschrieben hatte. In dieser Hinsicht waren die erzählenden Schriftsteller den Gelehrten weit voraus.

So ist zum Beispiel in George Eliots *The Mill on the Floss* (1860) die Unwissenheit bereits ein wichtiges Thema und in ihrem Meisterwerk *Middlemarch* (1870/71) kaum zu übersehen. Maggie, die Heldin in *The Mill on the Floss*, sehnt sich zuerst nach Wissen und versucht dann, sich mit ihrer Unwissenheit abzufinden, worauf ihr Freund Philip bemerkt, »Dummheit ist nicht Ergebenheit, und Dummheit ist es, in der Unwissenheit zu verharren«. Die Autorin beschreibt den Handlungszeitraum ihres Romans, die Zeit ihrer eigenen Jugend, als »eine Epoche, in der es die Unwissenheit sehr viel bequemer hatte als heute und sich nicht aufwendig als Wissen verkleiden musste«.[28]

In *Daniel Deronda* (1876) fragte George Eliot, »wer hat die Macht der Unwissenheit gebührend erkannt und beschrieben?«[29] Ihre intensive Beschäftigung mit der Unwissenheit wird jedoch am deutlichsten in *Middlemarch*. Der Schluss des Romans »stellt heraus, wie schwierig es ist, andere Menschen zu kennen«, wie es ein Kritiker formuliert hat.[30] In diesem Fall wird die Schwierigkeit durch die Unwissenheit der beiden Hauptfiguren Dorothea und Will über die Gefühle des jeweils anderen dramatisiert. Die Unwissenheit spielt jedoch im Roman eine viel bedeutendere Rolle. Die Wörter *ignorance* und *ignorant* erscheinen im englischen Originaltext 59 Mal (sofern ich mich nicht verzählt habe) und beziehen sich nicht bloß auf Dorotheas Gefühl ihrer eigenen Unwissenheit, sondern auch auf die Unwissenheit vieler anderer Gestalten der fiktiven Ortschaft, in der die Handlung angesiedelt ist.

Henry James interessierte sich besonders für privates Wissen. In *What Maisie Knew* (1897) geht es in Wirklichkeit darum, was das kleine Mädchen Maisie *nicht* wusste, nämlich über seine Eltern. James' einprägsamstes Beispiel für die Beschäftigung mit der Unwissenheit, einem besonders angemessenen Thema für einen solchen Meister der Doppeldeutigkeit und indirekten Darstellung, ist *The Golden Bowl* (1904). Die Wörter *knowledge* und *ignorance* tauchen im Text häufig auf, und die Handlung konzentriert sich darauf, wie viel oder wie wenig die Hauptfiguren jeweils über einen bestimmten Vorfall wissen, und auch darauf, inwieweit sie wissen, wie viel oder wie wenig die *anderen* darüber wissen.[31]

Ein fachübergreifendes Unternehmen

Im Jahr 1993 konnte der Psychologe Michael Smithson einen Aufsatz über die Unwissenheit noch mit den Worten beginnen: »Es gilt immer noch als ein bisschen anrüchig, über Unwissenheit zu schreiben«.[32] Ähnlich drückte es drei Jahre später der französische Wissenschaftstheoretiker Théodore Ivanier aus.[33] Inzwischen hat sich die Lage sehr verändert.

Einige Forscher und Wissenschaftler traten schon früh auf den Plan. Wie wir gesehen haben, befasste sich Freud schon in seiner *Traumdeutung* (1899) mit der Unwissenheit. Zu den Pionieren der Erforschung der Unwissenheit in der Soziologie gehört Georg Simmel, der zu Beginn des Jahrhunderts das *Nichtwissen* untersuchte.[34] In der Wirtschaftswissenschaft beschäftigten sich Frank Knight und John Maynard Keynes in den 1920er-Jahren mit der Unwissenheit, und Friedrich von Hayek schrieb 1978 einen Aufsatz über die »Bewältigung der Unwissenheit«.[35]

Angesichts des Interesses, das große Autoren wie George Eliot und Henry James zeigten, ist es kein Wunder, dass Literaturwissenschaftler auch über die Unwissenheit geschrieben haben. Eine solche Studie untersucht das Wissen um die Unwissenheit »vom 1. Buch Mose bis zu Jules Verne«, eine andere konzentriert sich auf »Nichtwissen« als Merkmal modernistischer Literatur, und eine dritte, von Andrew Bennett, geht der Frage nach, inwieweit Autoren, Prosaiker wie Dichter, sich im Voraus bewusst sind, was sie schreiben werden und wie weit sie wissen, was ihre Texte bedeuten.[36] Allgemeiner sagt Bennett, »Unwissenheit kann man neu als Teil der Erzählung und weitere Kraft der Literatur auffassen, als Teil ihrer Performativität und tatsächlich als einen wichtigen Aspekt ihrer thematischen Konzentration«.[37]

In der Philosophie, wo das Problem des Wissens schon lange ein zentrales Thema ist, gab es in den 1990er-Jahren eine Wendung zu einem Interesse an der Unwissenheit. Damals wurde, wie bereits erwähnt, der Begriff »Erkenntnistheorie der Unwissenheit« geprägt.[38]

Im Fall der Medizin gab es eine ungewöhnlich frühe Institutionalisierung. Bereits 1981 erschien die Studie eines Anthropologen zur Unwissenheit in der Medizin, 1984 eine ganze *Encyclopaedia of Medical Ignorance*. Der Universalgelehrte und Arzt Lewis Thomas schrieb in einem Essay als Vorwort eines medizinischen Lehrbuches: »Wir sind nicht so freimütig, wie wir sein sollten, was das Ausmaß unserer Unwissenheit angeht ... Ich wünschte mir reguläre Seminare über medizinische Unwissenheit im Studium«.[39] Marlys Witte, Professorin an der University of Arizona, die Lewis Thomas als ihren Mentor nennt, setzte diesen Vorschlag in die Tat um, auch für »das, was wir bloß zu wissen glauben, ohne es wirklich zu wissen«, »das, was wir zu wissen glaubten, aber nicht wussten« und eine Diskussion über die Lehren aus Fehlern, »sowohl eigener wie fremder«. Trotz einiger Widerstände wurde Marlys Wittes Seminar *Ignorance 101* im Studienjahr 1985 erstmals angeboten und war so erfolgreich, dass es rasch durch einen jährlichen Sommerferienkurs für Dozenten und Studenten außerhalb der Universität ergänzt wurde.[40]

Eine dramatische Erinnerung an medizinische Unwissenheit ist jeweils der Ausbruch einer neuen Seuche, von der Beulenpest bis Covid-19 (Seuchen werden in Kapitel 12 ausführlich behandelt). Die Geschichte der Medizin bietet auch dramatische Beispiele für institutionelles Vergessen. Im 17. und 18. Jahrhundert entdeckten europäische Ärzte Elemente der chinesischen Medizin und wandten sie teilweise auch an, besonders Akupunktur und Moxibustion. Ab etwa 1800 dagegen lehnte die europäische Medizin diese alternativen Behandlungsmethoden als unwissenschaftlich ab, weil sich damals »ein einziges, zunehmend beherrschendes medizinisches System ... die völlige Alleinherrschaft über Heilmethoden und Theorien verschaffen wollte«.[41]

Erforschung der Unwissenheit

Frühe Beiträge zur Erforschung der Unwissenheit durch Ärzte, Philosophen und Psychologen waren noch mehr oder weniger isoliert voneinander, wie auch ihre Fachgebiete als Ganzes. Einige fanden Anfang der 1990er-Jahre dank einer internationalen Tagung über das Thema im Jahr 1991 und einer Sitzung der American Association for the Advancement of Science im Jahr 1993 zusammen. Die dort vorgetragenen Studien befassten sich mit der Unwissenheit aus dem Blickwinkel der Philosophie, Soziologie, Journalistik und Medizin.[42]

Inzwischen erscheinen Bücher und Artikel zur Unwissenheit in steigender Zahl. Soziologen von Deutschland bis Brasilien haben dazu Beiträge geleistet.[43] Die Agnotologie ist ein fachübergreifendes Unternehmen geworden. Das *Routledge Handbook of Ignorance Studies* bietet einen Überblick zum Stand der Forschung mit Kapiteln von 51 Autoren aus der Philosophie, Soziologie, Anthropologie, Wirtschaftswissenschaft, Politologie, Naturwissenschaft, Jurisprudenz und Literaturwissenschaft.[44]

Auf die Frage, wie sich in den letzten 40 Jahren ein so starkes Interesse an der Erforschung der Unwissenheit entwickeln konnte, gibt es mehr als eine mögliche Antwort. Eine davon betont die innere Entwicklung der Forschung. Beim Studium eines bestimmten Problems erweist es sich oft als erhellend, es auf den Kopf zu stellen oder von innen nach außen zu drehen und sein diametrales Gegenteil zu untersuchen. Gedächtnisforscher wenden sich so dem Vergessen zu, Sprachforscher befassen sich mit der Stille. Erfolg wird schon lange erforscht, aber jetzt zeigt die Wissenschaft auch Interesse daran, was man aus dem Scheitern lernen kann. Wissen zieht schon lange vermehrt Aufmerksamkeit auf sich, angeregt von der Diskussion um die »Wissensgesellschaft«, und fast unvermeidlich musste daraus die Erforschung der Unwissenheit folgen.

Was äußere Erklärungen angeht, so wird das Studium der Unwissenheit klar von den großen Fragen unseres eigenen Jahrhunderts angetrieben, besonders von der Beschäftigung mit den großen Katastrophen der jüngeren Vergangenheit wie den Terroranschlägen des 11. September 2001, der Sorge wegen aktueller Katastrophen (im Jahr 2021 besonders der Covid-19-Pandemie) und der Angst vor kommenden. Das wissenschaftliche Interesse wird auch durch die spektakuläre Demonstration von Unwissenheit durch bis vor Kurzem amtierende Staatsoberhäupter wie Donald Trump und Jaïr Bolsonaro geweckt. Auf der Ebene der Populärliteratur findet man mehrere Selbsthilferatgeber mit dem Titel *Die Kraft der Unwissenheit* (darunter auch eine Parodie des Genres).[45] Es wäre tröstlich, allerdings wohl zu optimistisch, könnte man annehmen, das steigende Interesse an der Unwissenheit sei ein Zeichen zunehmender geistiger Bescheidenheit in unserer Gesellschaft.

Kapitel 5

Geschichte der Unwissenheit

Eine Geschichte des Wissens, in der die Unwissenheit ausreichend berücksichtigt wird, muss erst noch geschrieben werden.

Robert DeMaria

Wie die Vertreter der im vorigen Kapitel besprochenen Fachgebiete sind auch die Historiker kritisiert worden, sie ignorierten Frauen in der Geschichte. Es folgten Versuche, die Lücke zu füllen, und gesteigertes Interesse an der Geschichte dieser Unwissenheit.

Frauengeschichte

Es ist behauptet worden, Frauen seien »vor der Geschichte versteckt worden«, frühere Historiker seien also unwissend gewesen, was die Geschichte einer Hälfte der Menschheit angeht. Tatsächlich sind bereits im 18. Jahrhundert drei bekannte Beispiele einer Geschichte der Frauen erschienen: *Essai sur le caractère, les mœurs et l'esprit des femmes dans les différens siècles* (1772) von Antoine Thomas, *Geschichte des weiblichen Geschlechts* (1788 – 1800) von Christoph Meiners und *The History of Women* (1796) von William Alexander.[1] Die Autoren und Verleger wandten sich offenbar an weibliche Geschichtsinteressierte, ein weiterer Beleg gegen die traditionelle Annahme weiblicher Unwissenheit.[2]

Weibliche Forscher konnten die Lücken im Geschichtswissen auffüllen, die ihre männlichen Kollegen übersehen hatten. Mary Ritter Beard behauptete, Männern »entgeht die Kraft der Frauen«, ihr Beitrag zum »Geschichtemachen« als Priesterinnen, Königinnen, Heilige, Ketzerinnen, Gelehrte und Haushaltsvorstände.[3] Lucy Salmon, Dozentin am Vassar College in den USA, schrieb eine Studie zum Hauspersonal und empfahl eine Vielzahl bisher vernachlässigter Quellen der Sozialgeschichte bis hin zu Wäschelisten und Küchengeräten.[4]

Eine Wendung zum Allgemeinen fand in den 1970er-Jahren statt, als Feministinnen männliche Historiker kritisierten, sie hätten Frauen bisher ignoriert. Natalie Davis, die Doyenne dieses Themas in den USA, schrieb, »die meisten heutigen Historiker erwähnen Frauen kaum jemals, wenn sie über die Reformation schreiben«.[5] In ihrem bekanntesten Buch *The Return of Martin Guerre* schaltete Natalie Davis ein Kapitel über Bertrande, die Ehefrau des Protagonisten, in die wohlbekannte Geschichte der beiden Martins ein, des Hochstaplers, der sich als ihr Ehemann ausgab, und des echten, der erst Jahre später zurückkam. Bertrandes Einstellung zu dem Mann, der ihr Gatte zu sein vorgab, war natürlich ein entscheidender Faktor in der Geschichte, aber frühere Historiker hatten sie vernachlässigt, wenn nicht ignoriert.[6]

Heute bildet die Anzahl der Fachhistoriker, die sich mit Arbeit, Körper, Religion und Schriften von Frauen befassen, einen dramatischen Gegensatz zur Lage vor 50 Jahren.[7] Oft sorgt die Einführung eines neuen Faktors in ein System für weitere Veränderungen im System, um den neuen Faktor einzubinden.[8] Natalie Davis vermutete, der Aufstieg der Frauengeschichte »werde gewiss einige

Veränderungen im Fachgebiet insgesamt bewirken«.[9] Eine davon ist das zunehmende Interesse am Privatleben, wie in der *History of Private Life*, die ursprünglich auf Französisch, 1985 bis 1987 in fünf Bänden erschien. Eine andere ist das steigende Bewusstsein für informelle Macht, hinter den Kulissen des Hofs und des Haushalts, ob nun von Frauen oder Männern ausgeübt.

GESCHICHTEN DER UNWISSENHEIT

Unter den 51 Beiträgern des erwähnten *Routledge Handbooks* findet sich kein einziger Historiker. In der Erforschung der Unwissenheit sind die Geschichtsforscher Nachzügler. Viele haben sich nebenbei mit ihr befasst, aber wenige haben sie zum Hauptgegenstand ihrer Forschungen gemacht.

Wissenschaftshistoriker wie Peter Galison und Robert Proctor, die sich als Doktoranden an der Harvard University Anfang der 1980er-Jahre begegneten, gehörten zu den ersten Geschichtsforschern, die über Unwissenheit schrieben. Proctor war erstaunt über den Mangel an Interesse seiner Professoren an den Ansichten gewöhnlicher Leute, von Kreationismus bis Rassismus, während Galison, zu dessen Physikdozenten auch Mitschöpfer der Atombombe gehört hatten, sich für Zensur und Geheimhaltung zu interessieren begann. Besonders Proctor hat in Zusammenarbeit mit Londa Schiebinger, einer weiteren Wissenschaftshistorikerin, viel für die Begründung des Studiums der Erzeugung oder Aufrechterhaltung von Unwissenheit getan, das sie als Agnotologie von der Agnoiologie unterscheiden, dem Studium der Unwissenheit allgemein.[10]

Vertreter der allgemeinen Geschichtswissenschaft hängen dagegen ihren Kollegen von der Wissenschaftsgeschichtsschreibung hinterher.[11] Obwohl das Interesse an der Geschichte des Wissens schon eine Weile zunimmt, »bleibt eine Geschichte des Wissens, die

die Geschichte der Unwissenheit gebührend berücksichtigt, noch zu schreiben«.[12] Dieser Rückstand mutet seltsam an, weil im Fall der Geschichtswissenschaft, wie in der Philosophie, bereits vor langer Zeit als Reaktion auf die Fragen der Skeptiker ein Interesse an der Unwissenheit entstand. Bereits im 17. Jahrhundert untergruben einige Skeptiker die etablierten Ansichten über die Vergangenheit, besonders in einem Buch über die Unsicherheit in der Geschichtswissenschaft von François la Mothe le Vayer.[13]

Im 18. und 19. Jahrhundert strukturierten einige Historiker ihre Bücher um die Idee des Fortschritts von der Unwissenheit zum Wissen. Das frühe Mittelalter wurde oft als Zeitalter der Unwissenheit dargestellt, als »dunkles Zeitalter«, im Gegensatz zu dem sich die Autoren des Zeitalters des Lichts, der Aufklärung, definierten. Der Philosoph und Historiker David Hume nannte das 10. und 11. Jahrhundert »jene Epoche der Unwissenheit« und »jene unwissenden Zeiten«. Auch Voltaire nannte das Mittelalter *»ces siècles d'ignorance«*.[14]

Unwissenheit wurde oft mit Analphabetismus in Zusammenhang gebracht. Der französische Forscher Bernard de Fontenelle vermutete in seinem Buch über die Herkunft von »Fabeln« (einschließlich der Sagen), Unwissenheit und Barbarentum seien nach der Erfindung der Schrift zurückgegangen.[15] Ähnlich hoch bewertet wird die Erfindung der Schrift, zusammen mit der der Druckkunst, in der berühmtesten Geschichte des Fortschritts des Wissens und des Rückzugs der Unwissenheit, der »Skizze« des Fortschritts des menschlichen Geistes von Nicolas de Condorcet, die posthum erschien, nachdem ihr Autor als Aristokrat in der Französischen Revolution guillotiniert worden war.[16]

Die Tradition der Studien über den Krieg gegen die Unwissenheit hielt bis ins 19. Jahrhundert und darüber hinaus an; ein Beispiel aus dem viktorianischen England ist David Nasmiths *Makers of Modern Thought* (1892) mit dem Untertitel »500 Jahre Kampf (1200 bis 1699) zwischen Wissenschaft, Unwissenheit und Aberglauben«. Die

Verfasser solcher Bücher schrieben in einem triumphierenden Ton, der zeigte, sie waren sicher, dass der Krieg so gut wie gewonnen und ihr eigenes Zeitalter aufgeklärter als frühere sei. Mit anderen Worten: Sie legten die sogenannte Whig-Interpretation der Geschichte als Geschichte des Fortschritts zugrunde.[17]

Heute kehren einige Historiker nach langer Pause zum Studium der Unwissenheit zurück, ohne sich allerdings auf die Whig-These ihres unvermeidlichen Rückgangs festzulegen. Cornel Zwierlein und einige seiner deutschen Kollegen forschen unter diesem Gesichtspunkt zur Diplomatie und zur Geschichte des Imperiums; Zwierlein hat eine Essaysammlung zu diesem Thema herausgegeben. Alain Corbin, ein französischer Historiker, der für seine ungewöhnliche Themenwahl von Gerüchen bis zu Glocken bekannt ist, hat eine Studie über die unbekannten Gebiete der Erde an der Wende zum 19. Jahrhundert geschrieben.[18] Im Deutschen Historischen Institut in London fand 2015 eine Tagung über »Unwissenheit und Nichtwissen in der frühneuzeitlichen Expansionsphase« statt. Viele andere Gebiete bleiben allerdings noch unerforscht.

Eine Geschichte der Schulen und Universitäten könnte sich zum Beispiel darauf konzentrieren, was nicht gelehrt wurde, das vom Erziehungstheoretiker Elliot Eisner als »Null-Kurrikulum« bezeichnet wird. Die Idee hinter diesem Schwerpunkt ist, dass »Unwissenheit nicht nur eine neutrale Leere ist; sie hat große Auswirkungen auf die Optionen, die man in Betracht ziehen kann, die Alternativen, die man wählen kann, und die Sichtweisen, aus denen man eine Lage oder ein Problem betrachten kann, eine Kirchturmperspektive oder unzulässig vereinfachende Analyse ist das unvermeidliche Geschöpf der Unwissenheit«.[19] Ähnlich kann die Untersuchung aufeinanderfolgender Auflagen von Nachschlagewerken zeigen, was in ihnen an verschiedenen Orten und zu verschiedenen Zeiten fehlte, besonders, wenn es entfernt wurde, weil es nicht mehr als richtig oder relevant galt.[20]

Ansätze und Methoden

Historiker, die sich mit der Unwissenheit befassen, stehen der grundsätzlichen Schwierigkeit gegenüber, etwas untersuchen zu sollen, das nicht da ist.[21] Gesellschaftswissenschaftler können diese Lücke mit eigenen Umfragen zum Beispiel zur Unwissenheit bei Wählern füllen, aber welche Quellen und Methoden gibt es für die Geschichte des Nichtvorhandenen?

Eine mögliche Lösung, eine eher traditionelle, wäre die Konzentration auf den Begriff der Unwissenheit, wie er in verschiedenen Epochen verstanden wurde. Francesco Petrarcas Brief »Über seine eigene Unwissenheit und die vieler anderer« ist bereits oft analysiert worden. Petrarca, Dichter und Gelehrter der Renaissance, zitiert darin Sokrates mit dem Satz, er wisse nur, dass er nichts wisse, verteidigt sich aber gegen die Behauptung von vier jungen Venezianern, er sei unwissend.[22] Die Argumente antiker und neuzeitlicher Skeptiker über die Grenzen des Wissens sind oft besprochen worden, auch im vorliegenden Buch. Die Theologie hat die Tradition eines »negativen Weges« zur Erkenntnis Gottes untersucht, wie wir in Kapitel 6 sehen werden.

Neuere Lösungsversuche des Problems sind indirekter Art, etwa so, als verfolge man Fußgänger anhand ihres Schattens. Einen dieser Ansätze könnte man die »Rückblickmethode« nennen, weil er sich anstatt auf die Zunahme des Wissens auf die Abnahme der Unwissenheit konzentriert. Wie der spanische Gelehrte Francisco López de Gómara in seiner *Allgemeinen Geschichte Westindiens* (1553) bemerkt, »enthüllte« die Entdeckung Amerikas »die Unwissenheit der weisen Antike« (*declaró la ignorancia de la sabia antigüedad*).[23]

Die Rückblickmethode ähnelt der »regressiven Methode« des französischen Historikers Marc Bloch bei der Erforschung landwirtschaftlicher Systeme.[24] Bloch wollte allerdings Kontinuitäten finden, während die Rückblickmethode Gegensätze zwischen Vergangenheit und Gegenwart betont. Sie steht dem Ansatz Lucien Febvres näher, eines Kollegen Blochs, der die Begrenzungen des französischen Denkens im 16. Jahrhundert über fehlende Begriffe erforschte, also Wörter, die es damals noch nicht gab.[25]

Ein zweiter Ansatz ist das Studium der »vielsagenden Lücken« nach dem Beispiel Sherlock Holmes'. Bei der Suche nach einem entführten Rennpferd fällt Holmes auf, dass der Wachhund in der Tatnacht nicht gebellt hat, wie es bei der Konfrontation mit einem gewöhnlichen Einbrecher normal wäre. Der Detektiv zieht daraus den Schluss, dass der Entführer dem Hund bekannt und vertraut war. Eine ähnliche vergleichende Methode praktizieren Unwissenheitshistoriker, um vielsagende Lücken aufzudecken, wie zum Beispiel der deutsche Soziologe Werner Sombart in seinem berühmten Essay über das Fehlen des Sozialismus in den USA, der seinerzeit in Deutschland sehr präsent war.[26]

Cornel Zwierlein zum Beispiel, der sich mit der Unwissenheit im Westen über die frühneuzeitliche Levante befasst, bemerkt das Fehlen bestimmter Bücher in Privatbibliotheken, insbesondere des Werks des großen arabischen Historikers Ibn Chaldun, sowie das Fehlen bestimmter Informationen in den vorhandenen Büchern dieser Bibliotheken.[27] Diese Praxis wird als »Nullgeschichte« bezeichnet, womit das Fehlen bestimmter Materialien zum Beispiel in einem Archiv als bedeutsame Erscheinung behandelt wird.[28] Auch der Vergleich der Texte mehrerer Reisender über denselben Ort enthüllt die Lücken, die jeder einzelne aufweist, sodass der Historiker sehen kann, was dem Autor entgangen ist.

Ein dritter Ansatz ist, die traditionelle triumphierende Einstellung auf den Kopf zu stellen und die Betonung des Rückzugs der Unwissenheit durch einen Bericht über ihr Voranschreiten oder sogar (wie schon beschrieben) ihrer »Explosion« zu ersetzen. Ein solcher Bericht erzählt von aussterbenden Sprachen, Bücherverbrennungen, Bibliothekszerstörungen, gemeinschaftlicher Fälschung von Entdeckungen, dem Tod von Wissensträgern und so weiter. Kurz, er erzählt von Verlierern statt Gewinnern, von Scheitern statt Erfolg.[29] Der Wert dieses Ansatzes besteht darin, dass er die Einseitigkeit der traditionellen Geschichte enthüllt, die Historiker als »Voreingenommenheit« bezeichnen. Seine Schwäche (wenn er isoliert betrieben wird) ist, dass er genauso einseitig ist, die andere Seite der Medaille.

Einen möglichen Weg, diese beiden Auslegungen der Geschichte miteinander zu versöhnen, schlug bereits in den 1950er-Jahren C. S. Lewis vor, Dozent in Oxford (besser bekannt als Autor fantastischer Literatur und Laientheologe). Lewis' Einleitung zu seiner Geschichte der englischen Literatur in der Renaissance trägt den fesselnden Titel »Neue Erkenntnis und neue Unwissenheit«. Der Autor behauptete, die Feindseligkeit der Humanisten in der Renaissance gegenüber der mittelalterlichen Philosophie sei eine Form der Unwissenheit, und verallgemeinerte seine These so: »Vielleicht schafft jede neue Erkenntnismethode sich Platz, indem sie eine neue Unwissenheit schafft ... Die Aufmerksamkeit des Menschen scheint begrenzt; jeder Nagel schlägt einen anderen aus.«[30] In dieser Hinsicht stimme ich Lewis zu, füge aber der Geschichte eine soziale Dimension hinzu, weil Unwissenheit, wie auch Wissen, gesellschaftlich bedingt ist.

Eine Sozialgeschichte der Unwissenheit

Die Geschichte der Unwissenheit gehört ebenso wie die des Wissens zur Geistesgeschichte, aber diese Geistesgeschichte kann man auf unterschiedliche Weise betrachten. Im vorliegenden Buch wird die Sozialgeschichte der Unwissenheit betont, das Gegenstück zur Sozialgeschichte des Wissens. Eine Hauptfrage in allen menschlichen Interaktionen, so bemerkte Lenin 1921, sei »Wer zu wem«

(*кто кого?*). In einer Studie zur Kommunikation formulierte der Politologe Harold Lasswell die Frage ausführlicher und schuf die berühmte Formel: Wer sagt was zu wem?[31]

Entsprechend befasst sich die Sozialgeschichte mit der Frage: Wer ist unwissend hinsichtlich wessen? Sie unterscheidet zum Beispiel die Unwissenheit gewöhnlicher Menschen (Laien, Normalbürger, Wahlvolk, Verbraucher) von der der Eliten (Herrschende, Generäle, Wissenschaftler und so weiter) und untersucht die Zusammenhänge zwischen beiden. Das führt sie dazu, den Einsatz der Unwissenheit zu bewerten, besonders ihre Rolle bei der Herrschaft einer Gruppe (Klasse, Rasse oder Geschlecht) über eine andere. Aus diesem Ansatz folgt, dass man den Begriff der Unwissenheit, wie den des Wissens, eigentlich in der Mehrzahl gebrauchen müsste, obwohl die Wörter *ignorances* und *knowledges* im Englischen ungewohnt klingen mögen, anders als *savoirs* im Französischen oder *saberes* im Spanischen.

Sozialhistoriker können sich auch mit der »Bewältigung der Unwissenheit« (Zwierlein) befassen, also damit, wie Forscher, Wissenschaftler, Missionare, Kolonialverwalter und so weiter auf bestimmte Arten der Unwissenheit reagierten, wenn sie sich ihrer bewusst wurden, zum Beispiel, indem sie Versuche, Umfragen oder Feldforschungen durchführten.[32]

Manche Formen der Unwissenheit werden von bestimmten gesellschaftlichen Gruppen einer Zivilisation geradezu gefordert. Im Europa der Frühen Neuzeit sollte ein Gentleman zum Beispiel nichts oder wenigstens nicht zu viel über Geld wissen und sich nicht auf ein Handwerk verstehen, weil die Oberschicht auf körperliche Arbeit herabschaute. Die Damen wiederum sollten über viele Themen nicht Bescheid wissen, von klassischer Bildung bis zur Sexualität (wenigstens bis zur Heirat).

Die britische Botanikerin Marie Stopes, bekannt wegen ihres Einsatzes für Eugenik, Frauenrechte und Geburtenkontrolle Anfang des

20. Jahrhunderts, war schockiert über das kollektive Verschweigen der Sexualität in der Welt der Frauen der Mittelschicht und die Unaufgeklärtheit der unverheirateten Mädchen. Sie zitierte einen Brief eines dieser Mädchen mit den Worten: »Bei der Hochzeit wusste ich praktisch nichts über das Eheleben, niemand hatte je mit mir darüber gesprochen und mir erzählt, was ich hätte wissen müssen, so dass ich ein unsanftes Erwachen hatte.«[33] Michel Foucault, der gern die eingeführte Ansicht auf den Kopf stellte, behauptete, das »viktorianische Regime« der Sexualität sei im Gegenteil nicht von Schweigen und Heimlichtuerei geprägt gewesen, sondern im Gegenteil »derjenige Aspekt des Regimes, mit dem es sich mehr als mit jedem anderen beschäftigte und plagte«. Wie immer muss man jedoch zwischen den verschiedenen Einstellungen unterscheiden: der offiziellen und der inoffiziellen, der männlichen und der weiblichen, der elterlichen und der ihrer Kinder.[34]

Viele Formen der Unwissenheit gelten jedoch weithin als selbstverschuldet. Die Gläubigen in den protestantischen Ländern Europas waren entsetzt, wenn jemand die Bibel nicht kannte (im katholischen Teil Europas konnten Laien jedoch durch allzu großes Interesse an der Bibel in den Verdacht der Ketzerei kommen). Von Damen wurde erwartet, dass sie einen Haushalt führen, Stickereien anfertigen, singen, Klavier spielen, Noten lesen konnten, Stücke bekannter Komponisten erkannten und eine schöne Handschrift hatten.

Für Männer dagegen galt eine klassische Bildung lange als unverzichtbar. Jeder Gebildete im Westen sollte, besonders in der Zeit zwischen 1500 und 1900, Sagen, Geschichte, Literatur und Philosophie der griechischen und römischen Antike kennen oder zumindest Anspielungen darauf erkennen. Auch in der Heraldik durfte ein Gentleman keine Unwissenheit zeigen und musste ebenso die Fachbegriffe der Wappenkunde beherrschen (»Bastardbalken«, »verwechselte Tinktur«, »Helmzier« und so weiter). In

Walter Scotts Roman *Rob Roy* (1817), der im 18. Jahrhundert spielt, zeigt sich ein älterer Herr entsetzt über die Unwissenheit eines jüngeren auf diesem Gebiet. »Wie! Ihr kennt die heraldischen Figuren nicht! Was hat sich Euer Vater nur gedacht?«

Die Sozialgeschichte der Unwissenheit lässt sich unmöglich von ihrer politischen Geschichte trennen. In einer Reihe von Fällen wird die Frage unumgänglich sein, wer (Männer, Bürgertum, Herrschende, Konzerne) wen (Frauen, Arbeiterklasse, Volk, Verbraucher) in Unwissenheit hält und warum. Bathsua Makyn, eine englische Gelehrte des 17. Jahrhunderts, klagte, Frauen werden »absichtlich unwissend gehalten, um als Sklavinnen zu dienen«, eine Behauptung, die, wie schon erwähnt, Mary Astell und Gabrielle Suchon im 17. und die anonyme Sophia im 18. Jahrhundert wiederholten.[35]

Wie bereits gesagt, ist Unwissenheit ein Oberbegriff; man muss sich mit ihren verschiedenen Arten befassen und sie als eine Reihe verschiedener Formen der Unwissenheit mit ihren eigenen Erklärungen und Folgen sehen. Ebenso wichtig ist es, sie von verschiedenen Standpunkten aus zu untersuchen und die Ansichten sowohl der Missionare wie der Wilden, der Eliten und der Massen, Männer und Frauen, Arbeiter und Chefs, Soldaten und Offiziere und so weiter zu berücksichtigen, in der Hoffnung, damit eine »polyphone« (wie sie manchmal genannt wird) Geschichtsschreibung zu erreichen.[36]

Kapitel 6

Unwissenheit in der Religion

Kein Mensch darf behaupten, er wisse oder glaube etwas, wenn es für diese Behauptung keine wissenschaftliche Grundlage gibt.

T. H. Huxley

Das Material, auf dem dieses Kapitel aufbaut, ist ebenso umfangreich wie vielfältig. Die Unwissenheit spielt in der Theorie und Praxis der Religion verschiedene Rollen, am auffälligsten in der apophatischen Richtung der Theologie, die davon ausgeht, dass der Mensch von Gott nur sagen könne, was er nicht ist, was die Erkenntnis Gottes »indirekt durch unser Unwissen« ermögliche.[1] Man könnte Religion überhaupt als Reaktion auf die menschliche Unwissenheit bezeichnen, auch wenn religiöse Führer oft mit großem Selbstvertrauen behaupten, sie kennten die Absichten Jehovahs, Gottes oder Allahs. Andererseits ist Religion auch schon als absichtliche Schaffung eines Mysteriums erklärt worden, wie im berüchtigten Traktat über die »drei Hochstapler« (gemeint sind Moses, Jesus von Nazareth und Mohammed) aus dem 18. Jahrhundert.[2]

Unwissenheit wird gern Gruppen zugesprochen, die eine andere Religion als der Sprecher haben, und dadurch ihr Glaubenssystem als fehlendes Wissen anstatt als Ausdruck eines anderen, konkurrierenden Wissens hingestellt. Wie schon erwähnt, nennen die Mohammedaner die Epoche der Vielgötterei, die dem Islam vorausging, das »Zeitalter der Unwissenheit«, während christliche Missionare oft von der »Unwissenheit« der Nichtchristen sprechen, gern auch von »Abgötterei« und »Aberglauben«. Innerhalb jeder Religion gibt es Sekten, die einander der Unkenntnis des wahren Glaubens beschuldigen, während die Gläubigen einer der großen Weltreligionen gewöhnlich nur wenig über die jeweils anderen wissen. Agnostiker dagegen nehmen für sich selbst nach dem Beispiel des Sokrates Unwissenheit in Anspruch.

Dieses Kapitel befasst sich nacheinander mit der Unkenntnis eigener Glaubensinhalte innerhalb der Geistlichkeit wie unter Laien, mit der Unkenntnis der Glaubensinhalte anderer Religionen, mit bewusster Unkenntnis des Göttlichen in ihren zwei Hauptformen, dem »negativen Weg« und dem Agnostizismus, sowie zuletzt mit dem nachlassenden Interesse an Theologie, einer mehr oder weniger bewussten Entscheidung, sie zu ignorieren.

Geistlichkeit

Gleich anderen großen Organisationen wie Behörden, Firmen und Armeen sind auch Kirchen mit großer Wahrscheinlichkeit Stätten der »Organisations-Unwissenheit«. Ich meine hier nicht die kürzlich in der Katholischen wie der Anglikanischen Kirche von England aufgedeckten Fälle sexuellen Missbrauchs, weil die Bischöfe, in deren Diözesen diese Fälle auftraten, eher der Vertuschung der Vorgänge angeklagt werden könnten als ihrer Unkenntnis. Hier geht es vielmehr um die Lücken im Wissen und in der Verständigung zwischen Pfarre und Bistum, ein unter Kirchenhistorikern meines Wissens immer noch vernachlässigtes Gebiet.

Mehr weiß man über die Unkenntnis der Glaubensinhalte unter Geistlichen, besonders unter den Gemeindepfarrern – ein altes Problem, das in der Reformation unter Katholiken wie Protestanten große Bedeutung gewann. Im Mittelalter studierten Priester noch nicht wie heute am Priesterseminar oder einer Universität, sondern durchliefen eine Art informeller Lehrzeit, schauten dem Pfarrer, der sie betreute, die liturgischen Gebräuche ab, während sie ihm assistierten, und sammelten Bruchstücke an religiösem Wissen auf.[3] Bereits damals wurde das Fehlen einer geregelten Priesterausbildung als Problem erkannt: Ein Konzil der englischen Bischöfe im 13. Jahrhundert brachte einen »sehr einflussreichen und langlebigen« Plan zur Laienbildung zustande, der unter seinen Eingangsworten *Ignorantia sacerdotum* (Die Unwissenheit der Priester) bekannt ist.[4] Mitte des 16. Jahrhunderts ergaben Gemeindevisitationen in der Diözese Mantua, wie »unwissend« (*nihil sciens*) die Priester waren.[5] 1561 beschrieb der Bischof von Carlisle die Priester seines Bistums als »größtenteils ausgesprochen unwissend und starrköpfig«.[6]

Martin Luther und andere Reformatoren verurteilten besonders scharf die »stummen Hunde, die nicht bellen können« und meinten damit (katholische) Priester, manchmal auch (evangelische) Pastoren, denen es an Bildung und daher an der Fähigkeit fehlte, den Glauben zu predigen und der Unwissenheit ihrer Pfarrkinder abzuhelfen.[7] Die »stummen Hunde« sind ein Zitat aus dem Alten Testament; an derselben Stelle (Jes 56,10) beklagt der Prophet Jesaja auch, Gottes Wächter seien »blind, sie alle erkennen nichts«, eine Erinnerung daran, dass dieses Problem nicht auf die Christenheit, Europa oder die Reformationszeit beschränkt ist.

Als Reaktion auf diese Kritik entstanden ab der zweiten Hälfte des 16. Jahrhunderts im katholisch gebliebenen Teil der Welt Priesterseminare, die den zukünftigen Geistlichen die Glaubensinhalte vermittelten, die sie den Laien beibringen sollten, während von lutherischen und calvinistischen Pastoren zunehmend ein

Theologiestudium an der Universität erwartet wurde. Der niederen Geistlichkeit in den orthodoxen Kirchen des Ostens fehlten solche Ausbildungsstätten allerdings weiterhin. Ein französischer Kapuzinermissionar fand 1651 im syrischen Aleppo, die Patriarchen der syrischen und armenischen Orthodoxie seien »äußerst unwissend« (*sono molto ignoranti*).[8] Als der Jesuitengelehrte Ruđer Bošković (der aus Dubrovnik stammte) auf einer Reise in Bulgarien mit einem Dorfpriester sprach, meinte er später: »Seine Unwissenheit und die aller anderen armen Menschen dort ist unglaublich ... sie kennen weder das Vaterunser noch das Glaubensbekenntnis oder die grundlegenden Mysterien des Glaubens«. Ein späteres Gespräch mit einem anderen Popen enthüllte, dass dieser »von Rom nichts weiß, weder vom Papst noch von Glaubensdisputen, und er fragte mich, ob es in Rom auch Priester gebe«.[9]

Dass christliche Missionare oft, wenn auch nicht immer, unwissend waren, was die religiösen Überzeugungen der Menschen anging, die sie zum Christentum konvertieren wollten, wird in einem späteren Abschnitt besprochen.

Laien

Ob es der Reformation nun gelang, die Unkenntnis der christlichen Glaubensinhalte unter den Laien zu vermindern oder nicht, jedenfalls hinterließ sie Quellen dazu, anhand derer wir diese Unwissenheit erforschen können. Zu diesen Quellen zählen nicht nur Klagen von Predigern, sondern auch Berichte der Visitatoren über die Pfarren. Mit ihrer Hilfe können Historiker in die Fußstapfen der frühneuzeitlichen Geistlichen, katholischer wie protestantischer, treten, die untersuchen wollten, was ihre Gemeindemitglieder über den Glauben wussten, und oft entsetzt feststellen mussten, was diese alles nicht wussten.

In England zum Beispiel schrieben Geistliche im 16. Jahrhundert, »die Armen kennen nicht einmal das Vaterunser«, und »viele sind so unwissend, dass sie nicht wissen, was die Heilige Schrift ist; sie wissen nicht, dass es eine Heilige Schrift gibt«.[10] Der Bischof von Bangor in Wales erklärte, in seiner Diözese halte »die Unwissenheit viele in den Niederungen des Aberglaubens fest«.[11] Nachdem die protestantischen Visitationen in den reformierten deutschen Ländern wie zum Beispiel in Sachsen 1527 bis 1529 »eine entsetzliche Unwissenheit hinsichtlich des Glaubens« ergeben hatten, schrieb Luther seine beiden Katechismen, einfache Darstellungen des Glaubens für einfache Gläubige.[12] Die gründlichsten Erhebungen der Glaubenskenntnisse unter Laien waren wohl die »Hausverhöre« (*husförhör*) im frühneuzeitlichen Schweden. Dabei ging der Pastor von Haus zu Haus seiner Gemeinde und befragte alle Hausbewohner nach ihren Kenntnissen des Glaubens und der Bibel.[13]

Die Frage-und-Antwort-Form der Katechismen wurde später von der Katholischen Kirche für denselben Zweck übernommen, auch wenn die Gläubigen nicht immer verstanden, was sie da auswendig lernten. Die Kirche wollte erreichen, dass die Gläubigen die religiösen Lehren glaubten, nicht dass sie sie verstanden, weil der Versuch zu verstehen leicht in die Ketzerei führen konnte.[14]

In Italien zum Beispiel drehten sich die Fragen der bischöflichen Visitatoren eher um den Zustand der Kirchen und der Geistlichkeit als um die Glaubenskenntnisse der Pfarrkinder. Erst allmählich begannen die Bischöfe nicht nur zu fragen, wie viele Gläubige beichteten und die Kommunion nahmen, sondern auch, ob jemand in der Gemeinde »den Glauben und die Dogmen der Kirche kritisiert« oder »der Ketzerei verdächtig ist«. Schließlich sehen wir zum Beispiel 1821 in Venedig den Pfarrer einer armen Gemeinde, der die Gleichgültigkeit beklagt, die seine Pfarrkinder in Unwissenheit des Glaubens belasse.[15]

Man muss dabei natürlich zwischen den Glaubenskenntnissen an verschiedenen Orten zu verschiedenen Zeiten und in verschiedenen gesellschaftlichen Gruppen unterscheiden. Im frühneuzeitlichen Spanien zum Beispiel wussten die nach 1492 zum Christentum zwangskonvertierten Mohammedaner wenig über ihre neue Religion. Der Grund für ihre Unwissenheit war (nach einem kurzen missionarischen Zwischenspiel im zurückeroberten Granada in den 1490er-Jahren) mangelnde Unterweisung im neuen Glauben. Ein großes Hindernis dafür wiederum war, dass die meisten Pfarrer in diesem Gebiet kein Arabisch konnten.[16]

Getauften spanischen Juden, den sogenannten *conversos*, erging es ähnlich. Ende des 15. Jahrhunderts war »die Einstellung vieler *conversos* zu ihrem neuen Glauben eine tiefe Unwissenheit«. Ihnen fehlte eine »systematische Unterweisung in christlichen Glaubensinhalten und Gebräuchen«.[17] Weil sie nicht länger von Rabbinern betreut wurden, ging ihnen auch das Wissen um ihren alten Glauben allmählich verloren. Jüdische Glaubensinhalte wurden zwar teilweise an die nächste Generation weitergegeben, aber in einer vereinfachten Form, die sie einerseits gegen das Christentum abgrenzen sollte, jedoch andererseits von ihm beeinflusst war.[18]

In vielen lange christianisierten Gebieten waren die Laien allerdings nicht besser über den Glauben informiert. Im England der Frühen Neuzeit beklagten sich gebildete Männer, besonders Geistliche, oft über »das unwissende heidnische Volk«, das »so wenig von Gott weiß ... wie die Heiden selbst«.[19] Diese Klagen über die Unwissenheit der Laien betrafen hauptsächlich die »dunklen Ecken im Lande«, besonders den Norden und Westen. Sir Benjamin Rudyerd, ein frommer Laie, klagte zum Beispiel 1628 im britischen Unterhaus, in Nordengland und Wales gebe es Orte, »da Gott wenig besser bekannt ist denn unter den Indianern«.[20]

Diesen Vergleich zog nicht nur Rudyerd. In Italien und Spanien waren damals manche ländlichen Gebiete als »diesseitiges Indien«

(*Indie di qua*) oder »das andere Indien« (*otras Indias*) bekannt, weil ihre Bewohner genauso der Missionare bedurften wie die Asiens und Amerikas. Mehrere italienische und spanische Missionare, die im Apennin und den Abruzzen wirkten, hatten sich dazu von Schriften über die Indianermission inspirieren lassen. Einer nannte die Insel Korsika »mein Indien« (*la mia India*).[21]

MISSIONARE

Das 16. Jahrhundert war nicht nur das Zeitalter der Reformation, sondern auch das der Verbreitung des Christentums über Europa hinaus. Insbesondere die Jesuiten wurden zu einem weltweiten Orden und trugen beträchtlich zur kulturellen Globalisierung bei. Den katholischen Missionaren folgten ab dem 17. Jahrhundert die protestantischen, etwa die Lutheraner und Calvinisten in Indien oder die Mährischen Brüder in Amerika von Pennsylvania bis Niederländisch-Guayana.

Bei allen Schwierigkeiten, mit denen sie zu kämpfen hatten, genossen die Missionare einen bedeutsamen Vorteil vor ihren Kollegen zu Hause. Sie wussten, dass die Eingeborenen, die sie bekehren wollten, nichts über das Christentum wussten. Missionare in Südindien wie der Katholik Roberto di Nobili und der Protestant Bartholomäus Ziegenbalg beschrieben ihre Neubekehrten mit dem tamilischen Begriff *akkiyanam* (»Unwissenheit«).[22] Dass ihre Schäflein unwissend seien, ist ein Gemeinplatz in den Schriften von Missionaren.[23] Diese Ansichten teilten mitunter auch die Bekehrten selbst. Im südafrikanischen Xhosaland, wo es Anfang des 19. Jahrhunderts eine methodistische Mission gab, bekannte einer von ihnen, die christliche Botschaft sei ihm »zu einem Ohr hinein und zum anderen wieder hinaus« gegangen. Sein Fall scheint nicht ungewöhnlich gewesen zu sein.[24]

In den »dunklen Ecken« des frühneuzeitlichen Europas war die Lage weniger eindeutig. Manche Binnenmissionare begannen ihre Bekehrungsarbeit in einem solchen Gebiet damit, dass sie zunächst den Gläubigen Fragen stellten, die ausführlicher formuliert waren als bei bischöflichen Visitationen. Mitte des 17. Jahrhunderts traf dabei im süditalienischen Eboli eine Gruppe Jesuiten auf einheimische Schäfer. »Wir fragten sie, wie viele Götter es gebe, und einer antwortete hundert, ein anderer tausend, ein dritter mit einer noch höheren Zahl.« Möglicherweise waren Jesuiten angewiesen, diese Frage zu stellen, weil einige Jahre später ein jesuitischer Missionar in der Bretagne namens Julien Maunoir feststellte, die Einwohner der Insel Ushant seien »nicht in der Lage, die Frage zu beantworten, wie viele Götter es gibt«. Eine etwas weniger offen formulierte Fassung benutzten die Missionare des heiligen Vinzenz von Paul 1652 gegenüber den Leuten von Niolo auf Korsika: »Ob es einen einzigen Gott gebe, oder ihrer viele«.[25]

Hätten die Bewohner dieser drei Orte schon etwas über das Christentum gewusst, wären sie über diese Frage aus dem Mund schwarzberockter Priester sicher sehr überrascht gewesen und hätten wohl nach einer Antwort gesucht, die dem Fragesteller gefallen würde. Das Modell des »diesseitigen Indien« kann auch zu Missverständnissen geführt haben. Manche Geistliche übertrieben wahrscheinlich die Unwissenheit, auf die sie stießen, und nahmen an, wie es Gebildeten oft ergeht, dass Analphabeten wenig oder nichts wissen.

Weit seltener als über die Unwissenheit der Laien wird über die der Missionare selbst gesprochen. Meist wussten sie wenig bis nichts über die Kultur, in die sie entsandt wurden, angefangen mit der Sprache.

Schauen wir wieder nach Xhosaland. Es scheint, dass die Missionare Anfang des 19. Jahrhunderts wenig oder nichts über den traditionellen Glauben der dortigen Menschen wussten, der unter anderem auch die Vorstellung einer unpersönlichen Gottheit umfasste. Diese Vorstellung machte es den Xhosa schwer, die christliche Botschaft zu verstehen.[26] In jedem Fall hatten viele Missionare, die Anfang des 19. Jahrhunderts nach Afrika geschickt wurden, »wenig oder keine Ausbildung und waren sogar der Überzeugung, Ausbildung, Studium und Theologie seien ziemlich sinnlos. Was man brauche, sei Bibelfestigkeit, ein starker Glaube und eine laute Stimme.«[27] Die gefährliche Kombination von Unwissenheit und Überheblichkeit bei manchen Missionaren wird auch in Studien zur Missionstätigkeit in Albanien nach dem Fall des Kommunismus 1991 herausgestellt.[28]

Es könnte erhellend wirken, die Geschichte der Mission aus dem Blickwinkel der jeweiligen Unwissenheit der beiden beteiligten Seiten übereinander zu betrachten, beziehungsweise der drei beteiligten Seiten, wenn man die Missionare vor Ort ihrem Vorgesetzten am Schreibtisch zu Hause gegenüberstellt, was unter das Thema der in Kapitel 2 eingeführten Organisations-Unwissenheit fällt. William Burton, ein Pfingstlermissionar im Kongo Anfang des 20. Jahrhunderts, schrieb: »Wie viele hundert Missionen sind dadurch behindert worden, dass ein Ausschuss in der Heimat die Leitung hatte? Männer im Lehnsessel und im Büro wagten es, die Arbeit der Missionare in einem Gebiet zu bestimmen, das sie nie gesehen hatten, und die unter Bedingungen stattfand, über die sie nichts wussten.«[29]

Das Hauptthema eines solchen Ansatzes der Missionsgeschichte könnte sein, wie die beteiligten Seiten lernten, einander mehr oder weniger gut zu verstehen. Anfang des 20. Jahrhunderts widmeten sich manche Missionare bereits nicht mehr nur dem Studium der Sprache, sondern auch der traditionellen Glaubensvorstellungen derjenigen, die sie bekehren wollten. Einige schrieben sogar Bücher dazu; der Engländer John Roscoe zum Beispiel im Jahr 1911 einen Bericht über den Stamm der Baganda (im heutigen Uganda), der

Schweizer Henri Junot 1912 *Life of a South African Tribe* (die Tsonga) und der Belgier Placide Tempels 1945 seine Auslegung der *Bantu Philosophy*. Diese Missionare waren im Grunde Amateur-Anthropologen. Einige von ihnen wechselten später in dieses Fach über; bekannt ist Maurice Leenhardt, französischer Missionar auf Neukaledonien, der Professor in Paris wurde.[30]

Unkenntnis der eigenen Religion im 21. Jahrhundert

Im Zeitalter der Umfragen, unter anderem von Wählern und Verbrauchern (die in späteren Kapiteln besprochen werden) sind unter der Bevölkerung der Vereinigten Staaten und Großbritanniens nicht nur Stichproben zu den religiösen Überzeugungen, sondern auch zu den religiösen Kenntnissen der Menschen durchgeführt worden. In Großbritannien konnten 2009 weniger als 5 Prozent der Befragten die Zehn Gebote vollständig aufzählen (es ist vielleicht besser, dass ihnen traditionelle Katechismusfragen zum Beispiel über das Wesen der Dreifaltigkeit oder der Transsubstantiation erspart bleiben).[31]

In den USA führte das Pew Forum 2010 eine Umfrage zum Thema »Wer weiß was über Religion?« durch. Den Teilnehmern wurden 32 einfache Fragen gestellt, die Antworten zusätzlich durch eine vorgegebene Auswahl zum Ankreuzen erleichtert. Der Durchschnittsteilnehmer erzielte 16 von 32 möglichen Punkten, aber die Umfrage zeigte beträchtliche Unterschiede im religiösen Wissen auf.

Am oberen Ende der Skala [richtig beantworteter Fragen] wussten mindestens acht von zehn Amerikanern, dass in den öffentlichen Schulen der USA das Schulgebet verboten ist, dass ein Atheist jemand ist, der nicht an Gott glaubt, und dass Mutter Teresa katholisch war. Am unteren Ende des Spektrums stand die Frage nach Moses Maimonides, einem Philosophen des 12. Jahrhunderts und Verfasser des Religionskodex *Mischneh Torah*; nur 8 Prozent wussten, dass er Jude war.[32]

UNKENNTNIS ANDERER RELIGIONEN

Unkenntnis anderer Religionen, oft mit Verachtung verbunden, gibt es schon sehr lange, nicht zu vergessen die Unkenntnis des jeweils anderen in Disputen zwischen Katholiken und Protestanten oder zwischen Anhängern dieser beiden Richtungen und denen orthodoxer Ostkirchen. Im 16. Jahrhundert zum Beispiel war die Griechisch-Orthodoxe Kirche »ein blinder Fleck in der frühen Reformationstheologie«.[33]

»Die Natur duldet keine Leere. Der menschliche Geist auch nicht.«[34] Wenn es kein verlässliches Wissen gibt, blühen die Gerüchte.[35] Diese Gerüchte sind manchmal so weitverbreitet und allgemein bekannt, dass sie sich zu hartnäckigen Mythen verdichten. Das ist zum Beispiel bei den christlichen Ansichten über Heidentum, Judentum und Islam seit dem Mittelalter der Fall, ebenso wie bei den Ansichten über Hinduismus, Buddhismus und andere Religionen, die auch in Europa Anhänger gewannen, nachdem frühneuzeitliche Reisende, Kaufleute und Soldaten sie in Asien, Afrika und Amerika kennengelernt hatten. In allen Fällen waren verbreitet Gerüchte im Umlauf.

In der Antike wurden die Christen teilweise beschuldigt, rituelle Kindermorde und sogar Kannibalismus zu verüben, ein krasses Beispiel dafür, wie sehr sie als Bedrohung der Gesellschaft wahrgenommen wurden.[36] Im Mittelalter beschuldigten die Christen wiederum die Juden der Götzenanbetung, was seltsam anmutet, wenn man bedenkt, dass im Judentum das Heilige nicht abgebildet werden darf, in den meisten christlichen Konfessionen aber schon.[37] Von den Juden hieß es damals unter anderem, sie beteten den Teufel an, entweihten die Hostie (etwa, indem sie sie zertraten), um ihre Kraft zu prüfen, vergifteten die Brunnen in den Städten und verbreiteten die Pest. Außerdem wurden sie, genau wie seinerzeit die frühen Christen, beschuldigt, Ritualmorde zu begehen sowie Kinder zu entführen und mitunter zu verspeisen; ein dramatisches Beispiel sowohl für die Dauerhaftigkeit bestimmter Feindbildklischees wie auch für ihre Übertragung von einer Außenseitergruppe auf eine andere. Anschuldigungen dieser Art führten im Spätmittelalter zu Pogromen oder wurden wenigstens zu ihrer Rechtfertigung benutzt[38]. In solchen Fällen kann man die spezifische Ablehnung des Judentums kaum vom allgemeinen Hass auf eine Minderheit unterscheiden, deren Kleidung, Sprache und Kultur sie von der Mehrheit deutlich abhoben.

Mitunter wurden Juden von der Kirche auch als Ketzer bezeichnet; das Judentum sei also »keine eigene Religion, sondern bloß eine perverse Abweichung vom einen wahren Glauben«. Das war sogar schlimmer als die Einordnung als Ungläubige, denn als Ketzer wurden die Juden dann zur Zielscheibe strafrechtlicher Verfolgung.[39] »Die Heiden des Altertums machten die Juden lächerlich, weil diese einen unendlichen Gott anbeteten, den sie selbst nicht kannten«, schrieb Nikolaus von Kues ebenso verständnisvoll wie zutreffend.[40]

Christliche Gelehrte wie Nikolaus oder Johannes Reuchlin, ein deutscher Humanist des 16. Jahrhunderts (der Hebräisch lernte, um das Judentum zu studieren) waren und blieben eine Minderheit. Reuchlin wollte die Juden »durch vernünftige Dispute, mit Sanftmut und Freundlichkeit« bekehren. Erasmus von Rotterdam dagegen pflegte eine »virulente theologische Judenfeindlichkeit«. Nach dem Beispiel des heiligen Paulus kritisierte er viele Christen als »Judaisierer«, weil sie die Regeln und äußeren Formen der Religion wichtiger nähmen als ihre spirituelle Botschaft.[41]

Martin Luther wiederum äußerte sich aggressiver. In seinem Traktat *Von den Jüden und iren Lügen* (1543) beschrieb er sie als »voll des Teufelsdrecks ... worin sie sich suhlen als wie Schweine« und forderte, ihre Synagogen und Schulen niederzubrennen.[42] Der Hexenjäger Pierre de l'Ancre stand im 17. Jahrhundert nicht allein mit seiner Verachtung der »absurden und widerwärtigen Riten und Glaubenssätze« der Juden. Angebliche Hexensabbate wurden von den Inquisitoren oft als »Synagogen« bezeichnet, sicherlich ein entlarvender Sprachgebrauch.[43]

Nach der Französischen Revolution wurden dem Repertoire des Antisemitismus neue Mythen hinzugefügt. Die Juden wurden jetzt als »Rasse« oder Volk ausgegrenzt, anstatt wegen ihrer Religion und als Träger einer Weltverschwörung verdächtigt, die gemeinsam mit den Freimaurern eine Revolution aushecktten. Die *Protokolle der Weisen von Zion* (1903), eine ursprünglich in Russland erschienene Fälschung, wird bis heute oft herangezogen, um zu belegen, dass die Juden angeblich nach der Weltherrschaft streben.[44] Seit 1919 machte ein weiterer Mythos, die Dolchstoßlegende der Weimarer Republik, jüdische Politiker verantwortlich für Deutschlands Niederlage im Ersten Weltkrieg und entlastete die Generäle.[45] Martin Luthers Judenfeindlichkeit machte den Antisemitismus der Nationalsozialisten leichter akzeptabel, zumindest für deutsche Protestanten. Ein Pastor und Nationalsozialist namens Heinz Dungs verglich Luther als großen Kämpfer mit Hitler.[46] Die Mythen ändern sich, aber der Antisemitismus bleibt, immer noch genährt von einer Mischung aus Hass, Furcht, Leichtgläubigkeit und Unwissenheit.

Christliche Ansichten über den Islam waren ebenso verzerrt, besonders im »Zeitalter der Unwissenheit« in Europa vor 1100, wie es der bedeutende Mediävist Richard Southern bezeichnet. In mittelalterlichen Texten wie dem *Rolandslied* und Jean Bodels Fabliau *Le Jeu de Saint Nicolas* wurden die Anhänger des Islam als Anbeter »Mahomets« im Verein mit Tervagant und Apollo geschildert, einer

Unwissenheit in der Religion

unheiligen Dreifaltigkeit als Gegenstück zur christlichen (wie oft, wurde das Unbekannte in Begriffen des Bekannten dargestellt).[47] Man könnte diese Ansichten als Beispiele »mittelalterlicher Leichtgläubigkeit« bezeichnen, aber sie unterscheiden sich nicht so sehr von den neueren Vorstellungen, alle Mohammedaner seien Fanatiker oder sogar Terroristen.

Auch hier war Nikolaus von Kues eine Ausnahme. Er hatte den Koran gelesen und sah Mohammed weder als bösartig noch als einen Hochstapler, sondern nur als jemanden, der das Christentum nicht kannte. Nikolaus bewies »ein Bewusstsein für die Grenzen unseres Urteilsvermögens gegenüber anderen Religionen«.[48] Im mittelalterlichen Spanien wurden die Christen nach der Eroberung und Besiedlung des Landes durch Mohammedaner aus Nordafrika seit dem 8. Jahrhundert ziemlich vertraut mit dem Islam. Spanische Konquistadoren im Mexiko des 16. Jahrhunderts nannten die Tempel der Einheimischen mitunter *mesquitas* (Moscheen), womit sie wieder das Unbekannte in den Begriffen des Bekannten ausdrückten.

Marco Polos Reisen in Persien und anderswo weckten in ihm dagegen kein Verständnis für »die verfluchten Doktrinen der Sarazenen«, wie er sie nannte. Ungenau behauptete er: »Das Gesetz, das ihnen ihr Prophet Mohammed gegeben hat, besagt, dass ein Übel, das sie einem zufügen, der ihr Gesetz nicht akzeptiert ... gar keine Sünde ist.«[49] »Erst im 17. Jahrhundert lernten Gelehrte aus anderen Teilen Europas Arabisch und verfassten genauere, aber nicht unbedingt verständnisvollere Beschreibungen des Islam.« Selbst dann »war es nicht ungewöhnlich, darin Mohammed als Hochstapler bezeichnet zu finden.«[50]

Die westliche Unkenntnis anderer Religionen hielt sich länger. Als Vasco da Gama 1498 im südindischen Calicut landete, glaubten seine Seeleute, die Inder seien alle Christen (es gab dort eine christliche Sekte, die Sankt-Thomas-Christen). Einen Hindutempel hielten sie für eine »große Kirche«, in der es ein Bild gab, »das, so sagten sie, Unsere Liebe Frau darstelle«, sowie »angemalte Heilige ... mit vier oder fünf Armen«. Mit anderen Worten, sie waren »bereit, in jedem Gebäude, das nicht offensichtlich eine Moschee war, eine Art Kirche zu sehen«.[51] Nachdem das Missverständnis aufgeklärt war, wurde der Glaube der Hindus im Westen als Märchen oder Aberglauben abgetan, und Götterbilder in den Hindutempeln von westlichen Besuchern als »Ungeheuer« und »Teufel« beschrieben und oft, wie mittelalterliche Bilder von Heiden, mit Hörnern wiedergegeben.[52]

Selbst das geistige Gepäck von Missionaren (mit hervorragenden Ausnahmen wie dem italienischen Jesuiten Matteo Ricci in China und dem niederländischen protestantischen Pfarrer Abraham Rogier in Indien) umfasste oft wenig mehr als die Vorstellung von Heidentum, Abgötterei, Aberglauben und die Überzeugung, dass Eingeborenenreligionen teuflische Spottbilder des wahren Glaubens seien.

Diese Überzeugung teilten die Missionare in Mexiko. Juan de Zumárraga, Bischof von Neuspanien, gab an, zahlreiche »Götzenbilder« der »Teufel« zerstört zu haben, die die Eingeborenen anbeteten. Diego Durán, ein Missionar in Yucatán, schrieb über die »falschen Götter« und »die falsche Religion, mit der der Teufel angebetet wurde«, während der Bischof von Yucatán, Diego de Landa erklärte, Götzendienst sei wie Trunkenheit eines der verbreitetsten »Laster der Indios« (*vicios de los Indios*).[53]

Erst im 18. Jahrhundert lehnten einige im Westen diese feindseligen Bilder ab und fingen an, den Hinduismus als Religion ernst zu nehmen. John Holwell zum Beispiel, britischer Arzt und zeitweise Gouverneur von Bengalen, betonte die Rolle der Unwissenheit bei der Förderung von »Überheblichkeit und Verachtung anderer« und zeigte sich »erstaunt, dass wir so leicht bereit sind, die Menschen in Indostan für ein Volk dummer Götzendiener zu halten, wenn wir doch zu unserem Schaden in Politik und Handel erkennen müssen, dass sie uns überlegen sind«. Der schottische Soldat Alexander Dow fand Entschuldigungen für »unsere Unkenntnis der Wissenschaft, Religion und Philosophie der Brahmanen«, versuchte sie aber zu beheben. Nathaniel Halhed, ein Engländer im Dienst der East India Company, verglich den Wunderglauben der Hindus mit dem der Christen in »Zeiten der Unwissenheit« und des Analphabetismus.[54]

Ein Meilenstein der Verbreitung des Wissens über andere Religionen in Europa war das Werk *Traité des cérémonies religieuses de toutes les nations* (1723 - 1743), illustriert von Bernard Picart und erklärt von Jean-Frédéric Bernard, »das Buch, das Europa veränderte« und »die erste weltweite Darstellung der Religionen«, mit deren Hilfe die Leser verschiedene Religionen und Kulte miteinander vergleichen konnten.[55]

Mit Hilfe einer Rückblickmethode können wir die Entdeckungen, die die Missionare nach und nach machten, als Anzeiger ihrer anfänglichen Unkenntnis nutzen. Die Missionare der Frühen Neuzeit hatten größtenteils keine Kenntnis der religiösen Tradition der Eingeborenen, insbesondere des Hinduismus, als sie nach Indien kamen. Erst allmählich entdeckten sie, wie auch andere Europäer, die sich in Indien niedergelassen hatten und es nicht nur besuchten oder darüber lasen, dass die einheimischen Götter keine Monster waren, und dass es ein religiöses System gab, das sie Hinduismus nannten. Einige Forscher behaupten allerdings, dass die Europäer diese Religion weniger entdeckten als vielmehr »konstruierten«, indem sie regionale Kulte in ein Gesamtsystem einordneten.[56]

Ähnlich entdeckten die Europäer den Buddhismus, nicht schlagartig, sondern im Verlauf eines langen Lernprozesses, der mit dem Eintreffen der ersten Jesuiten in Japan 1549 begann und noch andauerte, als 1924 in London die Buddhist Society gegründet wurde. Der italienische Jesuit Ippolito Desideri, der ausgesandt worden war, um die Tibeter zu bekehren, studierte ab 1715 mehrere Jahre lang an der buddhistischen »Mönchsuniversität« Sera in Lhasa. Sein Bericht über das Ergebnis seiner Studien wurde erst im 20. Jahrhundert veröffentlicht, anscheinend, weil seine Oberen in der Gesellschaft Jesu darin zu viel Sympathie für den Buddhismus fanden. Begegnungen mit dem Buddhismus vor dem 19. Jahrhundert »hatten auf das Verständnis des Buddhismus im Westen wenig Auswirkung«.[57]

Verstellung

Unkenntnis anderer Religionen, ob es sich um die eines Einzelnen oder einer Gruppe handelt, ist manchmal reine Verstellung, besonders im Gefolge von Zwangsbekehrungen. Es wird oft behauptet, dass die afrikanischen Sklaven, die in die Neue Welt gebracht wurden und das Christentum annehmen mussten, heimlich weiterhin ihren west- und zentralafrikanischen Gottheiten anhingen. Sie ließen ihre Herren und die christlichen Geistlichen darüber im Dunkeln, indem sie unter den katholischen Heiligen Entsprechungen ihrer Gottheiten (*orishas*) fanden. So wurde zum Beispiel »Ogun« in Gestalt des heiligen Georg und »Shango« in derjenigen der heiligen Barbara verehrt. Was als Verkleidung begann, wurde jedoch mit der Zeit zum Pluralismus, sodass manche Brasilianer heute den Katholizismus und den traditionellen afrikanischen Candomblékult nebeneinander ausüben.[58]

Beispiele für Minderheiten, die Außenseiter in Unwissenheit ihrer wahren Religion hielten, sind die heimlichen Juden, Mohammedaner, Katholiken und Protestanten im frühneuzeitlichen Europa.

Die englische Königin Elisabeth I. ist bekannt für ihr Toleranzversprechen, sie wolle »keine Fenster in die Seele der Menschen öffnen«. Diese Haltung war der katholischen Inquisition ebenso fremd wie den calvinistischen Konsistorien (den Leitungsgremien

Unwissenheit in der Religion

dieser reformierten Kirche). Wer dem herrschenden Glauben nicht anhing, musste seine Fenster geschlossen halten. Solange eine abweichende religiöse Haltung verfolgt wird, wird es auch Verstellung geben, also das öffentliche Bekenntnis zu einer Religion, der man nicht anhängt, und die private Ausübung der eigenen Religion.

Diese häufige Reaktion auf eine für Juden, Christen und Mohammedaner häufige Situation war besonders im 16. Jahrhundert immer wieder notwendig, als in Spanien Mohammedaner und Juden zwangsgetauft wurden und im Europa der Reformation und Gegenreformation verschiedene Konfessionen miteinander stritten.

Im Arabischen heißt eine solche religiöse Verstellung, die über lange Zeit von den Schiiten geübt wurde, *taqiyya*. Dieser Begriff bedeutet auch »Furcht« oder »Vorsicht«. Vorsicht war sicher angebracht in Spanien, nachdem die Katholischen Könige Ferdinand und Isabella 1492 die Reconquista (Rückeroberung) des Landes abschlossen und die Juden und Mohammedaner in der Folge zwangen, zum Christentum überzutreten. Offiziell wurden sie als »Neuchristen« bezeichnet.

Ein Mufti im nordafrikanischen Oran erlaubte 1504 in einer Fatwa äußerliche Anpassung. »Verbeuge dich vor den Götzen, vor denen sie sich verbeugen, aber richte deine Absicht auf Allah ... Wenn sie dir Wein aufzwingen, trinke ihn, aber es sei nicht deine Absicht, ihn zu gebrauchen ... Wenn sie dir Schweinefleisch aufzwingen, iss es, aber weise es im Herzen zurück.«[59] Anders ausgedrückt: Passe dich äußerlich an, um die Obrigkeit in Unwissenheit zu halten.

Heimliche Juden und Mohammedaner stellen die Geschichtsschreibung heute vor dasselbe Problem wie die Obrigkeit der Frühen Neuzeit: Wie soll man zwischen echten und vorgetäuschten Bekehrungen unterscheiden? Trotz dieser Schwierigkeit gibt es einige aussagekräftige Studien zu diesen Abweichlergruppen.[60]

Auch innerhalb des Christentums mussten die Gläubigen sich öfter verstellen, weil Ketzerei ein Verbrechen war. Nach der Reformation und der daraus folgenden Spaltung Europas in katholische, lutherische und calvinistische Gebiete, gaben sich manche Gläubige, die im Herrschaftsbereich einer anderen Konfession lebten, als deren Anhänger aus. Jean Calvin nannte diese Praxis »Nikodemismus«, nach dem Pharisäer Nikodemus, von dem im Neuen Testament berichtet wird, er habe Christus bei Nacht aufgesucht.[61]

Agnostizismus

Der Begriff »agnostisch« stammt aus dem Griechischen und bezeichnet einen Mangel an spirituellem Wissen (γνῶσις). Die ersten Agnostiker, von denen berichtet wird, waren die griechischen Philosophen Xenophanes (um 580 bis 470 v. Chr.), der sagte, »Kein Mensch hat je die deutliche Wahrheit über die Götter erkannt, und keiner wird sie jemals erkennen«, und Protagoras (um 490 bis 420 v. Chr.), der erklärte, »Über die Götter kann ich weder wissen, dass es sie gibt, noch dass es sie nicht gibt, noch welche Form sie haben, denn vieles hindert mich, dies zu erkennen, die Dunkelheit des Gegenstands und die Kürze des menschlichen Lebens«.[62]

Nach Sextus Empiricus, der in Kapitel 2 vorgestellt wurde, behalten sich die philosophischen Skeptiker das Urteil über die Existenz oder Nichtexistenz eines Gottes vor.[63] Zu wissen, dass man nicht weiß, ob es einen Gott gibt, und zu glauben, dass andere es auch nicht wissen können, auch wenn sie das Gegenteil behaupten, wird gewöhnlich als Agnostizismus bezeichnet. Diesen Begriff (*agnosticism*) prägte 1869 der britische Wissenschaftler T. H. Huxley. Im Deutschen findet er sich etwa bei Nietzsche und im Französischen (*agnosticisme*) zum Beispiel bei Proust, aber der Großteil der Diskussion darüber findet in der englischsprachigen Welt statt.[64]

Huxley erklärte in einer Art Nicht-Glaubensbekenntnis, er vertraue auf das Prinzip, »dass es falsch ist, wenn ein Mensch sagt, er sei sich der objektiven Wahrheit einer Aussage gewiss, solange er keinen Beleg vorweisen kann, der diese Gewissheit logisch rechtfertigt. Das ist mit Agnostizismus gemeint, und meiner Ansicht nach ist es auch schon alles für den Agnostizismus Wesentliche.«[65] Huxley gehörte einer Gruppe viktorianischer Intellektueller an, die ähnliche Einstellungen teilten: Herbert Spencer, Francis Galton, Leslie Stephen (Verfasser von *An Agnostic's Apology*, 1876) und vermutlich auch Charles Darwin und Thomas Hardy.[66]

Die Debatte über den Agnostizismus erreichte in Großbritannien ihren Höhepunkt zwischen 1862, als der Philosoph James Martineau das »philosophische Nichtwissen« postulierte, und 1907, als das 1862 gegründete Jahrbuch *Agnostic Annual* eingestellt wurde. Das Interesse an der Debatte ließ bereits nach, als 1903 mit Robert Flint ein weiterer Philosoph eine Geschichte des Agnostizismus schrieb, die bei den Skeptikern der Antike begann.

Ein »frommer Agnostizismus« findet sich sowohl im Judentum wie im Christentum.[67] Die Vorstellung eines »verborgenen Gottes« tritt bereits im Alten Testament auf (Jes 45,15). Der mittelalterliche jüdische Gelehrte Moses Maimonides erklärte, es sei unmöglich, »den Schöpfer anders als durch negative Eigenschaften zu beschreiben«.[68] Auch manche frühchristlichen Kirchenväter, hier besonders Gregor von Nazianz, haben sich bereits so geäußert, ebenso wie spätere Mystiker, etwa der anonyme Autor eines Traktats im 14. Jahrhunderts mit dem poetischen Titel *The Cloude of Unknowyng* (»Die Wolke des Nichtwissens«).

Die berühmteste Darstellung dieser Idee ist wohl die *Docta Ignorantia* (»Gelehrte Unwissenheit«) des Kardinals Nikolaus von Kues aus dem 15. Jahrhundert. Mit diesem Begriff wollte er sagen, dass man lernen könne, um die eigene Unwissenheit zu wissen. Nikolaus schrieb, »Gott ist nicht zu erkennen«, und man könne sich ihm nur auf der *via negativa* nähern, dem negativen Weg, also darüber, was er *nicht* sei. Später waren sowohl Martin Luther wie Blaise Pascal der Ansicht, man könne Gott nicht allein durch die Vernunft erkennen, sondern das Christentum könne sich nur auf göttliche Offenbarung gründen.[69]

Weil Atheisten an eine Abwesenheit glauben, nämlich die Abwesenheit eines Gottes, könnte man auch ihren Glauben hier besprechen, aber noch besser passt der Deismus hierher. Die Deisten des 18. Jahrhunderts glaubten an einen Gott, der die Welt geschaffen und sie dann sich selbst überlassen hatte, wie ein Uhrmacher, dessen Uhren auch ohne seine Anwesenheit weiterlaufen.[70] Der Dichter Alexander Pope zog daraus den Schluss: »*Presume not God to scan / The proper study of mankind is Man*« (etwa: »Versuche nicht, Gott zu erforschen / Nur den Menschen zu studieren ist dem Menschen gemäß«).[71]

Die heutige Lage

Eine im Auftrag von YouGov 2015 in Großbritannien durchgeführte Umfrage zur religiösen Einstellung ergab, dass sich 7 Prozent der Teilnehmer als »agnostisch« und 19 Prozent als Atheisten einstuften. Ob die Agnostiker eine Meinung über die Grenzen des Erkennbaren hatten, wurde nicht abgefragt. Eine Umfrage in den USA 2019 ergab, dass 23 Prozent der US-Amerikaner »keiner Religion« angehörten, während der Anteil der Religionslosen nach einer Eurobarometer-Umfrage in Deutschland im selben Jahr 30 Prozent betrug (wobei er in der ehemaligen DDR höher als im Westen lag).[72]

Diese Angaben bedeuten, dass die Betreffenden selbst an keine Religion glauben, nicht, dass sie nichts über Religion wüssten. Allerdings legen die Zahlen nahe, dass bei über einem Viertel der Bevölkerung in drei großen westlichen Ländern das Wissen über Religion gering ist. Christliche Fundamentalisten behaupten manchmal, sie läsen keine Bücher, ihnen genüge die Bibel, aber ein

Unwissenheit in der Religion

pensionierter amerikanischer Pfarrer wies kürzlich darauf hin, dass viele Fundamentalisten auch den Inhalt der Bibel nicht gut kennen und absolut nichts über die Debatte um ihre Zuverlässigkeit und ihre verschiedenen Auslegungen wissen.[73]

Man könnte glauben, dass im Zeitalter der Globalisierung das Wissen um die Weltreligionen zunehme. Solches Wissen ist zwar immer leichter zugänglich, und es gibt Übertritte von einer Religion zur anderen, aber die Unwissenheit bleibt weitverbreitet. Wenige Menschen im Westen sind so offen, was ihre Unwissenheit angeht, wie Peter Stanford, ein britischer Journalist, der über das Christentum geschrieben und Sendungen über den Hinduismus und die Religionen der Sikhs und Jains moderiert hat. Stanford gesteht ein, dass er wenig über deren wichtigste Glaubensvorstellungen wusste. »[Ich] konnte zum Beispiel weder die 5 K der Sikhs noch die Unterschiede zwischen den großen buddhistischen Schulen nennen«.[74]

Eine Umfrage von 2008 in den USA ergab, dass 80 Prozent der Teilnehmer nicht wussten, dass die Sunniten die weltweit größte Gruppe der Mohammedaner ausmachen. Die Erhebung des Pew Forum von 2010 war ehrgeiziger: Sie stellte den Amerikanern je zwei Fragen zum Judentum, zum Islam und zum Buddhismus und eine zum Hinduismus. Durchschnittlich war etwas weniger als die Hälfte der Antworten richtig – was aber bedeutet, dass mehr als die Hälfte den Namen des Koran nicht kannten und nicht wussten, was der Ramadan ist. Nach einer weiteren Pew-Forum-Umfrage 2019 wussten über 70 Prozent der Befragten nicht, dass der Islam die Religion der meisten Indonesier und Roš Ha-Šanah das jüdische Neujahrsfest ist.[75]

Man sollte denken, dass die Zunahme der mohammedanischen Bevölkerung in Großbritannien in den letzten 50 Jahren auch die Kenntnis ihres Glaubens bei ihren Mitbürgern verbessert hätte. Eine Umfrage von Ipsos Mori 2018 zeigte allerdings, dass die Briten immer noch wenig über den Islam wissen. Sie überschätzen den

Bevölkerungsanteil der Mohammedaner im Land stark (ein Sechstel statt in Wirklichkeit ein Zwanzigstel), und ihre »Kenntnis des Islam ist begrenzt«, besonders unter Senioren.[76]

Unkenntnis anderer Religionen ist nicht auf den Westen beschränkt. Eine weitere Umfrage des Pew Research Centre über religiöse Kenntnisse unter 30.000 Erwachsenen 2019/20, diesmal in Indien, ergab, dass die Mehrheit der Hindus »nicht viel über die anderen Religionen Indiens wusste« (also den Islam, die Sikh- und die Jain-Religion und das Christentum).[77]

Um es zusammenfassend auf eine einfache Formel zu bringen: Im Laufe der Zeit hat es mehrere bedeutsame Veränderungen in der Kenntnis der Religion gegeben. Im mittelalterlichen Christentum gab es starken Glauben, aber nur wenig Wissen über die eigene Religion. In der Epoche etwa von 1500 bis 1900 kam es sowohl im Christentum wie im Islam zu mehreren Reformationsbewegungen im eigenen wie in fremden Kulturbereichen. Seit der Wende zum 20. Jahrhundert ist Wissen über die einzelnen Religionen sehr viel zugänglicher geworden, aber es ist nicht mehr besonders wichtig. Immer mehr Menschen wollen gar nichts mehr über Religion wissen – außer in der islamischen Welt, wo in der zweiten Hälfte des 20. Jahrhunderts eine religiöse Reformation um sich griff.

Kapitel 7

Unwissenheit in der Wissenschaft

Die größte wissenschaftliche Errungenschaft des 20. Jahrhunderts ist die Entdeckung der menschlichen Unwissenheit.
Lewis Thomas

Wie bereits erklärt, entwickelte sich die Geschichtsschreibung der Unwissenheit aus der Wissensgeschichte, die wiederum aus der Wissenschaftsgeschichte hervorging. Kein Wunder also, dass einige der wichtigsten Studien zur Geschichte der Unwissenheit sich auf die Naturwissenschaft konzentrierten. Das Buch, das die Agnotologie begründete, stammt zum Beispiel von zwei Historikern der Naturwissenschaften.[1]

Als die American Association for the Advancement of Science (AAAS) 1993 ein Symposion über »Naturwissenschaft und Unwissenheit« veranstaltete, wies der Wissenschaftsphilosoph Jerome Ravetz auf die »Sünde der Wissenschaft« hin, nämlich die »Unkenntnis der Unwissenheit«, die durch die Ausbildung der Naturwissenschaftler und das triumphalistische Bild des wissenschaftlichen Fortschritts gefördert werde. Für die heutige Naturwissenschaft, so Ravetz, »existiert Ungewissheit nur soweit, als sie interessant bewältigt werden kann, und zwar in Gestalt lösbarer

Forschungsprobleme an der Grenze unseres naturwissenschaftlichen Wissens«.[2]

In der Vergangenheit waren manche Naturwissenschaftler, damals unter der Bezeichnung Naturphilosophen bekannt, sich ihrer Unwissenheit sehr wohl bewusst. Die berühmteste Formulierung dieses Bewusstseins, dass zu jeder Zeit immer noch sehr viel mehr zu entdecken bleibt, geht auf Isaac Newton zurück, der gesagt haben soll: »Ich komme mir wie ein Kind vor, das am Strand spielte und sich damit zerstreute, hin und wieder einen glatteren Kiesel oder eine schönere Muschel als gewöhnlich zu finden, während der weite Ozean der Wahrheit gänzlich unentdeckt vor mir lag.« Selbst falls Newton das nie gesagt oder auch nur gedacht hätte, wäre der Ausdruck dieser Vorstellung in einem Text des 18. Jahrhunderts bereits bedeutsam.[3] Auf jeden Fall drückte Newton sein Gefühl der Unwissenheit, in diesem Fall der Unwissenheit darüber, was hinter einer bestimmten Alltagserscheinung stecke, an einer anderen berühmten Stelle aus, wo er zugab, »die Ursache der Schwerkraft gebe ich nicht zu kennen vor«.[4] Ähnlich erstreckte sich auch T. H. Huxleys Agnostizismus über die Theologie hinaus auf die Naturwissenschaften. »Ich weiß nicht, ob Materie etwas anderes als Kraft ist«, schrieb er einmal. »Ich weiß nicht, ob Atome nicht vielleicht nur ein Märchen sind.«[5]

Ungefähr gleichzeitig mit Huxley schrieb der britische Physiker James Clerk Maxwell: »Gründlich erkannte Unwissenheit ist das Vorspiel jedes echten wissenschaftlichen Fortschritts.«[6] Der deutsche Physiologe Emil du Bois-Reymond hielt 1872 eine noch radikalere, gefeierte Vorlesung über die Grenzen der Wissenschaft. Er besprach nicht nur das zu einer gegebenen Zeit Bekannte, sondern auch das prinzipiell Unerkennbare. Der Titel seiner Vorlesung lautete *Ignorabimus* (»Wir werden es nicht wissen«).[7]

Die Beschäftigung der Naturwissenschaftler mit dem, was sie nicht wissen, ist im 21. Jahrhundert noch deutlicher geworden.

Zum Beispiel stellte David Gross, theoretischer Physiker aus den USA, 2004 in seiner Dankesrede für den Nobelpreis die Frage: »Könnte sich der wissenschaftliche Fortschritt verlangsamen, wenn unser Wissen wächst und immer mehr Probleme gelöst sind?« Seine optimistische Antwort lautete: »Die Fragen, die wir heute stellen, sind tiefgehender und interessanter als die vor vielen Jahren zu meiner Studentenzeit ... Damals wussten wir noch nicht genug, um intelligent unwissend zu sein ... Ich freue mich sagen zu können, es gibt keine Hinweise darauf, dass uns die wichtigste Ressource ausgeht, die Unwissenheit.«[8]

Ein Jahr später, 2005, bot die 125-jährige Jubiläumsausgabe der Zeitschrift *Science* den Lesern eine »Umfrage zur wissenschaftlichen Unwissenheit«. 2006 begann Stuart Firestein, Dozent für Neurologie an der Columbia University seine Seminare über Unwissenheit in der Wissenschaft. Dazu lud er Kollegen aus verschiedenen Fachgebieten ein, den Studenten zu erklären, was sie jeweils alles noch nicht wussten. Die Forscher »kommen und erzählen uns, was sie gerne erfahren würden, was sie für unbedingt notwendig zu wissen halten, wie sie es erfahren können, was passiert, wenn sie es wirklich herausfinden, und was passiert, wenn sie es nicht herausfinden«.[9]

Im Folgenden behandele ich den Platz der Unwissenheit in der Wissenschaftsgeschichte, ihren Platz in der gegenwärtigen Forschung, den Widerstand gegen Wissen und zuletzt die Unwissenheit der wissenschaftlichen Laien.

Entdeckungen der Unwissenheit

Eine mögliche Art der Wissenschaftsgeschichtsschreibung wäre, sie so darzustellen wie Alain Corbin einige Episoden in der Geschichte der Geografie: als Geschichte zunehmenden Bewusstseins vergangener Unwissenheit. In Kapitel 1 wurde gesagt, dass sich Unwissenheit oft erst nachträglich zeigt. Nach einer Entdeckung wird die betreffende Gruppe sich einer Tatsache bewusst, die sie vorher nicht kannte. Voltaire wies zum Beispiel darauf hin, dass bis zum 17. Jahrhundert »niemand etwas über den Blutkreislauf, Gewicht und Druck der Atmosphäre, die Bewegungsgesetze, die Licht- und Farbenlehre und die Anzahl der Planeten im Sonnensystem« gewusst habe.[10]

Oder nehmen wir das Alter der Erde. Im 17. Jahrhundert glaubten Gelehrte, die Welt sei ungefähr 6000 Jahre alt. Mit einer heute komisch anmutenden Genauigkeit erklärte der irische Erzbischof James Ussher, »der Anbeginn der Zeiten ... fiel auf den Anbruch der Nacht vor dem 23. Tage des Oktobers« im Jahr 4004 v. Chr.[11] Etwas mehr als 100 Jahre später wurde in den *Époques de la nature* (1779) des Comte de Buffon das Alter der Erde mit 75.000 Jahren angegeben. Im frühen 19. Jahrhundert übertrumpfte ihn der deutsche Geologe Abraham Werner mit einem angenommenen Erdalter von über einer Million Jahren. In den 1860er-Jahren berechnete der britische Physiker William Thomson (der spätere Lord Kelvin) aufgrund des Wärmeverlusts seit seiner Entstehung das Alter des Erdballs mit 100 Millionen Jahren, die er später auf 20 Millionen Jahre korrigierte. Seine Ergebnisse wirkten später zu bescheiden. Um 1915 kam der Geologe Arthur Holmes bei Analysen mosambikanischer Gesteinsproben auf ein Alter von 1,5 Milliarden Jahren und vermutete 1931 bei einem Vortrag vor einem Ausschuss, die Erde sei vor 3 Milliarden Jahren entstanden. 20 Jahre später brachte das Studium von Meteoriten Clair Patterson zur Annahme von 4,5 Milliarden, die noch heute gültige Zahl. Jede neue Schätzung brachte die Unwissenheit, die hinter früheren steckte, an den Tag, nur um selbst wieder als unwissend überführt zu werden.[12]

Wie Unwissenheit die Wissenschaft voranbringt

Als Yuval Harari in seinem Buch *Sapiens* die »moderne Naturwissenschaft« beschrieb, betitelte er das Kapitel »Die Entdeckung der Unwissenheit«, oder genauer die »Bereitschaft, Unwissenheit einzugestehen«.[13] Das war nicht nur eine seiner Lieblingsprovokationen, sondern ein Widerhall von Aussagen Herbert Spencers, Lewis Thomas' und Stuart Firesteins, dessen Buch das Paradoxon behandelt, dass »die Wissenschaft durch die Zunahme der Unwissenheit voranschreitet«.

Im 19. Jahrhundert stellte sich der britische Philosoph Herbert Spencer die Wissenschaft als »eine allmählich anwachsende Kugel« vor: »Jede Vergrößerung ihrer Oberfläche bringt sie nur in größeren Kontakt mit der umgebenden Unwissenheit«.[14] Jedes Mal, wenn ein Problem gelöst ist, kommt das nächste zum Vorschein. Der Blick der Wissenschaftler ist in die Zukunft gerichtet. Die Physikerin und Chemikerin Marie Curie bekannte: »Man bemerkt nie, was man geschafft hat; man sieht nur, was noch zu tun bleibt«.[15] Firestein schreibt, »Naturwissenschaftler nutzen Unwissenheit, um ihre Arbeit zu steuern, um auszumachen, was zu tun ist, wie die nächsten Schritte aussehen.«[16] Der irische Chemiker John Bernal meint: »Echte Forschung muss immer ins Unbekannte vorstoßen.«[17] Der britische Molekularbiologe Francis Crick bemerkte einmal: »In der Forschung liegt die Front fast immer im Nebel«, bis jemand die richtige Idee hat. Die Geschichte, wie die Doppelspiralstruktur der DNS entdeckt wurde, an der Crick beteiligt war, gibt ihm Recht.[18]

Wenn sich der Nebel verzieht, üben Naturwissenschaftler die selektive oder spezifische Unwissenheit, die in Kapitel 1 beschrieben wird, das absichtliche Übersehen eines Teils der Daten, um sich auf ein bestimmtes Problem konzentrieren zu können. Der Neurologe Larry Abbott betonte im Hinblick auf seine eigenen Forschungen, es sei wichtig, sich zu entscheiden, »wo genau an der Grenze zur Unwissenheit ich arbeiten möchte«. Eine solche Entscheidung fällt unter den Begriff »Unwissenheitsverwaltung« (*management of ignorance*).[19]

Manchmal trifft man eine falsche Entscheidung; in der Krebsforschung zum Beispiel war Selektivität ein schweres Hindernis, um ein bestimmtes Problem zu lösen.[20] Im Allgemeinen kann man jedoch sagen, dass Naturwissenschaftler »echte« Unwissenheit, wie sie der US-Philosoph John Dewey nennt, üben, die »Gewinn bringt, weil sie wahrscheinlich von Demut, Neugier und Offenheit begleitet wird«.[21] »Unvorhergesehene Unwissenheit« bezieht sich auf unerwartete Forschungsergebnisse.[22]

Unwissenheit führt zu Überraschungen und »durch Überraschungen wird man sich seiner eigenen Unwissenheit bewusst [und] öffnet ein Fenster zu neuem und unerwartetem Wissen«.[23]

Ein kürzliches Beispiel, das ebenso spektakulär wie für das menschliche Auge unsichtbar ist, liefert das Myon, ein schweres Elektron. Anfang 2021 wurde berichtet, dass eine Gruppe Physiker, die sich am Fermilab in den USA mit dem Myon befasst, entdeckt hat, dass dessen Verhalten sich mit dem Standardmodell der Teilchenphysik nicht erklären lässt. Die Physiker wissen nicht, ob sie ein weiteres Elementarteilchen oder, was noch spektakulärer wäre, ein neues Naturgesetz entdeckt haben. Jedenfalls aber wird das Wissen um ihre Unwissenheit weitere Forschungen zur Folge haben, wie auch bei der sogenannten Dunklen Materie, deren Verteilung im Raum die Astronomen zwar angeben können, aber nicht den Grund dieser Verteilung oder auch nur, worum es sich bei der Dunklen Materie eigentlich handelt.[24]

WISSENSVERLUST

Unwissenheit ist mitunter auch das Ergebnis verlorengegangenen Wissens, einer Art kollektiven Gedächtnisverlusts. Ein klassischer Fall ist die griechische Naturwissenschaft (einschließlich der Mathematik), die im Westeuropa des frühen Mittelalters nicht mehr bekannt war. Der Briefwechsel Raginbolds von Köln und Radolfs von Lüttich, zweier Gelehrter des 11. Jahrhunderts, zeigt, wie sie darüber diskutierten, was mit dem Begriff der Innenwinkel eines Dreiecks im Satz des Pythagoras gemeint sein könnte. Ein führender Mediävist merkt an, dies sei »eine mahnende Erinnerung an die umfassende wissenschaftliche Unwissenheit, der sich dieses Zeitalter gegenübersah«.[25] Teilweise wurde diese Unwissenheit durch arabische Übersetzungen und Kommentare griechischer Texte behoben, die in Bagdad entstanden und im Toledo des 12. und 13. Jahrhunderts wiederum ins Lateinische übertragen wurden.[26]

Das Studium der Alchemie im frühneuzeitlichen Europa bietet ein interessantes Beispiel für »prekäres Wissen« (Martin Mulsow), weil die einzelnen Alchemisten ihre Versuche im Geheimen durchführten und die Ergebnisse nur handschriftlich aufzeichneten. Dadurch entstand ein hohes Risiko, dass dieses Wissen wieder verlorenging.[27]

Wissen kann auch heute noch verlorengehen, trotz der Anstrengungen, es in den verschiedensten Medien aufzubewahren. Einzelne Beobachtungen oder Theorien sind dem kollektiven wissenschaftlichen Bewusstsein verlorengegangen und mussten erst wieder neu entdeckt oder formuliert werden, so wie auch Amerika zweimal entdeckt wurde.

Einer der »schwersten Fälle kollektiver Amnesie in der Wissenschaftsgeschichte« betrifft die Theorie der historischen Verschiebung der menschlichen Farbwahrnehmung. 1867 postulierte Lazarus Geiger die These, dass sich der Schwerpunkt der menschlichen Farbwahrnehmung im Laufe der Jahrtausende vom roten über den gelben, grünen und blauen in den violetten Anteil des Spektrums verlagert habe. »In den Jahrzehnten nach dem Ersten Weltkrieg wurde die Geigersche Abfolge« jedoch »einfach aus dem Gedächtnis gestrichen«, um erst in den 1960er-Jahren wiederentdeckt zu werden.[28]

Bekannter ist das Schicksal der Entdeckung genetischer Merkmalsvererbung bei Pflanzen durch den Augustinermönch Gregor Mendel, der seine heute als Mendelsche Erbgesetze berühmten Regeln 1866 in einer Zeitschrift der mährischen Hauptstadt Brünn veröffentlichte. Dort wurden sie von der internationalen Gelehrtengemeinde kaum zur Kenntnis genommen und erst bekannt, als sie eine Generation später vom deutschen Biologen Carl Correns und dem niederländischen Botaniker Hugo de Vries neu entdeckt wurden.[29]

Widerstand gegen neue Ideen

Wie wir in Kapitel 1 gesehen haben, ist ein großer Teil der Unwissenheit bewusst und absichtlich: Man will etwas nicht wissen, ähnlich der »aktiven Unwissenheit« (Karl Popper) im Sinn des Widerstands gegen bestimmte Ideen, vor allem neue. Eine berühmte Geschichte rankt sich um Galileos Entdeckung, dass der Mond mit Kratern bedeckt und daher entgegen der aristotelischen Vorstellung keine makellose Kugel ist. Einige Aristoteliker sollen sich geweigert haben, durch das Fernrohr zu schauen, um die Krater nicht sehen zu müssen. Diese Anekdote ist sicher ein Märchen, aber es gibt in der Wissenschaftsgeschichte viele solcher Fälle, in denen Gegner von Neuerungen »Entdeckungen übersahen, die sie buchstäblich direkt vor Augen« hatten.[30] Sie wollen die »Anomalien« (Thomas Kuhn) der Natur nicht sehen, die Zweifel an den Theorien wecken könnten, anhand derer sie ausgebildet wurden.[31]

Beispiele dieser Blindheit und der »erkenntnistheoretischen Hindernisse« (Gaston Bachelard) sind der Widerstand gegen Kopernikus' heliozentrische Theorie des Sonnensystems, Darwins Evolutionstheorie, Pasteurs Entdeckung der Mikroben, Gregor Mendels Vererbungsgesetze und Max Plancks Quantentheorie.

Der Widerstand gegen die Quantentheorie gab Planck den Anlass für das bittere Epigramm: »Die Wissenschaft schreitet mit jeder Beerdigung voran.« Damit meinte er: »Eine neue wissenschaftliche Erkenntnis setzt sich nicht durch, indem sie ihre Gegner überzeugt und ihnen ein Licht aufgeht, sondern weil die Gegner irgendwann sterben und eine neue Generation aufwächst, der sie vertraut ist«.[32] Angehörige einer älteren Forschergeneration wollen sich oft nicht von Theorien trennen, in die sie viel Arbeit gesteckt haben und auf denen ihre Reputation gründet. Es ist verständlich, wenn auch bedauerlich, dass sie nicht einsehen wollen, sich geirrt zu haben.

Man soll aber auch nicht alle Widerstände gegen Kopernikus' Erkenntnis, dass die Erde um die Sonne kreist, und gegen Galileos Verteidigung dieses heliozentrischen Systems auf einfache Unwissenheit oder den Wunsch zurückführen, eine Wahrheit, die Aristoteles und der Bibel widersprach, nicht erfahren zu wollen. Besonders die Sache Galileo wird oft als wichtige Phase des »Krieges der Naturwissenschaft gegen die Theologie« gesehen, wie es Andrew White, Gründer und Präsident der Cornell University, mit einer berühmten Formulierung ausdrückte.[33] Ein Problem dabei liegt in der Vielfalt der Ansicht sowohl der Theologen wie der Naturphilosophen (wie man sie zu Galileos Zeiten noch nannte), ganz zu schweigen von Überschneidungen zwischen beiden Personenkreisen. Ein Wissenschaftshistoriker hat darauf hingewiesen, die Anhänger des geozentrischen Weltbilds seien eine »sehr gemischte Gruppe« gewesen, ein anderer führt an, dass es auch unter Gegnern des kopernikanischen Weltbilds wissenschaftliche und unter seinen

Anhängern religiöse Argumente gegen beziehungsweise für den Heliozentrismus gegeben habe.[34]

Zu Galileos Gegnern in der Kirche zählten sowohl fundamentalistische Theologen der Dominikaner, die über das heliozentrische Weltbild gar nicht erst diskutieren wollten, wie gemäßigte Jesuiten, die zugestehen wollten, das heliozentrische Weltbild als Hypothese zu besprechen, wenn auch nicht den Glauben, die Sonne stehe tatsächlich im Mittelpunkt des Weltalls.[35] Der berüchtigte Urteilsspruch der Inquisition gegen Galileo wird oft missverstanden. Der Astronom wurde nicht für seine persönlichen Ansichten verurteilt, sondern für seine öffentlichen Versuche als Katholik, die Kirche zum neuen Weltbild zu »bekehren«, indem er gegen eine wörtliche Auslegung von Bibelstellen eintrat wie zum Beispiel der, in der Josua der Sonne stillzustehen befiehlt. Galileo wurde vorgeworfen, das allein der Kirche zustehende Recht der verbindlichen Bibelexegese zu untergraben.[36]

Darwin wurde nicht nur von Theologen wie Bischof Samuel Wilberforce, sondern auch von Naturforschern wie Louis Agassiz angegriffen, weil seine Theorie der Evolution durch natürliche Auslese dem biblischen Schöpfungsbericht widersprach. Agassiz glaubte an »die unmittelbare Einwirkung einer Höheren Intelligenz auf den Schöpfungsplan«, wie er es nannte.[37] Die Geschichte des Darwinismus ist aber nicht einfach die Geschichte eines Kampfes zwischen Wissenschaft und Religion. Darwin wurde auch mit wissenschaftlichen Argumenten angegriffen – Wilberforce vermied in seiner kritischen Besprechung von *Über die Entstehung der Arten* sogar absichtlich alle theologischen Einwände –, während christliche Darwinisten sein Buch verteidigten.[38]

In Frankreich war der Widerstand gegen Darwins Theorie besonders ausgeprägt, besonders unter der älteren Forschergeneration, die die Akademie der Wissenschaften beherrschte. Darwins Freund T. H. Huxley schrieb sogar von einem »Schweigekomplott« der

Franzosen.[39] Huxley glaubte (wie später Planck), dass viele Gegner von Darwins Theorie sich nicht überzeugen lassen *wollten*. Huxley meinte, *Über die Entstehung der Arten* sei »von der Generation, an die es sich richtete, schlecht aufgenommen worden ... die gegenwärtige Generation wird sich wahrscheinlich genauso schlecht benehmen, falls ein weiterer Darwin aufsteht und ihr das antut, was die Menschheit im Allgemeinen am meisten verabscheut – die Notwendigkeit, ihre Überzeugungen zu überdenken.«[40]

Es wäre tröstlich, wenn man glauben könnte, die Naturwissenschaftler seien seit den Zeiten, da Huxley und Planck so über sie urteilten, aufnahmebereiter geworden, aber die Tatsachen sprechen dagegen. Nehmen wir das Beispiel der Kontinentalverschiebung, die der deutsche Polarforscher Alfred Wegener in seinem Buch *Die Entstehung der Kontinente* (1915) als Theorie formulierte.

Die Idee kam Wegener, wie er erklärte, als ihm auf einer Weltkarte auffiel, wie genau die Atlantikküsten Südamerikas und Afrikas zusammenpassten, wie zwei Puzzleteile. Tatsächlich, so stellte er fest, waren die Gesteine und Fossilienfunde zu beiden Seiten des Atlantiks dieselben. Daraus zog Wegener den Schluss, beide Kontinente seien ursprünglich eine zusammenhängende Landmasse gewesen, die sich gespalten habe. In den 1920er- und 1930er-Jahren wurde Wegeners Theorie von vielen Geologen, besonders in Nordamerika, noch zurückgewiesen.

Naomi Oreskes schreibt, es habe zwei Hauptgründe für die Ablehnung von Wegeners Theorie gegeben. Einmal sei es der Widerstand gegen »die Zurücknahme wissenschaftlichen Wissens«, also gegen die traditionelle geologische Ansicht, die Erdteile seien stabil.[41] Der US-Geologe Rollin Chamberlain sagte: »Wenn wir Wegeners Hypothese annehmen, müssen wir alles vergessen, was wir in den letzten siebzig Jahren gelernt haben, und von vorne anfangen«.[42]

Ein zweiter Grund für den Widerstand gegen die Vorstellung der Kontinentalverschiebung kam durch einen Streit verschiedener

Fachgebiete und Vorgehensweisen zustande. Das ältere Fach Geologie beruhte auf Feldforschung, die neue Disziplin der Geophysik dagegen auf Laborversuchen, mit denen sie die Kontinentalverschiebung als Bewegung großer tektonischer Einheiten der Erdkruste, der sogenannten Kontinentalplatten, erklärte. Patrick Blackett, ein führender Vertreter der Kontinentalverschiebungstheorie in den 1950er-Jahren, war eigentlich Kernphysiker. Der Seismologe Charles Richter, der auch studierter Physiker war, meinte: »Wir sind alle am leichtesten durch die Art Belege zu überzeugen, mit der wir am vertrautesten sind.«[43]

Vor noch nicht so langer Zeit, in den 1980er- und 1990er-Jahren, wurden einige Naturwissenschaftler bekannt durch ihren hartnäckigen Widerstand gegen Entdeckungen, die dem widersprachen, was sie glauben wollten. Sie erhoben öffentlich Zweifel gegen einen sich entwickelnden wissenschaftlichen Konsens über vier Bedrohungen für das Leben und besonders die Gesundheit des Menschen: den Zusammenhang zwischen Rauchen und Krebserkrankungen, das Problem des sauren Regens, die Ausdünnung der Ozonschicht und, am wichtigsten, die Tendenz zur globalen Erwärmung.[44] Zu diesen Forschern gehören (in der Reihenfolge ihres Alters) Frederick Seitz, William Nierenberg und S. Fred Singer. Alle drei waren ursprünglich Physiker. Seitz und Nierenberg arbeiteten im Zweiten Weltkrieg am Manhattan-Projekt zur Schaffung der Atombombe mit und stiegen später in die höchsten Ränge ihres Fachgebiets auf: Seitz wurde Vorsitzender der US-amerikanischen National Academy of Sciences, Nierenberg saß im Vorstand.

Alle drei waren politisch konservativ eingestellt. Nierenberg gehörte zu den Gründern des George Marshall Institute, einer rechtsgerichteten Denkfabrik, Singer gehörte einer weiteren an, der Alexis de Tocqueville Institution. Alle drei hatten Verbindungen zur Industrie und zur Regierung. Seitz war als Berater der Tabakbranche tätig, Nierenberg hatte den Vorsitz im Acid Rain Peer Review Panel, einem von Präsident Reagan eingesetzten Expertengremium zum sauren Regen, während Singer die Wissenschaftsabteilung des US-Verkehrsministeriums leitete. Alle drei standen der These des Klimawandels skeptisch gegenüber. Singer schrieb eine Reihe Bücher, in denen er seine Ansichten über dieses Thema vorbrachte, während Seitz und Nierenberg sich gegen Maßnahmen zur Verhinderung oder Verzögerung der globalen Erwärmung aussprachen, was offensichtlich das war, was die Präsidenten Reagan und George W. Bush hören wollten.

Ihre absichtliche Unwissenheit bestand nicht in der anfänglichen Skepsis gegen die vier Bedrohungen – anfängliche Skepsis ist ein notwendiger Schritt bei der Bewertung neuer Entdeckungen oder Theorien –, sondern in der fortgesetzten Weigerung, die zunehmenden Belege für die Realität dieser Bedrohungen anzuerkennen. Kurz, alle drei ignorierten Informationen, die auf etwas hinwiesen, das sie nicht hören wollten, oder widersprachen ihnen. Die Kampagnen der Konzerne und der Regierung, die Öffentlichkeit zu »desinformieren«, werden in Kapitel 9 besprochen.

Derartige Kampagnen stehen manchmal im Zusammenhang mit der sogenannten »Verlorenen Wissenschaft«, dem kollektiven Ignorieren von Problemen und den »Forschungsgebieten, für die es keine Finanzierung gibt«. Diese »systematische Nichtproduktion von Wissen« illustriert die Verhältnisse in der Wissenschaftspolitik, den Wettstreit zwischen Gruppen mit unterschiedlichen Zielsetzungen (Regierung, Wirtschaft, Nichtregierungsorganisationen, Stiftungen, Universitäten und so weiter).[45] Es könnte erhellend sein, die »verlorene Soziologie« in dieser Hinsicht zu untersuchen, und, trotz ihrer dauerhaften Unterfinanzierung, auch die Geisteswissenschaften.

Unwissenheit in der Medizin

In Kapitel 4 haben wir gesehen, dass in der Medizin die Unwissenheit schon vergleichsweise früh erforscht wurde. Über Scharlatane und Quacksalber gibt es eine Menge Literatur, ebenso wie über professionellere Formen der »schlechten Medizin«.[46] In solchen Fällen darf man nicht nur das Problem des auf einem Gebiet noch allgemein Unbekannten ansprechen, sondern auch das viel umfassendere Problem, das entsteht, wenn ein großer Teil der auf einem Gebiet Tätigen etwas nicht weiß, besonders wenn deren Tätigkeit in der Anwendung von Wissen anstatt in der Forschung besteht.

Der britische Arzt Ben Goldacre schreibt: »Wer heute Medizin studiert, macht mit 24 Jahren seinen Abschluss und arbeitet dann 50 Jahre lang ... Die Medizin verändert sich um uns herum, so dass man sie nach einigen Jahrzehnten nicht wiederentdeckt: neue Arten von Medikamenten, ganz neue Diagnoseverfahren, sogar ganz neue Krankheiten.« Die Ärzte versuchen zwar, damit Schritt zu halten, aber angesichts der überwältigenden Flut von Aufsätzen, die jedes Jahr in medizinischen Fachzeitschriften erscheint, ist das gar nicht mehr möglich, selbst auf einem begrenzten Fachgebiet innerhalb der Medizin.[47] Laien wissen noch weniger oder verweigern sich der Erkenntnis der gesundheitlichen Gefahren, die von Nikotin, Cholesterin oder Bewegungsmangel ausgehen. Über einen Aspekt der Naturwissenschaft oder der Medizin nichts wissen zu wollen, ist kein Monopol der Naturwissenschaftler oder Mediziner.

Unwissenheit bei Laien

Den scharfen Gegensatz zwischen studierten Naturforschern und Normalbürgern, den wir heute sehen, gab es nicht immer. Er entstand wie andere Formen der Professionalisierung Anfang des

19. Jahrhunderts, als im Englischen auch das Wort *scientist* für (Natur-)Wissenschaftler aufkam. Allerdings gab es auch in den Jahrhunderten zuvor bereits eine grobe Unterscheidung zwischen Gelehrten und allen anderen Menschen, wobei zur Gelehrsamkeit auch Medizin und Naturwissenschaften gehörten, Letztere damals unter der Bezeichnung Naturphilosophie.

Im 16. und 17. Jahrhundert wurden naturphilosophische Schriften noch fast ausschließlich auf Lateinisch veröffentlicht und waren damit der Mehrheit der Bevölkerung und selbst den meisten, die lesen und schreiben konnten, unzugänglich. Der deutsche Arzt und Alchemist Theophrast von Hohenheim, genannt Paracelsus, war im 16. Jahrhundert einer der wenigen, die diese Regel brachen, und schrieb auf Deutsch; im 17. Jahrhundert wandte sich Galileo Galilei mit einem dramatischen Dialog auf Italienisch an eine breitere Öffentlichkeit. Viele ihrer akademischen Kollegen waren allerdings entsetzt über diesen Bruch der Konvention.

Arbeiter und Handwerker der verschiedenen Gewerbe – Fischer, Hebammen, Bergleute, Maurer, Schmiede, Goldschmiede und so weiter – erwarben spezialisierte naturkundliche Kenntnisse, aber solches Wissen wurde selten aufgeschrieben und es ist unwahrscheinlich, dass es bereitwillig geteilt wurde. Die Zünfte der Handwerker bestanden, um sich keine Konkurrenten heranzuziehen, sogar auf Geheimhaltung ihrer Arbeitstechniken, und ebenso hielten es die Alchemisten.[48]

Wenn es einen Bereich gab, dessen Wissen (oder was man dafür hielt) sich im frühneuzeitlichen Europa ausbreitete, dann war es die Medizin. Das Problem der Kranken, zwischen verschiedenen praktischen Ärzten wählen zu müssen, bietet ein lebhaftes Beispiel für Entscheidungsfindung unter unsicheren Umständen. Die Laien konnten sich natürlich auch selbst behandeln, aber dazu mussten sie zunächst ihre medizinische Unwissenheit beheben. Paracelsus wollte, dass jeder sein eigener Arzt werde, und rühmte sich, alles, was er wusste, aus eigener Erfahrung gelernt und sich nicht auf die Unwissenheit anderer gestützt zu haben.[49]

Medizinische Ratgeberbücher in den europäischen Volkssprachen wandten sich ab dem 16. Jahrhundert im Gefolge des Paracelsus an eine ziemlich breite Öffentlichkeit. Ein berühmtes Beispiel aus England ist *The English Physician* (1652), in Wirklichkeit ein Heilkräuterführer des Apothekers Nicholas Culpeper. Dieser, republikanisch gesinnte und radikale Protestant, meinte, mit lateinischen Büchern solle nur »der gemeine Mann in Unwissenheit gehalten« werden, »um einen besseren Sklaven abzugeben«. Er wandte sich gegen das geistige Monopol der Geistlichen und Juristen, die er der »gelehrten Unwissenheit« zieh. Er gebrauchte den Ausdruck abwertend, nicht im Sinne Nikolaus' von Kues.[50] Culpepers Kräuterratgeber war auf Englisch geschrieben und wurde, wie es auf der Titelseite heißt, für den geringen Preis von 3 Pence verkauft, damit ein jeder Mann »sich selbst heilen« könne. Ähnlich richtete sich das englische *Directory of Midwives* (1651) nicht an Hebammen, sondern wollte eine »Anleitung für Frauen« bei der Empfängnis, der Geburt und in der Stillzeit sein.[51] Ein Jahrhundert später wurde die *Domestic Medicine* (1769) des schottischen Arztes William Buchan zum Erfolgsbuch mit vielen Nachahmern mit Titeln wie *The Poor Man's Medicine Chest* (1791), die den Leser erinnerten, dass sie diese Bücher weniger kosteten als ein Arzthonorar.

Ende des 18. Jahrhunderts gab es eine Bewegung zur Popularisierung der Naturphilosophie, an der sich auch führende Forscher beteiligten. Der schwedische Botaniker Carl von Linné zum Beispiel schrieb kleine Broschüren, leichtverständlich und leicht zu übersetzen, und »senkte so die Bildungs- und finanzielle Hürde vor dem Studium der Natur«.[52] Eine neue Art Schriftsteller kam auf, die Sachbuchautoren.

Auch die öffentliche Vorlesung war im 18. Jahrhundert ein wichtiges Mittel zur Verbreitung naturwissenschaftlicher Kenntnisse. Solche Vorlesungen enthielten oft »Demonstrationen«, also Vorführungen naturkundlicher Versuche.[53] Der britische Wissenschaftler John Henry Pepper wurde im 19. Jahrhundert bekannt für diese Art Vorlesung vor Laienpublikum. In seinen Vorträgen zur Physik des Lichts erschien zum Beispiel eine schattenhafte Gestalt, anscheinend ein Gespenst, auf dem Podium. Weniger auf Schaueffekte ausgerichtet, aber mindestens genauso erfolgreich waren die öffentlichen Vorlesungen über den Kosmos, die Alexander von Humboldt 1828 in einem Berliner Ballhaus abhielt, ebenso wie T. H. Huxleys berühmter Vortrag vor den Arbeitern von Norwich 1868 über ein Stück Kreide, anhand dessen er ihnen eine Einführung in Chemie, Geologie und Paläontologie gab. Eine weitere Form der Popularisierung war die populärwissenschaftliche Zeitschrift, etwa der 1845 gegründete *Scientific American*, der sich an »Handwerker und Mechaniker« richtete und bis heute erscheint.[54]

Im 19. Jahrhundert gab es auch schon Laienwiderstand gegen einige wissenschaftliche Theorien, insbesondere Darwins Evolutionstheorie, weil sie implizit die biblische Schöpfungsgeschichte und den Beweis der Existenz Gottes durch die Existenz der Natur als seiner Schöpfung in Frage stellte. Schon Darwin bezeichnete seine Gegner, die glaubten, die Welt und alle Lebewesen seien von Gott erschaffen, als »Kreationisten«. Diese Bewegung gibt es auch heute noch, besonders in den USA.

Der US-Bundesstaat Tennessee verabschiedete 1925 ein Schulgesetz, das es Lehrern an öffentlichen Schulen untersagte, die biblische Schöpfungsgeschichte anzuzweifeln. Ein Lehrer namens John Scopes kam wegen Verstoßes gegen diese Vorschrift vor Gericht (genauer gesagt, erklärte er sich bereit, das Gesetz vor Gericht anzufechten). Das Verfahren geriet zur journalistischen Situation und wurde schließlich stillschweigend eingestellt, aber das Gesetz wurde erst 1967 aufgehoben.[55] Der »wissenschaftliche Kreationismus«, wie ihn seine Verfechter nennen, bleibt auch heute noch einflussreich. In Kalifornien wurde 1970 ein Creation Science Research Center (das heutige Institute for Creation Research im texanischen Dallas) gegründet, und der katholische US-Biochemiker Michael Behe, ein »moderner Agassiz«, bekämpft den Darwinismus und verteidigt das sogenannte Intelligent Design, die Theorie, alle Lebewesen sei planvoll erschaffen.[56] Eine Gallup-Umfrage von 2017 in den USA ergab, dass auch heute noch 38 Prozent der erwachsenen Amerikaner glauben, Gott habe »den Menschen innerhalb der letzten zehntausend Jahre in seiner heutigen Gestalt geschaffen«.[57]

Trotz des Widerstands gegen Darwin erscheint das 19. Jahrhundert heute als goldenes Zeitalter für die Verbreitung wissenschaftlicher Kenntnisse unter Laien, gefolgt von einem Rückgang, der bis heute anhält. Diesen Rückgang beklagte 1959 in einer berühmt gewordenen Vorlesung über die »zwei Kulturen« an der Universität Cambridge der Chemiker und spätere Romanautor C. P. Snow. Er beschrieb Natur- und Geisteswissenschaften als zwei getrennte Kulturen und behauptete, vermutlich mit Recht, auch gebildete Nicht-Naturwissenschaftler kennten sich so wenig in der Physik aus, dass sie das zweite Gesetz der Thermodynamik nicht aufsagen und schon gar nicht seine Bedeutung verstehen könnten. »So wird das große Gebäude der modernen Physik errichtet, und die meisten intelligenten Menschen im Westen wissen ungefähr so viel darüber wie ihre Vorfahren in der Jungsteinzeit.«[58]

Wenige Jahre nach Snows Vorlesung wurde 1963 in den USA das Scientists' Institute for Public Information gegründet, um der Presse bei der Verbreitung naturwissenschaftlicher Kenntnisse zu helfen. Es ist vielleicht bedeutsam, dass das Institut einen solchen indirekten Ansatz für notwendig hielt und Journalisten mit Informationen versorgte, die sie an die Öffentlichkeit weitergeben sollten. Besonders Fernsehsendungen wurden in der Folge wichtig für die Popularisierung des Wissens. In Großbritannien zum Beispiel gab die BBC eine Fernsehserie über Astronomie bei dem Physiker

Brian Cox in Auftrag, ebenso zahlreiche Naturdokumentationen mit dem berühmten Moderator David Attenborough. Es wäre interessant zu wissen, wie gut die Zuschauer die in solchen Sendungen gebotenen Informationen nach einigen Monaten oder Jahren noch im Gedächtnis haben. Eine 1989 von John Durant, Professor für Öffentlichkeitswirksamkeit der Naturwissenschaft, durchgeführte Umfrage kam zu dem Schluss, dass »Briten und Amerikaner sich mehr für die Naturwissenschaften als für Sport, Kino oder Politik interessieren, aber die Gründlichkeit ihrer Kenntnisse mit der Neugierde darauf nur selten Schritt hält«.[59]

Dennoch ist auch unter den Laien eine Minderheit wenigstens über einige Aspekte mancher Naturwissenschaften gut unterrichtet. Belege dafür sind Bürgerinitiativen, die wissenschaftliche Hilfe für den Umweltschutz in Anspruch nehmen.[60] Eine weitere Minderheit, sogenannte »unorganisierte, unausgebildete Freiwillige«, trägt Beobachtungen zur »Citizen Science« bei, indem sie Daten zu Vogelzugbewegungen oder den Auswirkungen des Klimawandels an einem bestimmten Ort sammelt und sie über das Internet weitergibt.[61]

Eine weitere Ausnahme ist wohl das Wissen über Computer in der Bevölkerung. Die meisten von uns kennen vielleicht das zweite Gesetz der Thermodynamik nicht, aber das Mooresche Gesetz, das besagt, die Anzahl der Transistoren in einem integrierten Schaltkreis verdopple sich alle zwei Jahre, ist wahrscheinlich vielen Angehörigen der jüngeren Generation vertraut.

Trotz solcher Initiativen werden die Naturwissenschaften aber der Öffentlichkeit laufend noch schwerer zugänglich als zuvor schon, sodass es nicht übertrieben klingt, von einer raschen Zunahme der Unwissenheit auf diesem großen Gebiet zu sprechen. Ein Grund dafür ist die ständig zunehmende Spezialisierung in den einzelnen Fächern, die es immer schwerer macht, als es im 19. Jahrhundert noch war, das Gesamtbild zu überblicken. Stuart Firestein schrieb 2012: »Heute ist die Naturwissenschaft der Bevölkerung so unzugänglich, als sei sie in klassischem Latein geschrieben.«[62] Außerhalb seines engen Spezialgebiets ist auch der Naturwissenschaftler wieder zum Laien geworden.

Spezialisierung ist nicht der einzige Grund für diese Unzugänglichkeit. Sie ist auch eine Folge der zunehmenden Entfernung wissenschaftlicher Experimente von der Alltagserfahrung. Im 19. Jahrhundert konnte man physikalische und chemische Versuche noch mit dem bloßen Auge verfolgen; so beeindruckten die Veranstalter öffentlicher Vorlesungen wie John Henry Pepper ihre Zuschauer. Heutzutage geht es um Elektronen und Chromosomen, die nur noch Spezialisten mit komplizierten Apparaturen sehen können. Die Bewegung für das »öffentliche Verständnis der Naturwissenschaften« in den 1990er-Jahren, die auch eine Zeitschrift mit diesem Titel und einige Lehrstühle hervorbrachte (einen davon hatte Richard Dawkins inne), ist ein Zeichen des zunehmenden Bewusstseins für die Unwissenheit der Bevölkerung auf diesem ausgedehnten Feld und für den Wunsch, sie zurückzudrängen.

Kapitel 8

Unwissenheit in der Geografie

Terra Incognita

Claudius Ptolemäus

In diesem Kapitel soll es um die Unkenntnis der Erdoberfläche gehen, um die weißen Flecken auf den Landkarten früherer Zeiten oder die von allmählich zurückweichenden Wolken bedeckten Erdteile in Edward Quins triumphalistischem Atlas über die Kenntnis der Erde in verschiedenen Zeitaltern, der in Kapitel 1 erwähnt wird. Man muss natürlich fragen (was Quin versäumte), wessen Landkarte (ob auf Papier oder im Kopf) weiße Flecken hatte, und wer was nicht wusste.

Wie die Geschichtsforscher machen sich auch die Geografen Sorgen wegen der mangelnden Kenntnisse der Bevölkerung in ihrem Fach. Eine OnePoll-Umfrage in Großbritannien, über die 2012 die *Daily Mail* berichtete, ergab, dass über 50 Prozent der erwachsenen Briten glaubten, der Mount Everest befinde sich in Großbritannien, und 20 Prozent nicht wussten, wo Blackpool liegt. In den USA widmet sich die National Geographic Society schon lange dem »Kampf gegen den geografischen Analphabetismus«. Eine Umfrage von 2006 ergab, dass »zwei Drittel der 18- bis 24-jährigen US-Amerikaner den Irak auf einer Weltkarte nicht finden konnten«.[1]

Wo immer Menschen leben, machen sie sich ein Bild der örtlichen Gegebenheiten im betreffenden Gebiet, und in einigen Kulturen, zum Beispiel bei den kanadischen Indianern und den australischen Aborigines, wurde solches Wissen auch in Zeichnungen festgehalten. Was sich verändert, mitunter dramatisch, ist das Wissen Außenstehender, von denen einige neue Gebiete mit Hilfe eingeborener Führer erkundeten, aber dann ihre eigenen Landkarten erstellten.[2]

Teilweise war die Unwissenheit der Außenseiter, der Kolonialherren, so bequem, dass sie vorgetäuscht gewesen sein muss. Ob der juristische Begriff »herrenloses Land« (*terra nullius*) gebraucht wurde oder nicht (das ist umstritten) – die zugrunde liegende Annahme war unter den weißen Siedlern vom 16. bis 19. Jahrhundert jedenfalls vorhanden. Wie Kolumbus, als er 1492 »Indien« für die spanische Krone in Besitz nahm, wollten die britischen Kolonisten nichts über die Nutzung des Landes vor ihrer Ankunft durch die amerikanischen Indianer, neuseeländischen Maori oder Aborigines in Australien wissen.

1824 erklärte zum Beispiel der Oberrichter der australischen Kolonie Neusüdwales das Land für »unbewohnt«, obwohl er um die eingeborenen Bewohner gewusst haben muss, während Sir Richard Bourke, Gouverneur der Kolonie Neusüdwales, 1835 eine Proklamation des Inhalts erließ, das Land sei »vakant« gewesen, bevor die Krone es in Besitz nahm. Dieses absichtliche Außerachtlassen ist als »konzeptionelle Auslöschung jener Gesellschaften, die vorher dagewesen waren«, beschrieben worden.[3]

Dieses Kapitel folgt der bereits beschriebenen Rückblick-Methode. Wie Alain Corbin in seiner kürzlich erschienen Studie zum 18. und 19. Jahrhundert sieht es die Entdeckungen als Erinnerungen daran, was vorher nicht bekannt war oder irrtümlich

Unwissenheit in der Geografie

für bekannt gehalten wurde.[4] Ein naheliegendes Beispiel ist die im mittelalterlichen Europa verbreitete Annahme, die Landmasse der Welt bestehe aus drei Kontinenten, ein weiteres die Annahme des Ptolemäus, Skandinavien sei eine Insel (*Scandia Insula*).[5] Eine weltweite Erhebung, was die einzelnen Völker der Erde über den Rest der Welt jeweils nicht wussten, wäre eine faszinierende Lektüre, aber bevor sie geschrieben werden kann, müssen erst noch zahlreiche Einzeluntersuchungen angestellt werden, die auch noch nicht geschrieben sind. Das Folgende konzentriert sich daher auf die Unkenntnis der Europäer von der Welt außerhalb Europas sowie die Wissenslücken hinsichtlich Europas selbst. In Sizilien zum Beispiel entdeckte ein überraschter Forscher noch in den 1950er-Jahren Bauern, die nicht wussten, wo Russland liegt.[6]

In der Rückschau kann man sich schwer vorstellen, wie wenig die Europäer um 1450 oder auch noch um 1750 über den Rest der Erde wussten (ganz zu schweigen von der westeuropäischen Unkenntnis Osteuropas).[7] Es stimmt allerdings, dass es schon im Mittelalter Europäer gab, die aus erster Hand Kenntnisse außereuropäischer Gebiete hatten. Seefahrer, Kaufleute, Pilger, Kreuzfahrer und Missionare eigneten sich Kenntnisse über den Nahen Osten an, besonders über bestimmte Städte, Fernhandelszentren wie Kairo, Aleppo, Kaffa (das heutige Feodosia), die Kreuzfahrerstadt St. Jean d'Acre (das heutige Akko in Israel) und natürlich Jerusalem, das Ziel vieler Pilgerfahrten.[8]

Über China (siehe weiter unten) und Indien war dagegen nur wenig bekannt, abgesehen davon, dass es dort nackte Asketen gab, die sogenannten Gymnosophisten, und die nestorianischen Christen, eine Sekte, die angeblich der heilige Thomas gegründet hatte.

Eines der dramatischsten Beispiele europäischer Unkenntnis seinerzeit lieferte Christoph Kolumbus, der den Seeweg nach China finden sollte und nicht ahnte oder nicht einsehen wollte, dass die Insel Hispaniola, die er als erstes größeres Stück Land anlief, nicht zu Asien gehörte. Allgemein brauchte die Öffentlichkeit einige Zeit, um die Idee einer Neuen Welt anzunehmen, die den Griechen und Römern unbekannt gewesen war.[9] Aus diesem Grund nannte der mexikanische Historiker Edmundo O'Gorman sein bekanntes Buch über das Thema die »Erfindung« statt »Entdeckung« Amerikas. Aus demselben Grund schrieb der Soziologe Eviatar Zerubavel über die »geistige Entdeckung Amerikas«. Amerigo Vespucci und Martin Waldseemüller, die die Beweise für einen neuen Kontinent annahmen, gehörten seinerzeit zu einer Minderheit.[10]

Die Entdeckung Amerikas durch Kolumbus war ohnehin für die Europäer eine Wiederentdeckung. Kurz nach dem Jahr 1000 hatte der isländische Seefahrer Leifr Eiríksson die nordamerikanische Küste erreicht; die von ihm benannten Landstriche Helluland, Markland und Vinland sind wahrscheinlich Baffinland, Labrador und Neufundland. Die von den Isländern in ihren im 13. Jahrhundert aufgezeichneten Sagas überlieferte Entdeckung neuer Länder im Westen erreichte schließlich im 14. Jahrhundert einen italienischen Mönch namens Galvano Fiamma, der ein von Riesen bewohntes »Marckalada« erwähnte.[11] Danach scheint das Wissen um diese Länder verlorengegangen zu sein.

Die im 18. Jahrhundert, als in Großbritannien, Frankreich und anderen Ländern zahlreiche Reiseberichte erschienen, verbleibende Unkenntnis zeigt sich darin, was ausgelassen oder erst gegen Ende des Jahrhunderts veröffentlicht wurde, zum Beispiel Beschreibungen Burmas und Abessiniens (heute Myanmar und Äthiopien). Kein Wunder also, dass sich Jean-Jacques Rousseau von der Ungeheuerlichkeit europäischer Unkenntnis des größten Teils der Welt beeindruckt zeigte. »Die gesamte Erde ist von Nationen bedeckt, von denen wir nur die Namen kennen, aber wir maßen uns an, die menschliche Rasse zu beurteilen!«[12]

Die Darstellung des Exotischen

Die weißen Flecken auf den von Landesfremden hergestellten Landkarten sind oft von der Vorstellungskraft bevölkert worden. Wie bereits erwähnt, meidet der menschliche Geist die Leere. Getrieben von Neugier, Hoffnung und Furcht füllt die kollektive Vorstellungskraft die Lücken. Auf kurze Sicht wird die Leere mit Gerüchten gefüllt, auf längere mit Sagen und Mythen.[13]

Ein lebhaftes Beispiel dafür sind angebliche Völker von Ungeheuern. Im alten Griechenland und Rom wurde allgemein angenommen, an den Rändern der Welt, in Asien oder Afrika, finde man nichtmenschliche Völkerschaften. Es gab die hundeköpfigen Kynokephaloi, die Sciapoden, die nur einen, sehr großen Fuß besaßen, die Blemmyae, deren Kopf unter den Schultern in der Brust saß (»whose heads beneath their shoulders grow« werden sie von Shakespeare im *Othello* beschrieben), und andere Plinianische Völker, wie man sie heute nach ihrer Aufzählung in der *Naturkunde* Plinius' des Älteren nennt.[14] Solche Geschichten mögen bei manchen die Neugierde geweckt haben, andere werden sie vom Reisen abgeschreckt haben.

Auch hoffnungsvolle Geschichten gab es: In den christlichen Ländern ging besonders zwischen dem 12. und 16. Jahrhundert die Geschichte vom Priester Johannes um, dem Herrscher eines großen christlichen Reiches in Asien.[15] Dieser mögliche Verbündete gegen Heiden und Mohammedaner wurde auch Kaiser der »drei Indien« genannt und sollte in einem lateinischen Brief an den byzantinischen Kaiser Manuel Komnenos im 12. Jahrhundert sein Reich beschrieben haben. Dieser Text wurde in viele Sprachen übersetzt und im Laufe der Zeit um weitere Einzelheiten ergänzt.

Darüber, wo der Priester Johannes genau lebte, gab es verschiedene Ansichten.[16] Der Chronist Otto von Freising siedelte ihn »jenseits Armeniens und Persiens« an. Manche suchten ihn in Zentralasien. Marco Polo erwähnt sein »großes Reich« und schreibt, er sei im Kampf gegen Dschingis Khan gefallen. Weil sich in Asien aber keine Spur des Priesters Johannes finden ließ, wurde er nach Äthiopien umgesiedelt, wo es, ähnlich wie in Indien, schon seit Jahrhunderten einheimische Christen gab. Der spanische Reisende Pero Tafur schrieb im 15. Jahrhundert, der venezianische Reisende Niccolò de' Conti habe ihm erzählt, er habe den Hof des Priesters Johannes persönlich besucht.[17] Als 1498 Vasco da Gama und seine Männer im heutigen Mosambik die ostafrikanische Küste erreichten, berichtete man ihnen, »der Priester Johannes residiere nicht weit von diesem Orte«, allerdings befinde sich sein Hof weiter im Binnenland, und man könne »einzig auf Kamelen dorthin gelangen«.[18] Ähnlich wurden auch die sagenhaften Ungeheuervölker, die in der Alten Welt offensichtlich nicht zu finden waren, später im noch weitgehend unerforschten Amerika vermutet. Als Walter Raleigh in den 1590er-Jahren in Guayana landete, hörte er zum Beispiel, dort gebe es kopflose Menschen, deren Augen in den Schultern säßen.

Auch die Amazonen wurden umgesiedelt. Dieses Volk von Kriegerinnen, über das bereits Herodot im 5. Jahrhundert v. Chr. berichtet, vermutete Marco Polo im 13. Jahrhundert im Fernen Osten. Kolumbus erwähnte »die Insel der Frauen, die er für Amazonen hielt«, aber es war Francisco Orellana, ein Deserteur aus Francisco Pizarros Konquistadoren-Truppe, mit der er Peru eroberte, der behauptete, den Amazonen an einem Fluss begegnet zu sein, den wir dank dieser Begegnung heute noch als den Rio Amazonas kennen, den Fluss der Amazonen.[19]

Einige spanische Konquistadoren hatten einen Ritterroman gelesen, der 1510 erschienen war und von einer imaginären Insel namens Kalifornien unter der Herrschaft der Königin Kalafia handelt. Hernando Cortés und seine Männer glaubten, diese Insel entdeckt zu haben, und die mexikanische Halbinsel Niederkalifornien wurde auf Landkarten des 17. Jahrhunderts noch als Insel vor der nordamerikanischen Westküste dargestellt. Der Jesuitenpater Eusebio Kino wies 1701 nach, dass Kalifornien eine Halbinsel ist, aber noch bis zur Mitte des 18. Jahrhunderts blieb es auf Landkarten eine Insel.[20]

Auch die Geschichte von El Dorado (»Der Vergoldete«) ist wie die Suche nach dem Priester Johannes eine Wunscherfüllung, wie es Freud ausgedrückt hätte. Die Geschichte kam auf, nachdem Hernando Cortés das Gold in den Schatzkammern des aztekischen Kaisers Montezuma gesehen hatte. Angeblich sollte es in Cundinamarca in den Anden, für die spanischen Konquistadoren um 1530 noch eine *terra incognita*, so viel Gold geben, dass der örtliche Herrscher jedes Jahr mit Goldstaub bedeckt wurde. Diese Sage ist vom griechischen Mythos des Goldenen Vlieses beeinflusst und wurde immer weiter aufgebläht, bis aus dem einen goldbedeckten Häuptling eine ganze Stadt oder sogar ein Land geworden war. Wie die Plinianischen Rassen wurde auch El Dorado mehrfach umgesiedelt, »von Kolumbien ins Amazonasbecken und weiter nach Guayana, nachdem ein Ort nach dem anderen seine glitzernden Versprechungen nicht erfüllen konnte«. Eine der vielen erfolglosen Expeditionen, die unter großen Strapazen und um den Preis vieler Menschenleben nach der Stadt fahndeten, war die letzte Reise Walter Raleighs.[21]

UNKENNTNIS CHINAS IM WESTEN

Die folgenden beiden Abschnitte handeln von der Unkenntnis Chinas im Westen und umgekehrt von der Unkenntnis Europas in China. Man muss dabei natürlich aufpassen, nicht zu vereinfachen und nur von »China« und »dem Westen« zu sprechen, sondern die Unwissenheit verschiedener Personengruppen wie Kaiser, Gebildete, Missionare und Kaufleute sowie die Unkenntnis zu verschiedenen Zeiten und an verschiedenen Orten voneinander unterscheiden.

China, im Mittelalter Cathay genannt, war für Europa bis zum Mongoleneinfall des 13. Jahrhunderts in Russland, Ungarn und Polen eine große Unbekannte. Die Mongolengefahr veranlasste dann einige im Westen, diese Unkenntnis zu beheben.[22] Als Reaktion auf den Mongolensturm schickten Papst Innozenz IV. und König Ludwig IX. von Frankreich Gesandtschaften an den Hof des Mongolenkhans. Sie sollten dessen weitere Invasionspläne auskundschaften, möglichst ein Bündnis mit ihm schließen und ihn für den Übertritt zum Christentum gewinnen. Die berühmtesten unter diesen Gesandten und Missionaren waren vier Franziskanerbrüder, die drei Italiener Giovanni da Pian del Carpine, Giovanni da Montecorvino und Odorico da Pordenone sowie der Flame Willem van Rubroeck. Drei von ihnen verfassten Berichte ihrer Reisen nach Cathay über Persien und Indien und, in Odoricos Fall, sogar Sumatra. Das Interesse besonders an Odoricos Erlebnissen zeigt sich daran, dass sein Bericht in 73 Handschriften überliefert ist und 1574 auch in gedruckter Form erschien.[23]

Noch erfolgreicher bei den Lesern in Europa war der Reisebericht des venezianischen Kaufmanns Marco Polo aus dem 13. Jahrhundert mit dem Titel *Divisament dou monde*.[24] Er wurde aus dem französischen (genauer: französisch-venezianischen) Urtext unter anderem ins venezianische und toskanische Italienisch, ins Lateinische, Spanische, Katalanische und Aragonesische sowie ins Deutsche und Irisch-Gälische übersetzt und zu einem der verbreitetsten Bücher des Spätmittelalters.[25] Marco Polo, der in den Dienst des Großkhans trat und 17 Jahre in Cathay verbrachte, staunte über das chinesische Papiergeld, und zeigte sich beeindruckt vom famosen See des Westens bei Hangzhou, ob er ihn nun selbst gesehen hat oder nicht: »Eine Bootsfahrt auf diesem See bietet mehr Erfrischung und Vergnügen als jedes andere Erlebnis auf Erden.«[26]

Marco Polo besuchte nicht alle Orte, die er in seinem Reisebericht beschreibt, wirklich selbst; das gilt wohl für die meisten in Mittel- und Südchina (auch wenn er bei der Heimfahrt nach Europa vom Hafen Quanzhou aus aufbrach).[27] Sein Buch ist tatsächlich weniger ein Reisebericht als ein locker geschriebenes Geografiebuch. Wichtig in unserem Zusammenhang war es, weil diese »sehr drastische Revision aller Vorstellungen über den Fernen Osten« China auf die geistige Landkarte vieler Europäer brachte und dem Leser eine Zivilisation ins Bewusstsein rief, die sich von seiner eigenen stark unterschied.[28]

Noch ein anderer mittelalterlicher »Verkaufsschlager« beschrieb das Reich des Großkhans in lebhaften Bildern, nämlich der einem Sir John de Mandeville zugeschriebene Reisebericht. Über 300 Handschriften des Werks sind überliefert; der französische Urtext wurde in neun weitere Sprachen übersetzt: Englisch, Deutsch, Niederländisch, Spanisch, Italienisch, Lateinisch, Dänisch, Tschechisch und Irisch-Gälisch. Die Bandbreite der Leser reichte von Christoph Kolumbus zu Menocchio, einem Müller des 16. Jahrhunderts.[29] Die (Un-)Zuverlässigkeit des Texts wird weiter unten in diesem Kapitel besprochen.

Als Kolumbus aufbrach, den Seeweg nach Asien zu finden, waren seine Vorstellungen über diese Weltgegend von Marco Polo (dessen Werk er an Bord hatte) und Sir John de Mandeville geprägt. Er glaubte wie andere Europäer, China stehe immer noch unter der Herrschaft des mongolischen Großkhans, und sollte ihm in »Quinsay« (Hangzhou südöstlich von Shanghai) einen Brief übergeben. Kolumbus wusste nicht, dass seine Anweisungen um 124 Jahre veraltet waren, weil in China die mongolische Yüan-Dynastie bereits 1368 von der einheimischen Ming-Dynastie abgelöst worden war.[30]

Die Unkenntnis Chinas im Westen erstreckte sich damals noch auf die Geografie, Geschichte, Sprache, Schrift, Medizin, Kunst, politische und gesellschaftliche Struktur sowie die Religionen

(Konfuzianismus, Taoismus und Buddhismus) des Landes. König Manuel von Portugal ist ein Beispiel für die damalige Mischung aus Unwissenheit und Neugierde. Seine Anweisungen an den Kapitän eines Schiffs, das 1508 nach dem auch von chinesischen Kaufleuten angelaufenen Malakka in See stach, lauteten, dieser solle so viel wie möglich über die Chinesen herausfinden, nicht nur, »wann sie nach Malakka kommen«, mit wie vielen Schiffen und welchen Waren, sondern auch über ihre Religion und Regierungsform, zum Beispiel »ob sie mehr als einen König über sich haben«.[31]

Diese Lücken wurden erst Ende des 16. Jahrhunderts allmählich gefüllt, und zwar vor allem durch drei Bücher: *Tractado de la China* (1569) des portugiesischen Dominikaners Gaspar da Cruz, *Reino de la China* (1577) des spanischen Soldaten Bernardino de Escalante und *El Gran Reyno de la China* (1585) von Juan González de Mendoza, einem Priester und späteren Bischof, der in Mexiko wirkte. Mendozas Buch war sehr erfolgreich und erlebte bis zum Ende des Jahrhunderts 47 Ausgaben in sieben Sprachen. Michel de Montaigne besaß es und verwendete es in seinem Essay »Über Kutschen«, wo er schrieb: »Wir staunen über das Wunder der Erfindung unserer Artillerie, unseres Buchdrucks; andere Menschen in einem anderen Winkel der Welt, in China, genossen diese Segnungen bereits ein Jahrtausend früher.«

Keiner der drei genannten Autoren ist selbst in China gewesen, aber ihre Bücher beruhen auf vergleichsweise zuverlässigen Quellen.[32] Weniger zuverlässig, dafür lebendiger war die *Peregrinação* des portugiesischen Reisenden Fernão Mendes Pinto (erschienen 1614, aber bereits kurz nach 1570 verfasst).

Auf Pintos Buch folgte im Jahr darauf die gedruckte Fassung eines Berichts über die Jesuitenmission in China auf Grundlage des Tagebuches, das der Italiener Matteo Ricci geführt hatte, herausgegeben von einem flämischen Kollegen.[33] Dieser Bericht, der bald eine Neuauflage erlebte und vom Lateinischen ins Französische übersetzt wurde, war der Erste einer bemerkenswerten Serie jesuitischer Berichte über China, die bis ins späte 18. Jahrhundert die wichtigste Informationsquelle über dieses Land darstellten. Ungefähr 200 Jahre lang spielten die Jesuiten eine herausragende Rolle als Vermittler, die sowohl europäische Unkenntnis des Reiches der Mitte wie chinesische Unkenntnis der Welt jenseits ihres Kaiserreiches berichtigten.

Ricci zum Beispiel versorgte Europäer »mit verlässlicheren geografischen Informationen über China«.³⁴ Ein weiterer Italiener, Martino Martini, der 1642 in China eintraf, brachte einen Atlas von China, eine Geschichte des Dynastiewechsels 1644 (von den Ming zum mandschurischen Herrscherhaus der Qing) und eine Darstellung der Frühgeschichte Chinas heraus. Als er noch in Rom lebte, hatte Martini Unterricht bei dem deutschen Universalgelehrten Athanasius Kircher gehabt, ebenfalls ein Jesuit. Die beiden blieben in Kontakt, und Martini belieferte seinen ehemaligen Professor mit reichem Material über das Land. Kirchers *China Illustrata* (1667) machte die Leser zum ersten Mal unter anderem mit der Sitte des Teetrinkens und der Akupunktur bekannt.

Martinis Geschichte Chinas, die 1658 auf Latein erschien, füllte eine große Lücke im Wissen der Europäer, löste aber einen wissenschaftlichen Streit aus, weil gemäß der chinesischen Chronologie die Geschichte des Landes mindestens 600 Jahre vor der Sintflut begann und so die biblische Aussage, die gesamte heutige Menschheit stamme von Noah ab, untergrub.³⁵ Einige westliche Gelehrte wollten vom hohen Alter, das die chinesische Zivilisation für sich beanspruchte, gar nichts wissen. Im berühmten *Discours sur l'histoire universelle* (1681) des französischen Bischofs Jacques Bossuet wird China nicht erwähnt. Giambattista Vico behauptete in seiner *Scienzia Nuova* (1744), die Geschichte des Volkes Israel reiche weiter zurück als die der Chinesen. Voltaire dagegen zog die chinesische Geschichte als Munition in seiner Kritik am Eurozentrismus Bossuets heran.

Eine Gruppe jesuitischer Missionare, zu denen auch der Flame Philippe Couplet gehörte, machte die Europäer mit der chinesischen Philosophie bekannt, indem sie deren Texte auf Lateinisch herausbrachte. Dank dieses Buches heißt der Philosoph Kong Fuzi im Westen heute Konfuzius.[36] Der deutsche Universalgelehrte Gottfried Wilhelm Leibniz war von China fasziniert und lernte so viel er konnte darüber, sowohl direkt von Jesuitenmissionaren wie aus Büchern. Seine Bewunderung ist ein frühes Beispiel der Chinabegeisterung unter Gelehrten und Männern des Geistes während der Aufklärung, von denen einige, darunter Voltaire, China als Vorbild einer weisen Regierungsform sahen (teilweise wegen ihrer Unkenntnis der Beweise für das Gegenteil).[37] Porzellangeschirr und andere chinesische Erzeugnisse kamen immer zahlreicher nach Europa und lösten eine Modeströmung aus, die sogenannte *Chinoiserie*. Von Ziergegenständen für Innenräume bis hin zu ganzen Gärten sollte alles chinesisch aussehen.[38]

Das neu gefundene Wissen über China, darunter auch Landkarten, die Jesuiten für den Kaiser gezeichnet hatten, wurde in der vierbändigen *Description de la Chine* (1735) von Jean-Baptiste du Halde zusammengefasst. Du Halde war ebenfalls Jesuit, aber in Frankreich geblieben. In der englischen Übersetzung (1738) hieß das Buch *Geographical, Historical, Chronological, Political, and Physical Description of the Empire of China and Chinese Tartary*.

Von da ab konnte Unkenntnis über China nicht mehr mit Informationsmangel entschuldigt werden. Dennoch weiß die Öffentlichkeit immer noch wenig über China, auch weil sie manchmal durch mangelnde oder mangelhafte Berichterstattung der Medien über dieses Land in Unkenntnis gehalten wird. Anfang der 1960er-Jahre zum Beispiel schrieb der Journalist Felix Greene zwei Bücher mit Kritik an »der Verlässlichkeit mancher Berichte über Rotchina, die der amerikanischen Bevölkerung in der Presse, von Experten und durch Beamte gegeben werden«.[39] Sind sie heute zuverlässiger?

Unwissenheit in der Geografie

Chinesische Unkenntnis Europas

Es ist natürlich übertrieben zu behaupten, dass die Chinesen sich nicht für die Außenwelt interessierten, aber vom 16. bis zum 18. Jahrhundert, als die Europäer sich für China zu interessieren begannen, gab es wenig Interesse in der anderen Richtung. Die entstehende »Wissenslücke sollte Chinas Beziehungen zum Westen bis ins 20. Jahrhundert verfolgen«.[40] Die chinesische Regierung wollte nichts über fremde Länder wissen; genauer gesagt, glaubte sie solches Wissen nicht nötig zu haben. Erst die Bedrohung Chinas durch die westliche Politik im 19. Jahrhundert zwang die Chinesen, etwas gegen ihre Unkenntnis der Außenwelt zu tun, so wie die Europäer 600 Jahre zuvor durch den Mongolensturm dazu gezwungen worden waren.

Vor den 1840er-Jahren ging fast alles Wissen der chinesischen Gelehrten über Europa auf europäische Initiative zurück, besonders die der Jesuitenmissionare. Als Matteo Ricci 1582 in China eintraf, stellte er fest, dass die Chinesen allgemein die Erde für eine flache, quadratische Scheibe hielten, umgeben allerdings von den »runden Himmeln« (auch im mittelalterlichen Europa hatte die Erde als ein »vollkommenes Quadrat« gegolten).[41] Ricci unterrichtete seine chinesischen Gesprächspartner von der Kugelgestalt der Erde, zeigte ihnen Karten der Welt, die in den folgenden Auflagen verbessert wurden, und gab ihnen Informationen über Europa, Afrika und Amerika.[42]

Um den Bekehrten das Verständnis des Katholizismus zu erleichtern, ließ Ricci aus der Heimat religiöse Stiche kommen. In diesen Bildern lernten die Chinesen auch die geometrische Perspektive kennen, auch wenn die chinesischen Maler, besonders die Gelehrten, die Darstellungsweise der westlichen Kunst nicht übernahmen, sondern ihrer traditionellen, nichtgeometrischen Art, die Raumtiefe darzustellen, treu blieben. Dennoch gibt es Anzeichen für einen Wandel in der chinesischen bildenden Kunst durch die Kenntnis westlicher Techniken und eine »Konvergenz« beider Traditionen. Eine Alternative zu ihrer eigenen Tradition kennenzulernen, brachte einige chinesische Landschaftsmaler dazu, selbst neue Darstellungsweisen zu entwickeln.[43]

Andere Jesuiten machten im 17. Jahrhundert wenigstens einige Chinesen mit anderen Aspekten der »westlichen Gelehrsamkeit« (*xixue*) vertraut. 1623 brachte der Italiener Giulio Aleni seine »Chronik der fremden Länder« (*Zhifang waiji*) auf Chinesisch heraus, mit einer Landkarte, die den Leser über Europa, Afrika und Amerika informierte.[44] Der deutsche Universalgelehrte Johann Schreck schrieb eine Einführung in die westliche Anatomie des Körpers und übersetzte zusammen mit dem chinesischen Gelehrten Wang Zheng eine Beschreibung der »Seltsamen Maschinen des Fernen Westens« (*Yuanxi Qiqi Tushuo Luzui*, 1627).

Als Schreck demonstrierte, dass er die totale Sonnenfinsternis vom 21. Juni 1629 genauer als die chinesischen Astronomen voraussagen konnte, bat ihn der letzte Ming-Kaiser, den Kalender zu reformieren, während der Deutsche Adam Schall von Bell zum Leiter des kaiserlichen Observatoriums ernannt wurde. Schall von Bell und sein Assistent, der Flame Ferdinand Verbiest, setzten die Kalenderreform fort und nutzten die Gelegenheit, die westliche Astronomie in China einzuführen – ohne allerdings Kopernikus zu erwähnen, den die Chinesen erst kennenlernen durften, nachdem 1757 das kirchliche Verbot, die heliozentrische Theorie des Sonnensystems zu lehren, aufgehoben worden war.[45]

Unter der neuen Qing-Dynastie wurde Verbiest Observatoriumsleiter und Lehrer des Kangxi-Kaisers, der bereits als Siebenjähriger auf den Thron kam. Der Kaiser war kein Anhänger der traditionellen chinesischen Akupunktur und zeigte Interesse an der westlichen Medizin und ebenso an der europäischen Waffentechnik. Französische Jesuiten gaben dem Kaiser chininhaltige Chinarinde (in England als *Jesuit's bark*, also »Jesuitenrinde«, bekannt) gegen seine Malaria, und er beauftragte einen von ihnen, Jean-François Gerbillon, eine Abhandlung über die westliche Medizin zu schreiben. Ein weiterer französischer Jesuit namens Joachim Bouvet begann die Übersetzung eines westlichen Anatomielehrbuches in die mandschurische Muttersprache des Kaisers.[46] Wie weit diese westlichen Medizin-, Anatomie- und Astronomielehrbücher tatsächlich verbreitet waren, lässt sich schwer sagen, aber zumindest am Kaiserhof waren sie bekannt.

Die Jesuiten wurden auch damit beauftragt, das Reich zu vermessen und kartografisch zu erfassen. Sie kombinierten dabei westliche Methoden und Instrumente wie Quadranten mit traditionellen chinesischen Arbeitsweisen und legten ihre Ergebnisse 1717 dem Kaiser vor.[47] Man hat vermutet, dass Kangxi mit dem Einsatz westlichen Wissens seine eigene Abhängigkeit von der Beamtenhierarchie verringern wollte.[48]

Kangxis Nachfolger, der Qianlong-Kaiser, interessierte sich ebenfalls für den Westen. Er fragte den französischen Jesuiten Michel Benoist (der 30 Jahre an seinem Hof verbrachte, von 1744 bis 1774) über europäische Politik aus, zum Beispiel über die Beziehungen zwischen Frankreich und Russland und die Frage, ob ein europäischer Staat die Oberherrschaft über alle anderen gewinnen könne. Bemerkenswert ist hier nicht nur das Interesse des Kaisers am Westen, sondern auch die Unkenntnis der europäischen Politik selbst auf der höchsten Regierungsebene in China.[49]

Der Erfolg dieser Versuche, westliche Wissenschaft in China einzuführen, lässt sich besonders außerhalb der Hofkreise kaum bemessen. Manche chinesischen Beamten und Gelehrte interessierten sich schon für diese ausländischen Ideen. Als zum Beispiel Wang Pan, der Gouverneur von Zhaoqing, von Riccis Mathematik- und Kartografiekenntnissen hörte, lud er ihn in seine Stadt ein. Ricci zeichnete dort 1602 seine Weltkarte. Wang Pan bat ihn, sie ins

Chinesische zu übersetzen und ließ sie gravieren, »um sie drucken zu lassen und in ganz China bekannt zu machen«. Er »schenkte allen seinen Freunden in dieser Provinz ein Exemplar und schickte Exemplare an andere Provinzen«.[50] In Peking freundete sich Ricci mit den beiden Gelehrten Feng Yingjing und Li Zhizao an, die westliche Geografie studierten.

Ein weiterer Freund Riccis, der Gelehrte Xu Gianqi, war »begeistert davon, neue Kenntnisse über die Welt zu erwerben«, auch über die Mathematik »der westlichen Länder«. Seine Übersetzung der *Elemente* Euklids, gemeinsam mit Ricci erstellt, beendete die Unkenntnis der euklidischen Geometrie in China. Gleichzeitig betrieben chinesische Mathematiker Studien in linearer Algebra, die ihren westlichen Kollegen unbekannt blieben.[51]

Zu den chinesischen Gelehrten, die sich für westliche Gelehrsamkeit interessierten, gehörte auch Wang Zheng, der Schall und andere Jesuiten kannte, zum Christentum übertrat, Ingenieurwissenschaft studierte und den Ehrgeiz hatte, westliches und chinesisches Wissen zu vereinen, wie es auch Mei Wending im Jahrhundert danach versuchte.[52]

Abgesehen von dieser Handvoll Beispiele gibt es jedoch wenig Hinweise für ernsthaftes chinesisches Interesse an westlicher Wissenschaft, besonders in der frühen Qingzeit. Wer dieses Wissen erwerben wollte, stand ohnehin vor beträchtlichen Hindernissen. Informationen »wurden an jeder Kontaktstelle gesperrt und gesiebt«. Chinesen durften nicht in den Westen reisen, während Europäer nicht über Macao hinauskamen, einen Hafen, der Mitte des 16. Jahrhunderts angelegt worden war, um den Auslandshandel zu fördern, ohne Ausländer ins Land zu lassen.[53]

Manche chinesische Gebildete lehnten die westliche Wissenschaft auch ab. Der Gelehrte Wei Chün erklärte zum Beispiel, Matteo Ricci habe »mit falschen Lehren die Menschen zum Narren gehalten« und kritisierte ihn, weil er China nicht in der Mitte der

Welt eingezeichnet habe.[54] Ein anderer Gelehrter namens Dong Han rezensierte Alenis Bericht über Kolumbus' Entdeckung Amerikas, die Eroberung Mexikos und Magellans Weltumsegelung. Er beschuldigte Aleni »phantastischer und übertriebener Behauptungen ohne jede Grundlage«.[55] Die Bewahrung der konfuzianischen Tradition zu einer Zeit, in der sie durch westliche Wissenschaft angegriffen wurde, ist Thema eines Romans vom Ende des 18. Jahrhunderts mit dem Titel *Bescheidene Worte eines alten Landmanns*. Darin besuchen die Jünger des übermenschlichen Helden das Land *Ouluoba* (Europa) und bekehren die dortigen Völker zur Lehre des Konfuzius.[56]

Die traditionelle chinesische Kosmografie und Kartografie wurde weiterhin ausgeübt, ob die Kartenzeichner die neuen Informationen (darunter auch die von der Kugelgestalt der Erde) nicht kannten oder sie absichtlich ignorierten.[57] »Noch bis Mitte des 19. Jahrhunderts hatten die Chinesen wenig mehr Informationen über den Westen zur Verfügung als ihre Vorfahren ein halbes Jahrtausend zuvor«, lautet eine These. Wieder wurden die Wissenslücken durch Sagen gefüllt. Manche Chinesen glaubten, im Westen hausten Menschenfresser. Ein Angehöriger der ersten chinesischen Gesandtschaft nach Großbritannien und Frankreich schrieb in seinem Tagebuch: »In England ist alles das Gegenteil von China«, eine Reaktion auf das Fremde, die an Herodots Worte über die Ägypter erinnert.[58]

Erst während des Ersten Opiumkrieges (1839 bis 1842), als britische Kanonenboote die veralteten chinesischen Forts zusammenschossen, wurde einigen führenden Chinesen klar, dass sie etwas gegen ihre Unkenntnis des Westens tun mussten, auch wenn konservative Gelehrte sich weiterhin widersetzten.[59] Kurz nach diesem Krieg, im Jahr 1844, brachte der Universalgelehrte Wei Yuan, der »Landkarten als wesentlich dafür sah, fremde Länder den Chinesen zugänglicher zu machen«, einen Bericht über die »Seekönigreiche«, wie er sie nannte, jenseits Chinas heraus, womit er die Küsten Süd- und Südostasiens meinte, an denen sich damals die europäischen Kolonialmächte festsetzten. Wei Yuan kritisierte, dass man in China von diesen Koloniegründungen nichts ahnte: Als die Chinesen erfuhren, dass »England einen florierenden und volkreichen Handelsstützpunkt in Singapur gegründet hatte, wusste [in China niemand auch nur], wo Singapur lag«.[60] Er unterrichtete seine Leser auch über Afrika, Europa und Amerika.

In den Jahrhunderten zuvor war in China wenig über die Geschichte des Westens bekannt geworden, aber Guo Songtao, der Diplomat an der Spitze der Gesandtschaft in den Westen 1866, wusste immerhin vom Bürgerkrieg in England (1642 bis 1651), den er in seinem Tagebuch als »Machtkampf zwischen König und Volk mit viel Blutvergießen« beschrieb.[61]

Missionare spielten auch weiterhin eine wichtige Rolle bei der Verbreitung westlicher Wissenschaft in China, auch wenn protestantische Missionare »noch entschiedener gegen Darwin waren als die Jesuiten gegen Kopernikus gewesen waren«, sodass »westliche Wissenschaft als eine Art Naturtheologie verpackt wurde«, die die Rezeption des Darwinismus verzögerte.[62]

Vom 16. bis ins 18. Jahrhundert gab es nur wenige Übersetzungen aus westlichen Sprachen, aber in Shanghai wurde 1867 ein Übersetzungsamt eingerichtet, das sich passenderweise im Zeughaus befand, ein Symbol für die praktischen und besonders die militärischen Hintergründe des erneuerten Interesses an westlicher Wissenschaft. Der Brite John Fryer, der dort arbeitete, übersetzte 78 Bücher über westliche Naturwissenschaft und Technik, gab die erste chinesische Zeitung heraus und verfasste naturwissenschaftliche Lehrbücher für chinesische Schulen (es wäre faszinierend zu erfahren, wie Fryers Leser seine Bücher auffassten und darauf reagierten).[63]

Unkenntnis westlicher Literatur und westlicher Ideen wurde allmählich durch Vertrautheit ersetzt, dank der Bemühungen bestimmter Persönlichkeiten. Eine davon war Lin Shu, ein Mann des Geistes, der selbst zwar keine Fremdsprache beherrschte, aber mit Hilfe von Dolmetschern Charles Dickens und Alexandre Dumas übersetzte. Ein anderer war Yan Fu, der in den 1870er-Jahren am Royal Naval College in London studierte und Adam Smith, John Stuart Mill und T. H. Huxley ins Chinesische übertrug.[64]

JAPAN, KOREA UND FORMOSA

Die europäische Unkenntnis einiger anderer Gebiete Asiens wurde erst später behoben. Japan zum Beispiel wurde in der zweiten Hälfte des 16. Jahrhunderts von Europäern besucht, vom spanischen Missionar Francisco Xavier 1549 bis zum englischen Lotsen William Adams, den es an Bord eines niederländischen Schiffes im Jahr 1600 nach Japan verschlug. Der neue Shogun Tokugawa Ieyasu befragte Adams nach seinen religiösen Ansichten und ob es in seiner Heimat auch Kriege gebe. Adams wurde zum Samurai ernannt, bekam einen Landsitz zugesprochen und wurde als Ratgeber zum Bau eines Schiffes nach europäischer Art herangezogen.

Adams durfte allerdings das Land nicht mehr verlassen und starb 1620 in Japan. Ab 1635 schottete sich Japan von fast allen Kontakten mit Ausländern ab, eine Abwehrmaßnahme gegen den wachsenden Erfolg der jesuitischen Missionare, die immer mehr Japaner zum Christentum bekehrten. Der Abschluss Japans vom Ausland förderte natürlich die Unwissenheit auf beiden Seiten.[65]

Immerhin durfte die niederländische Vereinigte Ostindische Compagnie (VOC) weiterhin eine Handelsniederlassung in Japan betreiben. Um den Kontakt der Niederländer mit Japanern möglichst zu vermeiden, waren sie allerdings auf die kleine künstliche Insel Deshima vor dem Hafen von Nagasaki beschränkt, die sie nur zu offiziellen Besuchen in der Hauptstadt Kioto verlassen durften.

Das Wissen über Japan in Europa, das auf dem Weg über die VOC dorthin gelangte, war begrenzt.

Die umfassendste Landeskunde Japans in einer westlichen Sprache blieb lange Zeit das Buch des deutschen Arztes Engelbert Kaempfer, der in Diensten der VOC auch an Besuchen in Kioto teilgenommen und auf der Reise dorthin und wieder zurück nach Deshima Beobachtungen angestellt hatte. Kaempfers Bericht, der zunächst nur handschriftlich vorlag, erschien zuerst 1727 in einer englischen Fassung im Druck, noch bevor der deutsche Originaltext veröffentlicht wurde.[66]

Die Regierung des Shogunats versuchte ihrerseits das Interesse der Japaner an Europa zu dämpfen. Einige Japaner begeisterten sich trotzdem für die westliche Wissenschaft, die damals *Rangaku* (»Holländerwissen«) hieß, besonders auf dem Gebiet der Medizin.[67] Die Hindernisse für westliches Wissen fielen erst weg, nachdem die Japaner nach 1854 gezwungen wurden, ihre freiwillige Isolierung aufzugeben. Wie in China begannen einige von ihnen die westliche Kultur zu studieren und nachzuahmen und reisten in die USA und nach Europa, um ihrer Unwissenheit abzuhelfen.[68]

Noch weniger war in Europa über andere Gebiete Asiens bekannt. Auch Korea war zum Beispiel nach außen abgeschlossen und wurde »Einsiedlerkönigreich« genannt.[69] Bis es 1905 japanisches Protektorat wurde, war es im Westen fast völlig unbekannt. Einer der wenigen ausländischen Besucher, und zwar unabsichtlich, war der Niederländer Hendrick Hamel. Er arbeitete als Buchhalter für die VOC und strandete auf dem Weg nach Japan als Schiffbrüchiger in Korea. Auch ihm wurde verboten, das Land zu verlassen, aber nach 13 Jahren Gefangenschaft gelang ihm die Flucht. Später schrieb er seine Erinnerungen an den Aufenthalt dort auf, die 1668 auf Niederländisch und zwei Jahre darauf in französischer Übersetzung erschienen.[70]

Die Unwissenheit der Europäer über die Insel Formosa (das heutige Taiwan) lässt sich am Erfolg eines berufsmäßigen Hochstaplers im

18. Jahrhundert ablesen, der sich George Psalmanazar nannte. (Sein richtiger Name ist bis heute unbekannt.) Der angebliche Psalmanazar, eigentlich Franzose, gab sich als Eingeborener Formosas aus und fantasierte unter anderem eine Sprache und sogar ein Alphabet zusammen, die dort im Gebrauch seien. Daraufhin wurde er nach England eingeladen, um dort zukünftige Missionare zu unterrichten, und war eine Zeit lang eine Berühmtheit in der Londoner Gesellschaft. Sein Betrug wurde schließlich von Mitgliedern der Royal Society entlarvt; diese hatten zwar auch keine zuverlässigen Informationen über die Insel, aber der Informant war ihnen verdächtig geworden, unter anderem, nachdem er bei zwei verschiedenen Gelegenheiten gebeten worden war, eine Stelle aus Cicero ins Formosanische zu übertragen, und zwei miteinander unvereinbare Fassungen produziert hatte. Außerdem wusste er nichts zu antworten, als ihn der Astronom Edmond Halley nach der Dauer der Dämmerung auf Formosa fragte. Psalmanazar hielt anfänglich an seiner Geschichte fest, räumte aber schließlich in seinen *Memoirs* (1747) seine Hochstapelei ein. Formosa habe er gewählt, weil »seine Studien ihm sagten, dass kein Europäer über diese Insel etwas wusste«.[71]

Drei geheimnisvolle Städte

Einige berühmte Städte in Asien, vor allem Mekka und Lhasa, widerstanden dem europäischen Erkenntnisdrang bis weit ins 19. Jahrhundert. In Mekka hatten Nichtmohammedaner keinen Zutritt; allerdings wagten es einige kühne Reisende wie der englische Entdecker Richard Burton und der niederländische Gelehrte Christiaan Snouck Hurgronje, die Stadt verkleidet zu betreten. Beide Reisende veröffentlichten Berichte über ihre berühmte Pilgerfahrt.[72]

Über Lhasa, die Hauptstadt Tibets, und das Land Tibet überhaupt wussten Europäer bis 1626 wenig. Damals erschien ein Bericht des portugiesischen Jesuitenmissionars Antonio de Andrade über Tibet im Druck. 90 Jahre später erreichte Ippolito Desideri, ein weiterer Jesuit, Tibet. Er blieb fünf Jahre, aber sein Bericht darüber blieb bis zum 20. Jahrhundert in den Archiven vergraben.[73] Der Engländer George Bogle wurde 1774 von der britischen East India Company als Gesandter nach Tibet geschickt, durfte aber Lhasa nicht betreten. Das Land blieb »verbotenes Gelände« für Kartografen, bis Thomas Montgomerie, ein Hauptmann der britisch-indischen Armee, es ab 1863 von Spionen vermessen ließ, die er dorthin schickte. Pundit Nain Singh, einer dieser Spione, erreichte Lhasa 1865 als buddhistischer Pilger verkleidet und bestimmte die Längen- und Breitenlage der Stadt.[74]

Timbuktu, eine Flussoase am Niger im heutigen Mali, war im Spätmittelalter eine bedeutende Handelsstadt und Zentrum der islamischen Gelehrsamkeit, wurde aber später für Europäer zum Symbol für Abgelegenheit und geheimnisvolle Exotik. Selbst seine Lage, wie der Lauf des Flusses Niger überhaupt, war bis zum frühen 19. Jahrhundert unbekannt, obwohl geografische Gesellschaften in Großbritannien wie in Frankreich Expeditionen zur Auffindung der Stadt finanzierten. In Großbritannien wurde Sir Joseph Banks, Vorsitzender der Royal Society, 1788 einer der Gründer der African Association zu diesem Zweck. 36 Jahre später, im Jahr 1824, war die Lage der Stadt immer noch unbekannt, und die Pariser Société Géographique lobte einen Preis für den ersten Forscher aus, der Timbuktu erreichte und eine Beschreibung aus eigener Anschauung zurückbrachte. Diesen Preis sicherte sich schließlich im Jahr 1830 der Entdecker René Caillié.[75]

Hindernisse der Erkenntnis

Um zu verstehen, warum diese Orte den Europäern so lange unbekannt blieben, muss man sich die verschiedenen Hindernisse vergegenwärtigen, die dem forschenden Außenseiter entgegenstanden. Wie erwähnt, war in einigen Ländern für Ausländer die Einreise amtlich verboten, ob aus politischen oder religiösen Gründen. Japan war für Reisende aus dem Westen von 1635 bis 1854 fast völlig verschlossen. Tibet sperrte 1792 seine Grenzen für Europäer. Korea hatte bis 1905 eine Einreisesperre für Ausländer außer Chinesen.

Anderswo war nicht ein Verbot das Problem, sondern die Strapazen und Gefahren der Reise. Wüstengebiete wurden erst spät kartiert. Man konnte sie nur zu Fuß oder auf dem Kamelrücken durchqueren, und wenn unterwegs Nahrung und Wasser ausgingen, riskierte man den Tod. Thomas Montgomerie schickte 1865 einen indischen Sekretär namens Mohamed-i-Hameed auf eine Geheimexpedition in die Wüste Taklamakan im zentralasiatischen Tarimbecken. Der Inder starb auf dem Rückweg, aber ein britischer Landvermesser namens William Johnson konnte Hameeds Aufzeichnungen bergen und erreichte selbst die Ruinen einer im Sand untergegangenen ehemaligen Handelsstadt an der berühmten Seidenstraße bei Khotan (im heutigen chinesischen Sinkiang) am Rand der Taklamakan. Einige Jahre danach, 1879, entdeckte ein Botaniker bei einer Expedition der Russischen Geografischen Gesellschaft eine weitere im Sand versunkene Stadt in Turkestan, die ehemalige uigurische Hauptstadt Karakhoja, die im Jahr 640 von einer chinesischen Armee erobert worden war.[76] Manche Wüsten wurden erst im 20. Jahrhundert kartiert, unter anderem das Rub al-Khali (»Leeres Viertel«) im Süden der Arabischen Halbinsel, das Jack Philby (der Vater des britischen Geheimdienstlers Kim Philby, der als Doppelagent für den KGB spionierte) in den 1930er-Jahren nach einer anderen verlorenen Stadt absuchte, und schließlich 1946 vom britischen Entdecker Wilfred Thesiger durchquert.[77]

Auch wo das Reisen zu Lande nicht gefährlich war, gestaltete es sich mühsamer und teurer als Reisen zu Schiff auf dem Meer oder auf Flüssen. Daher waren die Küsten Asiens, Afrikas und Amerikas lange vor dem Inneren dieser Kontinente bekannt. Frei Vicente de Salvador, der »brasilianische Herodot«, klagte in seiner Geschichte Brasiliens, die Portugiesen hätten sich nicht die Mühe gemacht, das Landesinnere zu erforschen, sondern sich »wie Krebse« an der Küste zusammengedrängt.[78] Über das Innere Nordamerikas, den heutigen Mittleren Westen der USA, wusste man bis zu einer Expedition der US-Regierung von der Ost- an die Westküste unter der Führung Meriwether Lewis' und William Clarks in den Jahren 1803 bis 1806 kaum etwas.

Das Innere Afrikas

Auch wie ein Krebs an der Küste geblieben war der Marokkaner Leo Africanus (ursprünglich al-Hasan ibn Muhammad al-Wazzan al-Fasi), dessen Landeskunde Afrikas 1550 auf Italienisch erschien. Sie bot weit mehr Informationen über die Küstenregionen des Kontinents als über das Innere. Der Text wäre nicht auf Italienisch erschienen und womöglich nie geschrieben worden, wäre der Verfasser, ein Berber aus Nordafrika, nicht von spanischen Seeräubern gefangen genommen und Papst Leo X. geschenkt worden, nach dem er dann den Namen Leo erhielt.[79]

Eine Gegend Afrikas, über die im Westen lange wenig bekannt wurde, war Abessinien, das heutige Äthiopien. Wie im Fall Tibets waren auch hier jesuitische Missionare die ersten europäischen Besucher, die Informationen über das Land mitbrachten: Eine Beschreibung Abessiniens von Pedro Páez erschien 1622. Nachdem allerdings die Jesuiten 1633 ausgewiesen worden waren, wurde es schwierig für Ausländer, Abessinien zu betreten, und noch schwieriger, es wieder zu verlassen. Eine weitere Landeskunde, verfasst von einem weiteren Jesuitenmissionar namens Jerónimo Lobo, blieb bis 1728 unveröffentlicht, während »die wenigen und ungenauen Karten, die es gab, von den Jesuiten eifersüchtig gehütet wurden«.[80]

Der schottische Laird James Bruce sah in dieser Situation eine Herausforderung. Bruce war ein Original, ein massiver Mann, der ein massives Werk hinterließ, die Geschichte seiner Reisen in fünf Bänden.[81] Als britischer Konsul in Algier entschied Bruce nach eigener Auskunft, »die Welt soll eine zutreffende Beschreibung Äthiopiens bekommen, mit einer Karte der Orte, die wir besucht haben, und genauen Positionsbestimmungen dieser Orte durch große Instrumente«.[82] 1769 kam er, verkleidet als syrischer Arzt, mit seinem Quadranten, mehreren Sextanten und einigen Teleskopen im Land an. Bruce war besessen davon, die Nilquellen zu finden. Dass sie in Europa noch immer unbekannt waren, nannte er »eine Herausforderung für alle Reisenden und eine Schande für die Geografie«.[83] Bruce fand in Abessinien tatsächlich die Quelle des Blauen Nils und beschrieb sie mit seiner typischen Übertreibung als »jenen Ort, der Genie, Fleiß und Forschergeist sowohl der Alten wie der Moderne fast dreitausend Jahre lang widerstanden hatte«, obwohl die Quelle des Flusses seinen jesuitischen Vorgängern bereits bekannt gewesen war.[84]

Zwar hatte Francis Moore, ein Agent der britischen Royal African Company, in seinen *Travels into the Inland Parts of Africa* (1738) das Innere des Kontinents geschildert, aber noch 1790 konnte es ein Engländer als »großen weißen Fleck« bezeichnen.[85] Die Quelle des Weißen Nils (er fließt aus dem Victoriasee) wurde erst 1856 von Europäern gefunden. Henry Stanley, der diese Entdeckung in den 1870er-Jahren bestätigte, sprach von Afrika als dem »dunklen Kontinent«, weil »ein so großer Teil der dunklen Länder im Inneren für die Außenwelt noch unbekannt« war.[86]

Der Erforschung Innerafrikas standen ernsthafte Hindernisse entgegen. Wenige Flüsse waren auf ganzer Länge schiffbar und Reitpferde fielen schnell den Stichen der Tsetsefliege zum Opfer, sodass man zu Fuß gehen und das Gepäck von Trägern transportieren lassen musste. Einheimische Führer waren schwierig zu finden, die Eingeborenen vor Ort wollten Fremden oft nichts über ihr Land erzählen. Manche Stämme beraubten und töteten Reisende; außerdem konnte man natürlich in Flüssen ertrinken, in Wüsten verdursten oder verhungern oder einer tödlichen Infektion wie Dysenterie, Malaria und Schlafkrankheit erliegen.

Welche Gefahren damit verbunden waren, die weißen Flecken auf der Landkarte auszufüllen, zeigen die Schicksale der Expeditionen nach Timbuktu. Zwei Entdecker wurden auf dem Hinweg getötet, ein dritter auf dem Rückweg, ein vierter verschwand spurlos. Der Franzose René Caillié kehrte lebend zurück, nahm das von der französischen Société Géographique ausgesetzte Preisgeld von 9000 Franc in Empfang und schrieb ein Buch über seine Reise – aber er starb bereits mit 39 Jahren an den Folgen einer Krankheit, die er sich in Afrika zugezogen hatte.[87]

Ein weiteres Beispiel für Strapazen und Gefahren bietet das Buch *Travels in the Interior Districts of Africa* (1799) des schottischen Entdeckers Mungo Park, eines ehemaligen Wundarztes der britischen East India Company. Wie die Titelseite seines Buches deutlich genug macht, fand Parks Reisen »unter der Leitung und mit Förderung durch die African Association« statt. Auf der ersten Expedition 1795 wurde er von einem »maurischen« Häuptling gefangen genommen und erst nach drei Monaten wieder freigelassen, ohne sein Geld und seine Vorräte. Auf derselben Reise wurde er nochmals überfallen, wobei er sein Pferd und seine Reservekleidung einbüßte. Trotz dieser Erlebnisse kehrte Park 1805 nach Westafrika zurück und fand die Nigerquelle. Diesmal musste er mit der Feindseligkeit mohammedanischer Kaufleute fertigwerden, die in ihm einen Konkurrenten sahen, während seine Mannschaft erfuhr, dass sie bei der Fahrt auf dem Fluss besser dem Ufer fernblieb. Sie wurden ständig von Kanus mit feindseligen Eingeborenen verfolgt, die sie einholten, als ihr eigenes Boot auf Grund lief. Im folgenden Kampf ertrank Mungo Park.[88]

Ein weiterer Entdecker, der Ire James Tuckey, starb 1816 bei dem erfolglosen Versuch, die Quelle des Kongostroms zu finden. Kein Wunder, dass noch 1878 Henry Stanley (der die Kongoquelle tatsächlich fand) seinen Reisebericht mit einem Dank »an die göttliche Vorsehung für ihren gnädigen Schutz meiner selbst und meiner überlebenden Gefährten während unserer kürzlichen gefahrvollen Unternehmung in Afrika« begann.[89]

Angesichts dieser Schwierigkeiten übertrieb der britische Premierminister Lord Salisbury wohl nicht einmal sehr, als er die Unwissenheit kommentierte, die hinter der Berliner Konferenz (1884/85) zur Aufteilung Afrikas während des »Rennens« der Kolonialmächte um diesen Kontinent stand: »Wir haben einander Berge und Seen und Flüsse abgetreten, behindert einzig von dem kleinen Problem, dass wir nie wussten, wo diese Berge, Flüsse und Seen genau lagen.«[90]

Geheime Landkarten

Gerade, wenn neue Entdeckungen gelangen, wurden sie oft geheim gehalten, um Ausländer im Dunkeln darüber zu lassen. Die Geschichte der Kartografie in den letzten 500 Jahren sieht auf den ersten Blick nach einem ständigen Fortschreiten aus, weil immer mehr Gebiete der Welt kartiert und die Landkarten selbst dank Verbesserungen in der Vermessungstechnik immer genauer wurden.

Geheimhaltung durch die Obrigkeit war allerdings oft ein großes Hindernis für das Wissen um die Außenwelt.

Der britische Geograf Brian Harley hat in einer bahnbrechenden Studie über die kartografische »Stille« (ein Begriff, den er den traditionellen »weißen Flecken« vorzieht) darauf hingewiesen, dass gerade zu der Zeit, da gedruckte Landkarten geografisches Wissen verstärkt verbreiteten, »einige Staaten und ihre Fürsten ihre Landkarten entschlossen geheim hielten«, um sicherzustellen, dass ihre politischen und wirtschaftlichen Konkurrenten nicht von ihren Ressourcen erfuhren.[91]

Im 16. Jahrhundert behielten die Portugiesen, die dabei waren, Handels- und Herrschaftsstützpunkte in Indien, China, Afrika und Brasilien einzurichten, ihr Wissen gewöhnlich für sich, einschließlich der Landkarten. König Manuel I. verbot zum Beispiel den Seekartenzeichnern 1504, die westafrikanische Küste südlich der Kongomündung abzubilden, und ließ bereits existierende Karten entsprechend zensieren. Die *Suma Oriental* des portugiesischen Apothekers Tomé Pires, ein Bericht über seine Reise nach Ostasien mit einer Widmung an König Manuel, durfte nicht erscheinen, weil sie Informationen über den Gewürzhandel enthielt.[92] Die Portugiesen blieben ziemlich lange bei ihrer strengen Zensur. Noch 1711 wurde die Abhandlung eines italienischen Jesuiten über die brasilianische Wirtschaft sofort nach der Veröffentlichung verboten, anscheinend, weil die Behörden befürchteten, Ausländer könnten daraus die genaue Lage der brasilianischen Goldminen erfahren.[93]

Die Konkurrenten der Portugiesen versuchten natürlich, an die zensierten Informationen heranzukommen. Zum Beispiel schmuggelte 1502 der Italiener Alberto Cantino eine portugiesische Seekarte aus dem Land, die heute als Cantino-Planisphäre bekannt ist, und 1561 wurde der französische Botschafter in Lissabon angewiesen, einen portugiesischen Kartografen zu bestechen, damit dieser eine Karte Südafrikas lieferte.[94]

Die Portugiesen waren zwar berüchtigt für ihre Geheimniskrämerei, aber nicht die einzigen, die Land- und Seekarten vor Ausländern geheim hielten. Das Wissen über das spanische Weltreich wurde von dessen Regierung kontrolliert, und »Kosmographen, die zukünftige Lotsen unterrichteten, schworen einen Eid, ihr Wissen nicht mit Ausländern zu teilen«.[95] Ein niederländischer Handelsherr, der sich Ende des 16. Jahrhunderts in Russland niedergelassen hatte, konnte keine Landkarte des Zarenreiches bekommen, weil deren Verkauf bei Todesstrafe verboten war.[96] Nicht nur europäische Regierungen betrieben eine solche Geheimhaltungspolitik. Koreanische Besucher in China durften 1522 ihre Wohnungen nicht mehr verlassen, nachdem sie ein illustriertes Handbuch des Ming-Reiches gekauft hatten.[97] In Japan durften Landkarten, weil sie Staatsgeheimnisse enthielten, nicht außer Landes gebracht werden.

Als die Portugiesen im 17. Jahrhundert von den Niederländern als führende Überseehändler abgelöst wurden, folgte die niederländische Vereinigte Ostindische Compagnie (VOC) ebenfalls einer Geheimhaltungsstrategie.[98] Die Seekarten der VOC wurden in einem besonderen Raum der Zentrale in Amsterdam aufbewahrt. Die Kenntnis der Fahrtrouten war absolute Vertrauenssache. Seekartenzeichner mussten vor den Bürgermeistern von Amsterdam schwören, die Informationen auf den Karten nicht in Druck zu geben und sie niemandem außer den Mitgliedern der VOC zu offenbaren. Die Lotsen bekamen die Karten für den Gebrauch auf der Reise geliehen und mussten sie danach zurückgeben. Dennoch konnten Ausländer manchmal eine bekommen, wenn sie genug boten. Eine niederländische Seekarte, die heute in einem französischen Archiv liegt, trägt die Anmerkung: »Von einem niederländischen Lotsen gekauft.«[99] Wer den Preis nicht zahlen konnte, blieb unwissend.[100]

Im 18. und frühen 19. Jahrhundert war die britische East India Company sowohl für die Erstellung von Landkarten wie auch für die Kontrolle ihrer Verbreitung zuständig. 1811 verhinderte das Board of

Control der Gesellschaft die Veröffentlichung einiger Karten Indiens, damit sie nicht »in der Zukunft in die Hände europäischer Mächte fallen, die unserer Gesellschaft schaden wollen«, insbesondere ihrer französischen Konkurrenten.[101] Die Franzosen machten es genauso: Landkarten Ägyptens, die während der Expedition Napoleons I. dorthin (1798) entstanden, blieben geheim, damit die Briten sie nicht benutzen konnten. Die Geheimhaltung wurde erst nach dem Ende der Napoleonischen Kriege (1815) aufgehoben.[102]

Auch im 20. und 21. Jahrhundert hielten manche Regimes und Konzerne an dieser Geheimhaltung fest. In der Sowjetunion waren zum Beispiel die »Forschungsstädte« (*наукограды*) mit ihren Instituten und Wissenschaftlersiedlungen nicht auf den Karten eingezeichnet. Auf »Google Maps« im Internet darf der Benutzer nicht jeden Ort anschauen.[103]

DIE ERKENNTNISLEHRE DES REISENS

Über Jahrtausende wurden Kenntnisse auswärtiger Gebiete durch die Beobachtungen Reisender zusammengetragen und nicht durch systematische Vermessungen von Spezialisten. Die Vertrauenswürdigkeit ihrer Reiseberichte ist seit jeher umstritten.[104] Schon in der Antike wurde zum Beispiel Herodot oft der Lüge bezichtigt, und der Geograf Strabo bespricht die Unzuverlässigkeit der Reiseschriftsteller. Diese Unzuverlässigkeit ist durchaus abgestuft. In ihrer milden Form besteht sie aus Urteilen nach einer eiligen Stippvisite und Verallgemeinerungen aus Einzelfällen, aus Wichtigtuerei des Autors, der seinen Anteil an Ereignissen ungebührlich herausstellt, und auf unkritischer Übernahme der Angaben anderer Reiseschriftsteller oder falsch verstandener Auskünfte Einheimischer.

In extremer Form liegt Unzuverlässigkeit vor, wenn der Autor einen Ort gar nicht wirklich besucht hat oder der Ort nicht einmal existiert, wie im Fall des angeblichen Sir John de Mandeville aus St. Albans (alias Jean Mandeville aus Lüttich), der im 14. Jahrhundert Asien bereist haben wollte. Sein Buch entpuppte sich als Sammlung von Bruchstücken früherer Reiseschriftsteller, besonders Odorics von Pordenone über Ostasien und des deutschen Pilgers Wilhelm von Boldensele über das Heilige Land. Nachdem Richard Hakluyt Auszüge aus Mandevilles Buch noch in die erste Auflage seiner Anthologie von Reiseberichten *The Principal Navigations* (1589) aufgenommen hatte, ließ er sie in der zweiten Auflage weg, wahrscheinlich, weil die Berichte, »über das, was ich gesehen« kein Vertrauen mehr erweckten.[105]

Marco Polos Reisebericht *Divisament dou monde* bietet ein berühmtes Beispiel mehr oder weniger großer Unzuverlässigkeit in diesem Genre. Dieses Buch war schon immer, vom Mittelalter bis heute, so beliebt, weil es eine gute Geschichte erzählt. In Indien, das Marco Polo auf dem Weg nach China durchreiste, soll es zum Beispiel Yogis geben, die »150 oder 200 Jahre alt werden«, weil sie wenig essen und ein Gebräu aus »Schwefel und Quecksilber« trinken.[106] Marco Polo ist wahrscheinlich nicht in Japan gewesen, das er als eine »sehr große Insel« bezeichnet, behauptete aber, es gebe dort Gold »in unermesslicher Menge«, und der dortige Herrscher habe »einen sehr großen Palast, dessen Dach ganz von feinem Golde« sei.[107] Hier sehen wir also ein frühes Beispiel der Fantasien, die sich später zur Sage über El Dorado verdichteten.

Der berühmteste Teil in Marco Polos Werk ist die Beschreibung Chinas zur Zeit des Kublai Khan. Falls der Erzähler aber wirklich, wie es im Text heißt, 17 Jahre dort verbrachte, sind einige Auslassungen in der Beschreibung schwer zu erklären. Marco Polo schweigt über das Teetrinken, das Essen mit Stäbchen, die chinesische Schrift, den Buchdruck, die Sitte, Frauen die Füße zu binden, und die Große Mauer.[108] Ebenfalls auffällig ist, dass die Ortsnamen in einer persischen Fassung wiedergegeben werden. Der Erzähler konnte offensichtlich kein Chinesisch und gewann einen Großteil seiner Informationen nicht aus eigener Anschauung. Tatsächlich räumt er im Vorwort zu seinem Buch ein, dass er zwar einiges davon »mit eigenen Augen« gesehen habe, anderes aber von »glaubwürdigen und wahrhaftigen Männern« gehört habe. Marco Polo ist wahrscheinlich zwar selbst in der Mongolei gewesen, sah aber China durch »mongolische, türkische und persische Augen«.[109]

Wir sollten außerdem bedenken, dass Marco Polos Buch, anders als die erwähnten Berichte der drei Patres aus dem 13. Jahrhundert, von einem professionellen Geschichtenerzähler namens Rustichello da Pisa aufgeschrieben wurde, den Marco Polo im Gefängnis in Genua kennenlernte, wo beide zeitweilig einsaßen. Rustichello war Autor, und zwar von Ritterromanen. Marco Polos Bericht über seine Ankunft am Hof Kublai Khans hat ein italienischer Forscher mit der Schilderung der Ankunft Tristans am Hof von König Artus in einem von Rustichellos Ritterromanen verglichen.[110]

Kein Wunder also, dass Robert Burton, Verfasser der berühmten *Anatomy of Melancholy*, »Marcus Polus' Lügenmärchen« zurückwies.[111] Eine neuere Studie kommt zu dem Schluss, dass eine frühere Reise der Onkel Marco Polos zwar »glaubwürdig« sei, er selbst aber »wahrscheinlich nicht weit über die Handelskontore seiner Familie am Schwarzen Meer und in Konstantinopel hinauskam«.[112] Insbesondere seine Unkenntnis Mittel- und Südchinas ist auffällig.[113]

Ein weiteres Beispiel fragwürdiger Zuverlässigkeit, diesmal aus dem 16. Jahrhundert, bietet Fernão Mendes Pinto, ein Portugiese, der 21 Jahre in Asien verbrachte und einen Bericht über seine Fahrten schrieb, die *Peregrinação* (1614 posthum erschienen), in dem er behauptet, in China gewesen zu sein. Manche seiner Leser im 17. Jahrhundert hielten ihn für einen Lügner, auch wenn eine davon, die begabte Briefschreiberin Dorothy Osborne, erklärte, »seine Lügen sind so nett und harmlos, wie Lügen nur sein können«.[114] Der britische China-Historiker Jonathan Spence ist bereit zu »vermuten, dass Pinto China überhaupt nie bereist hat«, auch wenn er wohl in Macao und vielleicht anderen Häfen gewesen ist. Spences Urteil lautet, es sei unmöglich »zu entscheiden, welche Handlungen Pinto wirklich ausführte, welche er selbst erlebte, von welchen er durch andere hörte, von welchen er las ... und welche er sich ausdachte«.[115] In dieser Hinsicht unterschied sich Pinto nicht sehr von vielen Reiseschriftstellern, auch wenn seine Geschichten pittoresker sind als die der meisten anderen.

Im Zeitalter der »wissenschaftlichen Revolution« blieben Reiseberichte weiterhin eine wichtige Quelle für die Kenntnis der Natur. Die Royal Society entwarf in den 1660er-Jahren eine Reihe Fragebögen, um zukünftige Berichte systematischer und zuverlässiger zu machen. Im 18. Jahrhundert wurden diese Anweisungen für Amateure durch wissenschaftliche Expeditionen abgelöst, an denen fachkundige Beobachter aus der Astronomie, Geologie, Botanik und Zoologie teilnahmen.

Die Zuverlässigkeit von Reisebeschreibungen blieb umstritten. Als zum Beispiel James Bruce aus Äthiopien zurückkehrte, stieß sein Erfahrungsbericht auf skeptische Aufnahme. Bruce hatte selbst Jerónimo Lobo als »größten Lügner unter den Jesuiten« bezichtigt, aber Samuel Johnson, der Lobo ins Englische übertragen und Informationen daraus in seinem Roman *Rasselas* eingebaut hatte, richtete den Vorwurf gegen Bruce selbst.[116]

Im 20. Jahrhundert wurden Laurens van der Post und Bruce Chatwin, die beide sowohl Romane wie Reiseberichte schrieben, beschuldigt, beide Genres vermischt und ihre eigenen Verdienste als Reisende übertrieben zu haben. Van der Posts *Venture to the Interior* (1952), in dem er seine Besteigung des Mount Mulanje in Njassaland (heute Malawi) beschreibt, wurde wegen der Darstellung des Gebiets als abgelegen kritisiert, das in Wirklichkeit »häufig von ansässigen Briten und Kolonialbeamten besucht« wurde, und der Autor einer »Besessenheit fürs Fantasieren« geziehen. Chatwins *In Patagonia* (1977) erging es ähnlich.[117] Van der Post wie Chatwin sind vielleicht tatsächlich zu weit in Richtung Fiktion abgewichen, ohne das dem Leser (oder auch sich selbst) einzugestehen, aber wie bei einer Autobiografie kann auch der persönliche Reisebericht niemals dem Maßstab absoluter objektiver Zuverlässigkeit genügen.

Von der Geografie zur Ökologie

Im 21. Jahrhundert ist die Unkenntnis der Geografie unserer Erde durch Entdeckungen, wissenschaftliche Forschung und, für die breite Öffentlichkeit, durch die Einführung von Google Earth (2005) verringert worden. Unsere verbleibende Unwissenheit und ihre tragischen Folgen wurden durch Debatten über Atomwaffen, Umweltverschmutzung, den Rückgang der Artenvielfalt und vor allem durch Voraussagen klimatischer Veränderungen enthüllt.

Über Atomwaffen wird seit den beiden Bomben, die 1945 auf Hiroshima und Nagasaki abgeworfen wurden, in der Öffentlichkeit diskutiert. Die Wirkungen der Bomben auf die Einwohner der beiden Städte sind nur zu bekannt. Albert Einstein und Bertrand Russell warnten damals die Welt, Atombomben könnten die Menschheit ausrotten, und der Philosoph Toby Ord datiert den Anfang »der Klippe am Abgrund«, wie er »unser Hochrisiko-Zeitalter« nennt, auf den 16. Juli 1945, als in Neumexiko die erste Atomexplosion ausgelöst wurde.[118] Ungewiss bleiben die Auswirkungen eines Krieges, in dem eine größere Anzahl der viel stärkeren heutigen Atombomben tatsächlich eingesetzt würde. Nicht nur kämen dabei Hunderte Millionen Menschen ums Leben, sondern ein solcher Atomkrieg könnte auch einen sogenannten nuklearen Winter auslösen, wenn die in die Atmosphäre gerissenen Staubmassen das Sonnenlicht blockieren und die Erde sich abkühlt, und schließlich sogar zum »Tod der Erde« führen, also zur Ausrottung allen Lebens auf unserem Planeten. Wir wissen es schlichtweg nicht.[119]

In der zweiten Hälfte des 20. Jahrhunderts wuchs das Bewusstsein für die Zerstörung der Umwelt, gefördert durch Bücher wie das beredte *Silent Spring* (1962) der US-Biologin Rachel Carson und durch Organisationen wie die Friends of the Earth, gegründet 1969 in San Francisco. In *Silent Spring* geht es um die schädlichen Auswirkungen giftiger Pflanzenschutzmittel auf den Erdboden, die Flüsse, Pflanzen, Tiere und Menschen (der Titel hebt das Vogelsterben hervor, das zu einem »stummen Frühling« ohne Vogelgesang führen könnte).

Rachel Carsons Weckruf war die Reaktion auf eine damals ziemlich neue Entwicklung (sie datiert den Beginn des massenhaften Einsatzes von Pestiziden auf die »Mitte der 1940er«). Wenn man das Buch heute liest, fallen einem wiederholte Erwähnungen der Unwissenheit auf. Die Autorin erklärte, giftige Chemikalien seien »in den Händen von Personen, denen ihr Gefahrenpotenzial kaum bis gar nicht bewusst ist«, und dass diese Chemikalien »fast oder ganz ohne vorhergehende Untersuchung ihrer Wirkungen« auf den Markt kämen. Sie zitiert das Eingeständnis Rolf Eliassens, eines US-amerikanischen Umweltingenieurs: »Was sind die Auswirkungen auf den Menschen? Wir wissen es nicht.« Sie zitiert außerdem den niederländischen Biologen C. J. Briejer: »Wir wissen nicht, ob alle Unkräuter im Getreide schädlich oder manche doch nützlich sind«. Rachel Carson selbst merkt an, dass die Bodenökologie »größtenteils selbst von der Forschung vernachlässigt und von den Unkrautbekämpfern völlig ignoriert« wird.[120]

Silent Spring wurde zum Klassiker und anlässlich des 40. und 50. Jahrestags der Erstausgabe neu aufgelegt. In der folgenden Generation errang ein Buch des US-amerikanischen Journalisten Bill McKibben mit dem einprägsamen Titel *The End of Nature* (1989) ähnlichen Erfolg. Der Autor erklärte: »Mit dem Ende der Natur meine ich nicht das Ende der Welt. Unter dem Begriff Natur verstehe ich eine bestimmte menschliche Vorstellung der Welt und unseres Platzes in ihr ... Ein Grund, warum wir unserer natürlichen Umwelt so wenig Aufmerksamkeit schenken, ist, dass sie immer da gewesen ist und wir angenommen haben, dass das auch immer so bliebe.«[121] So gesehen haben wir die Natur ignoriert.

Interessant ist, dass der Historiker Keith Thomas einige Jahre vor McKibben in seinem Buch *Man and the Natural World* (1983) eine ganz ähnliche These aufstellte – aber für die Epoche von 1500 bis 1800. In England »entstand ein neues Bewusstsein für Tiere, Pflanzen und die Landschaft. Das Verhältnis des Menschen zu anderen Arten wurde neu bestimmt, und sein Recht, Tiere zu seinem eigenen Nutzen zu verwenden, wurde scharf kritisiert.«[122] Warum? Die Erklärung ist in beiden Fällen ähnlich. Zerstörung oder drohende Zerstörung als Ergebnis zweier Phasen der Industrialisierung, erweckte Interesse am Bedrohten.

Gegen Ende des 20. Jahrhunderts konzentrierte sich die Aufmerksamkeit auf die örtlichen und nur zu gut wahrnehmbaren Auswirkungen industrieller Umweltverschmutzung, wie etwa in dem amerikanischen Gerichtsverfahren, das die Whistleblowerin Erin Brockovich ausgelöst hatte (besprochen in Kapitel 13). Diese Schäden erregen auch heute noch Besorgnis und sind besonders wahrnehmbar nach Katastrophen wie einer Ölpest oder in neuester Zeit durch Forschungsergebnisse über die Schädigung des Lebens im Meer durch das Abladen riesiger Mengen Kunststoffabfälle in die Ozeane.[123] Die laufende Debatte über eine globale Erwärmung oder deren Ausbleiben zeigt jedoch neue Unkenntnis der Erde wie auch neue Probleme für alle ihre Bewohner.

Der Rückgang der Artenvielfalt zum Beispiel ist inzwischen ins öffentliche Bewusstsein getreten. 2014 kam Elizabeth Kolberts *The Sixth Extinction* heraus (auf Deutsch erschien es als *Das sechste Sterben*). Es ist allgemeinverständlich geschrieben und stellt den gegenwärtigen Artenrückgang in den Zusammenhang der »großen fünf« Massenaussterben der Erdgeschichte, vom Einschlag eines großen Asteroiden vor 66 Millionen Jahren, der drei Viertel aller lebenden Arten auslöschte, bis zum Verschwinden der »Megafauna«, also der sehr großen Säugetiere wie Mammut und Mastodon, nur 13.000 Jahre vor Christus. Ein Bericht der Vereinten Nationen zum »noch nie dagewesenen« weltweiten Rückgang der Artenvielfalt erschien 2019.[124]

Die öffentliche Debatte um einen Klimawandel ist ebenfalls ziemlich neuen Datums, auch wenn das Problem schon lange bekannt ist. Schon 1896 sagte der schwedische Physikochemiker Svante Arrhenius eine weltweite Erwärmung voraus (wie der Leser sicher schon vermutet hat, wurden seine Voraussagen von älteren Kollegen damals abgetan). 1938 zeigte der britische Ingenieur Guy Callendar, dass diese Erwärmung seit einem halben Jahrhundert andauerte. Diese Forscher waren sich bewusst, dass weltweite Erwärmung nicht zu einem Naturzyklus gehört, sondern durch den »Treibhauseffekt« aus der Verbrennung fossiler Brennstoffe entsteht. Wie so oft bei schlechten Nachrichten wurden ihre Erkenntnisse zum größten Teil ignoriert und mitunter völlig abgestritten. Jetzt, da sie breit diskutiert werden, müssen wir einfach hoffen, dass rechtzeitig und im erforderlichen Maßstab praktische Reaktionen folgen, anstatt dass, wie bei den in Kapitel 12 besprochenen Katastrophen, zu spät zu wenig getan wird.

Teil II

Folgen der Unwissenheit

Folgen der Unwissenheit

Wie die Diskussion über den Umweltschutz am Ende des vorigen Kapitels nahelegt, sind die Folgen der Unwissenheit bei Entscheidungsträgern oft ernst und manchmal tödlich. Die Lehre, die daraus zu ziehen wäre, ist die Notwendigkeit der Bildung. In einer berühmten Wahlkampfdebatte zu den brasilianischen Präsidentschaftswahlen 1989 beklagte sich Fernando Henrique Cardoso über die Kosten im Bildungssystem. Sein Gegner Leonel Brizola antwortete: »*Educação não é caro. Caro mesmo é a ignorância.*« (»Bildung ist nicht teuer. Unwissenheit ist teuer«).[125]

Diese These illustrieren die Kapitel 9, 10 und 11, die sich mit Krieg, Wirtschaft und Politik befassen. Die Rolle der Unwissenheit bei verschiedenen Arten von Katastrophen – Hungersnöte, Überschwemmungen, Erdbeben, Seuchen und so weiter – wird in Kapitel 12 besprochen. Die Unwissenheit der Bevölkerung und wie sie in Unwissenheit gehalten wird, ist Thema von Kapitel 13. Kapitel 14 befasst sich mit Versuchen, unsere Unkenntnis der Zukunft zu bekämpfen, und Kapitel 15 widmet sich den nachteiligen Folgen unserer Unkenntnis der Vergangenheit.

Edward Gibbon sagt, »die Verbrechen, Narrheiten und Missgeschicke der Menschheit« machten den größten Teil ihrer Geschichte aus. Ob das nun wahr ist oder nicht – sie machen jedenfalls den größten Teil der folgenden Kapitel aus.

Kapitel 9

Unwissenheit im Krieg

Der Krieg ist das Gebiet der Ungewissheit.
                                                    Carl von Clausewitz

Kriege sind nicht bloß eine »Fortsetzung der Politik mit anderen Mitteln«, wie die berühmte Formulierung bei Clausewitz lautet, sondern noch extremere Fälle des Problems der Entscheidungsfindung unter ungewissen Umständen; man plant für eine Zukunft, von der man schon weiß, dass sie nicht eintreten wird. Ein anderer berühmter Stratege, Sun Tzu (Sunzi, um 544 bis 496 v. Chr.) sagt:

Ein Herrscher kann auf dreierlei Weise Unglück über sein Heer bringen: Indem er einen Vormarsch oder Rückzug befiehlt, ohne zu wissen, dass das Heer den Befehl nicht ausführen kann ... Indem er versucht, das Heer genauso zu führen, wie er sein Reich beherrscht, ohne zu wissen, welche besonderen Bedingungen in einem Heer bestehen ... Indem er die Offiziere seines Heeres unterschiedslos einsetzt, ohne zu wissen, dass man sich im Militär grundsätzlich immer den Umständen anpassen muss.[1]

Folgen der Unwissenheit

Selbst im Frieden sind Armeen und ihre Untergliederungen wie Divisionen, Korps oder Regimenter Schauplatz der »Organisations-Unwissenheit«, die bereits besprochen wurde. Ich kenne zwar keine historischen Studien zu diesem Problem, kann aber als Augenzeuge etwas dazu beitragen. Als Soldat war ich 1956/57 Sachbearbeiter in der Zahlmeisterei des britischen Singapore District Signal Regiment, eines Regiments, dessen Mannschaften hauptsächlich aus einheimischen Malaien bestanden. Die Offiziere waren Briten und bekamen offensichtlich vieles nicht mit, was hinter ihrem Rücken vorging, besonders zwischen 16 Uhr nachmittags und 6 Uhr morgens, wenn sie sich außerhalb der Dienststunden in ihren Wohnquartieren aufhielten. Vorräte und Ausrüstung aus dem Bestand der Kaserne tauchten auf dem sogenannten »Diebesmarkt« in der Innenstadt auf, und einige Soldaten erpressten Schutzgeld von Ladeninhabern der Umgebung. Die gewinnträchtigste Gaunerei war wohl die Nebentätigkeit eines würdevollen Inders, der tagsüber in den Büros Tee servierte, unter anderem auch in meinem. Nachts wurde er zum Unternehmer, der Schlafplätze in der Kaserne an Zivilisten vermietete (es herrschte damals Wohnungsmangel in der Stadt). Als unbedarfter Achtzehnjähriger, der erst wenige Monate zuvor die Schule abgeschlossen hatte, beobachtete ich diese Aktivitäten mit einer Mischung aus Ungläubigkeit und Amüsiertheit, dachte aber gar nicht daran, sie etwa den Vorgesetzten anzuzeigen. In der Schule hätten wir das »Verpfeifen« genannt.

Was den Krieg angeht, so sind militärische Unternehmungen immer auch Schlachten zwischen Unwissenheit und Wissen. Man versucht, den Feind in Unwissenheit über die eigenen Pläne zu halten, sich aber selbst Wissen über dessen Pläne zu verschaffen. Wie der Herzog von Wellington zu sagen pflegte: »Die ganze Kunst des Krieges besteht darin, an das zu gelangen, was sich auf der anderen Seite des Hügels befindet.« Die Strafe des Scheiterns ist hoch: Der Krieg ist ein Nullsummenspiel, in dem es darauf ankommt, möglichst schnell auf den Feind zu reagieren. Der britische Premierminister Harold Wilson pflegte zu sagen: »Eine Woche ist eine lange Zeit in der Politik.« Im Gefecht sind schon 15 Minuten eine lange Zeit.

Fehler auf dem Schlachtfeld werden schneller und sichtbarer als solche in der Politik oder Wirtschaft bestraft. Es gibt viele Biografien der Sieger in diesem Spiel, aber man kann auch aus den wenigen der Unterlegenen viel lernen, zum Beispiel der des österreichischen Marschalls Ludwig von Benedek, der heute nur noch als Verlierer der Schlacht von Königgrätz (Sadowa im österreichischen Sprachgebrauch) im Deutschen Krieg 1866 in Erinnerung ist. Von Benedek wurde »von seiner Aufklärung schlecht beraten«, schätzte die Lage falsch ein, teilte seine Armee in zwei Kolonnen auf und beschwor so eine Katastrophe herauf.[2]

Hier ist es vielleicht angebracht, den Begriff der relativen Unwissenheit einzuführen. Im Krieg leiden beide Seiten unter ihrer Unwissenheit. Sieger wird derjenige, der weniger oder weniger schlimme Fehler begeht, weil er etwas besser informiert ist. Napoleon unterlief zum Beispiel bei seinem Vormarsch gegen die Preußen in der Schlacht bei Jena 1806 eine »Falschannahme« hinsichtlich der Stellungen des größten Teils der preußischen Kräfte, gewann die Schlacht aber trotzdem. In der Schlacht von Preußisch-Eylau 1807 war Napoleons Gegner, der russische General Levin von Bennigsen an der Reihe, einen Fehler zu machen: Er wusste nicht, dass Napoleon keine Reserven mehr hatte, und vergab daher die Chance, einen Sieg zu erringen. In der Schlacht bei Friedland (ebenfalls 1807) überschätzte Napoleon die Stärke des russischen Gegners, weil er nicht wusste, dass dieser 25.000 Mann nach Königsberg détachiert hatte.[3] Im Krieg der Briten gegen die napoleonische Besetzung Spaniens (»Peninsular War« im englischen Sprachgebrauch) war die französische Besatzungsmacht weniger gut informiert als die Briten, weil die Spanier ihren britischen Verbündeten den Weg durch unbekanntes Gelände zeigten und ihnen abgefangene französische Depeschen übergaben.⁴

Wichtig im Krieg ist allerdings nur die Unwissenheit der Kommandeure. Der einfache Soldat wird über Ort und Zeit des nächsten Angriffs oder Rückzugs meist im Dunkeln gelassen. Auch diese Wissenslücke füllt sich unweigerlich mit Gerüchten. Der französische Historiker Marc Bloch schrieb nach seiner Heimkehr aus dem Ersten Weltkrieg eine bahnbrechende Studie über die »Falschmeldungen«, die 1914 bis 1918 in den Schützengräben umliefen.⁵

Die grundlegende Frage, ob man Schlachten und Kriege durch Planung gewinnen kann, bleibt umstritten. Einerseits werden Schlachten (konkret geht es um Waterloo und Borodino) in zwei berühmten Romanen des 19. Jahrhunderts, Stendhals *Chartreuse de Parma* (1839) und Tolstois *Война и мир* (*Krieg und Frieden*, 1869) als absolutes Durcheinander dargestellt, in dem alle Beteiligten gleichermaßen ahnungslos sind, was auch nur wenige Meter entfernt vorgeht. Stendhal beschreibt Waterloo mit den Augen des siebzehnjährigen Fabrice, der nie zuvor im Gefecht gewesen ist. Fabrice ist »verwirrt«, versucht durch den Pulverdampf zu spähen und versteht nicht, was vor sich geht. Ähnlich beschreibt Tolstoi, wie Napoleon bei Borodino von einem Hügel aus mit dem Fernglas nichts außer dem Pulverdampf zu erkennen vermag. Wiederholt gebraucht der Autor den Ausdruck »unmöglich«: »Man konnte unmöglich sagen, was geschah«, »es war unmöglich zu erkennen, was vor sich ging«, »in der Hitze des Gefechts war es unmöglich zu sagen, was jeweils in einem gegebenen Augenblick geschah«. Befehle Napoleons und seiner Generäle blieben unausgeführt. »Größtenteils spielte sich das Geschehen entgegen ihren Befehlen ab.«⁶

Andererseits gab es durchaus Feldherren, besonders Napoleon und den Herzog von Wellington, die anscheinend ihre siegreichen Schlachten in beträchtlichem Maß im Griff hatten. Wellington, bewaffnet mit seinem Fernrohr, sah sich zuerst immer nach einem

Hügel oder Turm um, von dem aus er das Gelände und die Stellungen des Feindes überblicken konnte, und ritt dann auf dem Schlachtfeld umher, um auf Bedrohungen und günstige Gelegenheiten sofort reagieren zu können. Wellington war »geübt darin, Informationen aufzunehmen« und verfügte über »eine außerordentliche Konzentrationsfähigkeit«. Diese Eigenschaften nutzte er zu seinem Vorteil, im Gefecht wie auch sonst.[7] Stendhal und Tolstoi haben wohl ihre Schilderungen ein bisschen zugunsten ihrer Chaostheorie gefärbt, indem sie die beiden Schlachten jeweils aus der Sicht eines Beobachters ohne Kampferfahrung zeigen.

Dennoch sollte man diese Schilderungen ernst nehmen, denn die beiden Romanautoren selbst hatten durchaus Kampferfahrung. Stendhal, ein früherer Kavallerieleutnant, hatte in Napoleons Grande Armée 1812 in Russland gedient. Tolstoi (dessen Vater auf der anderen Seite gekämpft hatte) war Artillerieoffizier im Krimkrieg und erlebte die Belagerung Sevastopols und die Schlacht an der Tschernaja.[8] Der Eindruck des heillosen Durcheinanders, den die beiden Romanciers in ihren Schlachtbeschreibungen betonen, wird von einem späteren Militärtheoretiker unterstützt. Der britische Oberst Lonsdale Hale sprach mit einem einprägsamen Ausdruck vom *fog of war*, dem »Nebel des Krieges«. Dieser Nebel sei »der Zustand der Unwissenheit hinsichtlich nicht nur der Stärke und Stellung des Feindes, sondern auch der eigenen Seite, in dem sich Kommandeure häufig wiederfinden«.[9] Die Metapher wurde sicherlich vom alles verhüllenden Pulverdampf der Artillerie angeregt (und sollte dann wohl besser »Nebel der Schlacht« lauten).

Diese Unwissenheit auf dem Schlachtfeld beschreibt ein Spezialist der frühneuzeitlichen Kriegsführung in konkreteren Einzelheiten:

Meldereiter wurden abgefangen und Stabsquartiere mussten verlegt werden, sodass die Nachrichtenverbindungen ab-

> brachen. *Einheiten wurden ineinandergeworfen, sodass sie die Straßen verstopften und die Offiziere den Überblick verloren ... Bei übereilten Ab- und Rückzügen gingen ganze Einheiten verloren, oft, ohne es selbst zu bemerken, wodurch ihre Berichte an das Hauptquartier zu spät kamen und notwendig unzutreffend oder sogar unverständlich wurden. Der Führungsstab im Hauptquartier musste sich immer mehr auf Vermutungen verlassen, Ungewissheit und Zögern verlangsamten die Entscheidungsfindung.*[10]

Zwei berühmte Schlachten, in denen jeweils Napoleon eine Seite befehligte, zeigen sowohl Unwissenheit wie Vorausplanung: Austerlitz 1805 (wo der Ausdruck vom Nebel des Krieges buchstäblich zutraf) und Waterloo 1815. Bei Austerlitz sorgte die Aufstellung der österreichisch-russischen Armee »gemäß fehlerhaften Annahmen über die Stärke und die Absichten der Franzosen« dafür, dass sie von Anfang an »in einer Lage war, die eine Niederlage wahrscheinlich machte«. Als sich der Nebel lichtete, konnte Napoleon, der die Schlacht vom Hügel Žuráň aus beobachtete, seine Bewegungen planen und in Reaktion auf die des Feindes rasch ändern. Er entschloss sich, »den Feind in eine Position zu ziehen, von der aus er versuchen würde, seine rechte Flanke anzugreifen« und ihn damit dazu zu bringen, ihm seine Rückseite zu öffnen. Zwar war die französische Armee den Russen zahlenmäßig unterlegen, aber Napoleon und seinen Generälen gelang es, an den entscheidenden Stellen jeweils lokal in der Übermacht zu sein. Zar Alexander I. räumte später ein, seine Armee habe nirgends Zeit gehabt, gegen die Angriffe der Franzosen Verstärkungen heranzuholen: »Ihr wart überall doppelt so stark wie die Unseren«.[11]

Vor der Schlacht von Waterloo war der Herzog von Wellington unsicher, was Napoleon vorhatte. Als er erfuhr, in welche Richtung die Franzosen wirklich marschierten, rief er aus, »Napoleon hat mich übertölpelt, bei Gott; er hat 24 Stunden Vorsprung vor mir!«. Auf dem Schlachtfeld erwartete der Herzog einen Flankenangriff, der ausblieb. Dennoch konnte er alle französischen Vorstöße zurückschlagen, bis die preußischen Truppen eintrafen und den Sieg in seine Reichweite brachten.[12]

Militärtechnik

Wenn eine Schlacht verlorengeht, kann das auf verschiedene Arten der Unwissenheit zurückgehen. Eine davon ist das Ergebnis von Arroganz und der Unterschätzung des Feindes. Ein lebhaftes Beispiel aus dem Mittelalter ist die Schlacht von Crécy 1346, in der die französischen Ritter die englischen Langbogenschützen nicht ernst nahmen und bei dem Versuch, sie über den Haufen zu reiten, selbst niedergemetzelt wurden. Hier war wohl Klassendünkel, wie wir es heute nennen würden, die Schwäche der adeligen Herren. Eine andere Art der Unwissenheit besteht darin, sich nicht auf dem neuesten Stand der Waffentechnik zu halten, sodass der Feind schneller, genauer oder weiter schießen kann als man selbst. Eine früher wirkungsvolle Taktik kann plötzlich selbstmörderisch werden, wie es das Beispiel des Frontalangriffs in zwei berühmten Schlachten des 19. Jahrhunderts zeigt: die Kavallerieattacke der Light Brigade (1854) und Pickett's Charge (1863).

Die Attacke der britischen Leichten Kavallerie gegen russische Geschützstellungen fand in der Schlacht bei Balaklava statt, als Großbritannien im Krimkrieg das Osmanische Reich gegen Russland unterstützte. Der Angriff stieß in das sogenannte Todestal hinein, war vermutlich auf einen missverstandenen Befehl zurückzuführen und führte zur Aufreibung der Brigade. Pickett's Charge wiederum war ein massierter, frontaler Infanterieangriff der konföderierten Army of Northern Virginia während der Schlacht von Gettysburg im Amerikanischen Bürgerkrieg. Unter schwerem Feuer der auf einer Anhöhe verschanzten Unionstruppen wurde die Hälfte der Angreifer getötet oder verwundet. Die Konföderierten gaben danach die Schlacht verloren, und bald darauf auch den Krieg.[13]

Diese Frontalangriffe fanden zu einer Zeit statt, als Verbesserungen in der Geschütztechnik sie zu einer Einladung zum Massakrieren machten, selbst in Gefechten, bei denen beide Seiten mehr oder weniger gleich gut ausgerüstet waren. Eine solche Gleichheit fehlte in der Schlacht von Omdurman 1898, in der die britische Armee mit Geschützen und Maxim-Maschinengewehren den Scharen des Mahdi (einer arabischen Messiasgestalt) mit Schwertern und Speeren gegenüberstand. Die Araber wussten vielleicht gar nicht, was es bedeutet, ungeschützt gegen Schusswaffen anzurennen. Um die sarkastischen Verse des britisch-französischen Schriftstellers Hilaire Belloc zu zitieren: »Whatever happens, we have got / The Maxim gun and they have not.« (Etwa: »Es gilt auf jeden Fall das eine: / Wir haben Maxims, und sie haben keine.«)

Strategien und Überraschungen

In den erwähnten Fällen war die Artillerie sichtbar postiert, aber mitunter wurde sie verborgen aufgestellt und der Feind in eine Falle gelockt, mit verheerenden Folgen. Einige der berühmtesten Feldherrn der Geschichte – Hannibal, Scipio Africanus, Napoleon, Lord Nelson – waren Meister der Täuschung, die mit ihren Kriegslisten den Feind überraschten.

Hannibal zum Beispiel vernichtete bei Cannae in Apulien eine römische Armee, die seiner eigenen zahlenmäßig überlegen war, indem er ihr eine Falle stellte. Er zog sein Zentrum zurück, als könne es sich nicht länger halten, und forderte die Römer so zu einem Vorstoß in der Mitte heraus. Als sie angriffen, konnte er sie an beiden Flanken umfassen.[14] Hannibals Gegenspieler Scipio Africanus errang noch zu dessen Lebzeiten zwei wichtige Siege gegen karthagische Heere durch nächtliche Überraschungsangriffe. Ein Biograf nennt ihn »größer als Napoleon«.[15]

Hannibals Kriegskunst wurde noch von führenden Strategen des 19. und 20. Jahrhunderts bewundert, darunter Helmuth von Moltke, der Architekt der preußischen Siege gegen Österreich und Frankreich 1866 und 1870/71, Alfred von Schlieffen, Chef des Großen Generalstabs, auf den der Angriffsplan des deutschen Heeres 1914 an der Westfront zurückging, und in jüngerer Vergangenheit Norman Schwarzkopf, Oberbefehlshaber der US-Truppen im Ersten Golfkrieg (1991), dessen Strategie sich wesentlich auf die Täuschung irakischer Truppen stützte.

Napoleon studierte die Schlachten der berühmten Feldherren der europäischen Geschichte; auch er siegte mitunter, indem er den Feind in eine Falle lockte. Bei Austerlitz täuschte er zum Beispiel einen Rückzug vor, um die österreichisch-russische Armee zum Angriff zu locken, und ließ seine rechte Flanke schwach erscheinen, um den Feind abzulenken, den er dann in Wirklichkeit in der Mitte seiner Schlachtordnung angriff. Bei Waterloo täuschte Napoleon, wie erwähnt, den Herzog von Wellington durch unerwartete Truppenbewegungen.

Der Herzog von Wellington wiederum überraschte die Franzosen mehrfach mit Scheinangriffen, denen ein ernsthafter Vorstoß in einem anderen Teil des Schlachtfelds folgte. Ein französischer General lobte Wellingtons Taktik in der Schlacht von Salamanca, weil er »seine Aufstellung fast den ganzen Tag lang verborgen halten konnte«. Während des Feldzugs in Portugal ließ der Herzog die »Torres-Verdras-Linien« bauen, Befestigungen, die den Feind aufhielten und dem Artilleriefeuer von nahegelegenen Hügeln herunter aussetzten. Der französische General Masséna wusste nichts von diesem Hindernis, bis er es erreicht hatte, und musste sich zurückziehen, um schwere Verluste zu vermeiden.[16]

Im Seekrieg gegen das napoleonische Frankreich überrumpelte der britische Admiral Sir Horatio Nelson den Feind durch Missachtung der Konventionen für Seegefechte. In der Seeschlacht von Abukir 1798, seinem ersten größeren Sieg, fand er die Franzosen vor Anker liegend vor. Sie waren sorglos, weil sie zahlenmäßig überlegen waren und davon ausgingen, die Briten würden gar nicht angreifen. Nelson befahl den Angriff, obwohl es bereits »nahezu dunkel« war; üblich wäre gewesen, den nächsten Morgen abzuwarten. Der französische Admiral erwartete einen Angriff von Steuerbord, auf der dem Meer zugekehrten Seite, ebenfalls das übliche Vorgehen. Der Kapitän an der Spitze der britischen Linie griff jedoch von Backbord an, »weil der Franzose nicht auf ein Gefecht auf der Landseite gefasst war«.[17]

Im Zweiten Weltkrieg spielten Täuschungen wieder eine große Rolle für den Sieg.[18] Die Kapitulation der deutschen Truppen in Stalingrad im Januar 1943 zum Beispiel war eine Folge ihrer Einkesselung durch sowjetische Einheiten unter Marschall Zhukov im Unternehmen Uranus. Während dieses Unternehmens wurde die Geheimhaltung durch Funkstille, Verzicht auf schriftliche Befehle, Nachtmärsche und Scheinangriffe an anderen Frontabschnitten aufrechterhalten. Als sich der Kessel schloss, wurde die Wehrmacht »durch das Fehlen klarer Informationen im Dunkeln gehalten«. Am Tag des sowjetischen Angriffs, dem 19. November 1942, herrschte zunächst gefrierender Nebel, dann zog ein Schneesturm auf, so dass »nicht einmal durch Luftaufklärung ein Überblick der Lage zu gewinnen war«, wie einer der kommandierenden deutschen Generäle damals bemerkte. Wie in Austerlitz traf auch hier das Wort vom »Nebel des Krieges« buchstäblich zu, nicht nur metaphorisch.[19]

In manchen großen Schlachten verdankte der Sieger seinen Erfolg also hauptsächlich der Überrumpelung des Gegners. Mit anderen Worten: Der Unterlegene hatte nicht alle Optionen seines Feindes in Betracht gezogen. Kann man auch Kriege, nicht bloß Schlachten als Sieg des Wissens über die Unwissenheit beschreiben?

Der Deutsch-Französische Krieg

Ein Krieg des 19. Jahrhunderts untermauert in besonderem Maß Tolstois Argument über die Schlacht als völliges Durcheinander: der Deutsch-Französische Krieg 1870/71. Der Autor muss sich bestätigt gesehen haben, als er über den Krieg las, der nur ein Jahr nach Erscheinen seines berühmten Romans ausbrach. Émile Zola lässt in seiner Geschichte der französischen Niederlage, *La Débâcle* (1892), Maurice, eine der Hauptfiguren, sagen, er leide an »*une ignorance crasse en tout ce qu'il fallu savoir*« (»absoluter Unkenntnis all dessen, was er hätte wissen müssen«).[20] Zola kannte *Krieg und Frieden* sicherlich, führte aber auch sorgfältige eigene Recherchen durch, bevor er seinen Roman schrieb. Jedenfalls werden seine Überlegungen zur Unwissenheit in reichem Maß durch die klassische englischsprachige Geschichte dieses Krieges, verfasst von Michael Howard, einem der führenden heutigen britischen Militärhistoriker, bestätigt.

Howard selbst diente im Zweiten Weltkrieg in der britischen Armee und bekam das Military Cross verliehen, eine Tapferkeitsauszeichnung. »Lange danach sagte er auf eine Frage dazu, er habe eine solche Tat nur vollbringen können, weil er noch so jung (erst 20 Jahre alt) und unwissend gewesen sei.«[21] In seinem Buch allerdings konzentriert sich Howard hauptsächlich auf die Unwissenheit der französischen Generäle: Unkenntnis des Geländes, in dem sie kämpften und besonders der Stellungen ihrer eigenen wie der gegnerischen Truppen. Es gab »keine Landkarten, außer Landkarten von Deutschland«, weil die Franzosen erwartet hatten, in das Land

Folgen der Unwissenheit

des Feindes einzumarschieren, anstatt dass der Feind in ihres einmarschierte. Nach einer der Schlachten beklagte sich der französische Oberkommandierende, Marschall Achille Bazaine, später über »das völlige Fehlen von Informationen der Gemeindebehörden über den deutschen Vormarsch an seiner linken Flanke«. Während der Schlacht von Sedan, bei der die Franzosen geschlagen wurden, was praktisch das Ende des Krieges besiegelte, wusste der französische Kommandant, Marschall Patrick MacMahon, wegen ausbleibender Aufklärung nicht, was er tun sollte, und sein Stellvertreter »kannte weder die Stellung der anderen Korps noch die der Deutschen oder die Nachschubsituation«.[22]

Auch die preußisch-deutschen Truppen litten unter Unwissenheit. In der Schlacht von Beaumont lag die Hauptschwierigkeit für den kommandierenden Marschall Helmuth von Moltke »in seiner Unkenntnis der Stellung der feindlichen Armee«, und der ihm unterstellte Marschall Leonhard von Blumenthal »murrte wegen ständig wechselnder Befehle aufgrund nicht ausreichender Informationen«.[23] Die Deutschen gewannen nicht, weil sie allwissend waren, sondern weil sie weniger schlecht über das Gelände und den Gegner informiert waren als die Franzosen.

Die Franzosen zogen ihre Lehre daraus, dieselbe wie die Preußen 60 Jahre zuvor. Nachdem Preußen in der Schlacht von Jena und Auerstedt 1806 geschlagen worden war, wurde in den preußischen Schulen verstärkt Erdkunde unterrichtet. Ebenso wurde nach der französischen Niederlage im Krieg von 1870/71, in dem, so ein US-Geograf, »ebenso sehr mit Karten wie mit Waffen gekämpft« wurde, der Erdkundeunterricht in den Schulen Frankreichs wichtiger genommen.

Guerillakrieg 1839 bis 1842 und 1896/97

Zu Katastrophen kommt es beim Aufeinandertreffen regulärer Streitkräfte und örtlicher Guerilleros besonders dann, wenn überhebliche und »unglaublich unwissende« Generäle den Feind unterschätzen. Eine vergleichende Studie »großer militärischer Katastrophen« bietet elf Beispiele in dieser Kategorie.[24]

Der Erste Britisch-Afghanische Krieg bleibt wegen des tragisch verlaufenen Rückmarschs der britischen Armee aus Kabul in den Pandschab 1842 im Gedächtnis, bei dem sie praktisch ausgelöscht wurde. In der Rückschau kann man sagen, dass die Briten fast jeden nur möglichen Fehler begingen. Diese Fehler waren im Wesentlichen ihrer Unkenntnis der örtlichen Verhältnisse geschuldet: Gelände, Wetter, Bewaffnung des Feindes. Die britischen Befehlshaber hatten sich nicht klargemacht, wie leicht die Afghanen die Armee aus dem Hinterhalt angreifen konnten, wenn sie über die engen Passstraßen marschierte. Noch schlimmer war, dass die Briten nichts von der größeren Reichweite der berühmten afghanischen Jezail-Musketen gewusst zu haben scheinen. Diese hatten eine größere Reichweite als britische Musketen, sodass die afghanischen Stammeskrieger von den Felsen herunter auf die unter ihnen durchmarschierenden Briten feuern konnten, im sicheren Bewusstsein, dass die britischen Kugeln sie nicht erreichen konnten.[25]

Ein weiterer Fehler der Briten war, dass sie im Winter zurückmarschierten, obwohl ihnen der afghanische Emir Shah Shuja, dem sie wieder auf seinen Thron verholfen hatten, dazu riet, bis zum Frühling zu warten. Ohne Winterkleidung erfroren viele Soldaten in den eisigen Nächten, und die Überlebenden konnten mit Erfrierungen an Händen und Füßen nicht wirkungsvoll gegen den Feind kämpfen. Im schmalen Defilee des Jugdulluck-Passes geriet ein Hinterhalt zum Massaker. Angeblich kehrte nur ein einziger

Überlebender nach Indien zurück, der die Geschichte erzählen konnte, wie es Lady Butlers Gemälde *Remnants of an Army* (1879) darstellt.[26] Der Reiseschriftsteller Richard Burton, der sich viel auf seine Kenntnis des »Orients« zugutehielt, bezeichnete die britische Niederlage als das Ergebnis »absoluter Unkenntnis der Völker des Orients«.[27]

Aber Unwissenheit ist immer relativ. Auch die Afghanen machten damals Fehler, besonders bevor sie herausfanden, dass die britischen Truppen in offener Feldschlacht auf einer Ebene gewöhnlich siegten, weil sie dafür ausgebildet waren. Die Afghanen lernten allerdings schnell aus ihren Niederlagen und begingen weniger Fehler. Auch die Briten lernten bald ihre Lektion. Ihre »Retributionsarmee« marschierte im Sommer 1840 nach Kabul, wobei sie bei Gebirgsüberquerungen immer zunächst die Höhen über der Passstraße besetzte. Ausgerüstet war sie mit modernen Hinterladergewehren, die den Jezails überlegen waren. Ende des 19. Jahrhunderts gab es bereits Handbücher für den Gebirgskrieg gegen die »Wilden« in der North-West-Frontier-Provinz Britisch-Indiens an der Grenze zu Afghanistan.[28]

Wie wir in Kapitel 15 sehen werden, unterliefen noch den sowjetischen und US-Truppen bei ihren Einmärschen in Afghanistan ähnliche Fehler.

DER AUFSTAND IN CANUDOS

Der Aufstand in Canudos (1896/97) bietet ein in Brasilien (allerdings nur dort) wohlbekanntes Beispiel für die tödliche Kombination aus Überheblichkeit und Unwissenheit bei regulären Soldaten, die gegen Guerilleros kämpfen. Der erfolgreiche Autor Euclides da Cunha, ein ehemaliger Militärkadett, der als Reporter für die Zeitung *A Província de São Paulo* schrieb, wurde als Berichterstatter entsandt und verewigte den Ablauf der Ereignisse. Sein Bericht erschien auch als Buch mit dem Titel *Os Sertões* (etwa »Das Hinterland«, 1902), heute ein Klassiker der brasilianischen Literatur, der es verdient, auch in der Theorie des Guerillakrieges zum Klassiker zu werden.

Canudos war eine Kleinstadt im Nordosten Brasiliens, die nach dem Ende des Kaiserreiches und der Ausrufung der Republik 1889 zum Zufluchtsort für Monarchisten wurde. Ihr Anführer war der charismatische Antônio Conselheiro, ein Wanderprophet, der die bevorstehende Wiederkehr des 1578 im Kampf gegen die Mauren in Nordafrika gefallenen portugiesischen Königs Sebastian I. verkündigte. Im November 1896 wurde eine kleine Abteilung Soldaten nach Canudos geschickt, um den »Aufstand« niederzuschlagen, obwohl die Monarchisten keine Aggressionen begangen hatten. Die Soldaten mussten sich bald zurückziehen. Jetzt wurde eine Truppe von 800 Mann geschickt, die ebenfalls wieder abziehen musste. Anfang 1897 folgte ihnen eine noch größere Abteilung, die ebenfalls geschlagen wurde und deren Kommandeur, Oberst Antônio Moreira César, dabei ums Leben kam.[29]

Moreira César, ein erfahrener Berufssoldat, hatte den klassischen Fehler gemacht, seine Gegner zu unterschätzen, weil er sie als bloße Amateure abtat. Wahrscheinlich spielten auch Rassenvorurteile eine Rolle, weil viele Verteidiger Mestizen waren, also gemischter europäischer, indianischer und schwarzer Abstammung. Der Kommandeur war außerdem durch simple Unkenntnis im Nachteil: Er wusste nicht, dass die Stadt von einer großen Gruppe *jagunços* verteidigt wurde, Milizionären, die ihr Handwerk verstanden. Die Verteidiger schickten Aufklärungstrupps vor, die alle Bewegungen des Feindes meldeten, hoben Schützengräben aus, tarnten ihre Stellungen mit Ästen und Zweigen und bewegten sich mit Leichtigkeit durch den Tropenwald, der den meisten der gegen sie entsandten Soldaten fremd war. Wie die Afghanen 1840 kontrollierten die *ja-*

gunços die Höhen um die Stadt und feuerten von dort auf den Feind hinunter, ebenso wie vom Kirchturm, als er in die Stadt vordrang. Im Häuserkampf nach dem ersten Angriff hatten die Verteidiger den Vorteil ihrer Ortskenntnis und konnten den Feind immer wieder überrumpeln.

Kurz, Moreira César litt, so Euclides de Cunha, an »*a insciência de princípios rudimentares da sua arte*« (»Unkenntnis der einfachsten Grundsätze seines Berufs«), nämlich der Kriegskunst.[30] Er befahl zum Beispiel Angriffe, wenn seine Männer nach einem langen Marsch in der Tropenhitze erschöpft waren. Erst der vierten Strafexpedition der Regierung, 8000 Mann stark und mit Maschinengewehren und Artillerie ausgerüstet, gelang es schließlich, die Verteidiger von Canudos zu überwältigen.

DER VIETNAMKRIEG

Die Unwissenheit der Amerikaner spielte im Vietnamkrieg eine entscheidende Rolle. Der Soziologieprofessor James Gibson spricht in seiner Studie des Krieges von »vielen Wissenslücken«: »Manche sind einfach weiße Flecken«, andere »bezeichnen Orte, an denen Kenntnis des Krieges nicht gewollt war und aus verschiedenen Gründen ignoriert wurde«. Zum Beispiel haben »Militärbürokratien kein Interesse ... an der Zahl der zivilen Opfer«, weil »Militäreinheiten nach ihrem Erfolg beurteilt werden«, und Verluste unter Zivilisten davon ablenken.[31] Durch eine Tagung zur Einordnung des Vietnamkrieges und seiner Lehren 1983 »zieht sich wie ein roter Faden die Frage der Unwissenheit – der Unwissenheit der politischen Entscheidungsträger, der Unwissenheit der Militärs, der Unwissenheit der Öffentlichkeit, der Unwissenheit der Presse darüber, was Vietnam bedeutete, worum es hier ging und sogar, wo es auf der Landkarte lag«.[32] Alle diese Wissenslücken verdienen es, besprochen zu werden.

Die amerikanischen Befehlshaber begingen in Vietnam ähnliche Fehler wie ihre Kollegen einige Jahrzehnte später in Afghanistan. In beiden Fällen brachte die Überlegenheit der amerikanischen Armee auf dem Gebiet der Artillerie, der Bombenangriffe, der Hubschrauber und der Militärtechnik allgemein sie dazu, einen »Technokrieg« (Gibson) gegen »ein Volk von Bauern auf Fahrrädern« zu führen.[33] Was sie nicht bedachten, war die Macht der Ideen und die Bereitschaft des Volkes, für seine Grundwerte zu kämpfen, obwohl das die Amerikaner in ihrem Unabhängigkeitskrieg 1776 bis 1787 selbst getan hatten.

Der große militärische Nachteil für die Invasionsstreitmacht war, dass sie Außenseiter waren. Die meisten kannten weder die Sprache noch die Gebräuche noch das Gelände (und das tropische Klima) des Landes, in dem sie kämpften. Unkenntnis der vietnamesischen Sprache hieß, »die meisten Amerikaner waren nicht in der Lage, sich mit ihren sogenannten [süd]vietnamesischen Partnern zu verständigen«.[34] Es handelte sich außerdem um eine reguläre Armee, die einer Guerillatruppe, dem Vietcong, gegenüberstand, die über gute Ortskenntnisse verfügte und die Bevölkerung auf ihrer Seite hatte.

Die Amerikaner zahlten für diese Unwissenheit einen hohen Preis: elf Jahre Kämpfe (von 1964 bis 1975), fast 60.000 tote Amerikaner, Ausgaben von 168 Milliarden Dollar und trotzdem eine peinliche Niederlage. Wie das Militär, so berücksichtigte auch die US-Regierung die Macht der Ideen nicht. Sie hatte nicht aus der Vergangenheit gelernt, obwohl »die Zähigkeit des vietnamesischen Widerstands gegen Fremdherrschaft aus jedem Buch über die Geschichte Indochinas ersichtlich war«.[35] Die US-Regierung wusste, dass neben dem Kommunismus in Vietnam Nationalismus und Antikolonialismus standen, ignorierte aber »was daraus folgte, nämlich, dass ein Eingriff von außen die Revolution förderte, anstatt sie zu schwächen«.[36] Mit anderen Worten: Die US-Regierung wollte nicht wahrhaben, dass die meisten Vietnamesen gegen sie waren, im Süden wie im Norden.

Die Regierung selbst war von wichtigen Informationsquellen abgeschnitten. Der Auslandsgeheimdient CIA hatte zum Beispiel keine Einschätzung abgegeben, wie sich die von Präsident Johnson angeordneten Bombenangriffe auf Nordvietnam (Unternehmen Rolling Thunder) auswirken würden, sodass der Präsident »in eine der wichtigsten Entscheidungen des Krieges ohne nachrichtendienstliche Erkenntnisse hineinstolperte«. Die CIA selbst litt unter Organisations-Unwissenheit. Ihre Agenten vor Ort wussten teilweise Bescheid über die Korruption in der verbündeten südvietnamesischen Armee, durften aber auf Befehl ihrer unmittelbaren Vorgesetzten nichts darüber an die Zentrale berichten.[37]

Ein ehemaliger Kriegsteilnehmer kommt in seiner Studie des Vietnamkrieges zu dem Schluss, »beide Seiten unterschätzten bei Weitem Entschlossenheit und Durchhaltevermögen der jeweils anderen«. Das Scheitern der Amerikaner sei auf »Mangel an Verständnis und Vorstellungskraft« zurückzuführen.[38] Verschlimmert wurde die Lage durch weitere Organisations-Unwissenheit. Robert McNamara, US-Verteidigungsminister von 1961 bis 1968 (und zuvor Generaldirektor von Ford Motors) machte sich nicht klar, dass »der starke Druck, greifbare Ergebnisse vorzuzeigen, dem er das Militär aussetzte, viele Offiziere und Soldaten in ihren Berichten dazu brachte, die Informationen, die sie liefern sollten, selbst zu erfinden«, besonders den *body count*, die Zahl der getöteten Feinde. »Gefechtsberichte wurden systematisch verfälscht«, um die »Produktionsquoten« (Gibson) der Führung zu erreichen. Mit anderen Worten: Es bestand eine große Informationslücke zwischen den Männern vor Ort in Vietnam und der Führung weit weg in Washington.[39]

McNamara kam schließlich zu der Ansicht, der Krieg sei ein Fehler gewesen, und führte elf Gründe für das Scheitern der USA auf.

Sein vierter Grund lautete: »Unsere Fehleinschätzungen von Freunden wie Feinden spiegelten unsere tiefe Unkenntnis der Geschichte, Kultur und Politik der Menschen dieser Region wider.«[40] McNamara sprach sich für die Notwendigkeit aus, »sich in den Feind hineinzuversetzen«, und fügte hinzu: »In Vietnam kannten wir ihn nicht gut genug, um uns in ihn hineinzuversetzen. Im Endergebnis missverstanden wir ihn völlig.«[41] Andere Kommentatoren betonen ebenfalls die Rolle der Unwissenheit bei der Niederlage der USA, einige von ihnen erwähnen auch die Überheblichkeit.[42] Vorurteile wie Rassismus spielten auch eine Rolle. Die amerikanischen Befehlshaber, alles Berufsoffiziere, hielten die feindlichen Kommandeure für Amateure, und die einfachen Soldaten verachteten die Vietnamesen, die sie »*gooks*« nannten. Wie bei Canudos und in Afghanistan war es ein tödlicher Fehler, den Feind zu unterschätzen.

Auch die US-amerikanische Presse litt an Unwissenheit. Der Journalist Robert Scheer bekannte rückblickend: »Wir bemerkten Vietnam erst, als unsere Regierung es bemerkte – sodass alles, was sich dort vor 1950 abgespielt hatte, uns einfach nicht interessierte.« Die Presse hatte also »keine Ahnung vom Schauplatz des Konflikts«.[43] Seinerzeit warfen die Korrespondenten dem Militär (das regelmäßig Pressekonferenzen gab) und der Regierung vor, sie zu belügen, Erfolge aufzublasen, Verluste kleinzureden und Kriegsgräuel zu verschweigen.[44] Die Bombardierung Kambodschas wurde vertuscht, wie auch das Massaker an Hunderten Zivilisten im Dorf My Lai 1968. »Jeder deckte jeden.« Die Vertuschung dieses Massakers entdeckte der freiberufliche Reporter Seymour Hersh, der die Story dank seiner Unabhängigkeit verfolgen konnte.[45]

Die Korrespondenten vor Ort lernten, wie unvorbereitet sie auch ankamen, die Verhältnisse aus eigener Anschauung kennen. In einem weiteren Fall von Organisations-Unwissenheit jedoch »hielt der riesige Komplex, den wir die Presse nennen, nicht mit den Korrespondenten vor Ort Schritt«. Die Zeitschrift *Life* lehnte Hershs

My-Lai-Geschichte ab, die schließlich im eher unbekannten Pressedienst *Dispatch News Service* erschien. Damit »war das Massaker aus dem Sack«, und 35 Zeitungen brachten die Story.[46]

Die US-amerikanische Öffentlichkeit wiederum »wurde von ihren politischen Führern schlecht informiert«, was das Engagement in Südvietnam bedeutete.[47] Als der Krieg begann, hatten die Menschen angesichts der Falschmeldungen und Propaganda, die durch die Medien weitergegeben wurden, kaum eine Chance zu verstehen, was passierte, ganz zu schweigen von den Meldungen, die sie gar nicht erreichten.

Ein Mittelweg?

Sind Niederlagen und Siege das Ergebnis von Planung oder eines Durcheinanders? Im Streit zwischen Bewunderern berühmter Feldherren und Anhängern Tolstois liegt die Wahrheit wahrscheinlich wie gewöhnlich zwischen beiden Extremen. Clausewitz sagt, der Krieg sei das Gebiet der Ungewissheit, weil »alles sich sozusagen in einer Art Zwielicht abspielt, das es gleich dem Nebel oder dem Mondschein grotesk verzerrt und vergrößert«, ein Vergleich, der Oberst Hales berühmtem Ausdruck vom »Nebel des Krieges« zugrunde liegt, der bereits erwähnt wurde.[48] Trotz dieser pessimistischen Ansicht glaubte Clausewitz allerdings, dass Mut, Selbstvertrauen und Klugheit eines Generals das Ergebnis seiner Aktionen durchaus beeinflussen.

Ein weiteres Zeugnis zugunsten des Mittelwegs kommt von Wassilij Grossman, einem russischen Kriegskorrespondenten, der über die Belagerung Stalingrads 1942 berichtete und seine Erfahrungen später in den beiden Romanen *Stalingrad* und *Leben und Schicksal* verarbeitete. Grossman bezieht sich oft auf Tolstois *Krieg und Frieden*, das ihm deutlich als Vorbild diente, auch wenn er manchmal nicht mit Tolstois Verallgemeinerungen einverstanden ist. In *Stalingrad* ist der Stabsoffizier Nowikow »überrascht davon, dass er in einem Chaos, das oft jenseits allen Begreifens schien, tatsächlich einen Sinn erkennen« kann, und *Leben und Schicksal* beschreibt eine Art militärischer Vorausahnung, »das Gefühl, das einem Soldaten sagt, wie die Kräfteverhältnisse in der Schlacht wirklich stehen und wie sie ausgehen wird«. Grossman spricht manchmal vom »Chaos«, aber seine Erzählung legt nahe, dass das nur ein oberflächlicher Eindruck ist.[49]

Man muss natürlich verschiedene Situationen unterscheiden: die offene Feldschlacht (Borodino, Waterloo) vom Guerillakrieg (Afghanistan, Brasilien, Vietnam), den Land-, den See- und den Luftkrieg, die verschiedenen Kriegsschauplätze und geschichtlichen Epochen. Ebenfalls ein großer Unterschied besteht zwischen der taktischen Planung und der konkreten Sicherung des Nachschubs an Proviant, Munition, angemessener Kleidung und Transportmitteln wie Pferden, Lkw und Eisenbahnzügen, die für den Erfolg der preußisch-deutschen Truppen 1870/71 entscheidend waren. Zu allen Zeiten und an allen Orten jedoch kann Unwissenheit buchstäblich tödlich werden.

Der deutsche Einmarsch in die Sowjetunion 1941 bietet ein spektakuläres Beispiel für die fatale Kombination von Unwissenheit und Überheblichkeit. Eine der großen Schwächen in diesem Feldzug war Hitlers Entschlossenheit, seine Generäle zu kontrollieren, obwohl sie die Lage vor Ort unmittelbar erlebten, während er weit weg, sogar nahezu isoliert, im »Führerhauptquartier« Wolfsschanze nahe Rastenburg in Ostpreußen saß. Vor der Erfindung des Telefons wäre eine solche Fernsteuerung praktisch gar nicht möglich gewesen. In diesem Fall stellte sie sich als unklug heraus.

Ein Kurier, der Hitler im Januar 1943 über die prekäre Lage an der Ostfront unterrichtete, sah ihn die Lagekarte studieren. Sie steckte voller Fähnchen, die jeweils eine Division darstellten, aber Hitler schien nicht zu bedenken, dass diese Divisionen längst nicht mehr ihre Sollstärke hatten. Der Kurier meinte später: »Da sah ich, dass er den Bezug zur Realität verloren hatte. Er lebte in einer Phantasiewelt aus Karten und Fähnchen«.[50] Diese Anekdote ist eine lebhafte Illustration »verdünnter Vereinfachung«, wie der Anthropologe James Scott es nennt, wenn man zum Beispiel die Landkarte für das Gelände hält, das sie darstellen soll. Der Russlandfeldzug als Ganzes zeugt von dem Risiko, das damit verbunden war, militärische Operationen aus dem Hintertreffen heraus lenken zu wollen. Hitler kannte die Lage vor Ort nicht oder interessierte sich nicht dafür, wenn er notwendige Rückzugsbewegungen verbot und den Befehlshabern vor Ort die erforderliche Entscheidungsfreiheit nahm, um auf unerwartete Ereignisse flexibel reagieren zu können.[51] Allgemeiner ausgedrückt hinderte ihn sein Selbstvertrauen, um nicht zu sagen seine Überheblichkeit, daran, die Lehren aus Napoleons Russlandfeldzug 1812 zu beherzigen. In Kapitel 15 wird dieses Versäumnis, aus der Geschichte zu lernen, mit weiteren Beispielen besprochen.

Kapitel 10

Unwissenheit im Geschäftsleben

Wenn wir nur wüssten, was wir bei HP alles wissen.
Ein Präsident von Hewlett-Packard

In der Geschäftswelt müssen ebenso wie im Krieg und in der Politik Entscheidungen über eine notwendigerweise ungewisse Zukunft getroffen werden. Wie im Fall der Wissenschaft unterscheiden wir hier die Unwissenheit der Fachleute – in diesem Fall der Bauern, Kaufleute, Bankiers und Industriellen – von derjenigen der Bevölkerung, ob als Verbraucher oder als Investoren.

Landwirtschaft

Die Gefahren der Unwissenheit in der Landwirtschaft werden besonders deutlich, wenn die Bauern erst kürzlich das Agrarland in Besitz genommen haben, das sie bearbeiten, wie etwa die britischen Siedler im Neuengland des 17. oder im Australien und Neuseeland des 19. Jahrhunderts. In Neuengland »erwarteten die meisten Kolonisten ein Leben ähnlich dem, das sie in England hinter sich gelassen hatten«, aber die Neuankömmlinge wussten nicht, wie hart und lang in Neuengland der Winter ist, und verhungerten oft, weil sie nicht genügend Vorräte mitgebracht hatten, um bis zum Frühling damit auszukommen.[1] In Australien und Neuseeland »drängten Bauern und Viehzüchter mit großen Erwartungen und wenig Informationen in das neue Land. Manche ruinierten Dürre, Frost oder Hitze, andere scheiterten, weil ihre Anbau- oder Weidemethoden den Boden auslaugten.«[2] Sie brachten vertraute Tierarten aus der Heimat mit, besonders das Kaninchen, ohne die Folgen von dessen rascher Fortpflanzung ohne natürliche Feinde zu bedenken, und schufen so einen »Schädling«, dessen sie nicht mehr Herr wurden: »Die Siedler konnten [die explosionsartige Vermehrung der Kaninchen] nicht nur nicht aufhalten, sie konnten sie nicht einmal erklären«.[3] Wieder ein Fall von Unwissenheit.

Der Grund für den Niedergang der Landwirtschaft Siziliens war laut einem der größten Grundbesitzer der Insel, dem Fürsten Trabia, die Unwissenheit der einheimischen Arbeiter.[4] Die meist zur Oberschicht gehörigen Mitglieder der vielen Vereinigungen zur Förderung der Landwirtschaft, die im Zeitalter der Aufklärung in Europa gegründet wurden, schrieben den Bauern oft Unwissenheit zu, so schon in der Society of Improvers in the Knowledge of Agriculture, die 1723 in Edinburgh entstand.

Der Begriff *improvement* (»Verbesserung«, im älteren Deutsch oft »Hebung«), ein Schlüsselwort der Aufklärung, kam zuerst mit den Bemühungen um eine Reform der Landwirtschaft in Gebrauch. Er bezeichnete dabei die von den Grundbesitzern geförderte »Zweite landwirtschaftliche Revolution«, die unter anderem Mehrfelderwirtschaft und eine neue Art Pflug umfasste. Zu den vielen Vereinigungen dieser Art, die im 18. Jahrhundert gegründet wurden, gehörten etwa die Society for the Advancement of Agriculture and Manufacture in Dublin, die Accademia economico-agraria dei Georgofili in Florenz, die Société d'agriculture in Paris, die Gesellschaft des Ackerbaues in Klagenfurt und das Netzwerk der Sociedades

Económicas de los Amigos del Pais in Spanien.[5] Man beachte, dass diese Vereinigungen sämtlich in Städten entstanden.

Einen weiteren Schritt zur Verwissenschaftlichung der Landwirtschaft unternahm im 19. Jahrhundert Justus von Liebig, Chemieprofessor an der Universität Gießen. Er wollte die organische Chemie der Landwirtschaft nutzbar machen und die Ernteerträge durch Einsatz von stickstoffhaltigem Kunstdünger erhöhen. Im Rückblick enthüllen seine Entdeckungen die Unwissenheit der damaligen Bauern, genau wie die heutige Kritik am Kunstdüngereinsatz ins Licht rückt, was Liebig alles noch nicht wusste.

Wenn die Arbeit der Landwirtschaftsgesellschaften und Liebigs Forschung, ebenso wie die Grüne Revolution Mitte des 20. Jahrhunderts, den Erfolg von oben angestoßener Kampagnen zur Hebung der Landwirtschaft anzeigen, so weisen andere Beispiele auf die Gefahren hin, die es mit sich bringt, ohne Kenntnis der Verhältnisse vor Ort Reformen anzuordnen. Was Katastrophen infolge Unwissenheit angeht, so rangiert die Wirtschaft, besonders die Landwirtschaft, dicht hinter dem Krieg. Immer wieder endeten zentrale Planungen, die örtliche Kenntnisse unberücksichtigt ließen, im Desaster. Solche Desaster sind das Hauptthema in James Scotts vergleichender Studie *Seeing Like a State*, die zeigt, »wie bestimmte Pläne, das Leben der Menschen zu verbessern, scheiterten«.[6]

Als ein Beispiel aus Großbritannien sei das Groundnut Scheme (1947 bis 1951) genannt, ein Vorhaben der Labour-Regierung (insbesondere von Ernährungsminister John Strachey), in der damaligen Kolonie Tanganyika (gehört heute zu Tansania) fünf Millionen Morgen Land zu roden und darauf Erdnüsse anzubauen. Das Scheitern des Projekts kostete den Steuerzahler 36 Millionen (damalige) Pfund. Zurückzuführen war es auf die Unwissenheit der Regierung in London, was die örtlichen Bedingungen in Tanganyika anging: mangelnder Regen, harter Boden und Arbeitskräfte, die gar nicht oder nicht gut genug ausgebildet waren, um mit den bereitgestellten

Maschinen umzugehen. Wie im Fall des Krieges war das Rezept für die Katastrophe die Kombination von Unwissenheit und Überheblichkeit, in diesem Fall die Vorstellung, »die Regierung weiß schon, was sie tut«.[7] In einem weit größeren Maßstab ereignete sich Vergleichbares bei Mao Zedongs »Großem Sprung nach vorn« in China (1958 bis 1962), einer Industrialisierungskampagne, für deren Scheitern die Betroffenen einen hohen Preis zahlten.[8]

In anderen Fällen folgte das Desaster aus Entscheidungen der Landwirte selbst, zum Beispiel bei der großen Dürre der 1930er-Jahre im Mittleren Westen der USA mit ihren Staubstürmen (»*Dust Bowl*«). Als der Weizenpreis hoch war, wurde in nie dagewesenem Ausmaß Grasland unter den Pflug genommen und der Boden damit rascher Erosion ausgesetzt. Das lag nicht nur an reiner Unwissenheit, sondern teilweise an einem bewusst in Kauf genommenen, unterschätzten Risiko, das die Agrarunternehmer eingingen. Sie wollten gar nicht wissen, wie gefährlich es war, die Prärie in diesem Ausmaß zu Ackerland zu machen. In den Dürrejahren ab 1930 lernten sie ihre Lektion.[9]

Schäden entstehen manchmal nicht aus Unwissenheit, sondern aus kurzsichtigem Eigennutz, wie die lange Geschichte der Entwaldung Brasiliens zeigt, zuerst die der Atlantikküste im Südosten, dann die des Amazonasbeckens. Das Land wurde anfangs für den Zuckerrohranbau, dann für Kaffeeplantagen, jetzt für Sojafelder gerodet. Eine Gruppe Akteure, die Pflanzer, erntet den kurzfristigen Gewinn, andere Gruppen, die indianische Urbevölkerung und allgemein die Menschheit, bezahlen den Preis.[10]

Handel und Industrie

Manche Arten der Unwissenheit können im Wirtschaftsleben auch nützlich sein, zumindest für einige der Akteure. Bei Auktionen profitiert der Versteigerer davon, wenn die einzelnen Bieter nicht wissen, wie hoch die Gebote der anderen sind. Es gibt eine Theorie, dass der Handel aus »symmetrischer Unwissenheit« der beiden Beteiligten einer Transaktion Nutzen zieht.[11] Häufiger ist asymmetrische Unwissenheit. Ein berühmtes Beispiel bringt der amerikanische Wirtschaftswissenschaftler George Akerlof. Nach seinem inzwischen berühmten *Lemon Principle* (»Zitronenprinzip«) verdrängen schlechte Gebrauchtwagen (*lemons*, »Zitronen« im Sinne von »Unerwünschtes«) die guten, weil die Besitzer gute Gebrauchtwagen behalten und diese daher nicht auf den Markt kommen. Unwissenheit führt beim Käufer zu Enttäuschung.[12] Andere Arten der Unwissenheit lassen den Verkäufer scheitern, was sich am Anteil der Geschäftspleiten messen lässt.

Kein Wunder also, dass sich das Studium der Rolle von Informationen im Wirtschaftsleben zu einem wichtigen Forschungsgebiet innerhalb der Wirtschaftswissenschaften entwickelt hat. Einen großen Beitrag auf diesem Gebiet leisteten der Wirtschaftswissenschaftler Oskar Morgenstern und der Universalgelehrte und Mathematiker John von Neumann mit ihrer gemeinsamen Forschung zur Spieltheorie. Wirtschaftliche Tätigkeit hat einige Elemente mit Spielen gemeinsam: Es gibt Spieler, Strategien und Gewinne. Insbesondere gleicht die Wirtschaft einer bestimmten Art Spiele, in denen die einzelnen Spieler nicht wissen, wie sich die Mitspieler entscheiden. Die Aufgabe besteht darin, in einer solchen Situation jeweils die beste Strategie zu finden.[13]

Der Wirtschaftswissenschaftler Kenneth Arrow wurde mit seiner Untersuchung zum Kauf und Verkauf von Informationen bekannt. Das Arrwosche Paradoxon bezeichnet die Unvereinbarkeit des Bedürfnisses der Kunden, vor dem Kauf zu erfahren, was sie kaufen, mit dem ebenso starken Bedürfnis des Verkäufers, nicht alle Informationen preiszugeben, bevor er sein Geld erhalten hat.[14] Wie im Krieg ist die relative Unwissenheit entscheidend. Alle Akteure sind in gewissem Ausmaß unwissend, aber die am wenigsten unwissenden haben die größten Erfolgschancen.

Wichtig ist, nicht nur zwischen verschiedenen Graden, sondern auch zwischen verschiedenen Bereichen der Unwissenheit zu unterscheiden. In der Wirtschaft ist im Bereich des Auslandshandels die Unwissenheit gewöhnlich größer als im Binnenhandel. Die »reziproke Unwissenheit« europäischer und osmanischer Kaufleute im frühneuzeitlichen Mittelmeerraum ist Gegenstand einer kürzlich erschienenen Studie. Für England »war der Überseehandel notwendigerweise ein Hochrisikobereich in der Geschäftswelt des 18. Jahrhunderts«.[15] Im Segelschiffzeitalter war das Verlustrisiko für Schiffe und Ladungen durch Schiffbruch besonders hoch. Es war eine große »bekannte Unbekannte« für Kaufleute und Mannschaften. Kein Wunder also, dass die Geschichte des Versicherungswesens nicht mit Menschenleben oder auch Häusern, sondern mit Schiffen beginnt.

Ein weiteres großes Risiko war und ist der Krieg. Im England des 18. Jahrhunderts »schufen Kriege ein hohes Maß an Ungewissheit, indem sie Nachrichtenverbindungen, Geld- und Güterverkehr unterbrachen und den Zugang zu Märkten versperrten«. Auch Neuerungen bringen Ungewissheit. »Neue Produktions- oder Verkaufsmethoden sind unweigerlich riskanter als eingeführte.« Unkenntnis neuer Möglichkeiten tritt besonders wahrscheinlich bei langsamer und sporadischer Nachrichtenverbindung auf. Während der industriellen Revolution zum Beispiel »konnte ein Kornhändler in Hemel Hempstead in Hertfordshire in den 1870er-Jahren kaum gut genug über den Baumwollmarkt Bescheid wissen, um seine Sachen zu packen und sich in Bolton als Baumwollfabrikant niederzulassen«.[16]

Ein weiteres Gebiet der Unwissenheit ist die »andere Seite des Hügels«, mit anderen Worten die Geschäftsmethoden und Produktionsverfahren der Konkurrenz. Es ist offensichtlich wichtig

Unwissenheit im Geschäftsleben

zu erfahren, ob die Mitbewerber neue Methoden einsetzen, genauso wichtig, wie ihnen seine eigenen Rezepte, Techniken, Kundenlisten, Zukunftspläne und so weiter vorzuenthalten. Der englische Fabrikant Benjamin Huntsman soll im 18. Jahrhundert sein Stahlwerk angeblich nur nachts betrieben haben, um seine Herstellungsverfahren geheim zu halten.[17]

Industriespionage hat eine lange Geschichte. Im 17. Jahrhundert hüteten die venezianischen Glasbläser ihre Geheimnisse vor den Konkurrenten in Frankreich und England. Im Zeitalter der industriellen Revolution berichteten einige Schweden, die aus England zurückkamen, zu Hause vor der Bergbaukommission und dem Jernkontor (»Eisenbüro«), einem Statistikamt für die Eisen- und Stahlindustrie[18], über neue Maschinen, die sie dort gesehen und skizziert hatten. In den 1780er-Jahren besuchte ein französischer Ingenieur England, um Informationen über Wedgwood-Porzellan sowie über Strumpfwirkmaschinen und andere Geräte zu sammeln und brachte drei Arbeiter mit, »ohne welche die neuen Maschinen völlig nutzlos waren«.[19] Im Kalten Krieg gelang es Agenten des Ostblocks, technische Geheimnisse aus dem Westen zu stehlen.[20] Zu den Fällen aus dem 21. Jahrhundert gehört die Spionage der NSA gegen die deutsche Konkurrenz US-amerikanischer Firmen, die Edward Snowden enthüllte (mehr über Snowden im Folgenden).

Ein weiteres wichtiges Gebiet der Unwissenheit im Geschäftsleben ist die Unkenntnis potenzieller Absatzmärkte. Fehler können teuer werden, wie in den Anfängen der britischen South Sea Company, als sie noch Handel in Südamerika trieb und 1714 Wolltuch nach Cartagena in Kolumbien verschiffte, ohne zu bedenken, dass im tropischen Klima niemand Wollsachen trägt.[21] Ein früher Versuch, solche Situationen zu vermeiden, geht auf die Niederländische Ostindien-Kompanie zurück. Dank Johannes Hudde, einem ihrer Direktoren, wurden bereits 1692 die Verkaufszahlen analysiert, um die zukünftige Preispolitik der Kompanie und den Ankauf von Pfeffer

Folgen der Unwissenheit

und anderer Handelsware in Asien zu bestimmen.[22] Systematische Marktforschung kam erst viel später auf. Die Geschichte der Marktforschung erinnert uns daran, wie wenig Fabrikanten früher über ihre Kunden wussten (ob es sich um Männer oder Frauen handelte, ob sie jung oder alt waren, der Mittelschicht oder Arbeiterklasse angehörten), ebenso wenig wie über die Motivation, die sie dazu brachte, einen Hersteller vor den anderen zu bevorzugen.

Der US-Psychologe Daniel Starch gründete 1923 eine Marktforschungsfirma, die sich auf die Wirksamkeit von Werbung konzentrierte. Während Starch und seine Mitarbeiter die Menschen einfach nur nach ihren Vorlieben fragten, praktizierte der österreichisch-amerikanische Psychologe Ernst Dichter in den 1940er-Jahren in seiner »Motivationsforschung« einen Freud'schen Ansatz und konzentrierte sich auf die unbewussten Wünsche, die der Kaufentscheidung des Verbrauchers bei Produkten von der Seife bis zum Auto zugrunde lagen, damit die Verkäufer diese unbewussten Wünsche in ihrer Werbung ansprechen konnten. Diese Art »unterschwelliger Überredung« ist inzwischen allgemein verbreitet.[23]

Organisations-Unwissenheit ist für Firmen ein ebenso großes Problem wie für Behörden. Studien zu dieser Art Unwissenheit fanden sogar zuerst in der Wirtschaft statt. In den USA schlossen sich seit Anfang des 20. Jahrhunderts »kleine Firmen zu größeren zusammen«.[24] Größere Firmen sammeln mehr Informationen, haben aber auch eine größere Leitungshierarchie, die sich zwischen die Spitze und die Basis des Unternehmens drängen. Mit dieser Entwicklung kam eine neue Schwäche auf, *organizational silence* (»Organisations-Schweigen«), mit anderen Worten, mangelnde Kommunikation bei der Verbreitung von Wissen zwischen den einzelnen Bereichen des Unternehmens.[25]

Die Arbeiter in der Produktion einer Firma erwerben zum Beispiel Erfahrungswissen über die Herstellungsverfahren, das den Chefs und dem CEO fehlt, ebenso wie die Arbeiter wiederum nichts von den Plänen des CEO wissen oder erfahren sollen. Belegschaft und Betriebsführung leben oft in »zwei Kulturen« (um C. P. Snows Ausdruck über Natur- und Geisteswissenschaften zu entlehnen). Keine der beiden Seiten teilt das Wissen der anderen. Dieses Problem wird als »klebriges Wissen« beschrieben, das sich nicht leicht bewegen lässt.[26] Wenn wir uns Wissen als einen Flow (»Fluss«) vorstellen, dann ist es ein Fluss, der manchmal von Hindernissen unterbrochen oder gefiltert wird. Die Firmenleitung hört den Mitarbeitern nicht zu, und irgendwann sagen die Mitarbeiter dann auch nichts mehr, ein »Klima des Schweigens« entsteht.[27] In schweren Fällen haben die Abteilungsleiter Angst, den Chefs ganz oben das zu sagen, was die Chefs, wie sie glauben, nicht hören wollen, ein Problem, das in der Politik ebenfalls auftritt und im nächsten Kapitel besprochen wird. Im Ergebnis werden ernste Probleme ignoriert. Schlagende Beispiele für Organisations-Unwissenheit kannte man aus Betrieben in sozialistischen Staaten von Ungarn bis China, deren Leitung nicht wusste oder vorgab nicht zu wissen, dass ein Teil der Arbeiter unentschuldigt fehlte, sich vor der Arbeit drückte oder Firmeneigentum mitgehen ließ.[28]

Ein Autor, der über Unternehmen schreibt, hat den Begriff »Eisberg der Unwissenheit« eingeführt: Je höher man in der Hierarchie aufsteigt, desto weniger weiß man über die Mitarbeiter weiter unten und damit auch davon, was diese über das Unternehmen und seine Produkte wissen. Ein Präsident bei Hewlett-Packard sagte einmal bedauernd: »Wenn wir nur wüssten, was wir bei HP alles wissen.«[29] Organisations-Vergessen ist ein ähnliches Problem. Mitarbeiter, die jahrzehntelang in einem Unternehmen arbeiten, erwerben ein stillschweigendes Wissen, von dem sie selbst nicht wissen, dass sie es haben. Sie schreiben es oft nicht auf oder geben es an ihre Nachfolger weiter, sodass es dem Unternehmen verlorengeht, wenn sie aus dem Betrieb ausscheiden. Der Unternehmensberater David DeLong sagt besonders über das Jahrzehnt ab 2004: »Dieses enorme Sauggeräusch, das Sie hören, ist all das Wissen, das aus den Unternehmen abgezogen wird, weil die Mitarbeiter in Rente gehen oder auf andere Art ausscheiden.[30] Das Problem ist natürlich nicht auf die Wirtschaft beschränkt, sondern betrifft auch Behörden, Kirchen, das Militär und andere Organisationen. Formen, besonders japanische, sind allerdings wegweisend in seiner Überwindung geworden.[31]

Nicht alle politischen Projekte, die in wirtschaftlichem Niedergang endeten, waren das Ergebnis einfacher Unwissenheit. Manchen Regierungen war religiöse Rechtgläubigkeit wichtiger als Wohlstand, wie zwei bekannte Beispiele aus dem frühneuzeitlichen Europa zeigen: die Vertreibung der Morisken (Nachkommen andalusischer Araber, die als heimliche Mohammedaner verdächtigt wurden) aus Spanien durch Philipp III. im Jahr 1609, und die Vertreibung der Protestanten aus Frankreich durch Ludwig XIV. im Jahr 1685. Beide Vertreibungen bedeuteten den Verlust zahlreicher ausgebildeter Arbeiter und Handwerker für ihr Land, und in beiden Fällen handelten die Herrscher aus religiösen Gründen. Die wirtschaftlichen Folgen dieses Verlustes wurden von den Regierungen ignoriert.[32]

Unwissenheit bei Verbrauchern

Wie Geschäftsleute und Politiker müssen auch Verbraucher Entscheidungen in Ungewissheit treffen. Wirtschaftswissenschaftler analysieren das Verbraucherverhalten oft, als sei es vollständig vernunftgelenkt. In diesem Fall wäre das Ausmaß ihres Wissens oder des Gegenteils, ihrer Unwissenheit, natürlich wichtig. Psychologen wie Starch und Dichter andererseits analysieren das Verbraucherverhalten mitunter als vollständig unvernünftig (oder zumindest nichtrational, also als Ergebnis unbewusster Wünsche). In diesem Fall wäre das Ausmaß der Unwissenheit unwichtig. In der Praxis ist es vielleicht erhellender, nicht nur zwischen einzelnen Verbrauchern zu unterscheiden, sondern auch zwischen einzelnen Produkten. Unbewusste Wünsche sind sicher wichtiger beim Autokauf als beim Kauf von Eiern im Supermarkt.

In der vorindustriellen Welt begrenzten Warenangebots, das auf Jahr- und Wochenmärkten und vor den Werkstätten der Handwerker feilgeboten wurde, war die Auswahl ziemlich einfach. Selbst damals konnte man allerdings nicht alle Informationen berücksichtigen. Manche Preise waren nicht festgelegt, sondern Verhandlungssache, also mussten die Kunden wissen, ob der jeweilige Verkäufer zum Feilschen bereit war. Indem man verschiedene Marktstände oder Läden besuchte, konnte man die Qualität wie den Preis verschiedener Angebote vergleichen. Andererseits war es bei größeren Anschaffungen, zum Beispiel beim Pferdekauf (wie später dann bei Gebrauchtwagen) für einen betrügerischen Verkäufer einfach, den Kunden übers Ohr zu hauen. *Caveat emptor* (»Der Käufer muss aufpassen«) lautet schon ein altrömischer Rechtsgrundsatz.[33]

Komplexer wurde die Lage, zumindest für die eher Wohlhabenden, seit dem 17. Jahrhundert, als das Aufkommen von Moden, besonders in der Kleidung, die Verbraucher, die den neuesten Trends folgen wollten, dazu zwang, diese Trends zu entdecken, manchmal mit Hilfe spezialisierter Zeitschriften wie *Le Cabinet des Modes* (1785). Im Zeitalter der Industrialisierung nahm die Komplexität weiter zu, und die Anzahl und Vielfalt der erhältlichen Waren nahm schwindelerregend zu. Verbraucher fingen an, Kataloge und gedruckte Anzeigen zu konsultieren, bevor sie sich entschieden, und Markennamen für Gebrauchsgüter wurden immer häufiger.

Anzeigen, ursprünglich zur Information der Käufer gedacht, wurden allmählich zu einer Form der Überredung und sprachen Wünsche an, von denen der Verbraucher zuvor nichts geahnt hatte.³⁴ Es ist offensichtlich zu einfach, wenn man behauptet, Käufer wären nicht zu überreden, wenn sie mehr wüssten. Andererseits macht Unwissenheit, besonders Unkenntnis der Strategien der Werber, die Verbraucher anfälliger für Manipulationen, wie es oft bei Betrügereien der Fall ist.³⁵ Als Reaktion auf dieses Problem, zur Information der Verbraucher und zur Förderung bewusster Kaufentscheidungen wurden Institute wie Consumer's Research (1929) und Zeitschriften wie *Which?* (1957) gegründet. Heute gibt es Warentests zugunsten der Verbraucher genauso wie Marktforschung zugunsten der Verkäufer. Trotzdem bleiben viele Verbraucher nach wie vor unwissend, was Konkurrenzangebote angeht, ganz zu schweigen von den Bestandteilen des Produkts, das sie kaufen, oder den Arbeitsbedingungen, unter denen es hergestellt wird, und den Umweltschäden, die dabei entstehen.

Das Problem ist, dass manche Produkte – besonders, wenn es sich um rechtliche, medizinische oder finanzielle Angebote handelt – nur von Fachleuten beurteilt werden können, so dass der Normalverbraucher auf den Rat Dritter angewiesen ist. In der heutigen Welt der Spezialisierung gilt das sogar für Ärzte, besonders für Hausärzte, die wissen wollen, welches Medikament sie dem Patienten verschreiben sollen. Wie in Kapitel 7 angemerkt, kann heute niemand mehr mit der Vielzahl der Artikel über neue Medikamente in den medizinischen Fachzeitschriften mithalten, sodass der Hausarzt den Pharmafirmen ausgeliefert ist, deren Informationen aber nicht immer unparteiisch sind. Manche Artikel in Fachzeitschriften, die scheinbar von einem unvoreingenommenen Autor stammen, werden in Wirklichkeit sogar von Angestellten der Herstellerfirma vorformuliert.³⁶

Kurz gesagt, als Verbraucher bewusste Kaufentscheidungen zu treffen, hält einen heute, ohne Hilfe von außen, den ganzen Tag beschäftigt. Ähnlich ist es im Finanzwesen, und hier in der Buchhaltung und besonders bei Investitionen.

BUCHFÜHRUNGS-ANALPHABETISMUS

Ausdrücke wie *financial literacy* und *accounting literacy*, also Grundkenntnisse im Finanzwesen und in der Buchführung, die dem Lesen und Schreiben vergleichbar sind, sind in der Finanzbranche heute weitverbreitet. Die Accounting Literacy Foundation, eine 1982 gegründete und seit 2020 als Stiftung verfasste Institution, definiert diese Form von Kompetenz als »die Fähigkeit, eine finanzielle Lage oder ein finanzielles Ereignis zu lesen, zu verstehen und mitzuteilen, die oder das gewöhnlich mit den fünf Elementen des Buchführungseintrags und der Einkommenserklärung angegeben wird: Einnahmen, Equity, Verbindlichkeiten, Aktiva und Ausgaben«.[37]

Uns interessiert hier das Gegenteil, der Buchführungs-Analphabetismus und seine Folgen, etwa für kleine Unternehmen, die sich keinen Finanzberater leisten können, oder für Arbeitnehmer, die ihren Ruhestand planen. Bei Letzteren, so ließ sich feststellen, sind »Frauen finanziell weniger kompetent als Männer« und »Jüngere und Ältere weniger kompetent als Menschen mittleren Alters«.[38]

Geschichtlich gesehen war es das Bedürfnis, geschäftliche Transaktionen zu notieren, in diesem Fall den Lagerbestand und Warenstrom, das überhaupt zur Erfindung der Schrift führte: im Alten Orient, wo die Sumerer als erste Keilschrift auf Tontafeln ritzten. Anleitungen zur doppelten Buchführung (Debit auf der einen, Kredit auf der anderen Seite) finden sich in Lehrbüchern für Kaufleute in Italien seit dem 15. Jahrhundert und später für Privathaushalte in vielen europäischen Städten. Andererseits waren Herrscher wie Philipp II. von Spanien (siehe Kapitel 11) und der Adel ihrer Länder damit zufrieden, finanzielle Analphabeten zu bleiben, während der Großteil der Landbevölkerung in Europa noch um 1800 aus echten Analphabeten bestand, die nicht lesen und schreiben konnten.

Im 19. Jahrhundert wurde Buchhalter zu einem eigenen Beruf und die Buchführung gleichzeitig immer komplizierter, ein Vorgang, der heute noch andauert.[39] Buchführung selbst ist als »Technik der Unwissenheit« bezeichnet worden. Eine Studie von 17 Korruptionsskandalen in Italien, die zwischen 2014 und 2018 ans Licht kamen, zeigte zum Beispiel, dass »Buchhaltung eine Rolle im Hervorbringen und Aufrechterhalten von Unwissenheit spielt«.[40] Dagegen könnte man einwenden, dass als Entsprechung zu der bekannten Weisheit, dass nicht die Statistiken lügen, sondern der Statistiker, auch die Buchführung nicht lügt, während Buchhalter und Firmen in Geschäftsbüchern durchaus lügen. Der Preis des Buchhaltungs-Analphabetentums ist, dass man diese Lügen nicht erkennt.

IN UNWISSENHEIT INVESTIEREN

Vom Standpunkt des Laien aus liegen die größten Probleme bei finanzieller Inkompetenz im Investitionsbereich. Das ist schon lange so. Zu den institutionellen Neuerungen des Spätmittelalters und der Frühen Neuzeit gehört die Aktiengesellschaft. Bekannte Beispiele sind die 1600 gegründete britische East India Company, deren Anteile eine Gruppe Kaufleute hielt, und ihre niederländische Rivalin, die Vereenigde Oostindische Compagnie oder VOC, die Niederländische Ostindien-Kompanie, gegründet 1602, die nicht nur an reiche Investoren, sondern auch an Kleinanleger Anteilscheine verkaufte. Eine weitere Neuerung war die Wertpapierbörse. Wichtig war etwa die *Bourse* in Amsterdam (1602).[41] Davor hatte man an Börsen Rohstoffe und Naturalien kaufen und verkaufen können, aber an der Amsterdamer Börse wurde ausdrücklich mit Wertpapieren gehandelt, also mit Firmenanteilen. Das damalige Gegenstück in London war Change Alley, in der Nähe der Royal Exchange, aber organisatorisch getrennt von ihr, und in New York die Wall Street. In dieser Straße trafen sich die Wertpapierhändler unter einem Baum, bevor sie 1792 die New York Stock Exchange gründeten.[42]

Wie die VOC zogen auch die Wertpapierbörsen das Ersparte vieler Kleinanleger an. Damals wie heute gab es unter den Investoren nicht nur Profis (Kaufleute und Spekulanten), sondern auch Amateure. Die Unwissenheit der Investoren ist ebenso wie die der Verbraucher noch nicht systematisch erforscht worden. Die raschen Schwankungen des Börsenmarkts seit Jahrhunderten, seine Booms und Abstürze, wären jedoch ohne die Beteiligung zahlreicher »unerfahrener Investoren« schwer zu erklären.[43]

Wie auf das Verhalten der Verbraucher wird auch auf das der Anleger gern die Sprache der Psychologie angewandt, oft einer altmodischen Kollektivpsychologie, in der sie als »Herde« statt als Einzelpersonen behandelt werden, und es ist die Rede von Überschwang, Manie, Panik oder Hysterie.[44] Auch hier sollte man auf die Unterschiede achten, einmal zwischen vorsichtigen und leichtsinnigen Investoren, und dann zwischen Investitionen zu normalen Zeiten und solchen während eines Wirtschaftsbooms, der ständig mehr Anleger an die Börsen zieht, die sich ihren Anteil sichern wollen. Technische Neuerungen können zu einer raschen Zunahme der Spekulation führen, dank der »aufregenden Technik« kombiniert mit Unwissenheit, oder deutlicher »beschränkter Information, um die Aktien sachlich zu bewerten«.[45]

Das Ergebnis dieser Bedingungen ist die rasche Ausdehnung und das noch raschere Platzen von »Blasen«: die Eisenbahnblase, die Fahrradblase und in neuerer Zeit die Dotcomblase. Ein entscheidender Faktor in diesem Vorgang ist die Unwissenheit der Anleger (außer den Insidern), was die Finanzen des Unternehmens angeht, in das sie investieren; wüssten sie darüber Bescheid, könnten sie ihre Anteile verkaufen, bevor die Blase platzt. Jede Geldanlage bringt Ungewissheit mit sich, aber bei Blasen wie der South Sea Bubble von 1720 oder Börsencrashs wie dem von 1929, der weiter unten besprochen wird, spielten auch Unwissenheit und ihr Gefährte, die Leichtgläubigkeit, eine wichtige Rolle.

Folgen der Unwissenheit

Börsenspekulation wird oft mit Glücksspiel verglichen. Das gehört sogar zu ihren Anreizen. Manchen Menschen ist ein gewisses Risiko mit der Möglichkeit hoher Gewinne lieber als die größere Sicherheit und die niedrigeren Zinsen, wenn man das Geld bei einer Bank anlegt. Manche Spieler studieren die »Form« bestimmter Rennpferde vor dem Rennen oder die Gewinn-und-Verlust-Statistiken am Roulettetisch, andere sparen sich die Mühe. Bei Geldanlegern ist es ähnlich. Manche studieren die Entwicklung bestimmter Anlageformen, andere verlassen sich auf den Rat von Börsenmaklern, wieder andere halten sich an Ratgeberbücher oder an Fernsehsendungen freiberuflicher Berater wie die der US-Amerikanerin Suze Orman, einer Erfolgsautorin, die von 2002 bis 2015 eine Börsenshow im Wirtschaftsfernsehsender CNBC moderierte.

Manche kaufen oder verkaufen Aktien einfach, weil andere es genauso machen, oder lassen sich von Betrügern wie Charles Ponzi einfangen. Ponzi bot 1920 in den USA Anlegern unglaublich hohe Dividenden, finanzierte aber deren Auszahlung jeweils mit dem Kapital von Neuanlegern. Dieses Schneeballsystem musste früher oder später zusammenbrechen; es funktionierte weniger als ein Jahr lang. Ponzi wurde wegen Betrugs verurteilt, aber seine Anleger verloren fast alles und lernten so, dass ein Versprechen, das zu gut klingt, um wahr zu sein, meist auch nicht wahr ist.[46]

Wie wir bereits in den vorherigen Kapiteln gesehen haben, werden Lücken im verlässlichen Wissen überall rasch mit Gerüchten gefüllt, die mündlich umlaufen und sich im Druck und in anderen Medien noch weiter verbreiten. Die Geschichte der Spekulationsblasen »beginnt etwa gleichzeitig mit der der Tageszeitung« im frühen 18. Jahrhundert, heißt es. Die Medien haben das Verhalten der Anleger seitdem immer beeinflusst, nacheinander im Zeitalter des Telefons (enorm wichtig für die Börse), des Radios, des Fernsehens und des Internets.[47] Nachdem die ersten Börsen gegründet worden waren, kamen die Spekulanten schnell darauf, dass sie mit Hilfe

Unwissenheit im Geschäftsleben

gezielt verbreiteter Gerüchte (wir würden »Fake News« sagen) den Markt manipulieren konnten. Eine Geschichte über ein gesunkenes Handelsschiff voller Gewürze zum Beispiel konnte deren Handelswert nach oben treiben.

Auch politische Gerüchte hatten diese Wirkung. 1814 wurde mit einer dramatischen Inszenierung die Behauptung vom Tod Napoleons in die Welt gesetzt, als ein Mann in der Uniform eines Adjutanten in Dover auftauchte und verbreitete, der Kaiser sei geschlagen und von Kosakentruppen niedergemetzelt worden. Diese Falschmeldung ließ die Kurse an der Londoner Börse in die Höhe schießen, sodass eine kleine Gruppe von Verschwörern, die zu den Hintermännern gehörten, ihre Aktien zu einem hohen Preis abstoßen konnten, bevor die Geschichte aufflog. Zuvor hatte die Börsenleitung bei solchen absichtlichen Falschmeldungen immer weggeschaut, aber diesmal gab es ein Gerichtsverfahren wegen »Verschwörung zum Betrug durch Falschbehauptungen«, mehrere Angeklagte wurden verurteilt.[48]

Auf ähnliche Weise, aber mit gegenteiligen Wirkungen, haben Gerüchte schon oft zu einer Börsenpanik geführt, zu Kurssturz und Bankansturm. In den USA des 19. Jahrhunderts waren solche Paniken häufig genug (sie traten 1819, 1837, 1857 und 1873 auf), dass sie zu einer Art Institution wurden, obwohl sie gegenüber dem Schwarzen Freitag 1929 und der Weltfinanzkrise 2008/09 harmlos wirken.[49]

Gerüchte wirken so durchschlagend, weil sie zwei starke Gefühle ansprechen, Hoffnung und Angst. Börsen wirken als Gerüchteverstärker und drängen Anleger zu kaufen oder zu verkaufen, nur um nicht gegenüber den anderen Anlegern zurückzubleiben.[50] Bei Kursanstiegen wollen sie am Anstieg teilhaben und kaufen auch, was wiederum in selbstverstärkender Rückkopplung den Kurs noch höher treibt.[51] Die Börsengeschichte ist daher in regelmäßigen Abständen mit Booms durchsetzt, mit Augenblicken »irrationalen Überschwangs«, wie es Alan Greenspan nennt, der frühere Vorsitzende der US Federal Reserve. Diesen Booms, seit dem 18. Jahrhundert auch Blasen genannt, folgt ebenso unweigerlich wie der Kater nach dem Suff der Börsencrash, manchmal, weil es keine Käufer mehr gibt, und manchmal wegen schlechter Nachrichten, seien sie wahr oder falsch. Auch hier gibt es eine Kettenreaktion, der einzelne Anleger verkauft, weil alle anderen auch verkaufen.

Zu den neueren Fällen gehört die Dotcomblase für IT-Firmen (1995 bis 2002) und die Immobilienblase in Spanien (2005 bis 2008), von der viele Häuser im Rohbau zurückblieben. Professionelle Spekulanten beobachten den Markt und berechnen, wann die Blase platzen wird, damit sie kurz vorher aussteigen können, ihre Gewinne mitnehmen und nicht in den Kurssturz hineingezogen werden. Sie springen sozusagen vom Zug ab, kurz bevor er entgleist. Manchmal setzen sie den Zug sogar vorher in Bewegung. Diesen Mechanismus erkannten schon 1690 die englischen Commissioners for Trade, eine Handelsaufsichtsbehörde, als sie die Praxis verurteilte, eine Firma eigens zu gründen, um ihre Anteile »an unwissende Männer zu verkaufen, die vom erfundenen und arglistig verbreiteten Ruf der Firma dazu verleitet werden, dass ihre Aktien florierten«.[52] Diese Beschreibung liest sich wie eine Prophezeiung dessen, was 30 Jahre später in England geschah: das schwindelerregende Anschwellen und schlagartige Zerplatzen der berüchtigten South Sea Bubble, der »Südseeblase«.[53]

DIE SOUTH SEA BUBBLE

Diese Blase ist ein klassischer Fall ahnungsloser Anleger, deren Leichtgläubigkeit im Desaster endete. Robert Harley, Leitender Minister unter Queen Anne, gründete 1711 die South Sea Company für den Überseehandel mit Südamerika, das damals noch als eine Art Dorado galt. Als der Erfolg ausblieb, wandte sich die Firma einem Plan

Unwissenheit im Geschäftsleben

zu, der die Staatschulden ausgleichen sollte. Sie manipulierte die Öffentlichkeit.[54] Um den Aktienverkauf in Gang zu bringen, erhielten Prominente Vorzugspreise oder es wurde einfach behauptet, sie hätten Aktien gekauft, während die Firma gleichzeitig kaufwilligen, aber finanzschwachen Anlegern den Kaufpreis echter Aktien vorschoss. Der Kurs stieg daraufhin, mehr Anleger kauften die Aktie, und die steigende Nachfrage drückte den Kurs weiter nach oben. Es war eine Art Vervielfältigungseffekt, damals als »Kaufwahn« oder auch als »Verkauf des Bärenfells, bevor der Bär erlegt ist« bezeichnet.[55] Die Anleger waren bunt gemischt, neben Politikern und Finanziers gehörten auch König Georg I., Isaac Newton und der Dichter Alexander Pope dazu. Viele Frauen sollen darunter gewesen sein, von Herzoginnen bis zu den Fischverkäuferinnen am Billingsgate.[56]

Manche verkauften rechtzeitig und konnten Gewinn mitnehmen. John Aislabie, Chancellor of the Exchequer (eine Art Finanzminister), »sah den Zusammenbruch als einer der Ersten voraus«. Er riet dem König, ebenfalls zu verkaufen, weil »die Aktie durch die Verrücktheit der Menschen in unsinnige Höhe getrieben« sei, »in der sie sich unmöglich halten« könne. Wie Aislabie verkaufte auch die Herzogin von Marlborough rechtzeitig, weil sie voraussah, »dass dieses Unternehmen binnen Kurzem platzen« müsse, da zu viele Außenstände zu wenig Einnahmen gegenüberstanden.[57] Andere, damals als »leichtgläubige Massen« bezeichnet (darunter auch König Georg), hielten an ihren Anteilen fest, deren Kurs wie durch Zauberei immer weiter stieg, mit etwas Nachhilfe durch marktschreierische Zeitungsanzeigen.[58]

Im September 1720 platzte die Blase. Auf diesen Zusammenbruch bezog sich 2020 der damalige Chancellor of the Exchequer, Rishi Sunak, als er von der »schlimmsten Rezension seit 300 Jahren« sprach. Auf den Krach folgte eine Selbstmordwelle, und die Regierung stürzte. Robert Walpole, der neue Premierminister (er trug diese Amtsbezeichnung als Erster), vertuschte einen Großteil der Ereignisse und erhielt dafür den inoffiziellen Titel Screenmaster General (etwa »Generalverschleierer«; um Vertuschungen geht es in Kapitel 13).[59]

Die Opfer, »Tausende und Abertausende ahnungsloser Menschen«, betrogen durch »listige Ausnutzung ihres Glücksspieltriebs«, waren nicht die einzigen Unwissenden.[60] Wenn die Anleger »nicht wussten, wie die Hochfinanz funktionierte«, so hatten die Spekulanten, ebenso wie die politische Führung Großbritanniens, keine Ahnung davon, welche wirtschaftlichen Kräfte das Land in Gang hielten.[61]

Eine ausgewogene Beurteilung dieser Affäre kann man kaum besser formulieren als Adam Smith, der meinte, die South Sea Company habe »eine immense Kapitaldividende unter einer immensen Anzahl Anleger aufgeteilt. Es war daher nur zu erwarten, dass Narrheit, Fahrlässigkeit und Überschwang den Gang ihrer Geschäfte prägten«. Als »Schurkerei« dabei bezeichnete Smith »die Fahrlässigkeit, Übertreibung und Böswilligkeit der Angestellten der Gesellschaft«.[62] Smith machte die Täter und Opfer der meisten, wenn nicht aller Blasen und Kräche aus: auf der einen Seite die Insider, die Profis, mit ihren falschen Versprechungen; auf der anderen die Außenseiter, die Amateure, die ihnen vertrauen, entweder aus bloßer Unwissenheit oder weil die Versprechungen das sind, was sie hören wollen. Das waren Gründe, warum die Insider 1720 »das Denken der Menschen vergiften« konnten.[63]

DER SCHWARZE FREITAG[64]

Der große Börsenkrach in New York von 1929 war, in den Worten des kultivierten und flamboyanten US-Wirtschaftswissenschaftlers Kenneth Galbraith, »der größte Zyklus eines Spekulationsbooms und des Zusammenbruchs danach in der Moderne, der größte seit der South Sea Bubble«.[65] Galbraith, der ironisch und distanziert zu schreiben pflegte, stellte den Börsenkrach als Beispiel für »die Verbrechen, Narrheiten und Unglücke der Menschheit« (Gibbon) dar.

Galbraiths Schilderung des Abstiegs und Falls des Börsenmarkts stellt den Crash als »Spekulationsorgie« dar, die eine Verrücktheit demonstriere, »wie sie schon immer Menschen packt, die glauben, sie könnten sehr reich werden«. In den 1920er-Jahren, meinte er, zeigten die Amerikaner »ein ungewöhnliches Verlangen, mit einem Minimum an körperlicher Anstrengung schnell reich zu werden«. Auch die »Stimmung« sei wichtig gewesen, »ein allgemeines Gefühl von Selbstvertrauen, Optimismus und der Überzeugung, dass auch gewöhnliche Menschen reich werden könnten«.[66] Investitionen an der Börse wurden in der Presse empfohlen; ein Artikel im *Ladies' Home Journal* etwa hatte den Titel »Alle sollten reich sein«. Die Anleger, besonders Frauen, so Galbraith, wussten nicht, dass sie nicht wussten, was sie taten.[67]

Als die Kurse dann nachgaben, kam es zu einer weiteren Kettenreaktion. Die Anleger verkauften, weil alle verkauften, und drückten die Kurse weiter. Der Crash kam im Oktober 1929. Es gab »eine Panik [und] es wurde wie verrückt verkauft«, aus »blinder Angst«. »Ein Gerücht nach dem anderen fegte durch die Wall Street.« Wie nach der South Sea Bubble kam es zu Selbstmorden, obwohl ihre Anzahl übertrieben dargestellt worden ist.[68]

An anderer Stelle in seiner Studie untergräbt Galbraith allerdings seine eigenen Verallgemeinerungen hinsichtlich der Unvernunft von Amateuranlegern. Erstens weist er darauf hin, dass die Demokratisierung des Aktienbesitzes, wie in der South Sea Bubble, übertrieben worden sei: »Auf dem Höhepunkt der Spekulationen 1929 betrug die Anzahl der aktiv Beteiligten weniger – wahrscheinlich weit weniger – als eine Million«.

Zweitens zeigt Galbraith, dass die Amateuranleger von den Profis manipuliert wurden. Manchmal »legten mehrere Makler ihre Ressourcen zusammen, um eine bestimmte Aktie hochzujubeln«. Die

Folgen der Unwissenheit

Anleger hörten oft auf den Rat von Investmenttrusts, einer in den 1920er-Jahren immer erfolgreicheren Einrichtung. Diese Trusts verdankten ihren Erfolg dem Respekt der Öffentlichkeit vor dem Experten, dem professionellen Finanzier, der »den Ruf der Allwissenheit« genoss. Das Problem war, dass die Trusts dieses Vertrauen nicht verdienten. Adam Smiths »Schurkerei« ist hier der richtige Begriff.

Drittens nennt Galbraith auch strukturelle Gründe für den Börsenkrach. Der Nachschub an neuen Anlegern war begrenzt. Als niemand mehr da war, der Aktien kaufen wollte, stagnierten mit sinkender Nachfrage auch die Kurse, und das Vertrauen in den Boom ging verloren. Als die Kurse dann zu sinken begannen, vervielfachte das Stop-Loss-System, das automatische Verkäufe vorsieht, wenn eine bestimmte Preisschwelle unterschritten wird, die Verluste. »Jeder Liquidierungsschub sorgte dafür, dass der nächste folgte.«[69]

Eine differenziertere Erklärung des Verhaltens der Amateuranleger bietet der deutsche Historiker Daniel Menning, der betont, dass sie mit Informationen überflutet wurden. Zu viele Zahlen folgten einander zu schnell auf dem Börsenticker, um den Überblick zu behalten. Kleine Spekulanten wussten nicht, wie sie diese Informationen bewerten sollten, und diese Unwissenheit führte sie in die Katastrophe.[70]

Kurz gesagt, die Unwissenheit der Anleger war eine notwendige Vorbedingung für den Börsencrash, aber nicht die einzige. Galbraiths These, dass die Anleger unvernünftig handelten, muss ebenfalls bezweifelt werden. In Aktien zu investieren, deren Kurs steigt, ist doch gewiss vernünftig, ebenso wie sie wieder abzustoßen, wenn der Kurs fällt. Das Problem war, dass dieses vom Standpunkt des Einzelnen aus sinnvolle Verhalten zu unbeabsichtigten und katastrophalen Folgen führte, als viele Anleger sich gleichzeitig ebenso entschieden.

Heimliche Geschäfte

Die bisher beschriebenen Geschäftspraktiken spielten sich teilweise an der Grenze des gesetzlich Erlaubten ab. Illegale Geschäfte, bei denen man andere täuschen oder bewusst unwissend halten muss (»strategische Unwissenheit«), verdienen jedoch einen eigenen Abschnitt. Sie umfassen die Herstellung verbotener Waren (Alkohol, Drogen, gefälschte Markenprodukte), ihre Beförderung (Schmuggel) und ihren Verkauf (auf dem Schwarzmarkt) sowie das Angebot verbotener Dienstleistungen von Geschlechtsverkehr über Personenschutz bis hin zu bestelltem Mord. Diese Branchen sind verborgen und angeblich unsichtbar, wobei der Sozialhistoriker immer fragen muss: unsichtbar für wen?

Die Unwissenden sind in diesem Fall (zumindest theoretisch) die Zollbeamten, die Steuerbehörden und die Polizei. In der Praxis wussten viele von ihnen, auch hohe Beamte, was vor sich ging; wann und wo es vor sich ging, allerdings schon weniger.[71] In jedem Fall musste der Anschein der Unwissenheit gewahrt werden, wenn schon nicht Unwissenheit selbst. In der Analyse von Wirtschaft und Politik bewährt sich der Begriff der »gespielten Unwissenheit« am besten.

Manche dieser heimlichen Geschäfte waren und sind von geringem Umfang, vom Bauern, der seinen eigenen Calvados brennt, über den Klempner, der bei Barzahlung einen Rabatt gewährt, bis hin zum Straßenhändler, der womöglich keinen Gewerbeschein hat oder gefälschte Markenware anbietet. Wenn es echte Markenware ist, kann sie eingeschmuggelt oder gestohlen sein. Wie wir im London meiner Kinderzeit sagten, ist sie »vom Lastwagen gefallen«. Dieser ganze Sektor wird als graue, informelle, Parallel-, Alternativ- oder Schattenwirtschaft bezeichnet.

In Krisenzeiten wird diese inoffizielle Wirtschaft besonders wichtig. In den USA war während der Prohibitionszeit von 1920 bis 1933 der Verkauf alkoholischer Getränke untersagt. Daraufhin brauten und brannten viele sich ihren Stoff selbst, manche schmuggelten ihn aus Kanada in Fischerbooten ein (eine als »Rum-Running« bezeichnete Praxis), und wieder andere verkauften ihn gläserweise beziehungsweise tassenweise (das war unauffälliger) in sogenannten Flüsterkneipen, oft in Privathäusern, für diejenigen, die Bescheid wussten. Ein Historiker sagt: »Die Prohibition bot eine Lehre im Gewerbe des Verbrechens« und begründete das Vermögen des jungen Al Capone.[72] Nur zu gern wüssten die Historiker natürlich, wer tatsächlich Bescheid wusste und wer nicht. Weil die potenziellen Abnehmer erfahren mussten, was, wann, wo erhältlich war, wusste wohl auch die Polizei (zumindest teilweise) Bescheid, stellte sich aber unwissend, wenn man sie dafür gut genug bezahlte.

In der VR China entwickelte sich während der großen Hungersnot von 1958 bis 1962 ein informelles Verteilungssystem oder gewann zumindest sehr an Bedeutung. Parteifunktionäre »zeigten endlosen Erfindungsreichtum im Bemühen, den Staat zu hintergehen«. Es entstand eine »Parallelwirtschaft« mit Tauschgeschäften und gefälschten Bezugsscheinen. Es gab einen Handel mit »toten Seelen«, weil Produktionsgenossenschaften mehr Arbeiter angaben, als sie hatten, um mehr Lebensmittelrationen zu bekommen.[73] Behörden, einschließlich der Polizei, wussten entweder nichts davon oder schauten weg – gegen eine kleine Gefälligkeit.

Unnötig zu sagen, dass die Wirtschaftswissenschaft es schwer hat, die Größe der Schattenwirtschaft zu bestimmen. Eine Studie über 151 Länder von 1999 bis 2007 ergab, dass dieser Wirtschaftssektor in der Schweiz und den USA am kleinsten (8 bis 9 Prozent des BIP) und in Bolivien und Georgien (68 bis 69 Prozent) am größten war.[74] Für die Vergangenheit lassen sich ähnliche Schätzungen noch schwerer anstellen. Die Historiker wissen zum Beispiel genau, dass für das Spanien des 16. Jahrhunderts die offiziellen Zahlen der jährlichen Silbereinfuhren aus der Neuen Welt über Sevilla zu niedrig angesetzt sind. Was sie nicht kennen, ist der Umfang der inoffiziellen Einfuhren. Man kann hier lediglich verschiedene Epochen allgemein miteinander vergleichen. Vor dem Aufkommen der Einkommensteuer im 19. Jahrhundert hatte niemand einen Grund, sein Einkommen zu verschleiern (früher bezogen Staaten einen Großteil ihrer Einnahmen aus Ein- und Ausfuhrzöllen und lagen daher ständig im Kampf mit Schmugglern). Vor dem Aufkommen staatlicher Sozialleistungen im 20. Jahrhundert gab es keine Fälle von Arbeitern, die Arbeitslosengeld bezogen, während sie heimlich einer bezahlten Tätigkeit nachgingen.

Viele heimliche Geschäfte spielen sich in sehr viel größerem Maßstab als die kleinen Betrügereien der Schattenwirtschaft ab. Ein bekanntes Beispiel ist der Handel mit verbotenen Drogen. In dieser Branche stehen den verborgen agierenden Betreibern die ebenso verborgen agierenden Gesetzeshüter (in den USA zum Beispiel die Agenten des FBI, der DEA und so weiter) in einer Art Untergrundkrieg gegenüber. Die Herstellung läuft oft im Geheimen ab, zum Beispiel in unterirdischen Labors in den Bergen der chinesischen Provinz Fujian, die Cannabis verarbeiten, der in Containern in »riesigen Löchern im Wald« Britisch-Kolumbiens gezüchtet wurde.[75] Kokain wurde gewöhnlich in Geheimlabors in Privathäusern raffiniert, aber der Drogenboss Pablo Escobar und seine Geschäftspartner, die Brüder Ochoa, ließen mit charakteristischer Großspurigkeit einen ganzen Laborkomplex im kolumbianischen Dschungel bauen, mit Landebahn für Kurierflugzeuge und Schlafbaracken für die Arbeiter (dieser Komplex, genannt Tranquilandia, wurde 1983 entdeckt und abgerissen).[76]

Wenden wir uns der Verteilung zu. Verbotene Waren werden seit jeher auf geheimen Wegen wie Bergpfaden und Tunneln geschmuggelt, auf dem Rücken von menschlichen Trägern oder Eseln, versteckt in Privatautos, Flugzeugen und Schiffen und sogar im Körper menschlicher »Maultiere«. »Viele verbotene Waren teilen sich dieselben Verteilungsrouten.«[77] In der einen Richtung werden auf demselben Bergpfad vielleicht Waffen geschmuggelt, in der anderen Drogen. Manche Wege, auf denen Kokain aus Kolumbien herausgeschmuggelt wird, haben auch schon die Smaragd-, Zigaretten- und Marihuana-Schmuggler früherer Zeiten benutzt.

Der Diamantenhandel gilt ebenfalls als »heimlichtuerisch, vielleicht heimlichtuerischer als jeder andere«, weil dabei kleine Gegenstände von großem Wert transportiert werden, die leicht zu verstecken sind.[78] Bergleute schmuggeln einige ihrer Funde aus Diamantenminen heraus, und was sie an die Hehler übergeben, wird außer Landes geschmuggelt, ein »unsichtbarer Export«, der dann als legitime Handelsware in Antwerpen und an anderen Orten wieder auftaucht.

Die Hauptfiguren hinter diesen heimlichen Branchen benutzen mehrere Namen und Pässe und ziehen häufig von einem Versteck ins nächste weiter, um die Polizei und andere Behörden über ihre Identitäten und Aufenthaltsorte im Unklaren zu lassen. Ihr Vermögen ist schon seit dem 19. Jahrhundert bei Offshore-Banken oder in Steueroasen angelegt, angefangen mit der Schweiz und den britischen Kanalinseln. Sie »waschen« ihr Geld, indem sie es mehrfach zwischen verschiedenen Konten, Banken oder Unternehmen hin und her schieben, um Polizei und Finanzamt über ihre Aktivitäten im Ungewissen zu halten.[79]

Geheimhaltung ist natürlich entscheidend für Unternehmungen am Rande der Legalität oder ganz in der Illegalität. In der Schweiz »gibt es seit Jahrhunderten finanzielle Geheimhaltung«, die im berühmten Bankgeheimnisgesetz von 1934 ihren Höhepunkt hatte. Diese Tradition der Anonymität des Kunden erklärt im Verein mit der traditionellen politischen Neutralität des Landes, warum in beiden Weltkriegen ausländisches Kapital »in die Schweizer Banken strömte«.[80] Dort versteckten das deutsche NS-Regime, die US-Mafia, der äthiopische Kaiser Haile Selassie, Shah Reza Pahlavi von

Iran und zahlreiche Präsidenten wie Perón (Argentinien), Mobutu (Zaire) und Trujillo (Dominikanische Republik) ihr Geld.[81]

Geldwäsche ist eine große Branche innerhalb der heimlichen Dienstleistungswirtschaft. Ein weiterer Teil ist die Eintreibung von Schutzgeld, eine Art Steuer, die Einzelpersonen und Firmen an kriminelle Banden zahlen müssen, um in Ruhe gelassen zu werden. Die sizilianische Mafia, die mehr als einmal von Wirtschaftswissenschaftlern und Soziologen wie Pino Arlacchi und Diego Gambetta studiert worden ist, betreibt seit dem 19. Jahrhundert das Geschäft mit Schutzgeld bei kleinen Ladeninhabern (sie bietet dafür Schutz vor anderen Kriminellen, aber auch vor der Mafia selbst). Schutzgeld ist auch eine der Haupteinkommensquellen für kriminelle Banden in China, wo es schon seit dem 18. Jahrhundert die als Triaden bezeichneten Geheimgesellschaften gibt, und in Russland seit dem Zerfall der Sowjetunion. Die russischen Banden sagen, sie »schaffen ein Problem« und bieten dann eine Lösung an.[82] Der Verkauf von Personen- und Objektschutz unterliegt dem Gesetz von Angebot und Nachfrage. Die Nachfrage kommt von Besitzenden in Gesellschaften mit einem Mangel an Recht und Ordnung, die fürchten, ihren Besitz zu verlieren. Das Angebot kommt von ehemaligen Soldaten und Polizisten und anderen Personen, die Gewalt als Dienstleistung anbieten.[83]

Wie in der Schattenwirtschaft allgemein blühen auch kriminelle Geschäftszweige in Krisenzeiten auf. Menschenschmuggel ist seit den 1990er-Jahren ein immer größeres Geschäft geworden. Der illegale Waffenhandel nutzt oft Revolutionen und Bürgerkriege aus. Während der mexikanischen Revolution von 1911 zum Beispiel wurden über den Hafen Veracruz Waffen aus den USA eingeschmuggelt.[84] Eine Analyse dessen, was der Autor »die heimliche politische Wirtschaft von Krieg und Frieden« nennt, stellt eine Fallstudie des Bürgerkrieges im Bosnien der 1990er-Jahre vor und behauptet, »der Zugang zu Nachschub durch Schmuggelnetzwerke und die Beteiligung quasi-privater krimineller Akteure sind entscheidend für die Erklärung von Ausbruch, Weiterführung, Beendigung und Nachwehen des Krieges«.[85]

Ebenfalls in den 1990er-Jahren wurde Viktor Bout (oder Crout), später »Händler des Todes« genannt, als Waffenschmuggler für Bürgerkriegsparteien in Afghanistan, Angola, Liberia, Sierra Leone und im Kongo berüchtigt. Bout, ein früherer sowjetischer Geheimagent, kaufte eine Flotte alter russischer Frachtflugzeuge und brachte mit ihnen Waffen an die Bürgerkriegsschauplätze unter anderem in Afghanistan, Angola, Sierra Leone und der Demokratischen Republik Kongo, manchmal für beide Seiten. Die Waffen waren gebraucht; eingekauft hatte er sie in Bulgarien und der Ukraine. Die Flugzeuge waren in Ländern wie Liberia angemeldet, wo die Behörden wegschauten und keine Fragen stellten, die Fracht mit gefälschten Endnutzerzertifikaten zum Schein legitimiert.[86]

Eingeschmuggelte Waffen gehören in Grenzgebieten inzwischen so sehr zum Alltag, zum Beispiel im Ilemi-Dreieck, wo Kenia, Uganda, Äthiopien und der Sudan aneinandergrenzen, dass ein Besucher bemerkte: »Eine Patrone wird hier als Bezahlung für eine Busfahrt, ein Glas Bier oder eine Flasche Cola angenommen.«[87]

Geheimgeschäfte sind oft eine Reaktion auf Monopole und Verbote. Bout zum Beispiel ignorierte UN-Waffenembargos, wie Al Capone die Prohibition ignorierte. Der heimliche Handel mit Antiquitäten entsteht als Reaktion auf die Verweigerung von Ausfuhrgenehmigungen für Kunstgegenstände, die als Teil des nationalen Kulturerbes gelten (auch wenn diese Antiquitäten selbst schon geraubt oder gefälscht worden sein sollten). Legale Waren, die zur Schmuggelware wurden, um Steuern und Monopole zu umgehen, sind zum Beispiel Seide, Gewürze, Salz, Silber, Schnaps und Zigaretten.

In anderen Fällen ist die Schmuggelware selbst illegal. Gedruckte Bücher zum Beispiel, die verboten waren, weil sie als ketzerisch, subversiv oder pornografisch galten, wurden schon immer unter der Hand weiterverbreitet. Als die Katholische Kirche im 16. Jahrhundert die Werke Erasmus' von Rotterdam und Machiavellis verbot, gelangten in den 1570er- und 1580er-Jahren trotzdem Exemplare davon bis nach Venedig.[88] Ketzerische Bücher wurden manchmal in Fässern versteckt, die danach mit Salzfisch aufgefüllt wurden (wie zur Prohibitionszeit Gin oder Whiskey auf Lkw, die zum Schein Bauholz transportierten).

Im 18. Jahrhundert gab es in Frankreich einen lebhaften Handel mit verbotenen Büchern (seinerzeit »philosophische Bücher« genannt). Diese Bücher wurden auf geheimen Pfaden von Trägern, die auch legale Waren transportierten, aus dem Fürstentum Neuenburg, einer preußischen Exklave in der Schweiz, durch die Berge des Jura über die Grenze nach Frankreich geschafft, wo sie unter dem Ladentisch oder, wie man damals sagte, »unter dem Mantel« verkauft wurden.[89]

Berühmte Fälle aus dem Kalten Krieg, in denen Manuskripte aus der UdSSR zur Veröffentlichung in den Westen geschmuggelt wurden, um die sowjetische Zensur zu umgehen, waren etwa Boris Pasternaks *Doktor Schiwago* (erschienen erstmals 1957 in Italien bei Feltrinelli) und regimekritische Werke Andrej Sinjawskijs und Jurij Daniels, die beiden 1966 eine Anklage wegen »antisowjetischer Tätigkeit« und eine Haftstrafe einbrachten. Die Methode ist nicht neu: Schon im 17. Jahrhundert wurde das Manuskript der papstfeindlichen *Geschichte des Konzils von Trient* des venezianischen Geistlichen Paolo Sarpi in Abschnitten mit dem Tarnnamen »Lieder« nach London geschmuggelt, wo es im italienischen Original und in englischer Übersetzung erschien.[90]

Sogenannte Raubdrucke von Büchern, also die Herstellung ungenehmigter Ausgaben unter Verletzung des Urheberrechts, gibt es seit Jahrhunderten und bis heute. Im 18. Jahrhundert war Dublin ein Zentrum der Raubdrucker, ebenso wie Taiwan in den 1960er-Jahren, wo das Sortiment vom *Lord of the Rings* bis zur *Encyclopaedia Britannica* reichte (Letztere bereits zwischen 1875 und 1905 mindestens zwölfmal von US-amerikanischen Verlegern illegal nachgedruckt).[91]

In einer Zeit, in der Designermarken so großen Anklang beim Verbraucher finden, ist deren Fälschung eine Branche geworden. Um 2007 waren 20 bis 25 Prozent der chinesischen Exporte gefälschte Markenware. Am unteren Ende der Preisskala lagen dabei Zigaretten und DVDs, am oberen Armani-Jacken, Louis-Vuitton-Handtaschen und sogar Mercedes-Automobile.[92] Interessant wäre zu erfahren, wie viele Käufer wirklich auf die Fälschung hereinfallen und wie viele sie nicht erkennen wollen – oder zumindest nicht wollen, dass andere sie erkennen.

Eine klassische Studie der Fälschung und des Schmuggels von Waren ist die Arbeit des italienischen Journalisten Roberto Saviano, der nicht nur die Tätigkeit der neapolitanischen Camorra offenlegte, sondern auch Namen nannte. Als sein Buch erschien, musste er prompt untertauchen.[93] Saviano schilderte sehr lebendig die Nachahmung von Designerkleidung durch gelernte Schneider, oft illegale Einwanderer aus China oder Vietnam, in den Geheimschneidereien Secondiglianos, eines Vororts von Neapel,[94] sowie die Einfuhr anderer gefälschter Waren aus China nach Europa über den Hafen Neapel. Dort wurden alle einlaufenden Frachtcontainer nummeriert, um die Einfuhrkontrolle zu erleichtern, aber die Camorra sorgte dafür, dass ein und dieselbe Nummer nicht nur einem legalen Container, sondern auch mehreren illegalen gegeben wurde, damit die Zollkontrolleure im Unwissenden über die Schmuggelware blieben.[95]

Der Verkauf dieser Waren ist nur halb geheim und ein schwieriger Balanceakt. Die Verkäufer wollen natürlich, dass die Kaufinteressenten von ihrer Ware erfahren, aber niemand sonst. Drogen werden über ein Netzwerk aus Kurieren und kleinen Dealern vertickt, gefälschte oder gestohlene Markenware kann man auf

Straßenmärkten finden, wenn man weiß, wohin man sich wenden muss. Bekannte Beispiele für solche Märkte sind etwa die Canal Street in New York, die Rua Santa Ifigênia in São Paulo und die Vorstadt La Salada von Buenos Aires, das »Mekka der Fälscher«, und sogar ganze Städte wie Shenzhen in China oder Ciudad del Este in Paraguay (an der brasilianischen Grenze).[96] Voraussetzung dieser Aktivitäten ist vorgetäuschte Unwissenheit, das »Wegschauen« der Behörden, »ein systematisches Nicht-Durchsetzen des Gesetzes, ausgeführt von Polizisten und Inspektoren, die davon ihren Gewinn haben«.[97]

Wer profitierte und profitiert noch von dem ungeheuren Ausmaß illegaler und größtenteils verborgener Handelsgeschäfte? Einiges davon liegt in den Händen kleiner Banden, aber wahrscheinlich wird ein großer Anteil (natürlich unmöglich zu messen) von großen organisiert. Dazu gehört eine Anzahl Geheimbünde wie die Mafia, die sich in den 1970er-Jahren vom traditionellen Schutzgeldgeschäft auf neue gewinnbringende Aktivitäten verlegte, vom Baugewerbe bis zum Schmuggel von »Drogen, Waffen und schmutzigem Geld«, »mit dem stillschweigenden Einverständnis, wenn nicht der ausdrücklichen Ermutigung, durch Teile des italienischen Establishments«.[98]

Lange Zeit waren die Mafiosi so gut wie unantastbar, geschützt durch das ungeschriebene Gesetz der *omertà*, des Schweigegebots, das potenzielle Zeugen von einer Aussage abschreckte. Erst in den 1980er-Jahren wurde diese Mauer des Schweigens durchbrochen. Der desillusionierte Mafiaboss Tommaso Buscetta und diejenigen seiner Komplizen, die seinem Beispiel folgten, legten vor den Behörden offen, wie das System funktionierte. An sich waren und sind Mafiosi zu strenger Geheimhaltung verpflichtet. Diese Verpflichtung erklärt auch ihre ansonsten unverständliche Alkoholabstinenz. Wie Buscetta seinen Vernehmern erklärte, »hat ein Betrunkener kein Geheimnis, aber ein Mafioso muss unter allen

Umständen Selbstbeherrschung und Anstand wahren«.[99] Bei illegalen Geschäften kommt es besonders auf Vertrauen an, weil gebrochene Verträge und Absprachen nicht eingeklagt werden können.[100] Deshalb werden geheime Geschäfte oft von Geheimbünden betrieben, die über komplizierte Einführungsrituale und einen Ehrenkodex den Zusammenhalt ihrer Mitglieder sichern. Das ist nicht nur bei der Mafia, sondern auch bei den chinesischen Triaden und der japanischen Yakuza so.

Heimliche Verbrechen müssen mit heimlichen Methoden bekämpft werden. Dazu gehört die Anwerbung von Informanten und der Einsatz verdeckter Ermittler, die die Geheimgesellschaften ausspähen und mitunter sogar in die Gruppen eintreten, die sie bekämpfen. Die Parallele zur politischen Welt der Spione und der Geheimpolizei ist offensichtlich. Unwissenheit in der Politik ist das Thema des folgenden Kapitels.

Kapitel 11

Unwissenheit in der Politik

Wenn eine Nation unwissend und frei sein und dabei zivilisiert bleiben will, erhofft sie etwas, das es noch nie gab und nie geben wird.

Thomas Jefferson

Die zahlreichen Veröffentlichungen Michel Foucaults haben vielen Menschen dazu verholfen, das Verhältnis von Macht und Wissen deutlicher zu erkennen. Ebenfalls erhellend ist es, das Verhältnis von Macht und Unwissenheit zu erforschen.[1] Im Folgenden werden drei Hauptformen politischer Unwissenheit besprochen: erstens die Unwissenheit des Volkes, der Beherrschten, zweitens die Unwissenheit der Herrscher, egal ob es sich um Könige, Ministerpräsidenten oder Präsidenten handelt, und schließlich die Organisations-Unwissenheit, die dem politischen System innewohnt, der Maschinerie der Behörden. Die Folgen dieser drei Arten der Unwissenheit sind oft unbeabsichtigt, unvorhersehbar und nicht selten katastrophal. Wie Foucault einmal sagte: »Die Leute wissen, was sie tun, sie wissen auch oft, warum sie es tun, aber was sie nicht wissen, ist, was sie damit anrichten«.[2]

Die Unwissenheit der Beherrschten: Autokratien

Die Unwissenheit der Bevölkerung ist ein Vorteil für autoritäre Regimes, aber ein Grund zur Sorge für Demokratien. Um diese einfache These einzuordnen, genügt es zu bedenken, dass der Gegensatz zwischen Demokratie und Despotismus (beziehungsweise Autokratie, um einen neutraleren Begriff zu gebrauchen) ein gradueller und kein prinzipieller ist. Jedes Regime ist mehr oder weniger autoritär und mehr oder weniger demokratisch.

Im Frankreich des 17. Jahrhunderts, in der Epoche des Absolutismus, sagte Kardinal Richelieu, der mächtige Regierungschef König Ludwigs XIII., einmal mit brutaler Deutlichkeit zu Machiavelli, Unwissenheit sei zwar manchmal *préjudiciable à l'Estat* (»schädlich für den Staat«), Wissen aber gelegentlich auch. Schulbildung für Bauern und Landarbeiter etwa werde die Landwirtschaft ruinieren und die Anwerbung von Soldaten erschweren. Außerdem werde allgemeine Schulbildung nur mehr »Zweifler« heranziehen als Menschen, die diese Zweifel ausräumen könnten. Mit anderen Worten, Richelieu meinte unausgesprochen, allgemeine Schulbildung werde nur ein Übermaß an Kritikern der Regierung und der Kirche hervorbringen. Ein Jahrhundert später wurde in der Akademie von Rouen debattiert, ob Bauern, die lesen und schreiben können, ein Vor- oder Nachteil für den Staat seien.[3]

Voltaire scheint Richelieus Ansicht geteilt zu haben; wenigstens dankte er dem Untersuchungsrichter Louis-René de la Chalotais 1763 für dessen These, dass Arbeiter von der Schulbildung ausgeschlossen werden sollten (später revidierte er seine Haltung allerdings). Fast 200 Jahre später behauptete König Friedrich VI. von Dänemark, der von 1808 bis 1839 regierte: »Der Bauer sollte lesen, schreiben und rechnen können; er sollte seine Pflichten gegenüber

Unwissenheit in der Politik

Gott, sich selbst und seinem Nächsten kennen, und mehr nicht. Ansonsten bildet er sich bloß Schwachheiten ein.«[4]

Henry Oldenburg, ein in England lebender Deutscher, der als Sekretär der Royal Society seine Karriere damit verbrachte, Wissen in Umlauf zu bringen, stellte 1659 von einem gegenteiligen Standpunkt aus eine ähnliche Beobachtung an: Der osmanische Sultan (ein Hauptbeispiel dessen, was damals als »orientalischer Despotismus« bezeichnet wurde), so Oldenburg, »findet es zu seinem Vorteil, ein Volk zu haben, dessen Unwissenheit er ausnutzen kann«.[5]

Der polnische Journalist Ryszard Kapuściński hätte Oldenburg zugestimmt. 1982 schrieb er in einer Reportage aus dem Iran zu Zeiten des Schah-Regimes: »Eine Diktatur ist auf die Unwissenheit der Massen angewiesen, um weiterzubestehen; deshalb geben sich alle Diktatoren solche Mühe, diese Unwissenheit zu fördern«.[6]

Um Unwissenheit zu erhalten, besonders Unkenntnis von Alternativen zur offiziellen Ideologie, greifen autoritäre Regime im Staat wie in der Kirche schon lange zum Mittel der Zensur, die in Kapitel 13 besprochen wird.

Das Volk unwissend zu halten, löst zwar einige Probleme von Autokraten, schafft dafür aber andere. In der Politik wird wie in der Wirtschaft und der Erdkunde der Mangel an Informationen vom gewöhnlichen Volk durch Gerüchte und Hörensagen gefüllt, die immer dann gedeihen, wenn der Bedarf an Informationen das Angebot übersteigt.[7] Der *Calcutta Statesman* brachte 1942, während der Massenflucht aus der Stadt nach japanischen Bombenangriffen, einen Kommentar, in dem es hieß: »Wenn die Obrigkeit versäumt, rasch genug ausreichend verlässliche Informationen zur Lage vor Ort herauszugeben, werden unweigerlich Gerüchte in Umlauf gesetzt.«[8] In der Sowjetunion unter Stalin galten die offiziellen Zeitungen wie *Pravda* und *Izvestija* als unzuverlässig, und Gerüchte wurden zur Hauptinformationsquelle.[9]

Folgen der Unwissenheit

Unkenntnis dessen, was sich hinter den Kulissen abspielt, fördert das Aufkommen von Verschwörungstheorien. Kein Wunder also, dass Komplotte in der Vergangenheit ein Hauptthema für Gerüchte waren und es bis heute geblieben sind. Ein bekanntes Beispiel aus der englischen Geschichte ist das angebliche Popish Plot (»Papistenkomplott«), die zwischen 1678 und 1681 allgemein verbreitete Mär einer katholischen Verschwörung zum Mord an König Charles II. Der König selbst nahm die Geschichte nicht ernst, sein Volk zum großen Teil schon. Die amtliche *Gazette* ließ nichts darüber verlauten, aber diese Lücke wurde durch Gerüchte gefüllt. Dadurch entstand eine »moralische Panik«, wie die Soziologen sagen, die drei Jahre brauchte, um wieder abzuklingen.[10] Das Popish Plot ist Gegenstand einer Monografie, die ein führender britischer Historiker verfasst hat und die sowohl die Stärken wie die Schwächen eines vernünftigen empirischen Ansatzes demonstriert.[11] Der Autor, John Kenyon, wollte darstellen, »was wirklich geschah«, und tat die damals umlaufenden Geschichten als »Massenhysterie« ab, ohne sie weiter unter die Lupe zu nehmen.

Man muss das Popish Plot jedoch als Medienereignis untersuchen, als Fallstudie der Verbreitung, Übernahme und veränderten Weitergabe von Gerüchten, einschließlich ihrer Einfärbung durch oder Verschmelzung mit gängigen kulturellen Stereotypen wie protestantischen Klischeevorstellungen des Papstes und des Jesuitenordens. Vor über einem Jahrhundert fielen dem US-Historiker Wilbur Abbott Parallelen zwischen den Erzählungen vom Popish Plot und Berichten über frühere Verschwörungen wie dem noch bekannteren Gunpowder Plot (»Schießpulververschwörung«) von 1605 auf. Damals wollte eine Gruppe Katholiken, zu der unter anderem der bis heute berühmte Guy Fawkes gehörte, das britische Parlament durch unter dem Plenarsaal gelagerte Pulverfässer in die Luft sprengen. Laut Abbott wurde mit dem Popish Plot keine neue Geschichte »erfunden«, sondern lediglich »alte Geschichten an neue Umstände angepasst«.

Neuere Soziologen stellen diesen Punkt heraus und begründen ihn theoretisch.[12] In den 1850er-Jahren beschäftigte ein ähnlicher Glaube an eine katholische Verschwörung die Mitglieder der American Party in den USA, auch als Know Nothings (»Nichtswisser«) bekannt. Zu den Verschwörungstheorien der letzten Jahre allein über Hillary Clintons angebliche Missetaten gehört die Behauptung, sie habe Gegner beseitigen lassen und das Blut von Kindern getrunken. Das noch kürzlicher in der Öffentlichkeit aufgekommene Misstrauen gegen Impfungen wird durch Geschichten gefördert, die im Internet umlaufen. Es gibt sogar die Behauptung, durch Impfungen würden Mikrochips in den Körper eingepflanzt, die eine individuelle elektronische Nachverfolgung aller Geimpften ermöglichten.[13]

Natürlich sind nicht alle Verschwörungstheorien Märchen. Jeder Staatsstreich beginnt als Verschwörung. Jede Obrigkeit bedient sich verdeckter Informanten und Agenten, und das ist seit Jahrhunderten so, wie zum Beispiel im Venedig der Frühen Neuzeit, auch wenn das Anwachsen der Geheimdienste sich in den letzten hundert Jahren sehr beschleunigt hat.[14] Geheimbünde sind manchmal auf höchster Ebene in die Politik verstrickt. Im Italien des späten 19. Jahrhunderts zum Beispiel war Ministerpräsident Francescoi Crispi Mitglied der Freimaurer; 100 Jahre später wurde Ministerpräsident Giulio Andreotti der Zusammenarbeit mit der Mafia beschuldigt. Sicher ist, dass ein Großteil aller politischen Aktivitäten hinter den Kulissen stattfindet. Selbst die bestinformierten Bürger kennen immer nur einen kleinen Bruchteil dessen, was sich abspielt.

Auch alltägliche Formen des Widerstands nutzen Unwissenheit für sich, besonders die Behauptung, von nichts zu wissen, um die Beantwortung unangenehmer Fragen zu vermeiden. Die American Party in den USA, ursprünglich ein Geheimbund, bekam ihren Spitznamen Know Nothings, weil ihre Mitglieder auf Fragen über den Bund immer »I know nothing« (»Ich weiß von nichts«) antworten sollten. Diese Art Widerstand wird mitunter »strategische Unwissenheit« genannt; allerdings wird derselbe Begriff auch zur Bezeichnung des Gegenteils verwandt, der Unwissenheit als Herrschaftsinstrument.[15]

Unwissenheit der Bürger: Demokratien

Wenn Autokraten die Unwissenheit der Beherrschten fördern, so ist sie für demokratische Regierungen ein Grund zur Sorge. US-Amerikaner kennen Thomas Jeffersons Ausspruch »Wenn eine Nation unwissend und frei sein und dabei zivilisiert bleiben will, erhofft sie etwas, das es noch nie gab und nie geben wird«. James Madison betonte dementsprechend den Bedarf an »Information für die Öffentlichkeit«, weil »Wissen immer den Sieg über Unwissenheit bringt«.[16] Widerstand gegen die Ausdehnung des Wahlrechts auf weitere Bevölkerungsgruppen gründete sich oft auf die Behauptung, Arbeiter, ehemalige Sklaven oder Frauen hätten einfach nicht das für eine vernünftige Stimmabgabe nötige Wissen.

In Großbritannien wurde dieses Argument Anfang des 19. Jahrhunderts von Unterstützern allgemeiner Volksbildung wie dem Baptistenprediger John Foster und dem Unterhausabgeordneten der Radikalen Partei John Roebuck zurückgewiesen. Fosters Essay »Über die Übel der Unwissenheit im Volke« forderte ein nationales Bildungssystem und wies das an Kardinal Richelieu erinnernde Argument zurück, »eine merkliche Verbesserung der Bildung für einfache Leute werde sie ihrem Platz in der Gesellschaft entfremden«.[17] Roebuck legte dem britischen Parlament 1833 eine Resolution zum Ausbau des nationalen Bildungssystems vor und beschuldigte die Regierung, »Unwissenheit im Volke zu fördern und zu erhalten«. Die konservative Regierung interessierte sich nicht für Roebucks Plan. Roebuck veröffentlichte daraufhin die *Pamphlets for the People* (1835/36), um die Unwissenheit zukünftiger Wähler zu beheben.[18] Einige Anführer der Chartisten, einer Volksbewegung, die sich nach der Magna Carta benannte, und hier besonders William Lovett, traten für eine Bildungsreform ein, weil, wie es in der Chartistenzeitung *Northern Star* hieß, »die Unwissenheit der Massen sie in jedem Zeitalter zu Sklaven der Aufgeklärten und Verschlagenen macht«.[19]

Eine spätere britische Regierung sah sich gezwungen, die Volksbildung ernster zu nehmen. 1867, als die zweite Reform Bill das Wahlrecht auf Facharbeiter und Handwerker ausdehnte, drückten führende Intellektuelle wie John Stuart Mill und Walter Bagehot ihre Besorgnis darüber aus, dass Unwissenheit jetzt über Wissen »zu Gericht sitzen« und »Unwissenheit über Bildung herrschen« werde.[20]

Es war kein Zufall, dass der Education Act von 1870, ein Gesetz zur Einführung der allgemeinen Schulpflicht für Kinder, so kurz nach Ausdehnung des Wahlrechts verabschiedet wurde. Der Zusammenhang zwischen Bildung und Stimmrecht wurde von einem Gegner dieser Ausweitung des Wahlrechts herausgestellt, Robert Lowe, damals Chancellor of the Exchequer und heute noch für das Epigramm »Wir müssen unsere Herrscher erziehen« bekannt.[21] Lady Bracknell bei Oscar Wilde war nicht allein mit ihrer Missbilligung von »allem, was die natürliche Unwissenheit verdirbt ... Wenn es so käme, wäre das eine ernste Gefahr für die oberen Schichten«.[22]

Das Problem der unwissenden Bevölkerung wollte nicht verschwinden. Man nehme nur das Beispiel Siziliens in den 1950er-Jahren, wie es sich in der berühmten Untersuchung Danilo Dolcis darstellt, eines italienischen Ingenieurs, der zum Soziologen und Aktivisten geworden war. Eine der elf Fragen, die er in seiner Sozialumfrage 500 Männern vorlegte, lautete: »Was sollten Ihrer Ansicht nach die italienischen Parteien tun?« 45 Befragte vermieden eine Antwort oder bestanden auf ihrer Unsicherheit: »Wie soll ich das wissen?«, »Wir haben keine Zeitung«, »Die Regierung wird es am besten wissen«, »Ich kann nicht lesen und schreiben«, »Ich bin ein armer unwissender Mann« und so weiter. Schwer zu sagen, ob diese Antworten wörtlich gemeint waren oder als »strategische Unwissenheit«, wie die berühmte *omertà* der Region, als Abwehr aufdringlicher Nachfragen.[23]

Heute erfahren die meisten Menschen mehr aus dem Fernsehen oder den sozialen Netzwerken über Politik als aus der Zeitung, aber das Problem der unwissenden Bürger bleibt. »Unwissenheit der Wähler« ist Gegenstand mehrerer Umfragen und Studien in den USA und in anderen Ländern gewesen. John F. Kennedy erklärte einmal in einer Ansprache vor Studenten, dass »der gebildete Bürger weiß, ... nur ein gebildetes und informiertes Volk ist ein freies Volk – die Unwissenheit eines einzigen Wählers gefährdet in einer Demokratie bereits die Sicherheit aller«.

Kennedy wäre gewiss entsetzt gewesen, hätte er geahnt, dass Anfang des 21. Jahrhunderts immer noch mindestens ein Drittel aller US-Bürger politisch unwissend ist und zwei Drittel der Fragen in Erhebungen zur politischen Bildung falsch oder gar nicht beantwortet.

Eine noch größere Gruppe konnte auch einfache Fragen dieser Art nicht beantworten. 2008 wussten 58 Prozent der Befragten nicht, dass Condoleezza Rice die Außenministerin der USA war, und 61 Prozent wussten nicht, dass Nancy Pelosi Sprecherin des Repräsentantenhauses war. Nur 38 Prozent aller US-Amerikaner konnten 2014 angeben, welche der beiden großen Parteien jeweils die Mehrheit im Senat und im Repräsentantenhaus hatte.

US-Amerikaner waren und sind bis heute besonders ahnungslos, was Außenpolitik und fremde Länder angeht, wenigstens im Vergleich zu Europäern. 1964 wussten nur 38 Prozent von ihnen, dass die UdSSR nicht der NATO angehörte, und 2007 konnten nur

36 Prozent der Befragten sagen, wer der Präsident Russlands war (1989 hatten das noch 47 Prozent gewusst). Die Meinungsforscher schlossen daraus: »Der Wissensstand der Bevölkerung zur Tagespolitik ist durch die Revolution der Nachrichten- und Informationstechnik kaum verändert worden.«[24]

Der Wirtschaftswissenschaftler Anthony Downs prägte den Ausdruck »rationale Unwissenheit« für Menschen, die glauben, es sei nicht der Mühe wert, sich zu informieren, weil die Wählerstimme des Einzelnen nur eine unter vielen Millionen ist.[25] Ein ganz anderes Adjektiv ist erforderlich, um die Unwissenheit zu beschreiben, die viele Wähler Donald Trumps 2016 zeigten. Wie die feministische Philosophin Linda Alcoff bemerkt, geht diese Unwissenheit

> *über einen Mangel an Wissen hinaus. Es ist nicht nur so, dass die Menschen nichts wissen. Es ist auch so, dass ihr Mangel an Wissen das Ergebnis eines abgesprochenen Bemühens ist, einer bewussten Entscheidung, oder, in der Praxis, einer Reihe von Entscheidungen. Bestimmte Artikel oder Quellen von Nachrichten werden vermieden, bestimmte Collegekurse werden nicht besucht, bestimmte Menschen fragt man nie nach ihrer politischen Meinung zum Tagesgeschehen.*[26]

Unkenntnis einzelner Tatbestände ist leicht zu entdecken, aber womöglich weniger folgenschwer als Leichtgläubigkeit, die dazu führt, dass man auf Wahlversprechen von Kandidaten hereinfällt oder Falschmeldungen für bare Münze nimmt, ohne nachzuprüfen, woher sie kommen. Auf jeden Fall sind die politischen Folgen der Unwissenheit der Wähler nicht auf Unwissenheit in politischen Fragen beschränkt. Unwissenheit in naturwissenschaftlichen Fragen zum Beispiel kann Wähler in die falsche Richtung führen, wenn bei einer Wahl auch Wissenschaftspolitik oder Klimawandel zur Debatte stehen. Sachliche Probleme einer Mehrheitsentscheidung zu unterwerfen, ist das, was der Philosoph Philip Kircher »vulgäre Demokratie« und »Tyrannei der Unwissenheit« nennt, womit er die Ängste Mills und Bagehots konkreter wieder aufnimmt.[27]

Natürlich sind US-amerikanische Wähler nicht die einzigen unwissenden Wähler. Ihre Unwissenheit wird nur am gründlichsten durch Umfragen dokumentiert. In Großbritannien herrschte zum Beispiel vor der Volksabstimmung über den Austritt aus der EU 2016 weitgehende Unwissenheit über die Folgen dieses Austritts. Ebenso wird allgemein geglaubt, dass die Verbrechensrate in Großbritannien ansteige, obwohl sie in Wirklichkeit in den letzten Jahren zurückgeht.[28] Es gibt die These, dass in der Europäischen Union die politische Unwissenheit zunehme, und zwar aufgrund einer »Marktzensur«, die darin bestehe, dass die wichtigen Informationen in einer Flut »überflüssigen Materials« untergehen.[29]

Geht man noch ein wenig weiter in dieser Richtung, könnte der Begriff des unwissenden Wählers weiter auf solche ausgedehnt werden, die sich auf verdächtige Informationen verlassen, weil sie nicht wissen, wie man Voreingenommenheit der Medien oder Falschmeldungen kritisch erkennt. Sie sind anfällig für Desinformation, eine Praxis, die in Kapitel 13 besprochen wird.

DIE UNWISSENHEIT FRÜHNEUZEITLICHER HERRSCHER

Wenn gewöhnliche Menschen an politischer Unwissenheit leiden, sind sie damit nicht allein. Auch Herrscher haben sich nur zu oft schon in Bereichen unwissend gezeigt, über die sie Bescheid wissen mussten. Ein Grund dafür sind Standes- und Klassenunterschiede, weil man von der Spitze der Gesellschaft aus den Boden kaum noch sieht. Nehmen wir den Fall von Eduardo Suplicy, der sowohl der brasilianischen Oberschicht wie der Arbeiterpartei angehört. Als ihn bei einem Live-Interview des Fernsehens der bekannte Moderator Boris Casoy nach dem Preis eines Brötchens fragte, wusste Suplicy nichts zu antworten.[30]

Im Europa der Frühen Neuzeit wurde das Problem der unwissenden Herrscher noch dadurch verschärft, dass Herrschen ein Familiengeschäft war, in dem die jungen Mitglieder einer Dynastie keine Lehre durchliefen, sondern am Beispiel und durch den Rat der Älteren ihren Beruf lernten. Beides konnten sie missachten, sobald sie selbst auf dem Thron saßen. Mancher König hatte wenig Interesse daran, sich über sein Reich zu informieren, und ging lieber jagen. Wenn ausländische Gesandte bei bestimmten Monarchen vorstellig wurden (Franz I. von Frankreich und James I. von England sind bekannte Beispiele), trafen sie sie am ehesten im Wald an. Diese Herrscher trafen ihre politischen Entscheidungen eher in den Pausen zwischen den Jagdritten als umgekehrt (König James I. verbrachte angeblich »die Hälfte der Zeit, in der er nicht schlief, auf der Jagd«).[31]

Auch gewissenhafte Herrscher hatten Schwierigkeiten, sich die Informationen zu verschaffen, die sie benötigten. Widmete man sich einer Art der Informationsbeschaffung, blieb wenig Zeit für andere. Kaiser Karl V. verbrachte den Großteil seines Lebens auf Reisen zwischen seinen verschiedenen europäischen Reichen, unter anderem, weil er sich selbst überzeugen wollte, wie seine Untertanen lebten. Der Nachteil dieser persönlichen Inspektionen war, dass der Kaiser nur wenig Zeit hatte, Akten zu lesen, auch nicht die Berichte, die ihn aus seinen noch weitläufigeren Besitzungen in der Neuen Welt erreichten, um ihn über die dortigen Zustände zu informieren. Vieles, was in seinen Ländern vorging, blieb ihm zwangsläufig unbekannt. Als Karl mit 19 Jahren von den Kurfürsten zum Kaiser gewählt wurde, riet ihm sein Kanzler: »Um die Staatsgeschäfte voranzubringen und diejenigen, die eine Entscheidung verlangen, nicht warten zu lassen, müssen Euer Majestät sich schon

Folgen der Unwissenheit

des Morgens beim Lever drei oder vier Sachen vortragen lassen.«[32] Ob der junge Mann diesem Ratschlag folgte oder nicht – drei oder vier Angelegenheiten waren nichts gegen die Anforderungen, die das Regieren an Karls Zeit und Aufmerksamkeit stellte.

Allerdings wollte der Kaiser nicht immer nur arbeiten. Er ging gern auf die Jagd. Wie sein Großvater, Kaiser Maximilian I., bemerkt hatte, war es gut, dass Karl schon früh Vergnügen an der Jagd fand, »sonst könnte man glauben, er sei ein Bastard«. In seinem vierten Lebensjahrzehnt »konnten die Beiz und vor allem die Jagd Karl tagelang vom Schreibtisch fernhalten«. In seinem fünften Lebensjahrzehnt, so bekannte der Kaiser, »verbringen Wir alle unsere Tage auf der Jagd und mit den Falken«. Er fand aber auch Zeit für andere Sportarten und ließ einmal einen englischen Gesandten fast den ganzen Tag über warten, weil er eine Art Tennis spielte.[33]

Ein Großteil der Amtsgeschäfte blieb Sekretären wie Francisco de los Cobos überlassen, der »Tausende an Karl gerichtete Briefe öffnete, las und zusammenfasste ... und Antworten vorbereitete, die sein Herr genehmigte und unterschrieb«. Karls Beichtvater sagte ihm, Cobos wisse, »wie man Eure Saumseligkeit ausgleicht«. Als Karls Reich sich ausdehnte, wurden allerdings weitere Sekretäre notwendig, die die Arbeit unter sich aufteilten. Siegelbewahrer Nicolas de Granvelle wurde für Nordeuropa zuständig, de los Cobos für die Mittelmeerländer und Amerika, und sein Neffe Juan Vázquez für Spanien. Karl wusste um das Risiko, sich auf seine Assistenten zu verlassen, und warnte seinen Sohn Philipp vor ihren gleichermaßen gefährlichen »Feindschaften und Bündnissen« untereinander und bemerkte, dass jeder einzelne Minister »im Schutze der Dunkelheit zu dir kommen wird, um dich zu überzeugen, sich allein auf ihn zu verlassen«.[34] Aber angesichts des zunehmenden Umfangs der Staatsgeschäfte hatte der Kaiser keine Wahl.

Karls Sohn, Philipp II. von Spanien, der 1558 König wurde und einer der gewissenhaftesten Monarchen seiner Zeit war, wähl-

Unwissenheit in der Politik

te die gegenteilige Methode und riet seinem Sohn, »in seinem eigenen Königreiche umherzureisen nutzt nichts und gehört sich nicht«. Philipp las lieber die Tausende Aktenstücke und Briefe, die ihm geschickt wurden (ungefähr 10.000 Dokumente von und an Philipp II. sind erhalten) und kommentierte sie mit Randbemerkungen. Er verbrachte gewöhnlich acht Stunden täglich am Schreibtisch, las auch im Bett noch Akten und nahm einen kleinen Reiseschreibtisch mit, wenn er mit seiner Familie eine Bootsfahrt auf dem Tajo unternahm.[35] Philipp war ein frühes Opfer der »Informationsflut«, wenn er über »diesen Teufeln, meinen Papieren« brütete.[36]

Philipp war ein oder wurde zu einem erfahrenen politischen Analytiker, aber sein schwacher Punkt blieb, wie bei vielen frühneuzeitlichen Herrschern, das Finanzwesen. Seine Regierung war auf Kredite angewiesen, die hauptsächlich von genuesischen Bankhäusern kamen. Dabei bekannte sich der König zu seiner finanziellen Inkompetenz und schrieb: »All diese Geschichten mit Darlehen und Zinsen habe ich noch nie in meinen Kopf hineinbekommen ... ich bin absolut unwissend in diesen Sachen. Ich kann ein gutes Kontobuch oder einen guten Bericht über die Finanzen einer Angelegenheit nicht von einem schlechten unterscheiden. Und ich will mir keine Kopfschmerzen machen, indem ich versuche, etwas zu begreifen, das ich weder jetzt verstehe noch jemals zuvor verstanden habe.«[37] Er wollte sich in Finanzdingen gar nicht auskennen.

Philipp II. war in dieser Hinsicht nicht einmal exzentrisch, sondern ein typischer frühneuzeitlicher Herrscher, der mit seinem Adel die Ansicht teilte, dass es unter ihrer Würde sei, Geld zu verdienen oder zu sparen oder auch nur darüber nachzudenken. Geld war zum Ausgeben da, um die eigene Größe zu demonstrieren. Der junge Ludwig XIV. wurde zwar von seinem Minister Jean-Baptiste Colbert überredet, ein Kontobuch bei sich zu tragen und schrieb sogar an seine Mutter über »das Vergnügen, das es bereitet, wenn ich mich selbst mit Finanzen befasse«, aber nach Colberts Tod hörte der König damit auf. Offensichtlich »zog er Unwissenheit vor«.[38]

Die vielen Stunden, die Philipp II. an seinem Schreibtisch verbrachte, kann man auch als Schwäche statt als Stärke sehen. Der König isolierte sich im Escorial, seinem 50 Kilometer von Madrid entfernten Palast, in dem er ab 1566 bis zu seinem Tod 1598 residierte, zunehmend von der Gesellschaft, über die er herrschte, wie die Manager in den bürokratischen Organisationen, die Michel Crozier in Kapitel 3 beschrieben hat.

Eine Volkslegende, die in vielen Teilen der Welt umläuft, zeigt, wie bekannt das Problem des abgehobenen Monarchen war. Ein bestimmter Herrscher – Harun ar-Raschid in Bagdad, Heinrich VIII. in London und Iwan der Schreckliche in Moskau – verkleidet sich als Normalbürger und wandert nachts durch die Straßen seiner Hauptstadt, um herauszufinden, was die Bevölkerung von ihm denkt. Wie sonst sollte er es auch erfahren? Seine Minister brauchte er nicht zu fragen, weil sie ihm nur sagen würden, was sie glaubten, dass er hören wollte.

Diesen Punkt untermauert oder überhöht wenigstens symbolisch die berühmte Anekdote von den Potemkinschen Dörfern. Grigorij Potemkin war Liebhaber und Minister Katharinas der Großen von Russland. Als die Zarin 1787 auf dem Dnjepr eine Flusskreuzfahrt durch den Süden ihres Reiches machte, soll Potemkin dafür gesorgt haben, dass sie nur wohlhabende, prächtige Dörfer zu sehen bekam, indem er die Häuser, oder aber auch bloß ihre Fassaden als Kulissen, entlang der Reiseroute seiner Dienstherrin aufstellen ließ.

Diese Geschichte kursierte allerdings schon vor der Inspektionsreise der Zarin und wurde kurz darauf vom sächsischen Diplomaten Georg von Helbig wieder aufgegriffen. Der Fürst von Ligne der im Gefolge der Zarin mitgereist war, sagte, an der »lächerlichen Mär ... von Dörfern aus Pappe« sei nichts Wahres. Dennoch gab auch de Ligne zu, dass »der Kaiserin nur die besten Seiten ihrer südlichen Provinzen gezeigt wurden«. Es scheint also, als stecke doch ein Körnchen Wahrheit in der Geschichte, die allerdings beim Nacherzählen ausgeschmückt wurde, und Potemkin war nicht der Einzige, der Zarin Katharina etwas vormachte, weil auch der Gouverneur von Charkow und Tula »Verschiedenes vor ihr verbarg und möglicherweise Hausattrappen gebaut hat«.[39]

Laut einem deutschen Geheimdienstbericht wurde auch Mussolini auf ähnliche Weise von seiner Luftwaffe hinters Licht geführt: »Auf seiner Inspektionstour im Sommer wurden ihm mehrfach dieselben Luftwaffenschwadronen vorgeführt, ohne dass ihm dies auffiel«.[40]

Der Herrscher konnte natürlich Informanten einsetzen, um Gespräche in Tavernen und an anderen öffentlichen Orten zu belauschen und dem Hof mitzuteilen, was das Volk angeblich so redete. Ihren Angaben konnte man allerdings nicht trauen, weil sie dafür bezahlt wurden, regelmäßig zu liefern, ob sie nun tatsächlich aufrührerische Unterhaltungen gehört hatten oder nicht.[41] Aber auch, wenn ein Monarch sich tatsächlich verkleidet in den Straßen umschaute und umhörte, hätte er dadurch ja nicht alles erfahren, was er wissen wollte oder musste.

Um es mit den Worten von James Scotts klassischer Studie *Seeing Like A State* zusammenzufassen: »Der vormoderne Staat war in vielerlei entscheidender Hinsicht teilweise blind; er wusste kaum etwas über seine Untertanen, ihr Vermögen, ihren Landbesitz und dessen Erträge, ihren Wohnort ... Es fehlte ihm sozusagen eine detaillierte Karte seines Gebiets und dessen Bevölkerung«.[42] Spätneuzeitliche Regierungen verfügen gewöhnlich über solche Informationen, aber das hat seinen Preis, wie wir sehen werden.

HERRSCHER DER SPÄTEN NEUZEIT

Die Unwissenheit neuzeitlicher Präsidenten und Ministerpräsidenten ist ein aktuelleres Thema geworden, als ich mir je hätte vorstellen können (oder je befürchtet hätte), seitdem ich für dieses Buch zu recherchieren begonnen habe. Donald Trump und Jaïr Bolsonaro bieten auffällige Beispiele für Unwissenheit, am offensichtlichsten und gefährlichsten in ihrer öffentlichen Reaktion oder deren Fehlen auf die Ausbreitung der Covid-19-Epidemie. Sie sind jedoch mit ihrer Unwissenheit nicht allein. Denken Sie zum Beispiel an US-Präsident George W. Bushs Unkenntnis des Konflikts zwischen Sunniten und Schiiten, als er 2003 beschloss, im Irak einzumarschieren. Bush soll nicht einmal gewusst haben, wo das Land auf der Karte liegt. Die Folgen dieser Unwissenheit sind heute noch kaum zu übersehen.[43]

Staats- und Ministerpräsidenten haben heute gewöhnlich eine Ausbildung hinter sich, die sich sehr von der frühneuzeitlicher Herrscher unterscheidet. Sie studieren oft Jura und praktizieren als Anwalt, bevor sie in die Politik gehen (zum Beispiel Tony Blair und Barack Obama), oder Verwaltungswissenschaft (wie Emmanuel Macron). Sie haben außerdem Zeit genug, in Parlamenten oder Rathäusern politische Erfahrung zu sammeln, bevor sie an die Regierungsspitze gelangen, eine Erfahrung, die umso notwendiger für Regierungschefs ist, die ihre Macht mit den Ministern teilen müssen. Ministerpräsidenten kamen historisch oft aus dem Diplomatischen Dienst und kannten sich daher in der Außenpolitik aus. Otto von Bismarck zum Beispiel, seit 1862 preußischer Ministerpräsident und Außenminister, später Kanzler des Norddeutschen Bundes (1866 bis 1871) und des Deutschen Reiches (1871 bis 1890), hatte zuvor als Gesandter unter anderem in Russland und Frankreich gedient. Lord Salisbury, Ende des 19. Jahrhunderts dreimal britischer Premierminister, war zuvor Staatssekretär für indische Angelegenheiten und Außenminister gewesen.

Andere Führer hatten Erfahrungen auf anderen politischen Gebieten vorzuweisen. Der berühmte liberale britische Premierminister William Gladstone war viermaliger Chancellor of the Exchequer. Ludwig Erhard war Wirtschaftsminister unter Bundeskanzler Adenauer, bevor er dessen Nachfolge antrat. Amintore Fanfani, fünfmaliger Ministerpräsident Italiens, war zuvor Landwirtschaftsminister und Minister für Wirtschaftsplanung gewesen. Manche Präsidenten und Ministerpräsidenten studieren Wirtschaftswissenschaft oder sogar Politologie – Fanfani war Professor für Wirtschaftsgeschichte, bevor er in die Politik ging. Woodrow Wilson lehrte Politologie und wurde Präsident der Princeton University, bevor er zum Präsidenten der USA gewählt wurde.

Eine akademische Ausbildung und praktische Erfahrung bedingen allerdings immer eine Spezialisierung, während man als Präsident oder Regierungschef über eine breite Allgemeinbildung verfügen muss. Lücken sind unvermeidlich. Eine Studie zur Nutzung von Statistiken durch den deutschen Staat bemerkt, dass 1920, in der Krise des Übergangs vom Kaiserreich zur Weimarer Republik, »ein fast vollständiges Wissensvakuum« über die Wirtschaftslage im Land herrschte.[44] Allgemeiner weist der Wirtschaftswissenschaftler Frank Cowell auf das Problem der »fehlenden Allwissenheit« von Regierungen und seinen Einfluss auf die Gestaltung des Steuersystems hin.[45] Durch die Unwissenheit der Beamten kann man direkte (persönliche) Steuern oft umgehen. Indirekte Steuern vermeiden das Problem unehrlicher Steuerzahler (Privatpersonen wie Unternehmen), haben aber den Nachteil, dass sie die Armen härter treffen als die Reichen.

Unkenntnis der Verhältnisse in fremden Ländern ist bei politischen Führern nicht selten. Nikita Chruschtschow wurde zum Beispiel als »beunruhigend unwissend in auswärtigen Angelegenheiten« bezeichnet.[46] Einige britische Premierminister und Außenminister haben sich auf diesem Gebiet ebenfalls nicht bewährt. Als

Bismarck 1862 einen diplomatischen Besuch in London machte, fiel ihm auf, dass »die britischen Minister weniger über Preußen wissen als über Japan und die Mongolei«: »Palmerston und in kaum geringerem Maße auch Lord Russell waren im Zustande völliger Unwissenheit«.[47] Edward Grey, Außenminister bei Kriegsausbruch 1914 und damit in einer Zeit, als Außenpolitik sehr wichtig war, »wusste wenig über die Welt außerhalb Großbritanniens, war noch nie gern verreist, sprach keine Fremdsprachen und fühlte sich in der Gesellschaft von Ausländern unwohl«.[48]

David Lloyd George, britischer Premierminister von 1916 bis 1922, schneidet in diesem Punkt ebenfalls schlecht ab. Der französische Premierminister Georges Clemenceau fand ihn »erschreckend unwissend, sowohl über Europa wie über die USA«. 1916 hatte er gefragt: »Wer sind nochmal die Slowaken? Der Name sagt mir nichts.« 1919 verwechselte er Ankara mit Mekka.[49] Eine neuere Studie über die Aushandlung der polnisch-deutschen Nachkriegsgrenze besagt, dass »die Unwissenheit des britischen Premierministers David Lloyd George ... in außenpolitischen Fragen legendär geworden ist. Als Beispiel ließe sich anführen, wie er die spanische Provinz Galizien mit dem osteuropäischen Königreich Galizien und Lodomerien verwechselte«.[50] Bei den Verhandlungen um Shandong, einem wichtigen Punkt der Friedenskonferenz von 1919, fiel auf, dass Lloyd George »kein tieferes Wissen über den Fernen Osten und auch kein besonderes Interesse daran hatte«.[51]

Manchen Beratern des Premierministers ging es nicht besser. Ein Beamter, der an der Friedenskonferenz teilnahm, beklagte sich, auf der britischen Seite sei niemand, »der wirklich Ahnung von der Galizienfrage hat«.[52] Lloyd George war natürlich nicht der Einzige, der sich nicht für die Welt jenseits Großbritanniens und seines Empires interessierte. Einen späteren Amtskollegen, Stanley Baldwin, »langweilte die Außenpolitik«, während sein unmittelbarer Nachfolger Neville Chamberlain über die Sudetenkrise 1938 die berühmte Bemerkung machte, es handele sich dabei um »eine Streiterei zwischen Leuten, über die wir nichts wissen, in einem Land weit weg«.[53]

US-Präsident Woodrow Wilson war nicht viel besser informiert. Einer seiner Schwachpunkte war Kontinentaleuropa; hier zeigte er, so der damalige österreichisch-ungarische Botschafter in den USA, »vollständige Unkenntnis der Fakten wie der Geographie«.[54] Trotz dieses Handicaps wurde Wilson nach dem Eintritt der USA in den Ersten Weltkrieg 1917 zu einem der Schiedsmänner des neuen Europa, das auf der Pariser Konferenz 1919 ausgehandelt wurde und für das zahlreiche Staatsgrenzen neu gezogen wurden. Diese Rolle war neu für einen amerikanischen Präsidenten, und er war auch nicht auf sie vorbereitet. Bei der Amtsübernahme hatte Wilson sogar gesagt: »Ich habe mich nur auf innenpolitische Fragen vorbereitet«, und es wäre »eine Ironie des Schicksals, wenn ausgerechnet meine Administration sich hauptsächlich mit Außenpolitik befassen müsste«.[55] Der französische Premierminister Georges Clemenceau war über Wilsons »Unkenntnis von Europa« entsetzt.[56] Man muss allerdings gerechterweise hinzufügen, »kein amerikanischer Präsident war je so an Osteuropa interessiert wie Woodrow Wilson«. Zwar war sein Wissen 1914 noch »sehr begrenzt«, aber in der Folge füllte er seine Wissenslücken zum Teil und sammelte immer mehr Landkarten und Berichte von Fachleuten an.[57]

Allerdings ließ sich Wilson von den Fachleuten zwar informieren, war aber »selten bereit, auf sie zu hören, wenn sie ihm einen Rat zu geben wagten«. Die Frage der Reparationen ignorierte er praktisch und bekannte, dass er sich »nicht sehr für wirtschaftliche Fragen interessiere«. Wilson machte sicherlich Fehler, einmal wegen des Drucks anderer Nationen, aber auch wegen einfacher Wissenslücken. Er ließ zum Beispiel zu, dass Italien das deutschsprachige Südtirol annektierte, weil, so erklärte er später, »ich in Unkenntnis über die Lage war, als die Entscheidung getroffen wurde«.[58]

Wilsons Kollegen waren kaum besser informiert, wenn nicht schlechter. Der Historiker E. W. Seton-Watson, ein Fachmann für Mitteleuropa, der als Berater an der Pariser Friedenskonferenz teilnahm, nannte die Teilnehmer in einem Privatbrief »einen Haufen Ignoranten, zu ausgelaugt und zu ahnungslos, um die endlose Reihe Probleme zu lösen, die auf eine Entscheidung warten«. Viel später in seiner Laufbahn hielt Seton-Watson in Oxford ein Seminar über die Konferenz und behauptete, viele Entscheidungen damals seien »von unwissenden Politikern getroffen worden, die keine Ahnung von Geographie hatten«.[59] An anderer Stelle erwähnte er die »abgrundtiefe Unwissenheit« russischer Politiker über die Südslawen.[60]

Neuere Fälle von Unwissenheit amtierender US-Präsidenten, besonders in außenpolitischer Hinsicht, gehen weit über die Wilsons hinaus, aber Donald Trump würde in dieser Hinsicht wohl Ronald Reagan (dessen Unkenntnis aktueller politischer Themen bei Pressekonferenzen manchmal peinlich auffiel) wie auch George W. Bush schlagen. Wie sein Anhänger, der brasilianische Präsident Jaïr Bolsonaro, leidet Trump an akuter Unwissenheit, weil er nicht weiß, dass er nichts weiß. Die Reaktion beider Präsidenten auf die Corona-Krise 2020 war, dass sie sich weigerten, die Krise ernst zu nehmen, unbequeme Tatsachen ignorierten, die Epidemiologen kritisierten und dubiose Hausmittel wie Hydroxychloroquin empfahlen. Der weißrussische Präsident Aleksandr Lukaschenko setzte noch eins drauf, indem er Angst vor dem Virus als »Psychose« abtat und meinte, die Infektion könne mit Wodka bekämpft werden.[61] Fachleute haben nicht immer Recht, aber es ist unzweifelhaft gefährlich, in einer Krise ihren Rat zu ignorieren, wie die Anzahl der Coronatoten in den USA und Brasilien 2020 nur zu deutlich machte.[62]

Was Klimawandel angeht, so bestreiten ihn sowohl Trump wie Bolsonaro. Trump hat die Vorstellung einer weltweiten Erwärmung als »Hoax« (Falschmeldung) bezeichnet, und Bolsonaro ist im

Bündnis mit den Großagrariern des Amazonasbeckens und will gar nicht wissen, was Kahlschläge für das Klima bedeuten. Etwas wider besseres Wissen zu leugnen, heißt, man will es nicht erfahren, oder aggressiver gesagt, man will es wieder vergessen. Es gibt viel zu viele Beispiele dieses Verhaltens von Herrschern oder allgemeiner von Regierungen, um sie hier zu zitieren: Leugnung von Völkermord zum Beispiel, Leugnung von Hungersnot oder von Umweltschäden durch Flusswasserverschmutzung und sauren Regen.[63] Leugnung wird in Kapitel 13 eingehender besprochen.

Organisations-Unwissenheit

Wie in Kapitel 3 erwähnt, findet sich Unwissenheit nicht nur bei Einzelpersonen, sondern auch in Firmen und Behörden.[64] Diese Organisations-Unwissenheit wird gewöhnlich am Beispiel von Unternehmen erforscht, aber politische Organisationen wie der Staatsapparat bestehen ebenfalls aus hierarchischen Ebenen, und auch hier ist, was auf einer Ebene bekannt ist, auf einer anderen vielleicht unbekannt. Weil Regierungen immer mehr über die Bürger in Erfahrung bringen, die sie regieren, kennen die Beamten, selbst die an der Spitze, einen immer kleineren Anteil dieses Wissens und sehen sich zusätzlich dem Problem gegenüber, »mehr Informationen verarbeiten zu müssen, als man bewältigen oder verstehen kann«.[65]

Im Folgenden möchte ich dieses Problem in zwei geschichtlichen Epochen behandeln und mich dabei auf die erste und zweite Revolution des Regierens konzentrieren, wie sie in der Forschung genannt werden. Diese Revolutionen werden oft als Steigerung der Effizienz gefeiert, aber hier werden sie besonders in Hinsicht auf ihre nachteilige Seite betrachtet, die Steigerung der Unwissenheit.

Folgen der Unwissenheit

DIE ERSTE REVOLUTION DES REGIERENS

Den Begriff *revolution in goverment* (»Revolution des Regierens«) prägte der Historiker Geoffrey Elton in einer Studie über die Herrschaft Heinrichs VIII. von England, die sich auf die Leistungen des königlichen Staatssekretärs Thomas Cromwell konzentrierte, die er in den Jahren erbrachte, bevor ihn König Heinrich 1540 hinrichten ließ. Cromwell, ein Mann bescheidener Herkunft, war beim Adel verhasst, weil er dessen traditionelle Rolle in der Regierung ignorierte. Die Revolution des Regierens Cromwell zuzuschreiben, ist zwar etwas übertrieben, weil die von Elton geschilderten Veränderungen sich über einen längeren Zeitraum und auch nicht in England allein vollzogen; sie lassen sich auch in anderen europäischen Staaten verfolgen.[66] Man kann diese Veränderungen mit einem Wort als »Bürokratisierung« in dem Sinn zusammenfassen, den der Sozialhistoriker Max Weber meinte: unpersönliche Behördenarbeit nach festen Regeln, in der die Rollen aller Teilnehmer genau festgelegt sind.[67] Mittelpunkt dieser neuen Regierungsform war eine neue Institution: der Rat. Herrscher waren schon lange von Ratgebern umgeben, aber im 16. Jahrhundert wurden die Berater zu Ratsmitgliedern.

Weil die Regierungsgeschäfte an Umfang zunahmen, brauchte der Herrscher immer mehr Unterstützung dabei, nicht nur von Ratsgremien, sondern auch von Sekretären, die den ausufernden Papierkram bewältigen konnten. Wie wir gesehen haben, war Karl V. auf Sekretäre angewiesen, die eintreffende Schreiben und Akten zusammenfassten und Antworten für den Kaiser entwarfen. In Schweden nannten die Adeligen, die ihre Rolle in der Landesherrschaft verloren hatten, diese Regierungsweise *sekretareregementet* (»die Sekretärsherrschaft«). Sie hatten dabei besonders Jörn Persson im Sinn, den mächtigen Sekretär König Eriks XIV. Persson war eine Art schwedischer Thomas Cromwell. Auch er stammte aus einer einfachen Familie, auch er war beim Adel verhasst, und auch er wurde hingerichtet, in seinem Fall 1568, nachdem Erik abgesetzt und durch seinen Bruder Johann III. abgelöst worden war.[68]

Cromwell, der selbst Sekretäre beschäftigte, um die Regierungsgeschäfte zu führen, war de facto der leitende Minister des Königs, wie Kardinal Richelieu für Ludwig XIII. in Frankreich. Das Aufkommen und die folgende Institutionalisierung dieses Postens ist Anzeichen dafür, dass die Monarchen zuließen, zunehmend im Unwissenden über ihre Regierung zu sein. Um die ständig anwachsenden Aktenberge bearbeiten zu können, erhielten manche Sekretäre sogar die Befugnis, die königliche Unterschrift zu fälschen – zwar nur nach Genehmigung des Königs, aber die Informationen, die er erhielt, konnten ja verfälscht sein.[69]

Philipp II. wurde wegen der Größe seines Reiches zu einem extremen Fall dieser Bürokratisierung. Er war sozusagen der CEO eines gewaltigen Imperiums in Europa (Spanien, die spanischen Niederlande, Teile Italiens und später auch Portugal) und Amerika (das gesamte Festland von Mexiko über Mittelamerika und Peru bis ins heutige Argentinien), wozu noch die neuerworbenen Philippinen auf der anderen Seite des Pazifiks kamen, die von Mexiko aus verwaltet wurden. Um alle diese Gebiete zu regieren, bedurfte es eines für seine Zeit ungeheuren Behördenapparats. Bei seiner Thronbesteigung wurde Philipp bereits von 14 Gremien beraten, zu denen auch Adelige und kirchliche Würdenträger gehörten, die aber hauptsächlich mit *letrados* besetzt waren, ausgebildeten Juristen, die als Berufsbeamte arbeiteten. Diese Ratsgremien tagten regelmäßig und schickten jedes Mal ein Protokoll mit ihren Empfehlungen an den König. Im Verlauf der Regierungszeit Philipps tagten sie immer häufiger und schickten ihm immer mehr Empfehlungen, während dem System noch die *juntas* (Ausschüsse) hinzugefügt wurden.

Zusätzlich beschäftigte der König Privatsekretäre, von denen wenigstens vier, nämlich Francisco de Eraso, Mateo Vázquez, Gonzalo Pérez und Gonzalos Sohn Antonio, beträchtliche Macht aus-

Folgen der Unwissenheit

übten.[70] Vázquez zum Beispiel war eine Art persönlicher Sekretär des Königs und saß neben ihm (auf einem Hocker, aus Gründen der Hofetikette), fasste Akten zusammen und schrieb teilweise die Antworten. Er vermittelte auch zwischen dem König und den Juntas. Dadurch bekam er, wie auch Antonio Pérez, Spielraum für Eigeninitiative. Spanien erlebte wie England und Schweden eine Sekretärsherrschaft, auch wenn Philipp II., eingedenk der Ermahnung seines Vaters, sich nur auf sich selbst zu verlassen, sich die endgültige Entscheidung immer vorbehielt.[71]

Philipps Regierung strengte sich vereint gewaltig an, Informationen zu sammeln, wandte aber viel weniger Mühe daran, die Informationen zum richtigen Zeitpunkt an die richtigen Leute weiterzuleiten, wenn sie gebraucht wurden. Ein großer Nachteil des Systems war seine Zersplitterung: nach Regionen, nach den allgegenwärtigen hierarchischen Ebenen und nach Fachgebieten wie Krieg, Finanzen und Religion. Die Probleme der Regierung wurden noch durch Schwierigkeiten im Nachrichtenverkehr verschärft, die man sich seit der Erfindung erst des Telegrafen und später des Telefons kaum noch vorstellen kann.

Das System litt unter der »Tyrannei der Entfernung«, die der französische Historiker Fernand Braudel in einer berühmten Studie untersucht hat. Er nennt die Entfernung den »Staatsfeind Nummer eins«.[72] Zur Zeit Karls V. brauchte die Nachricht vom Sieg der Osmanen in der Schlacht bei Mohács in Ungarn 51 Tage, um den Kaiser in Spanien zu erreichen.[73] In Philipps Regierungszeit »brauchte ein Brief aus Madrid nach Brüssel oder Mailand mindestens zwei Wochen, ein Brief aus Madrid nach Mexiko mindestens zwei Monate, und ein Brief aus Madrid nach Manila mindestens ein Jahr«. Weitere Verzögerungen entstanden beim Informationsfluss vom König zum Indienrat und zurück. Gonzalo Pérez beklagte sich, »Entscheidungen werden so langsam getroffen, dass auch ein Krüppel mit ihnen mithalten könnte«.[74]

Weil in der Politik oft schnell entschieden werden muss, hatte diese »zeitweilige Unwissenheit«, wie man sie nennen könnte, weitreichende Folgen auf beiden Seiten des Atlantiks. Herrscher eines ausgedehnten Reiches zu Lande hatten ähnliche Probleme, etwa Zarin Katharina die Große. Zu ihrer Zeit brauchte ein kaiserlicher Befehl aus St. Petersburg 18 Monate, bis er die Halbinsel Kamtschatka am Pazifik erreichte, und erst nach weiteren 18 Monaten traf die Antwort in der Hauptstadt ein.[75]

Ein anderer Monarch der Frühen Neuzeit, Ludwig XIV., rühmte sich in seinen Memoiren, die ein Ghostwriter als Anleitung für seinen Sohn, den Kronprinzen, schrieb, er sei »über alles informiert«. Das war er nicht. Er wusste weniger über sein Königreich als manche seiner Minister, besonders Jean-Baptiste Colbert, der jüngst als »Herr der Informationen« bezeichnet worden ist, und selbst Colbert wusste vieles nicht. Marschall Vauban, berühmt für seine Festungsbauten, befasste sich auch mit Statistik und regte an, König Ludwig möge eine jährliche Volkszählung in Frankreich veranstalten, um »die Anzahl der Untertanen, insgesamt und in den einzelnen Regionen, mitsamt allen ihren Schätzen, Reichtum und Armut an jedem Orte« zu erfahren. Die Anregung wurde nicht umgesetzt, die Regierung blieb im Unwissenden über alle diese Daten.[76]

DIE ZWEITE REVOLUTION DES REGIERENS

Die zweite Revolution des Regierens fand im 19. Jahrhundert statt.[77] Wie bei der Ersten war sie der Höhepunkt von Entwicklungen, die sich schon länger angebahnt hatten, zum Beispiel der Universitätsstudiengänge in Staatswissenschaft, die ab Ende des 18. Jahrhunderts in Deutschland für zukünftige Beamte angeboten wurden. Wissen über den Staat hieß auf Französisch *statistique*, woraus das deutsche *Statistik* und das englische *statistics* entlehnt ist. Diese

Verschiebung in der Bedeutung verweist auf das zunehmende Interesse der Behörden an Fabriken und Schulen, Armut und Hygiene. Ihre Erhebungen brachten eine Masse an Informationen zusammen, die man in Zahlenkolonnen oder in den Graphen und Kreisdiagrammen darstellen konnte, die im frühen 19. Jahrhundert aufkamen.

Man könnte diese Erhebungen als einen Triumph des Wissens über die Unwissenheit beschreiben, aber wie so oft bei Triumphen bringen sie außer Gewinnen auch Verluste mit sich. Es gab einfach zu viel Information zu verarbeiten. Das Aufkommen der Demokratie löste manche Probleme, schuf aber auch neue, weil Regierungen, die alle paar Jahre nach den Wahlen wechselten, notwendigerweise Regierungen waren, deren Führer nicht genug Zeit hatten, sich umfassend über die Probleme zu informieren, mit denen sie sich befassen sollten. Ihr Studium, ob nun Jura oder die traditionelle klassische Bildung, bereitete sie jedenfalls nicht angemessen auf ihre neue Verantwortung vor.

Frisch ernannte Minister für Landwirtschaft oder Verkehr, Bildung oder Gesundheit wussten wahrscheinlich nicht viel über diese Gebiete. Sie versuchten sich wohl einzuarbeiten, wurden aber womöglich schon nach kurzer Zeit bei einer Kabinettsumbildung in ein anderes Ressort versetzt oder stürzten zusammen mit der Regierung. Die Berufsbeamten, die unter ihnen arbeiteten, boten mehr Kontinuität, aber Beamte sollen den Minister beraten, nicht für ihn entscheiden. Die Beziehungen zwischen dem Minister und seinem Ministerium waren ohnehin oft angespannt. Nach dem Beispiel früherer Zeiten dürfen wir auch hier vermuten, dass der Informationsfluss nach oben an verschiedenen Punkten des Dienstwegs oft eingeschränkt oder eingefärbt wurde.

Selbst die statistische Erfassung und Kartierung von Staaten, an sich natürlich eine Wissensvermehrung, kann zu vermehrter Unwissenheit führen, besonders zu »dünnen Vereinfachungen«

(James Scott), also zur Verwechslung von Karten und statistischen Tabellen mit der Wirklichkeit, manchmal mit katastrophalen Folgen. Landkarten und Tabellen verführen zu einer abgehobenen, »olympischen« Sichtweise, die die vielfältigere und unordentlichere Realität verschleiert, wie sie auf Bodenhöhe sichtbar wird.[78] Eine solche Verschleierung, die man »olympische Unwissenheit« nennen könnte (das Gegenteil des Wissens vor Ort), lässt oft zentral geplante Vorhaben scheitern, wie zum Beispiel das »Groundnut Scheme«, den Plan der britischen Regierung zum Erdnussanbau im großen Stil in Kenia (siehe Kapitel 10), und führt manchmal in noch größere Katastrophen, wie zum Beispiel Mao Zedongs Großer Sprung nach vorn (in Kapitel 12 besprochen).

Extreme Fälle machen allgemeine Probleme verstärkt sichtbar. Die Geschichte des Kolonialismus entlarvt Organisations-Unwissenheit, weil Kolonialherren und Kolonialbevölkerung aus verschiedenen Kulturen stammten, sich in verschiedenen Sprachen verständigten und verschiedene Interessen hatten. In Französisch-Westafrika zum Beispiel beklagte sich ein französischer Beamter, der zu seinem Unbehagen merkte, wie er vom örtlichen Übersetzer und dem Häuptling falsch informiert wurde, aber die wahren Zustände nicht aufdecken konnte, bei seinen Vorgesetzten, er sei in einem unentrinnbaren »eisernen Ring« gefangen. Allgemeiner ausgedrückt war die »gegenseitige Unkenntnis der französischen Beamten und der einheimischen Bevölkerung« ein großes Hindernis für den geordneten Betrieb des Systems.[79] Weitere blinde Flecken der »imperialen Sichtweise« werden am Beispiel Britisch-Indiens klar.

DIE BRITISCHE HERRSCHAFT IN INDIEN

Das British Empire hatte ähnliche Probleme. Sir John Bowring, 1854 bis 1859 Gouverneur von Hongkong, dachte gleichermaßen schlecht von Herrschern wie Beherrschten in der Kolonie und schrieb: »Wir beherrschen sie unwissend, und sie unterwerfen sich blind«.[80] Britisch-Indien wurde von 1757 bis 1858 praktisch von einem Privatunternehmen regiert, der East India Company, die dort schon seit ihrer Gründung 1600 Handel trieb.[81] Ihre Verwaltung, getrieben vom Streben nach Gewinn, gipfelte 1857 in der Katastrophe, die früher allgemein *Indian Mutiny* (»Indische Meuterei«) genannt wurde, einem Aufstand, der in Indien auch oft als »Erster Unabhängigkeitskrieg« bezeichnet wird. In diesem Krieg spielte die Unwissenheit, wie wir sehen werden, eine wichtige Rolle.

Unwissenheit hatte aber bereits zuvor ihre Rolle in der Geschichte der Briten in Indien gespielt. Zwar sprach Warren Hastings, der 1772 ernannte erste Generalgouverneur der indischen Territorien der Company, Bengali, Urdu und Persisch (Letzteres die traditionelle Verwaltungssprache des Mogulreiches), beklagte sich aber, seine Beamten kennten die einheimischen Sprachen und Gebräuche nicht. Die Vertreter der Company in London wussten noch weniger über das Land. Aussagen, die beim Verfahren gegen Hastings wegen Bestechlichkeit 1785 in London gemacht wurden, enthüllten »die völlige Unwissenheit der Briten über den Subkontinent«.[82]

Anfang des 19. Jahrhunderts kam es zu einer »Informationsrevolution«, indem die East India Company sich das Informationssystem der Moguln zunutze machte. Dennoch blieb eine »Zone der Unwissenheit« (Christopher Bayly), in der neue Regierungsinstitutionen darin versagten, sich mit einheimischem Wissen »zu vernetzen«.[83] Die Unwissenheit wurde dadurch verschärft, dass der von der Company eingesetzte Generalgouverneur während der fünf heißesten Monate des Jahres mit seinem Stab die Hauptstadt Calcutta verließ und in die Sommerresidenz Simla im Himalaya umzog, ein Dorf, dessen Verbindung zur Außenwelt »kaum besser als ein Bergziegenwechsel« war.[84] Dort war die Regierung isoliert, wie Philipp II. im Escorial. Die nachrichtentechnischen Probleme der East India Company glichen ebenfalls denen Philipps. Post und Personal, die beide zu Schiff um das Kap der Guten Hoffnung von und nach Großbritannien befördert wurden, brauchten ungefähr drei Monate je Strecke. Was die Nachrichtenverbindungen innerhalb Indiens anging, so war das Eisenbahnsystem 1857 noch in den Anfängen, die erste Telegrafenlinie der Company erst 1851 eröffnet worden.

Noch wichtiger als diese institutionellen und technischen Probleme war die britische Unkenntnis der indischen Kulturen und der Mangel an Einfühlungsvermögen für sie. Es gab vieles, was die neuen Herren über Indien nicht wussten. »Im Gegensatz zu früheren ausländischen Eroberern versagten die Briten sich den Zugang zu Wissen, Information und Klatsch, der in den Frauengemächern umlief. So blieb ihnen die Hälfte der indischen Bevölkerung praktisch unbekannt.«[85] Diese Unwissenheit führte zu schweren Missverständnissen, besonders in drei Fällen: bei den Zamindars, in der Kastenfrage und bei den Entwicklungen, die zur berüchtigten Meuterei von 1857 führten.

Die Zamindar genannten Großgrundbesitzer waren im Mogulreich ursprünglich Lehnsmänner des Großmoguls und nicht die Eigentümer der Ländereien, aus denen sie ihr Einkommen bezogen. Die Briten sahen sie jedoch als unabhängige Grundbesitzer, weil sie das von ihrem eigenen Adel zu Hause so kannten. Die Macht der East India Company verwandelte das Missverständnis in eine Realität: Das Permanent Settlement von 1793 erklärte die Zamindars zu Besitzern ihrer Ländereien, einige von ihnen erhielten den Titel eines Rajas und stiegen damit sozusagen in den Hochadel auf.

Folgen der Unwissenheit

Die Briten veränderten also in einem Anfall von Geistesabwesenheit den Aufbau der indischen Gesellschaft.[86]

Auch in der Geschichte der gesellschaftlichen Schichtung Indiens spielten Missverständnisse ihre Rolle, im System der sogenannten Kasten (diesen Begriff hatten die Portugiesen eingeführt, deren Stützpunkte in Indien älter als die britischen waren). Der Historiker Nicholas Dirks schreibt, dass »die Kasten, wie wir sie heute kennen, in Wahrheit kein unverändertes Überbleibsel aus dem alten Indien« seien, sondern »das Ergebnis einer historischen Begegnung Indiens und der westlichen Kolonialherrschaft«.[87] In ihrem Bemühen, das Kastenwesen zu verstehen, definierten die Briten es neu. Auch hier hatten die neuen Herrscher die Macht, ihr Missverständnis zu einer neuen Realität zu machen.

Der Aufstand von 1857 zeigt die tragischen Folgen der Unwissenheit wie der Missverständnisse. Teilweise waren sie das Ergebnis eines Versagens der Informationssammlung, einer Unfähigkeit, die Vorzeichen der Revolte zu erkennen und sich auf das Kommende vorzubereiten. Dieses Versagen lag unter anderem daran, dass 1857 zu einer Periode des Übergangs vom traditionellen Informationssammeln durch eingeborene »Informanten« zum neueren System nach europäischem Vorbild war, bei dem umfassende Datenerhebungen in der Gesellschaft durchgeführt und in Form von Statistiken aufbereitet wurden.[88]

Man kann den Aufstand auch als Ergebnis eines Scheiterns des Versuchs sehen, die Kultur oder vielmehr die verschiedenen Kulturen der Inder zu verstehen. »Junge und unwissende Offiziere« fanden es immer schwieriger, sich mit ihren indischen Unteroffizieren zu verständigen.[89] Einmal mehr brachte das Fehlen von Informationen Gerüchte auf. Der Aufstand begann mit einer Meuterei von Sepoys (Soldaten in der Armee der East India Company), unter denen sich das Gerücht ausbreitete, eine bevorstehende neue Generation von Papierpatronen für ihre Musketen sei mit Rinder- oder Schweinefett imprägniert. Da die Patronen nach dem damaligen Reglement mit den Zähnen aufgebissen wurden, um erst das Pulver und dann die Kugel in den Lauf des Vorderladers zu schütten, hätten Hindus und Mohammedaner dabei Fett für sie religiös unreiner Tierarten »gegessen« und fühlten sich beleidigt. Ähnlich wurde im Zeitalter von Covid-19 von einigen Impfstoffen gegenüber Mohammedanern fälschlich behauptet, sie enthielten Gelatine aus Schweinefett.[90]

Die Behörden versuchten die Gerüchte schließlich zu entkräften, aber zu spät.[91] Jeder örtliche Aufstand löste weitere aus und wurde von Soldaten und Zivilisten unterstützt, die sich von den Briten ungerecht behandelt fühlten.

Man kann keine Regierung für Gerüchte verantwortlich machen, die über sie umlaufen, aber schon vor Beginn der Proteste hatte ein britischer Offizier die Behörden gewarnt, man müsse nachweisen, dass »das Fett, das für diese Patronen verwendet wird, nicht von der Art ist, dass es den Kastenvorurteilen widerspricht«, und der Generalinspekteur für Waffen und Munition hatte eingeräumt, dass »anscheinend nicht besonders darauf geachtet worden ist, keine unakzeptablen Fette zu verwenden«.[92] Behördliche Fahrlässigkeit ist nicht dasselbe wie reine Unwissenheit, lässt aber schon einen Mangel an Interesse vermuten, als hätten die britischen Offiziere die Kultur der indischen Soldaten nicht respektiert. Ihre Einstellung zu den »Kastenvorurteilen« zeigte ihre eigenen Vorurteile, wenn nicht sogar eine Form dessen, was jetzt als »institutioneller Rassismus« bezeichnet wird.

Was die Briten zu Hause im Mutterland anging, so bemerkte John Stuart Mill, der für die East India Company in London gearbeitet hatte, über den Aufstand von 1857, die allgemeine Unwissenheit über Indien und empfahl ein »sehr viel tiefergehendes Studium dessen, was wir in Indien erlebt haben, sowie der Vorbedingungen einer Regierung Indiens, als englische Politiker oder englische Meinungsmacher bisher zu leisten bereit zu sein scheinen«.[93]

Der Aufstand brachte für die East India Company das Ende ihrer Regierungsgewalt, die jetzt von der britischen Krone übernommen wurde, ausgeübt von einem Staatssekretär für indische Angelegenheiten und einem India Office in London und im Land selbst durch einen britischen Vizekönig. Die Nachrichtenverbindungen wurden durch den Telegrafen, das Dampfschiff und die Eisenbahn schneller.[94] Das war allerdings nicht das Ende der amtlichen Unwissenheit in Britisch-Indien. Der Amtsweg war immer noch lang und gewunden. In Indien begann er mit dem Vizekönig und führte über Provinzgouverneure und ihre Sekretäre, Commissioners, stellvertretenden Commissioners, Assistenz-Commissioners zu den Distriktsmagistraten, allesamt Briten, die als »Zivilbeamte« bezeichnet wurden, weil sie dem Indian Civil Service, dem indischen Beamtenapparat angehörten. »Jeder Zivilbeamte hatte etwa 300.000 Untertanen zu betreuen«, so dass selbst der gewissenhafteste und erfahrenste Distriktsmagistrat nicht viel über den Distrikt wissen konnte, den er verwalten sollte.[95]

Wie zur Zeit der East India Company bestand die Verwaltung aus zwei Ebenen, einer höheren aus Briten und einer niederen aus Einheimischen (allerdings wurde einigen Indern der Aufstieg ermöglicht; 1905 machten Bengalen etwa 5 Prozent der Beamten in der höheren Ebene aus). Auf der langen Reise in die Baumkrone ging sicherlich viel Information von den Graswurzeln verloren oder wurde entstellt.

Das System hielt sich, bis es 1947 an sein blutiges Ende kam. Britisch-Indien wurde in ein offiziell hinduistisches Indien und ein offiziell mohammedanisches Pakistan geteilt, wie es der mohammedanische Führer Muhammad Ali Jinnah verlangt hatte. Zwei indische Provinzen wurden dabei selbst wieder geteilt, der Pandschab und Bengalen. Jinnah, der aus Karatschi stammte und »über den Pandschab nicht mehr wusste als Neville Chamberlain über die Tschechoslowakei«, widersetzte sich einem möglichen »Kompromiss zwischen Sikhs und Mohammedanern zur Aufteilung der Macht« dort. Der ranghöchste Superintendent der Polizei in Delhi meinte vor der Teilung: »Wenn erst einmal eine Teilungslinie durch den Pandschab gezogen ist, bekommen alle Sikhs westlich davon und alle Mohammedaner östlich davon ihre ... abgehackt«.[96] Zehn bis zwölf Millionen derjenigen, die sich auf der falschen Seite wiederfanden, flüchteten über die Grenze. Viele davon (mehrere Hunderttausend, möglicherweise ein bis zwei Millionen) kamen dabei ums Leben. Man kann sich der Folgerung nur schwer entziehen, dass viele Opfer der Teilung zu vermeiden gewesen wären, wenn die Risiken vorausbedacht worden, die Vorbereitungen weniger hastig gewesen und die Flüchtlingsströme durch die britischen Truppen, die in Indien stationiert waren, besser überwacht worden wären.

Die Übereilung geht auf den letzten Vizekönig zurück, Lord Louis Montbatten, »ein unerfahrener Oberbefehlshaber mit übermäßigem Selbstvertrauen, der für seine Risikofreudigkeit bekannt war«. Er wusste nichts über die Bedingungen vor Ort und ignorierte landeskundige Ratgeber. Zum Beispiel wies der Gouverneur von Bengalen dem damaligen Premierminister Clement Attlee darauf hin, ein genaues Datum für den Rückzug der Briten anzukündigen, fordere »Massaker entsetzlichen Ausmaßes« heraus. Attlee beschränkte sich auf eine vage Angabe für das Jahr 1948, ließ sich aber von Mountbatten überreden, den 15. August 1947 zu akzeptieren, zehn Monate früher als vorgesehen. Der neue Vizekönig traf im März 1947 in Indien ein. Im Mai schrieb er: »Diese ganze Teilungsgeschichte ist reiner Wahnsinn.« Dennoch betrieb er weiter seinen übereilten Plan, obwohl ihn Jawaharlal Nehru (bald darauf der erste Premierminister des unabhängigen Indien) warnte, er gehe zu schnell vor. Die Massaker fanden wie befürchtet statt.[97]

Die neue Staatsgrenze zwischen Indien und Pakistan wurde von dem Anwalt Cyril Radcliffe gezogen, der noch nie auf dem Subkontinent gewesen war. »Vielleicht war es ein Segen, dass er sich einer völligen Unkenntnis der politischen Verhältnisse Indiens erfreute und nie zuvor östlich von Gibraltar gewesen war.«[98] Die Teilung Indiens verdeutlichte noch einmal tragisch, wie wenig die Briten über Indien wussten, oder schlimmer, wie wenig sie sich für die indischen Verhältnisse interessierten. Wenn man die in diesem Kapitel bereits besprochenen Beispiele verallgemeinert, lässt sich vermuten, dass »imperiale« oder »koloniale« Unwissenheit eine wichtige Abart des Nichtwissens ist. Wenn die Herrscher aus einer Kultur stammen und die Beherrschten aus einer anderen, muss es zwangsläufig zu Fehlern aus Unwissenheit kommen.

Nachdem der Neokolonialismus den Kolonialismus abgelöst hatte, kam es weiterhin zu solchen Fehlern, wie im neueren Fall des US-Einmarschs in den Irak 2003. Zu Beginn ihres Angriffs wussten die Amerikaner nicht, ob das Regime Saddam Husseins über Massenvernichtungswaffen verfügte, aber sie behaupteten es und rechtfertigten den Einmarsch damit. Die Truppen der Koalition gewannen den Krieg gegen das irakische Militär zwar rasch, verloren aber, so könnte man sagen, den folgenden Frieden und stürzten das Land in Chaos und Gewalt, anstatt die Freiheit zu bringen, die sie den Irakern versprochen hatten. Die berühmten Massenvernichtungswaffen ließen sich jedenfalls bei den folgenden Inspektionen nicht auffinden. Selbst ein Unterstützer des Einmarschs räumt ein: »Womöglich hat Bagdad von Anfang an die Wahrheit gesagt, als es behauptete, Saddams Massenvernichtungswaffen seien bereits im Gefolge des Ersten Golfkrieges 1991 vernichtet worden.«[99]

Der damalige britische Premierminister Tony Blair besteht bis heute darauf, es sei richtig von ihm gewesen, den Angriff mitzutragen, aber von amerikanischer Seite gab es Äußerungen des Bedauerns. Der damalige US-Außenminister Colin Powell zum Beispiel erklärte später, er wisse nicht »ob er für den Krieg gewesen wäre, wenn er gewusst hätte, dass es keine Waffenvorräte gab«.

David Kay, Leiter der Iraq Survey Group, drückte sich deutlicher aus: »Wir lagen völlig falsch.« Der israelische Militärhistoriker Martin van Creveld bezeichnet den Einmarsch in den Irak als »den unsinnigsten Krieg, seit Kaiser Augustus 9 v. Chr. seine Legionen nach Germanien schickte und sie dort verlor«.[100]

Henry Adams, ein ehemaliger US-Diplomat, schießt in *The Education of Henry Adams*, einem Klassiker der amerikanischen Literatur, eine Reihe Pfeile auf unwissende Politiker ab. Der Autor bemerkt zum Beispiel, »die Südstaaten-Sezessionisten« hätten »nicht die geringste Ahnung vom Rest der Welt« gehabt, um 1870 sei die US-Regierung »stolz auf ihre Unwissenheit« gewesen, und 1903, kurz bevor die Russen unerwartet von den Japanern geschlagen wurden, habe sich Adams selbst »ebenso unwissend wie der bestinformierte Staatsmann« gefühlt.[101] Er starb 1918. Wenn er ein Jahrhundert später in die Vereinigten Staaten zurückkehren könnte, was würde Adams wohl über Präsident Trump sagen?

Kapitel 12

Überraschungen und Katastrophen

Der beste Plan, ob Maus, ob Mann, geht oftmals ganz daneben.
Robert Burns

Wir wissen alle, dass es gute und schlechte Überraschungen gibt. Überraschung spielt ihre Rolle bei wissenschaftlichen Entdeckungen, wie wir gesehen haben, aber auch viele Katastrophen kamen überraschend für die Opfer. Was kann man tun, um bösen Überraschungen vorzubeugen? In den bisherigen Kapiteln wurde besprochen, wie die Entscheidungsträger im Krieg, in der Politik und in der Wirtschaft im Laufe der Jahrhunderte auf den Zustand der Ungewissheit reagiert haben, besonders auf die »bekannten Unbekannten«. Dieses Kapitel befasst sich dagegen hauptsächlich mit den »unbekannten Unbekannten«, der Unkenntnis der Zukunft, von der die *best-laid schemes o' Mice an' Men* (Robert Burns), die noch so gut ausgedachten Pläne von Mäusen und Menschen über den Haufen geworfen werden – ganz zu schweigen von den vielen nicht so gut ausgedachten Plänen.

In der Praxis ist eine einfache Zweiteilung zwischen bekannten und unbekannten Unbekannten aber zu scharf. Bessere Ergebnisse erzielt man, wenn man die Unbekannten in besser bekannte und

Überraschungen und Katastrophen

weniger gut bekannte Unbekannte einteilt. Wir wissen zum Beispiel, dass Brände, Überschwemmungen, Erdbeben, Hungersnöte und Seuchen in der Zukunft mit Sicherheit auftreten werden, aber keiner von uns weiß, wann das sein wird. In Kalifornien warten die Menschen schon seit 1906, als San Francisco von einem Erdbeben verwüstet wurde, auf das nächste *Big One*, das nächste schwere Beben.

Über die Geografie solcher Naturkatastrophen sind wir besser unterrichtet als über ihren Zeitpunkt. Man weiß seit langem, dass an bestimmten Orten das Risiko größer ist als an anderen, sei es für Überschwemmungen, wie in Teilen Bangladeschs, oder für Erdbeben, wie an Orten, die in der Nähe tektonischer Verwerfungen oder Grabenbrüche liegen, wie eben in Kalifornien oder auch in Japan. Deshalb kann man sich auf manche Katastrophen vorbereiten – durch den Bau von Deichen und Vorratssilos, die Aufstellung einer Feuerwehr und so weiter. Man kann sogar für die ungewissesten und tödlichsten Risiken überhaupt, die »existenziellen Risiken«, Vorsorge treffen, die die gesamte Menschheit zu vernichten drohen, oder diese Risiken zumindest stark verringern. Dennoch wird für Katastrophen oft zu wenig und zu spät vorgesorgt – *too little, too late*, wie der stehende Begriff im Englischen lautet, der eine eigene Abkürzung hat: TLTL.

Ein Grund dafür ist der Druck, sich auf andere Angelegenheiten zu konzentrieren und Geld dafür bereitzustellen, aber ein anderer Grund ist eben auch die Unkenntnis oder zumindest geringe Kenntnis dessen, was sich vor Ort tut. Eine neuere Studie existenzieller Risiken warnt die Leser: »Wir leben in einer Welt unvollkommener Entscheidungsträger, die mit überraschend unvollständigen Informationen Techniken anwenden, die die gesamte Zukunft unserer Art gefährden«.[1]

Das Folgende ist weniger die Geschichte unserer unvermeidlichen Unkenntnis der Zukunft (siehe Kapitel 14), sondern die Geschichte schuldhafter Unwissenheit und mangelnder Vorbereitung. Als zum Beispiel Hitler 1941 den Einmarsch in die UdSSR befahl, hatte die deutsche Wehrmacht sich nicht genügend auf den russischen Winter vorbereitet. Auch die Sowjetarmee wurde überrumpelt. Als Walerij Legasow, Leiter der Untersuchungskommission für den Reaktorunfall von Tschernobyl 1986, die »mangelnde Vorbereitung im Kraftwerk« bemängelte, verglich er sie mit dem Mangel an Vorbereitung auf den Angriff der Wehrmacht: »Wie 1941, nur noch schlimmer«.[2]

BRÄNDE, ÜBERSCHWEMMUNGEN, ORKANE UND ERDBEBEN

Es gibt in der Geschichte nur zu viele Fälle von Naturkatastrophen, die zuschlagen, nachdem die drohende Gefahr ignoriert worden ist. In den Städten Europas gab es in der Frühen Neuzeit, als viele Häuser noch aus Holz gebaut waren, gewöhnlich kaum Möglichkeiten zur Brandbekämpfung, und Großbrände, bei denen ganze Stadtviertel oder Städte abbrannten, kehrten regelmäßig wieder. In Skandinavien zum Beispiel brannte Stockholm 1625 und 1759 ab, Kopenhagen 1728 und 1795, Christiania (das heutige Oslo) 1624, und Bergen und Uppsala im selben Jahr 1702.

Ein noch größerer Stadtbrand war der Große Brand von London 1666, der durch ein Versehen in einer Bäckerei gegen Mitternacht ausgelöst wurde und sich wegen des starken Windes rasch in der dichten Bebauung mit Holzhäusern ausbreitete. Es gab Londoner, die behaupteten, die damals als religiöse Minderheit verfolgten Katholiken hätten das Feuer absichtlich gelegt. Das ist nicht nur ein Beispiel für die Rolle von Gerüchten bei fehlender Information, sondern auch für das »Sündenbocksyndrom«, eine Art kollektiven Verfolgungswahn, der das Bedürfnis der Menschen zeigt, konkrete

Personen oder Gruppen für ein Unglück verantwortlich zu machen, das niemand geplant oder auch nur erwartet hatte.

Die Londoner wurden aus Schaden klug und bauten ihre Stadt größtenteils mit Ziegelhäusern wieder auf. Eine erste Versicherungsagentur öffnete 1681 in der Stadt, bald folgten weitere.[3] Man kann nicht behaupten, dass frühere Stadtbewohner nicht über die Brandgefahr Bescheid gewusst hätten, aber damals nahm das Gefahrenbewusstsein zu, und es wurden mehr Maßnahmen ergriffen, um den Schaden zu begrenzen und die Auswirkungen der Katastrophe zu verringern.

Im Fall von Überschwemmungen enthüllen manche bekannten Katastrophen einen schuldhaften Mangel an Vorbereitung, auch hier wieder das Ergebnis des Ignorierens der Gefahr. Einfache Unwissenheit kann es in diesen Fällen kaum gewesen sein, wenn man voraussetzt, dass Methoden dessen, was jetzt »Überschwemmungsmanagement« genannt wird, schon lange bekannt sind – die Identifikation gefährdeter Bereiche, Entwässerung, Deichbau, Abzugsgräben und so weiter. Nehmen wir den Fall der Großen Mississippi-Überschwemmung 1927, die zehn US-Bundesstaaten betraf, und in der etwa 600.000 Menschen ihre Wohnungen verloren. Die Rekordregenmenge hätte nicht vorausgesagt werden können, aber effizientere Langzeitvorbereitungen hätten getroffen werden können und müssen, wie die Verabschiedung des Mississippi Flood Control Act 1928 implizit eingesteht.[4]

Die Auswirkungen der Mississippi-Überschwemmung trafen die Armen am schlimmsten, hauptsächlich Schwarze. Dasselbe gilt für eine weitere große Überschwemmung in der US-Geschichte, die New-Orleans-Überschwemmung von 2005 nach dem Hurrikan Katrina. Wie es auch 1927 der Fall gewesen war, enthüllte das Desaster Fehler im technischen Aufbau des Überschwemmungsschutzsystems wie auch das, was als »die unbeabsichtigte Organisation von Unwissenheit« beschrieben worden ist. Der Ausdruck »der Katrina-Effekt« ist in die Sprache aufgenommen worden.[5]

Studien dieser Katastrophe betonen das »völlige Versagen der Regierungshilfsmaßnahmen«, besonders der Arbeit der Federal Emergency Management Agency (FEMA).[6] Für jene, die ihre Häuser verloren, besorgte die Agentur zeitweilige Unterkünfte in Wohnwagen und Zelten, zögerte aber, Evakuierte in Hotels unterzubringen. Das Gesundheitssystem war auf die Katastrophe nicht vorbereitet. Weil jedes Jahr Hurrikans New Orleans treffen, war die fehlende Vorbereitung schuldhaft. Die Armen, hauptsächlich Schwarze, litten am meisten, weil sie weniger Ressourcen besaßen und in den niedriggelegenen Gebieten wohnten, die am ehesten überflutet werden. Die Polizei hinderte einige am Wegfahren, während viele derjenigen, die blieben, keine Hilfe erhielten. Für diejenigen, die vertrieben waren, manchmal in entfernte Städte, wurde die Rückkehr ebenso schwierig wie das Wegfahren. Die Behörden sind nicht nur der Gleichgültigkeit angeklagt worden, sondern auch des institutionellen Rassismus. Was den Präsidenten angeht, so war George W. Bush im Urlaub, als die Katastrophe geschah, stattete dem Schauplatz keinen frühzeitigen Besuch ab und lobte den ineffizienten Direktor der FEMA (der bald darauf zurücktrat), weil er einen »großartigen Job« getan habe, obwohl das, was er anbot, nur ein weiteres Beispiel für »zu wenig zu spät« war.

Der Hurrikan Katrina enthüllte, was man die »soziale Verteilung« der Unwissenheit nennen könnte. Die Armen, die in anfälligen Gebieten der Stadt lebten, waren sich der Gefahr von Überschwemmungen sehr bewusst. Die Beamten, die in sichereren und teureren Viertel wohnten, waren es nicht. Sie ignorierten örtliches Wissen nicht auf eigene Gefahr, sondern auf die Gefahr anderer hin.[7] Dieses Thema kehrt in der Geschichte der Katastrophen immer wieder, wenn nicht in der Geschichte überhaupt: Jene, die die örtliche Situation kennen, haben nicht die Macht zu handeln, während jene, die die Macht haben, nicht das notwendige Wissen haben.

Erdbeben sind die dramatischsten Naturkatastrophen, wenn man die Geschwindigkeit, mit der sie sich ereignen, und die Unvorhersehbarkeit ihres Auftretens bedenkt. In Europa bleibt das Erdbeben von Lissabon 1755, das die Stadt zerstörte und zwischen 10.000 und 30.000 Menschen tötete, das berüchtigste, obwohl seine Wirkungen im Vergleich zu den Erdbeben, die 2008 Sechuan (mit etwa 90.000 Toten) verwüsteten, 1923 Tokio zerstörten (mit 140.000 Toten) und 1138 Aleppo zerstörten (mit über 200.000 Toten, wenn moderne Berechnungen zutreffen), gering erscheinen.

Es war das Erdbeben von Lissabon, das, dank der Verbreitung von Informationen in neugegründeten Zeitungen, eine Debatte über die Ursachen solcher Katastrophen in Gang setzte. »Katastrophe« war ein neues Wort Mitte des 18. Jahrhunderts, oder genauer gesagt, eine neue Bedeutung für ein altes Wort, das von einem Fachbegriff im Theaterwesen zu einem Synonym für »Desaster« wurde. Eine Reaktion auf das Lissabonner Erdbeben, Immanuel Kants Traktat über die »Ursachen von Erdbeben« (1756), betonte die Unkenntnis der Menschen vom Erdinneren.

Manche Gelehrte beziehen sich auf das, was sie »die Erfindung der Katastrophe« im 18. Jahrhundert nennen.[8] Diese ausdrucksstarke Bezeichnung wird den traditionellen Vorstellungen der vier apokalyptischen Reiter und des bevorstehenden Weltuntergangs nicht gerecht.[9] Allerdings fand eine wichtige Verschiebung von der Vorstellung der Katastrophe als unvermeidlich hin zu dem Glauben statt, dass sie, bei einer Kombination von Wissen und Entschlossenheit zu handeln verhindert werden kann.

Folgen der Unwissenheit

HUNGERSNÖTE

Hungersnöte sind Naturkatastrophen in dem Sinn, dass die Größe der Ernte vom Wetter abhängt, aber vom Menschen verursachte Katastrophen in dem Sinn, dass sie allgemein das Ergebnis des Versagens der Obrigkeit sind: Versäumnisse bei der Kontrolle von Risiken in der Lebensmittelversorgung durch den Bau öffentlicher Vorratslager, und Versäumnisse bei der ausreichend schnellen Reaktion auf eine Krise durch Einfuhr von Lebensmitteln von auswärts. Über zwei Millionen Menschen starben im Ergebnis der Hungersnot von 1770 in Bengalen, ungefähr drei Millionen in der Hungersnot von 1943/44 in Bengalen. Die große Hungersnot in Irland 1845/46 führte zum Tod einer Million Menschen und der Auswanderung einer weiteren Million. Durch die Hungersnot in Äthiopien 1983 starben über eine Million Menschen. Über drei Millionen Menschen starben in der Hungersnot 1932/33 in der Ukraine, obwohl diese Krise nicht das Ergebnis behördlicher Unwissenheit war, sondern von Stalins Befehl, die Ernte zu beschlagnahmen.

Bengalen und Irland bieten weitere Beispiele der kolonialen Unwissenheit, die in Kapitel 11 besprochen wird. 1770 wurde Bengalen durch die britische East India Company verwaltet. Als eine Hungersnot ausbrach, versuchten manche Beamte der Company, das Horten und die Ausfuhr von Reis zu unterbinden und verteilten Lebensmittel an die Hungernden. Dennoch waren die Hilfsmaßnahmen ungenügend, wie der neue Generalgouverneur Warren Hastings anerkannte, als er den Bau öffentlicher Getreidelager befahl.[10]

1943 kam es in Bengalen zu einer weiteren Hungersnot, als das Land noch zum British Empire gehörte. Dieses Mal war die offizielle Reaktion nicht bloß ungenügend, sondern die Provinzregierung bestritt sogar, dass es eine Hungersnot gab. Die Lebensmittelhilfe reichte besonders in Kalkutta nicht aus; wieder einmal wurde zu wenig zu spät unternommen. In der Provinz herrschte »administratives Chaos«. Was das Mutterland anging, so schrieb Lord Wavell, der sein Amt als Vizekönig während dieser Hungersnot antrat, an Premierminister Winston Churchill, um sich zu beklagen, »die entscheidenden Probleme Indiens werden von Seiner Britischen Majestät Regierung vernachlässigt und mitunter sogar feindselig und verächtlich behandelt«.[11] Jawaharlal Nehru war derselben Meinung und beschrieb die Reaktion der Briten (beziehungsweise ihr Ausbleiben) als einen Fall von »Gleichgültigkeit, Unfähigkeit und Selbstzufriedenheit«.[12]

Der Journalist Kali Charan Ghosh, der die Hungersnot miterlebte und unmittelbar darüber berichtete, bemerkte, dass »die Maßnahmen, die geeignet waren, große Opferzahlen zu vermeiden ... entweder übersehen oder völlig ignoriert wurden«, und dass hochgestellte Beamte versuchten, »die Verantwortung unter dem Vorwand vorgespielter Unwissenheit abzuschütteln«.[13] Das Urteil des Wirtschaftswissenschaftlers Amartya Sen, der die Hungersnot als Kind miterlebte, lautet, die Katastrophe habe »das unübersehbare Versagen der Regierung enthüllt, die die Hungersnot nicht vorausgesehen und ihr Entstehen nicht erkannt hat«. Kurz gesagt, die Briten ignorierten die Gefahr einer Hungersnot, und als es wirklich zu einer kam, wollten sie nichts davon wissen.[14]

Die Große Hungersnot im damals noch britischen Irland ab 1845, ein weiteres Beispiel imperialer Unwissenheit, war das Ergebnis des weitgehenden Ausfalls der Kartoffelernte, auf die der Großteil der Bevölkerung zum Überleben angewiesen war, erschwert durch das Ausbleiben einer Reaktion der britischen Regierung. Auch hier waren die Maßnahmen, die ergriffen wurden, zu geringfügig und kamen zu spät. Charles Trevelyan, ein Beamter, der in Bengalen eingesetzt gewesen war, wurde mit der Hungerhilfe für Irland betraut. Er war ein Anhänger der Selbstregulierung des Marktes (Laissez-faire) und wollte möglichst wenig staatliche Maßnahmen ergriffen sehen. In einem Artikel über »The Irish Crisis« in der *Edinburgh Review* (1848) bezeichnete er die Hungersnot als »direktes Eingreifen einer allwissenden und allgütigen Vorsehung«, ein Mittel, um Irland durch Tod oder Auswanderung von einer untätigen Bauernschicht zu befreien.[15] Der konservative britische Premierminister Robert Peel organisierte Maislieferungen nach Irland, die aber zu lange unterwegs waren; außerdem waren die irischen Mühlen nicht dafür eingerichtet, Mais zu mahlen, was zu weiteren Verzögerungen führte. Peels Versuch, zusätzlich die Corn Laws zu widerrufen, Zollgesetze, die den Getreidepreis künstlich hoch hielten, konnte sich aber gegen den Widerstand seiner eigenen Partei, die von den Grundbesitzern abhing, nicht durchsetzen.[16]

Weitere koloniale Beispiele kommen aus dem britischen Afrika, wo »es verblüffend war, wie häufig Kolonialbeamte entweder unwissend oder gleichgültig gegenüber den Menschen waren, über die sie herrschten ... Mitunter spiegelte die koloniale Vernachlässigung einfach die Uninformiertheit der Verwaltung wider«. Im Fall der Hungersnot in Nordnigeria 1908 wusste die Verwaltung in Lagos »offenbar nichts von der Hungersnot, bis sie darüber in einem Jahresbericht las«.[17]

Die Große Hungersnot in der VR China 1959 bis 1962 lässt alle anderen klein erscheinen. Zuverlässige Zahlen fehlen, und die Schätzungen schwanken stark, aber wahrscheinlich sind ungefähr 30 Millionen Menschen gestorben. Wie in der UdSSR unter Stalin war die Hungersnot das direkte Ergebnis der Politik des Führers, in diesem Fall eine Mischung aus Unwissenheit und Überheblichkeit eines Menschen, »der sich für genial und unfehlbar hielt«.[18] Der niederländische Historiker Frank Dikötter gebraucht in seinem vollständigen Bericht über die Hungersnot das Wort »Unwissenheit« nur selten oder gar nicht, aber er schildert doch eine Reihe Situationen während Mao Zedongs Regierungszeit, für die dieser Begriff besonders angemessen erscheint.

1956 forderte Mao »unrealistische Produktionssteigerungen bei Getreide, Baumwolle, Kohle und Stahl«. 1957 wurde im Rahmen eines ehrgeizigen Bewässerungsprojekts ein Staudamm am Gelben Fluss übereilt und unter Einsatz von Zwangsarbeitern und gegen den Rat von Fachleuten gebaut und erwies sich prompt als ungeeignet für seine Bestimmung.[19]

Mao war auch der Urheber des als Großer Sprung nach vorn bezeichneten Wirtschaftsplans. Durch rasche Industrialisierung sollte dabei der Rückstand zum Westen aufgeholt werden. Getreu der maoistischen Revolutionstheorie sollte nicht das Proletariat, sondern die Bauern Träger dieses Programms sein und unter anderem in kleinen Hochöfen in ihren Dörfern selbst Roheisen erzeugen. Sie hatten keine Ausbildung in der Verhüttung von Eisenerz, und das meiste so erzeugte Roheisen war von schlechter Qualität und nicht verwertbar.[20]

Noch schlimmer waren die Auswirkungen des Großen Sprungs auf die Landwirtschaft, weil dafür zahlreiche Arbeitskräfte gebraucht wurden, die dann für Aussaat und Ernte fehlten. Über 16 Millionen Bauern wurden in die Industrieproduktion abkommandiert und in Städte umgesiedelt. Gleichzeitig befahl die Regierung die Zusammenfassung der kleinen privaten Bauernhöfe zu großen landwirtschaftlichen Kollektiven. Diese Politik führte zu Lebensmittelknappheit und später zur Hungersnot. Mao befahl eine Steigerung der Getreideproduktion und besuchte ländliche Gebiete, um die Fortschritte zu überprüfen, aber was er zu sehen bekam, war gestellt. Ähnlich wie im Fall der berüchtigten Potemkinschen Dörfer wurde Reis entlang seiner Route gepflanzt, um einen guten Eindruck zu erwecken. »Ganz China war eine Bühne, alle Menschen Darsteller in einer Revue für Mao.«[21] Warnzeichen für eine kommende Katastrophe waren schon 1958 ersichtlich, aber das Regime ignorierte sie. Auch hier wussten die Mächtigen nichts (oder wollten nichts wissen), während diejenigen, die Bescheid wussten, keine Macht hatten. Misswirtschaft und Unterschlagung wurden vertuscht. Wie oft in autoritären Systemen wurden die Produktionsstatistiken geschönt, um Erfüllung oder Übererfüllung des Plans vorzutäuschen.[22] Kurz, die chinesische Hungersnot war das unbeabsichtigte, aber direkte Ergebnis zentraler Planung im Dienst eines unrealistischen Ziels, einer raschen Steigerung der Industrieproduktion in einer noch weitgehend bäuerlichen Gesellschaft.

Seuchen

Viele lebhafte Beispiele für die Folgen von Unwissenheit stammen aus der Geschichte der Krankheiten. In den letzten 50 Jahren hat die Menschheit unter den Angriffen von vier großen neuen Krankheiten gelitten: Ebola ab 1976, Aids ab 1981, SARS ab 2002 und Covid-19 ab 2020. Bei Veränderungen in der Gegenwart sieht man die Vergangenheit in neuem Licht. Kein Wunder also, dass die Geschichtsforschung sich jetzt wieder dem Studium der großen Seuchen früherer Epochen zuwendet. Solche großen Seuchen und Epidemien waren etwa die Beulenpest in Asien und Europa ab 1348/49, die Pocken in Mittel- und Südamerika in den 1520er-Jahren, eine neue Pestwelle im 17. Jahrhundert (Norditalien 1630, London 1665), die Cholera im Europa des 19. Jahrhunderts (London 1854 bis Hamburg 1892) und die Spanische Grippe, die sich 1918/19 weltweit ausbreitete. Alle diese Epidemien trafen Kranke und Mediziner unvorbereitet. Sie wussten nichts über den Ursprung, die Art und Weise ihrer Ausbreitung und die Möglichkeiten der Begrenzung ihrer Verbreitung und der Heilung der Erkrankten.

Der Schwarze Tod

Es war ein traumatisches Ereignis, als sich ab 1348/49 die Beulenpest von ihrem Herd auf den Hochebenen Zentralasiens mit großer Geschwindigkeit und enorm vielen Todesopfern (ungefähr 50 Millionen allein in Europa) ausbreitete.[23] Die Menschen verlangten verzweifelt nach einer Erklärung, warum sie gekommen war und wie man sie heilen oder ihrer tödlichen Gefahr wenigstens vorbeugen konnte, die umso furchtbarer war, als sie unsichtbar war. Eine verbreitete Ansicht war, dass es sich um eine Strafe Gottes handelte, der Städte und Völker für ihre Sünden büßen ließ. Auch die Juden wurden vielerorts verantwortlich gemacht; man glaubte, sie hätten die Brunnen vergiftet, ein dramatisches Beispiel für das Sündenbocksyndrom. Viele Ärzte glaubten, der Schwarze Tod werde durch Miasmen ausgelöst, Fieberdünste, die in der Luft hingen – eine Erklärung, die in der Medizin lange überwunden ist und von der Geschichtsforschung lange als Beispiel für Unwissenheit behandelt wurde.

Es hieß außerdem, die Pest dringe über den Geruchssinn in den Körper ein. Viele Mediziner trugen Gesichtsmasken, und wer es sich leisten konnte, schützte sich mit einem »Pomander« (einer mit Gewürzen gefüllten Orange, die man sich unter die Nase hielt). Erst viel später wurde entdeckt, dass die Pest von Flöhen übertragen wird, die auf den Menschen überspringen, wenn ihr ursprünglicher Wirt, die Wanderratte, an der Krankheit eingegangen ist.

Die Annahmen der damaligen Menschen bestimmten, wie sie auf die Epidemie reagierten. Um Gottes Zorn zu besänftigen, veranstalteten sie Prozessionen und geißelten sich dabei mitunter selbst, um ihre Bußfertigkeit zu zeigen (wobei Prozessionen ebenso wie überfüllte Kirchen die Ansteckungsgefahr durch den direkten Körperkontakt steigerten). Eine andere Reaktion waren Angriffe gegen die Juden. Es gab 1348 Pogrome zum Beispiel in Toulon und 1349 in Barcelona, Erfurt und Basel.[24]

Europa brauchte lange, um den Pestausbruch von 1348 zu vergessen, der als Schwarzer Tod in die Geschichte einging. Die Erinnerungen wurden in den folgenden Jahrhunderten durch häufige weitere Pestausbrüche wachgehalten, die allerdings nicht so schlimm wie der erste ausfielen. 1630 starben in Mailand 60.000 Menschen, die halbe Einwohnerschaft der Stadt, und die Londoner erinnerten sich an das große Pestjahr 1665/66 mit über 70.000 Toten. Zum letzten großen Pestausbruch in Europa kam es 1720 in Marseille mit 50.000 Toten.[25]

Im 17. Jahrhundert gab es dann in den europäischen Großstädten Maßnahmen zur Pestvorsorge, besonders in Italien. Die Praxis der Quarantäne, eine erste Form des »Lockdowns«, geht bis mindestens ins 14. Jahrhundert zurück. In Venedig durften aus Seuchengebieten einlaufende Schiffe ihre Passagiere erst nach 40 Tagen (einer *quarantaine* von Tagen) ausschiffen. Im 17. Jahrhundert war bereits ein Bündel von Maßnahmen in Kraft. Nach der Meldung eines Pestausbruchs wurden Grenzen geschlossen, Gesundheitsausschüsse eingerichtet, Gesundheitsausweise ausgegeben und infizierte Kleidungsstücke und Möbel verbrannt. Manche Ärzte warnten die Öffentlichkeit vor der Gefahr für Teilnehmer an Prozessionen und öffentlichen Versammlungen. Stefano di Castro, Professor an der Universität Pisa, gibt an, die Armen hätten sich damals mutwillig unwissend verhalten und sich geweigert, Abstand von Infizierten zu halten.[26]

Gerüchte gab es weiterhin genug, wie es auch heute noch in ähnlichen Situationen der Fall ist. In Mailand hieß es 1630, die Pest werde von sogenannten *untori* (»Einölern«) absichtlich verbreitet, indem sie die Stadtmauern mit einer giftigen Substanz bestrichen. Unter dieser Anklage wurden mehrere Menschen verhaftet und vor Gericht gestellt. In einem zeitgenössischen Tagebuch aus Florenz heißt es: »Die Pest in Mailand wurde durch böse Männer mit Gift verursacht ... die das Weihwasser in den Weihwasserbecken der Kirchen vergiften.«[27] Prediger in Florenz und an anderen Orten stellten die Pest weiterhin als Strafe Gottes für die Sünden der Gemeinde dar, und es gab immer noch Prozessionen.[28]

Die Florentiner waren nicht die Letzten, die so dachten und sich so verhielten. Während der Gelbfieberepidemie in Rio de Janeiro 1849 wurde die Krankheit in den Zeitungen als Beispiel für »Gottes Gericht« bezeichnet, und Prozessionen geistlicher Bruderschaften sollten den heiligen Rochus und den heiligen Sebastian, die traditionellen Schutzheiligen gegen Krankheiten, gnädig stimmen.[29]

Pocken

Die in Europa endemischen Pocken wurde im neuentdeckten Amerika zu einer Epidemie. Ab den 1520er-Jahren, kurz nach der Ankunft der spanischen Konquistadoren, starb der größte Teil der einheimischen Bevölkerung Mexikos und Perus an Pocken, Typhus und Masern. Die Einwohnerzahl Mexikos im Jahr 1518 wird inzwischen auf 9 bis 25 Millionen geschätzt und ging bis 1603 auf 1 Million zurück. Peru hatte zwischen 5 und 9 Millionen Einwohner, als Francisco Pizarro und seine Truppe 1528 dort landeten; 100 Jahre später waren es nur noch 600.000. Die Spanier, die die Seuche aus der Alten Welt eingeschleppt haben müssen, blieben verschont. Der Ausbruch der Krankheit war gemeinsam mit ihrer raschen und tödlichen Ausbreitung ein Schock für Eroberer und Eroberte, ein völlig unerwartetes Ereignis.[30]

Die Historiker erklären die unterschiedliche Anfälligkeit der Spanier und der Indios so, dass Letztere noch keine Gelegenheit gehabt hatten, Immunität gegen die Pocken zu entwickeln, denen sie noch nie zuvor ausgesetzt gewesen waren, anders als die Spanier. Im 16. Jahrhundert wusste man allerdings noch nichts von Immunität, und der Grund für das unsichtbare Umsichgreifen der Seuche blieb unverständlich.[31]

Folgen der Unwissenheit

Später in der Geschichte der Neuen Welt wussten dann zumindest die Eroberer besser über die Pocken Bescheid. Es wurde sogar möglich, sich vorzustellen, die Seuche als Massenvernichtungswaffe einzusetzen. Lord Jeffrey Amherst, ein Offizier der britischen Armee, wollte 1763 den Aufstand der Ottawa-Indianer unter ihrem Häuptling Pontiac niederwerfen, indem er den Rebellen Wolldecken übergeben ließ, die mit Pocken infiziert waren. An einen seiner Untergebenen schrieb er: »Könnte man es nicht bewerkstelligen, diesem aufrührerischen Indianerstamme die Blattern zu senden?« Später billigte er die Taktik der infizierten Wolldecken, um »dieses verabscheuungswürdige Volk auszulöschen«. Heute »hat Lord Amherst den abstoßenden Ruf eines Pioniers der biologischen Kriegsführung«.[32]

Was Vorbeugungsmaßnahmen angeht, so wurde die Schutzimpfung gegen die Pocken, wie sie in China und im Orient schon lange üblich war, zum Gegenstand lebhafter Diskussion, bevor sie im Europa des 18. Jahrhunderts übernommen wurde. Zu den führenden Befürwortern gehörte Lady Mary Wortley Montagu, die Frau des britischen Botschafters bei der Hohen Pforte in Konstantinopel. Lady Mary hatte bereits eine Pockeninfektion überstanden, erfuhr aber während ihres Aufenthalts in Konstantinopel von diesem ortsüblichen Verfahren und setzte sich nach ihrer Rückkehr in die Heimat für die Übernahme in Großbritannien ein. Ihre Kampagne stieß auf starken Widerstand jener, die von Schutzimpfungen nichts wissen wollten.[33]

Die sicherere Methode der Impfung mit dem Virus der Kuhpocken verbreitete sich im 19. Jahrhundert rasch über die ganze Welt, trotz verschiedener Widerstandsbewegungen an manchen Orten. Ein dramatischer Fall einer solchen Widerstandsbewegung spielte sich 1904 in Rio de Janeiro ab.[34] Dort waren die Pocken ausgebrochen, und der Präfekt ordnete im Zuge einer Hygienekampagne, die auch die Beulenpest und das Gelbfieber bekämpfen

Überraschungen und Katastrophen

sollte, den Abbruch von Slumvierteln an, der sogenannten *cortiços*. Viele der mittellosen Bewohner dieser Slums wehrten sich gegen die Vertreibung aus ihrem Zuhause und das Eindringen von Gesundheitsinspektoren in ihre Privatsphäre. Größer war die Zahl der Angehörigen verschiedener gesellschaftlicher Gruppierungen, die gegen die im neuen Gesetz vorgeschriebene Zwangsimpfung protestierten. Rio wurde zum Schauplatz von Kämpfen steine- und flaschenwerfender Massen und berittener Polizei, die in die Menge hineinstürmte und ihre Revolver abfeuerte.

Den sogenannten »Impfaufstand« aber als von medizinischer Unwissenheit getrieben zu sehen, wäre zu einfach. Er war auch eine wütende Reaktion der Bevölkerung auf die als Einmischung in ihr Privatleben empfundenen Behördenmaßnahmen in einer Stadt, in der gewaltsame Aufstände Tradition haben. Solches *quebra-quebra* (»krach-krach«) gibt es dort bis heute. Ein Schwarzer antwortete damals auf die Frage eines Reporters nach dem Grund für den Aufstand mit einem Satz, der den Leser von heute vielleicht an die »Black-Lives-Matter«-Unruhen von 2020 erinnert: »*mostrar al governo che ele não põe o pé no pescoço do povo*« (»um der Regierung zu zeigen, dass sie den Leuten nicht den Fuß auf den Nacken stellen kann«).[35]

Trotzdem war die Zwangsimpfung mehr als ein Vorwand für den Aufstand. Erschwert wurde die Lage noch durch die beiden Kulturen, die in Rio de Janeiro zusammenstießen: einerseits die der modernen wissenschaftlichen Medizin, andererseits die traditionelle afrikanische Kultur der ehemaligen Sklaven, beide mit ihren eigenen Diagnosen und Heilmitteln.[36] Unwissenheit, was den Impfstoff anging, spielte auch eine Rolle, wie im Fall des Covid-19-Virus 2020. Viele der Armen waren Analphabeten und informierten sich durch Gerüchte. Unter anderem hieß es, der Impfstoff mache krank oder vergifte einen. Dr. Romualda Teixeira, ein Beobachter, betonte die Unwissenheit der Impfgegner, während ein anderer, der Dichter und Journalist Olavo Bilac, den Aufstand als Ausbeutung der Unwissenden durch die Hinterlistigen bezeichnete.[37]

CHOLERA

Im 19. Jahrhundert gab es noch eine weitere große Diskussion in der europäischen Medizin, dieses Mal über Ansteckung. Ein Gelbfieberausbruch in Barcelona 1822 diente dem französischen Arzt Nicholas Chervin als Testfall für den Nachweis, dass diese Seuche nicht durch Kontakt von Mensch zu Mensch verbreitet wurde, wie man zuvor allgemein angenommen hatte.[38] Die Cholera war jetzt an der Reihe, Unwissenheit bloßzustellen, als sie sich aus Indien, wo sie endemisch ist, über den Nahen Osten, China, Japan und Europa ausbreitete. In manchen Ländern, so in Preußen 1830 und Russland 1848, gewann sie die Ausmaße einer Epidemie. Die Krise führte zu einer Debatte über die Ansteckungswege und die beste Art, die Cholera zu bekämpfen.

In Großbritannien zum Beispiel kam es 1832 zu einem schweren Choleraausbruch. Die Ansicht, dass Gott die Seuche als Strafe für die Sünden der Menschen schicke, war damals noch verbreitet und führte zu einem Aufschwung methodistischer Erweckungsveranstaltungen. Es gab weiterhin Diskussionen zwischen den Anhängern der Ansteckungs- und der Miasmentheorie, und die Meinungen darüber, wie man die Epidemie am besten bekämpfe, blieben geteilt: ob durch eine Quarantäne (gegen die sich wie 2020 die Geschäftsinhaber aussprachen) oder durch Verbrennen von Kleidung und Möbeln. Die Regierung »sah sich zwei unpopulären Möglichkeiten gegenüber, die beide nicht zwingend wissenschaftlich begründet waren, entschied sich, wie viele Regierungen in einer solchen Lage, für ein bisschen von beidem und hatte mit keinem von beidem besonderen Erfolg«.[39]

Verschiedene Bevölkerungsgruppen reagierten unterschiedlich auf die Epidemie. Die Mittelschicht machte die Arbeiterklasse verantwortlich, die sie als dreckig, arm und betrunken darstellte. Die Arbeiterklasse, oder zumindest einige ihrer Angehörigen, bestritt, dass es eine Seuche gebe, und nannte die Behauptung »Mumpitz«.[40] In Manchester kam es zu gewaltsamen Protesten gegen die Maßnahmen des Board of Health, des örtlichen Gesundheitsamts. Die Unwissenheit spielte ihre Rolle, es gab »Versagen der Obrigkeit, Mangel an Information und fehlendes Wissen«. »Jede wirksame Erforschung des Wesens und der Ursachen der Cholera wurde durch das Fehlen einer Gemeinschaft der medizinischen Forscher behindert«, und außerdem gab es noch keine Mikroskope mit hoher Vergrößerung.[41]

Florence Nightingale, die als Krankenschwester durch die Betreuung von Cholerapatienten unter den britischen Truppen im Krimkrieg (1853 bis 1856) berühmt wurde, war von der Wirksamkeit des Händewaschens überzeugt. In dieser Hinsicht war sie ebenso ein Vorreiter wie Edwin Chadwick, ein britischer Sozialreformer, dessen Bericht über unhygienische Zustände 1848 zur Verabschiedung des Public Health Act in Großbritannien führte. Diese Beispiele erinnern uns an die damalige allgemeine Unkenntnis hinsichtlich Hygiene. Als sich in der Mittelschicht das Wissen um die Bedeutung der Hygiene ausbreitete, wurde es zum Kennzeichen der Arbeiterklasse, nicht darüber Bescheid zu wissen. In den USA hielt die Mittelschicht besonders die süd- und osteuropäischen Einwanderer für unhygienisch, und Hygieneunterricht wurde zum Teil von »Amerikanisierungs«-Kampagnen.[42]

In anderer Hinsicht folgte Florence Nightingale der Tradition: Sie glaubte fest an die überkommene Miasmentheorie der Krankheitsübertragung.[43] Erst während eines Choleraausbruchs 1854 in London gelang es dem Arzt John Snow, der wie ein Detektiv Indizien nachging, einen Trinkwasserbrunnen am Bahnhof Liverpool Street als Ursache der örtlichen Ausbreitung nachzuweisen. Dadurch wurde die Theorie gestützt, dass sich die Krankheit durch den Genuss von mit menschlichen Fäkalien kontaminiertem Wasser verbreitete (zu diesem Schluss war Snow gekommen, weil die Symptome der Cholera sich zuerst am Magen zeigten). Er schlug vor, das Wasser mit Chlor zu desinfizieren.[44]

In Frankreich stellte Louis Pasteur anhand seiner Forschungen mit einer neuen Generation leistungsfähiger Mikroskope die These auf, manche Krankheiten würden durch Mikroorganismen verbreitet, die sogenannten Bakterien, Mikroben oder Keime. Dr. Robert Koch, der 1883 aus Deutschland nach Ägypten entsandt worden war, um dort einen Ausbruch der Cholera zu untersuchen, unterstützte Pasteurs Mikrobentheorie. Als in Hamburg 1892 eine schwere Choleraepidemie ausbrach, begab sich Koch vor Ort, um sie zu bekämpfen. Die Hansestadt bezog ihr Trinkwasser ungereinigt aus der Elbe, während die damals preußische Nachbarstadt Altona ihr Trinkwasser filterte und prompt von der Cholera verschont blieb. Damit wurde im großen Maßstab bewiesen, was Dr. Snow im Einzelfall an einem lokalen Trinkwasserbrunnen in London herausgefunden hatte. Die Mikrobentheorie wurde danach akzeptiert und hat seitdem vielen Menschen das Leben gerettet.[45]

Das 20. und 21. Jahrhundert

Der medizinische Fortschritt marschiert im Gleichschritt mit der Naturwissenschaft voran, aber wenn eine neue Seuche auftritt, sind zunächst, wie die Covid-19-Epidemie gezeigt hat, alle unwissend. Die Grippe war zwar schon lange bekannt, aber die weltweite Epidemie von 1918/19 wurde durch neue Varianten des Virus ausgelöst. Dieser Ausbruch, einmalig in seinem Umfang, trat im Gefolge des Ersten Weltkrieges auf und ist auch auf ihn zurückzuführen. Die neuen Virusvarianten entstanden, als Truppen aus den USA und Nordafrika an der Westfront in Nordfrankreich mit solchen aus Europa zusammentrafen, während die in den Kriegs- und Nachkriegsjahren weitverbreitete Unterernährung die Bevölkerung anfälliger für die Krankheit machte, als sie es in Friedenszeiten gewesen wäre.[46]

Heute, ein Jahrhundert später, ist die Gefahr einer Epidemie, die sich rasch über die ganze Welt ausbreitet, wegen der Globalisierung und der Zunahme des grenzüberschreitenden Reiseverkehrs noch weit größer als damals. Es ist bestimmt kein Zufall, dass die erwähnten vier neuen Seuchen innerhalb der letzten 50 Jahre aufgetreten sind und Ärzte und Epidemiologen dazu zwingen, ihre anfängliche Unwissenheit in Wissen und dieses Wissen in lebensrettende Praxis zu verwandeln.

Die Erste dieser Seuchen war Ebola. Sie wurde 1976 nach Ausbrüchen in zwei Ländern Afrikas identifiziert: einem im Süden des Sudan und einem im damaligen Zaire (heute die Demokratische Republik Kongo). Die Suche nach einem Impfstoff war erst 2019 erfolgreich. Die zweite Epidemie, HIV oder Aids, kam ebenfalls aus Afrika, sprang vom Schimpansen auf den Menschen über und verbreitete sich von Kinshasa zunächst nach Haiti und dann in die USA. Das Virus wurde Anfang der 1980er-Jahre von mehreren Forschergruppen identifiziert. Zu den Reaktionen gehörte auch immer noch das Sündenbocksyndrom. In der UdSSR hieß es, die Regierung der USA habe das HIV-Virus als biologische Waffe geschaffen. Chinesische Quellen erhoben später ähnliche Vorwürfe gegen die USA wegen des Covid-19-Virus.

Die dritte Epidemie war SARS. Sie verbreitete sich von Südchina nach Hongkong und Toronto an andere Orte. Unwissenheit war mitschuldig an ihrer Verbreitung: In Hongkong wurde Kritik an der Regierung laut, die Regierung habe nicht schnell genug über die Seuche informiert. Das Covid-19-Virus ist eine erfolgreichere

Variante des SARS-Virus (»erfolgreich« vom Standpunkt des Erregers aus). Auch diese Seuche hat ihren Ursprung in China, und auch diesmal ist der chinesischen Regierung vorgeworfen worden, sie habe die Öffentlichkeit nur verzögert über die Gefahr informiert. Auch Verschwörungstheorien gedeihen einmal mehr. Der republikanische US-Senator Rick Scott behauptete, die chinesische Führung habe das Virus »absichtlich« nicht an der Ausbreitung gehindert und die Suche nach einem Impfstoff zu »sabotieren« versucht. Tom Cotton, ebenfalls Senator der Republikaner, bezeichnete das Virus als »biologische Waffe«. In China wiederum gaben die Medien der US-Armee die Schuld für das Virus.[47] Wie 1904 in Rio de Janeiro entstand auch diesmal in den USA und anderswo eine Widerstandsbewegung gegen die Impfung.

Unwissenheit wird oft durch Vorurteile gefördert. Es dauerte lange, bis die Medizin die Rolle der Insekten, Vögel und anderen Tiere, ganz zu schweigen von der der Bakterien, bei der Übertragung von Epidemien erkannt hatte. Im Fall der Beulenpest ignorierten die Ärzte die Rolle von Flöhen und Ratten, beim Typhus die der Fliegen und Läuse, bei der Spanischen Grippe die der Vögel, bei HIV die der Affen und bei SARS die der Fledermäuse. In einer hierarchischen Gesellschaft war es besonders schwierig, sich vorzustellen, dass winzige Insekten wie Flöhe und Läuse, die gegenüber anderen Tieren und dem Menschen als bedeutungslos galten, Millionen Menschen töten konnten. In diesem Fall rief die Überheblichkeit des Menschen seinen Sturz wirklich selbst hervor.

Kapitel 13

Geheimnisse und Lügen

Da Geheimhaltung ein Element von Verschwörungen ist, sollte sie niemals zum System regulärer Regierungsarbeit gehören.
Jeremy Bentham

Die wichtigste Aufgabe einer Sozialgeschichte der Unwissenheit wurde in der Einleitung zu diesem Buch mit einer Formulierung beschrieben, die von dem amerikanischen Politikwissenschaftler Harold Lasswell übernommen wurde. Sie besteht darin herauszufinden, »wer weiß nicht was, wann, wo und mit welchen Folgen«. Dieses Kapitel geht über diese Formulierung hinaus, denn es befasst sich, wie andere neuere Untersuchungen der Unwissenheit, mit der Art und Weise, wie Einzelpersonen und Gruppen mit bestimmten Kategorien von Wissen versuchen, dieses Wissen von anderen Gruppen fernzuhalten, egal ob es sich um Feinde, Konkurrenten oder die breite Öffentlichkeit handelt.[1] Sie ermöglichen, unterstützen, ermutigen, missbrauchen oder verlangen sogar, dass ihre Zielpersonen unwissend sind. Daher müssen wir uns fragen: Wer will, dass wer was nicht weiß und aus welchen Gründen? Wer hat die Macht (die Gelegenheit und die Ressourcen), dies zu tun, und was sind die Konsequenzen seines Handelns?

Die angewandten Methoden lassen sich dabei (in Anlehnung an den Titel eines Films von Mike Leigh) als »Geheimnisse und Lügen« zusammenfassen. Der Bedeutungsumfang dieser Begriffe kann erweitert werden, um auch Leugnung, Desinformation, »Fake News« und »Vertuschung« (oder, um die Metapher zu ändern, »Verschweigen«) zu umfassen. Die Praktiken, auf die sich diese Bezeichnungen beziehen, sind viel älter als die Ausdrücke selbst, reichen weiter zurück, als gemeinhin angenommen wird, wie in diesem Kapitel gezeigt werden soll. Was wir heutzutage als »Fake News« bezeichnen, wurde im 19. Jahrhundert noch »Falschmeldung« genannt, oft in Form von Gerüchten. Was in der Folge von Michail Gorbatschows Glasnost im Deutschen als »Transparenz« bekannt geworden ist, wurde im 19. Jahrhundert noch als »Publizität« bezeichnet. Der Begriff taucht in Jeremy Benthams Schriften zur politischen und rechtlichen Theorie auf, wo er fordert, dass »die Türen aller öffentlichen Einrichtungen ... für sämtliche Neugierigen offenstehen sollten«. Was den russischen Begriff der Dezinformatsya betrifft, deutsch »Desinformation«, so ist dies nur ein Euphemismus für die traditionelle Bezeichnung »Lügen«.

Die Geschichte, die in diesem Kapitel erzählt wird, ist im Wesentlichen eine Darstellung des immer wiederkehrenden Konflikts zwischen Transparenz und Undurchsichtigkeit, Abschottung und Offenlegung, »Leaks« und »Klempnern« (die diese undichten Rohre des Informationsflusses wieder abdichten), einschließlich der umfangreichen Grauzonen zwischen diesen Extremen. Weder völlige Transparenz noch völlige Undurchsichtigkeit sind möglich oder gar wünschenswert. Regierungen, Kirchen, Unternehmen und andere Institutionen versuchen natürlich, ihre Geheimnisse zu bewahren. Um dies zu erreichen, setzen sie eine Reihe von Mitteln ein, darunter Zensur, Chiffrierung und offizielles Leugnen.

Umgekehrt möchten Regierungen und Unternehmen auch die Geheimnisse anderer aufdecken und setzen zu diesem Zweck

Spione, Codebrecher und seit einigen Jahren auch Hacker ein. Investigative Journalisten, die von Whistleblowern unterstützt werden, spezialisieren sich darauf, Geheimnisse ans Licht zu bringen und aufzudecken, was vertuscht wurde. Manchmal sind es die Angreifer, die dieses Spiel von »Verschleierung und Enthüllung« gewinnen, und manchmal die Verteidiger, aber solange einige Geheimnisse weiterhin bestehen bleiben, wird es nie möglich sein, genau zu bestimmen, welche Seite am häufigsten gewinnt.

Im Folgenden soll versucht werden, zwischen dem zu unterscheiden, was man als »gewöhnliche« Geheimhaltung, vor allem von Seiten von Regierungen und Unternehmen, bezeichnen könnte, und »außergewöhnlichen« Versuchen, Nachrichten über bestimmte Vorkommnisse zu verhindern, die hochgestellte Persönlichkeiten in Verlegenheit bringen könnten.

STAATSGEHEIMNISSE

Regierungen sind sich seit langem der Bedeutung von »Staatsgeheimnissen« bewusst (die der römische Historiker Tacitus als *arcana imperii* bezeichnete). Im Europa der Frühen Neuzeit diskutierte man über Täuschung häufig in Kommentaren zu Tacitus (insbesondere dessen Bemerkungen über den Kaiser Tiberius) und in Abhandlungen über die »Staatsräson«. Eine berühmte Darstellung der Täuschung findet sich im 15. Kapitel von Machiavellis *Fürst*, wo der Autor feststellt, ein Herrscher müsse nicht wirklich tugendhaft sein, müsse jedoch den Anschein erwecken, »barmherzig, vertrauenswürdig, menschlich, aufrecht und fromm« zu sein. Die Höflinge waren ihrerseits gut beraten, ihre Gedanken und Gefühle in Gegenwart des Fürsten zu verbergen. Dem Machthaber gegenüber die Wahrheit zu sagen, war gefährlich, während das Verhehlen der eigenen Meinung als Zeichen von Besonnenheit galt.

Verstellung wurde Privatpersonen in drei Erörterungen empfohlen, die zu Klassikern wurden: Francis Bacons Essay »Von Simulation und Dissimulation« (1597); das Traktat über die »Ehrenwerte Täuschung« (*Della dissimulazione onesta*, 1641) des neapolitanischen Privatsekretärs Torquato Accetto, der behauptete, sie sei ein wesentlicher Bestandteil höflichen Verhaltens; und das Handbuch des spanischen Jesuiten Baltasar Gracián über die Kunst der Umsicht (*Oráculo manual*, 1647).

Bacon unterschied drei Grade des Verbergens: erstens Verschwiegenheit; zweitens »Dissimulation, im Negativen, wenn jemand Zeichen und Hinweise streut, er sei nicht das, was er ist«; und drittens »Simulation, im Affirmativen, wenn jemand eifrig und ausdrücklich vortäuscht, etwas zu sein, was er nicht ist«. Der Autor bietet, wenn man es mit einem heutigen Fachbegriff ausdrücken will, eine Kosten-Nutzen-Analyse der Vor- und Nachteile aller drei Varianten und kommt zu dem Schluss, die beste Wahl sei es, »als offen zu gelten in der Meinung der anderen, sich die Verschwiegenheit zur Gewohnheit zu machen, etwas zu verbergen zu gegebener Zeit, und fähig zu sein, sich zu verstellen, wenn es nicht anders geht«.[2]

Was Gracián betrifft, so beschreibt sein Werk das Leben als einen ständigen Kampf zwischen der Verstellung und ihrer Entdeckung. Der umsichtige Mensch verstellt sich, denn »der Spieler, der seine Karten aufdeckt, läuft Gefahr, die Partie zu verlieren«. Ein aufmerksamer Beobachter ist jedoch in der Lage, die Zeichen zu »entschlüsseln« und herauszufinden, was wirklich vor sich geht. Für einen Sozialhistoriker lässt sich etwas aus der Tatsache schließen, dass der Autor sein Handbuch zwar als Leitfaden für das Leben im Allgemeinen präsentierte, es aber in Übersetzungen als Leitfaden für das Leben am Hof zirkulierte.[3]

Während der Epoche der Aufklärung wurde die Verstellung kontrovers diskutiert. So veröffentlichte beispielsweise Friedrich der Große in seiner Jugend eine Kritik an Machiavelli (*L'Anti-Machiavel*,

1740), in der er die Auffassung zurückwies, ein Herrscher könne gezwungen sein, sich der Täuschung zu bedienen. Später im Leben änderte er seine Meinung und beschrieb das Volk als »diese gehirnlose Masse, die dazu bestimmt ist, von denen geführt zu werden, die sich die Mühe machen, es zu täuschen« (*le peuple ... cette masse imbécile, et faite pour être menée par ceux qui se donnent la peine de la tromper*).[4]

Vier Jahrzehnte nach dem *Anti-Machiavel* schlug der Philosoph Jean d'Alembert dem Preußenkönig Friedrich vor, die Berliner Akademie solle für ihren Aufsatzpreis die Frage wählen, »Ob es nützlich sein könne, das Volk zu täuschen« (*S'il peut être utile de tromper le peuple*). Dies geschah im Jahr 1780, wobei eine Formulierung hinzugefügt wurde, die das Thema über »es in die Irre führen« erweiterte durch die Miteinbeziehung von »im falschen Glauben belassen«, was man heutzutage als die »Produktion« von Unwissenheit bezeichnet. 42 Aufsätze wurden eingereicht.[5] Gegenwärtig würden sich für einen derartigen Wettbewerb verfasste Aufsätze vermutlich vor allem mit dem Verhalten von Regierungen und großen Unternehmen befassen. Im Jahre 1780 jedoch konzentrierten sich die Teilnehmer auf »Hochstapler« im Bereich der Religion.

ZENSUR

Wenn Geheimnisse schriftlich festgehalten wurden, konnte die Nachricht verschlüsselt werden. Codes und Chiffren haben eine lange Geschichte, aber im 16. Jahrhundert wurden sie deutlich komplizierter, was der Mitwirkung von Mathematikern wie François Viète zu verdanken war, der im Dienst der französischen Könige Heinrich III. und Heinrich IV. stand.[6]

Ein weiteres wichtiges Mittel der Regierungen zum Schutz ihrer Geheimnisse war die Zensur, wodurch man die Veröffentlichung solcher Texte untersagte, die man für aufrührerisch hielt oder von denen man befürchtete, sie würden dem Feind zum Vorteil gereichende Informationen enthüllen; außerdem ließ man unliebsame Passagen aus Büchern und Zeitungen entfernen. Im Europa der Frühen Neuzeit unterlagen Veröffentlichungen in der Regel einer zweifachen Zensur, sowohl religiös als auch politisch. Die katholische Zensur nahm die Form des *Index der verbotenen Bücher* an (ein gedruckter Katalog von Büchern, die von rechtgläubigen Katholiken ignoriert werden sollten). Das ist der bekannteste Fall dieser Art, auch der am weitesten verbreitete und der am längsten währende (vom frühen 16. bis zur Mitte des 20. Jahrhunderts). Die protestantische Zensur war ebenso rigoros, aber weniger wirksam, weil sie dezentralisiert und nach Glaubensrichtungen aufgeteilt war.

Die weltliche Zensur kam später auf als die religiöse Variante, und jede Nation hatte ihre eigenen, mehr oder weniger strengen Regeln. So mussten beispielsweise gemäß dem englischen Licensing Act von 1662 alle Gesetzesbücher vom als Justizminister fungierenden Lordkanzler geprüft werden, und die als besonders gefährlich geltenden Geschichtsbücher von einem anderen Minister.[7] Das französische System – wie auch seine Umgehung – ist am bekanntesten, vor allem während der Aufklärung, als in der ersten Hälfte des Jahrhunderts mindestens 1000 Bücher verboten wurden, während verfemte Bücher aus der benachbarten Schweiz oder aus Holland, wo die Zensur weniger streng war, heimlich nach Frankreich eingeführt wurden.[8]

Die kirchliche Zensur hielt sich bis ins 19. und sogar 20. Jahrhundert. Die letzte Ausgabe des *Index der verbotenen Bücher* wurde erst 1948 veröffentlicht, und darin wurde Voltaire weiterhin verurteilt, wie ein Lehrer in meiner Jesuitenschule uns einmal erklärte, wobei er zu erkennen gab, dass er dieses Verbot für ziemlich anachronistisch hielt. Wichtiger war ab dem 19. Jahrhundert jedoch die weltliche Zensur, und die Aufmerksamkeit der Zensoren verlagerte sich von Büchern auf Zeitungen, politische Karikaturen und das Theater. Im Frankreich der Ära von Napoleon III. bekam der berühmte Karikaturist Honoré Daumier regelmäßig Probleme mit der Zensur.[9] In Russland hatte gegen Ende der Zarenzeit Anton Tschechow ähnliche Schwierigkeiten, sowohl bei seinen Erzählungen als auch bei seinen Theaterstücken.

Eines der strengsten Systeme war das Pressegesetz von 1819, das Teil war der »Karlsbader Dekrete« und für Österreich sowie zehn deutsche Staaten einschließlich Preußens galt. In den 1830er-Jahren wurden die Werke des Dichters und Journalisten Heinrich Heine verboten, und 1843 sah sich Karl Marx gezwungen, nach Paris zu fliehen, nachdem die Zeitschrift, für die er schrieb, verboten worden war.[10]

Das österreichische Regime in der Lombardei untersagte die Verbreitung von Werken von Machiavelli sowie Voltaire und Rousseau. Nach dem Jahr 1848 wurde die Zensur im Habsburger Reich etwas milder, aber die Schriftsteller hatten auch gelernt, sich zu zügeln, um Probleme von vornherein zu vermeiden. Vielleicht war es seine Erfahrung mit dieser Regierung, zumindest als Zeitungsleser, die Freud auf die Idee brachte, von einer inneren, unbewussten Zensur zu sprechen. Ein weiteres strenges System war das russische, insbesondere unter Zar Nikolaus I. (1825-55). Deshalb verließ im Jahr 1847 der Journalist Alexander Herzen seine russische Heimat, um der Überwachung durch die Polizei zu entgehen. In London gründete er die Freie Russische Presse und eine Zeitschrift namens *The Bell* (*Kolokol*), in der Meinungen ohne Rücksicht auf die Zensur geäußert werden konnten.

Schriftsteller, die in autokratischen Regimen blieben, aber das politische System kritisieren wollten, griffen auf die sogenannte »Äsop-Methode« zurück, auf Allegorien, wie sie in Äsops Fabeln verwendet werden, in denen Tiere für Menschen stehen. Es ist ein beliebter literarischer Kunstgriff, von einem weit entfernten Ort oder einer weit entfernten Zeit zu sprechen, um sich damit verdeckt auf das eigene Land in der Gegenwart zu beziehen. Mitte des 19. Jahrhunderts schrieb der tschechische Journalist Karel Havlíček über die britische Weigerung, Irland die Unabhängigkeit zu gewähren, um die österreichische Weigerung, die Tschechen in die Unabhängigkeit zu entlassen, zu kritisieren.[11] In China erregte während der Kulturrevolution Wu Han großes Aufsehen mit seiner historischen Oper *Hai Rui wird seines Amtes enthoben*, über einen tugendhaften Beamten der Ming-Epoche, der von einem tyrannischen Kaiser entlassen wurde.[12] In den 1970er- und 1980er-Jahren wurden die Bücher von Ryszard Kapuściński über den Sturz des Kaisers von Äthiopien und des Schahs von Iran von seinen Mitbürgern als Kritik an dem autoritären Regime des kommunistischen Polens gelesen.

Öffentliches Wissen und öffentliche Unwissenheit

Obwohl es natürlich unmöglich ist, die Unkenntnis normaler Bürger bezüglich der Handlungen ihrer Regierungen in »Geheimhaltungsregimes« genau zu ermitteln, lässt sich dennoch etwas darüber sagen. In der UdSSR wurden von Stalin bis Gorbatschow, von 1922 bis 1991, die Bemühungen, die Öffentlichkeit über das, was hinter den Kulissen geschah, im Unklaren zu lassen, unterstützt von den offiziellen Zeitungen *Prawda* (»Wahrheit«) und *Iswestija* (»Nachrichten«). Politischer Humor, weitergegeben durch Flüsterpropaganda unter Freunden, ist eine Möglichkeit, autoritäre Regime zu kritisieren, und so lautet denn auch ein russischer Witz aus der Zeit Stalins: »Es gibt keine Nachrichten in der *Prawda* und keine Wahrheit in der *Iswestija*.«

In den meisten Ländern gelten Gerüchte und andere Formen der mündlichen Kommunikation zu Recht als weniger zuverlässig als

Zeitungen, aber in der UdSSR war es lange Zeit umgekehrt.[13] Landkarten der UdSSR waren ebenfalls unzuverlässig, da sie alles nicht zeigten, dessen Existenz der Regierung missfiel (beispielsweise Kirchen) oder was vor der Öffentlichkeit verborgen werden sollte (darunter die Gulags). Ebenfalls nicht auf Karten verzeichnet waren die Naukograds, die neuen »Städte der Wissenschaft«, in denen die Forschung konzentriert war, und von denen sich einige in Sibirien befanden und von Gefangenen aus den Arbeitslagern errichtet worden waren.[14] Wie Andrei Sacharow, der bekannte Atomphysiker und Dissident, aus dem Inneren der UdSSR im Jahr 1968 schrieb, war dies »eine geschlossene Gesellschaft, die ihren Bürgern keine wesentlichen Informationen zur Verfügung stellt, abgeschottet von der Außenwelt, ohne Reisefreiheit noch Austausch von Neuigkeiten«.[15] Die Reaktion von Dissidenten wie Sacharow bestand entweder darin, im Ausland zu veröffentlichen oder die Informationen über Samisdat zu verbreiten, also über selbst gedruckte Publikationen, die heimlich von Hand hergestellt und verteilt wurden.

Geheimnisse vor der Öffentlichkeit zu bewahren, ist kein Monopol des Staates. Im frühneuzeitlichen Europa, wie auch bereits im Mittelalter, hatte jedes Handwerk seine Geheimnisse, das »Mysterium« der Zunft. Damit zusammen hängt das französische Wort *métier*, das »Handwerk« oder »Beruf« bedeutet.[16] Die Lehrlinge einer bestimmten Handwerkszunft wurden in die Berufsgeheimnisse eingeweiht, wie bei der Initiation in einen Geheimbund. Ein solcher sind tatsächlich die aus der Zunft der Maurer hervorgegangenen Freimaurer. Als die Royal Society of London im 17. Jahrhundert eine Untersuchung über das praktische Wissen der Handwerker plante, stellte sie fest, dass diese nur ungern die Geheimnisse ihrer Berufe an Außenstehende weitergaben.[17] Im 18. Jahrhundert stieß Denis Diderot, selbst Sohn eines Messerschmiedemeisters, aus naheliegenden ökonomischen Gründen auf den Widerstand der Zünfte, als er in seiner berühmten *Encyclopédie* Informationen über die

Handwerksberufe veröffentlichte. Wie in Kapitel 10 angedeutet, hat die Geheimhaltung im Wirtschaftsleben eine lange Tradition.

Geheimnisse und Lügen gibt es in der Welt der Wissenschaft und Gelehrsamkeit genauso wie in der Politik und im Geschäftsleben. Viele frühneuzeitliche Gelehrte interessierten sich für »okkultes« (anders ausgedrückt: »verborgenes«) Wissen, insbesondere für Alchemie, Magie und die jüdische Geheimlehre der Kabbala. Was sie herausfanden, behielten sie für sich oder gaben es nur an wenige Auserwählte weiter. Naturphilosophen erforschten das, was man damals die Geheimnisse der Natur nannte, und einige von ihnen veröffentlichten ihre Erkenntnisse in »Büchern der Geheimnisse«, zunächst als Manuskript für einige wenige Leser und später in gedruckter Form für eine breitere Öffentlichkeit.[18]

Plagiate unter akademischen Kollegen sind vielleicht keine gängige Praxis, aber besonders selten ist dieses Fehlverhalten nicht. Im Rahmen der Kontroversen ab dem 17. Jahrhundert, wer eine bestimmte wissenschaftliche Entdeckung zuerst gemacht hatte, hielten die Gelehrten manchmal ihren Anspruch in verschlüsselter Form fest, um zu verhindern, dass das Geheimnis von ihren Rivalen gestohlen wurde. Als beispielsweise im Jahre 1655 der niederländische Naturphilosoph Christiaan Huygens die Ringe des Saturns entdeckte, gab er diesen Fund in Form eines Anagramms bekannt.[19] Wie wir bereits gesehen haben, ist die Nichtanerkennung von erhaltener Hilfe, wozu vor allem männliche Wissenschaftler, die von weiblichen unterstützt wurden, neigen, ein wiederkehrendes Thema in der Geschichte der Forschung, wie das mittlerweile berüchtigte Beispiel von Rosalind Franklin uns vor Augen führt.

Vertuschungen

Regierungen war es lange Zeit wichtig, nicht nur die Aufdeckung von geheimem Wissen zu verhindern, sondern auch den Zweifel an dem zu fördern, was aufgedeckt wurde. Vertuschungen sind eine althergebrachte Praxis. So waren beispielsweise im Jahre 1541 zwei französische Diplomaten auf Befehl des Gouverneurs der Lombardei, des Marchese del Vasto, ermordet worden. Wenn dessen Verantwortung hierfür öffentlich bekannt geworden wäre, hätte dies zu einem Krieg zwischen Frankreich und dem Heiligen Römischen Reich, zu dem die Lombardei zu jener Zeit gehörte, führen können. Dem Kaiser, Karl V., wurde geraten, um einen Krieg zu vermeiden, dürfe »Eure Majestät diese Tat nicht billigen«. Vasto solle »belobigt werden, aber um jedes Risiko zu vermeiden, muss dies unter größter Geheimhaltung geschehen«. Karl erklärte sich dazu bereit, den Vorfall zu vertuschen.[20]

Derartige Verschleierungen sind den Zeitgenossen seit langem bewusst. Wie wir gesehen haben, wurde der Südseeskandal von Robert Walpole unter den Teppich gekehrt, und sein Vorgehen wurde vom Journalisten Richard Steele als »Verhüllung« bezeichnet.[21] Ein weiteres berüchtigtes Beispiel für Vertuschung und Aufdeckung betrifft die zweite Ehe von Ludwig XIV. im Jahr 1683 mit Madame de Maintenon, der ehemaligen Gouvernante der Kinder der Mätresse des Königs. Wenn es bekannt geworden wäre, dass der Monarch eine Person von niedrigem gesellschaftlichem Rang geheiratet hatte, dann hätte dies seinem Ruf sowohl in der Heimat als auch in anderen Ländern geschadet, weshalb man sich bemühte, dies nicht nur vor der französischen Bevölkerung, sondern auch vor ausländischen Höfen zu verbergen.

Nichtsdestotrotz drangen schon vor dem Tod des Königs kompromittierende Details aus seinem Privatleben an die Öffentlichkeit. Dass seine geheime Ehe den Feinden des Königs, insbesondere den

Briten, aber auch den Gegnern in seinem eigenen Land, durchaus bekannt war, zeigt die Veröffentlichung zu Beginn des 18. Jahrhunderts von *The French King's Wedding*, einem Traktat, das für sich in Anspruch nahm, »das komische Liebeswerben, das Gejaule und die überraschende Hochzeitszeremonie von Ludwig XIV. mit Madame Maintenon, seinem früheren Mietgaul« zu schildern. Es wäre faszinierend herauszufinden, wer für die Weitergabe dieses Geheimnisses verantwortlich war.[22]

Einige der dramatischsten Beispiele von Situationen, in denen Regierungen die Öffentlichkeit absichtlich bestimmte Dinge nicht wissen lassen, sind die der Vertuschung von großen Katastrophen. Während der Hungersnot in Bengalen im Jahre 1943 untersagte die Obrigkeit die Verwendung des Begriffs »Hungersnot«, und das im selben Jahr veröffentlichte Buch *Hungriges Bengalen* des Künstlers Chittaprosad Bhattacharya wurde verboten, samt Vernichtung aller gedruckten Exemplare.[23] Ein weiterer berüchtigter Fall ist der Holodomor, die große Hungersnot in der Ukraine in den Jahren 1932 und 1933. Die sowjetische Regierung behauptete sowohl damals als auch später, eine derartige Hungerkatastrophe habe nie stattgefunden.[24]

Mit Leugnen reagierte die sowjetische Obrigkeit auch auf den schwerwiegenden Atomunfall von Tschernobyl, ironischerweise ausgerechnet zur Zeit von Michail Gorbatschows Politik der staatlichen »Transparenz« (Glasnost). Der Direktor der Anlage, Anatoli Djatlow, bestritt zunächst, dass der Reaktorkern explodiert sei. Die ersten Nachrichten über den Vorfall kamen aus Schweden, wo Wissenschaftler eines Kernkraftwerks feststellten, dass die Strahlungswerte in ihrer Umgebung alarmierend schnell anstiegen. Die sowjetische Regierung behauptete anfangs, es sei nichts Anormales passiert, und verkündete dann, es handele sich um eine geringfügige Fehlfunktion.

Später wurde eine Untersuchungskommission eingesetzt, aber deren Leiter, Waleri Legassow, beging Selbstmord am Tag vor der geplanten Bekanntgabe der Ergebnisse; er ließ Tonbandaufnahmen zurück, in denen er die Vertuschung früherer Unfälle kritisierte. Bis heute schwer einzuschätzen ist, wie viel Gorbatschow von der Katastrophe wusste und wann er davon erfuhr. Später bemerkte er, Tschernobyl könne »der wahre Auslöser für den Zusammenbruch der Sowjetunion« gewesen sein. Erst nach dem Untergang der UdSSR kamen geheime KGB-Berichte über Nachlässigkeit beim Bau des Atomkraftwerks und über frühere Zwischenfälle ans Licht.[25]

DAS MASSAKER IM WALD VON KATYN

Eine Lüge zu erzählen, zieht häufig weitere Lügen nach sich, um die erste Unwahrheit zu stützen, was sich anhand einer berüchtigten Vertuschung im kommunistischen Polen zeigen lässt. Zu Beginn des Zweiten Weltkrieges, im April und Mai 1940, wurden mehr als 20.000 polnische Offiziere von der russischen Geheimpolizei erschossen und im Wald von Katyn in der Sowjetunion verscharrt.

Im kommunistischen Polen durfte dieses Ereignis nicht genauer erörtert werden, da das Massaker offiziell den Deutschen zugeschrieben wurde. Um diese Schuldzuweisung plausibel erscheinen zu lassen, musste der Zeitpunkt der Massenmorde auf 1941 geändert werden, nach dem deutschen Einmarsch in Russland im Juni desselben Jahres. 1946 wurde in Katyn ein Mahnmal errichtet, das die Deutschen als die Verantwortlichen bezeichnete. Die Polen konnte man dadurch aber nicht täuschen, vor allem nicht die Familien, die Angehörige bei dem Massaker verloren hatten. Sie wussten genau, ab welchem Datum die Opfer keine Briefe mehr nach Hause schickten.

Dennoch ging das Hin und Her weiter. So wurde 1981 auf einem Warschauer Friedhof ein inoffizielles Denkmal mit einer Inschrift errichtet, die sowohl das Wort »Katyn« als auch die Jahresangabe 1940 enthielt. Das nicht genehmigte Monument wurde sofort von der Geheimpolizei entfernt,[26] und 1985 wurde in Warschau stattdessen ein offizielles Denkmal eingeweiht, das das Massaker weiterhin auf das Jahr 1941 datierte und die Deutschen als dessen Urheber identifizierte.

Erst nach 1989 änderte sich endlich der Umgang mit diesem Verbrechen. Polen und Russen einigten sich auf eine neue Inschrift für das Denkmal in Katyn, ohne Bezugnahme auf die Deutschen. 1993 kniete Boris Jelzin vor dem Denkmal in Warschau nieder und sagte: »Vergebt uns, wenn ihr könnt.« Die Geschichte des Massakers und der Versuche, seine wahren Umstände zu vertuschen, wurde 2007 in einem bewegenden Film des polnischen Regisseurs Andrzej Wajda erzählt. Mittlerweile gelten die wichtigsten Fakten des Falles als gesichert, was möglich war auf der Grundlage von Aussagen von Überlebenden und Zeugen vor Ort sowie anhand der Datierung von Briefen, die in den Taschen der aus den Massengräbern exhumierten Leichen gefunden wurden.[27]

DIE GROSSE MAUER DES SCHWEIGENS

Seit der Machtergreifung des kommunistischen Regimes in China im Jahr 1949 wurde eine Reihe unangenehmer Vorfälle vertuscht, was man als den Bau einer Großen Mauer des Schweigens bezeichnen könnte. Wie in der UdSSR wurde über Katastrophen in den nationalen Nachrichten nichts mitgeteilt. Ein nicht lange zurückliegendes Beispiel hierfür ist der Ausbruch des Covid-Virus in Wuhan. Ein chinesischer Epidemiologe, Professor Kwok-Yung Yuen, der in der BBC-Sendung *Panorama* interviewt wurde, erklärte, er habe den Verdacht, »dass in Wuhan vor Ort etwas verborgen wurde«: »Die lokalen Beamten, die alle Informationen sofort weitergeben sollten,

Geheimnisse und Lügen

haben in diesem Fall nicht zugelassen, dass dies so rasch wie nötig erfolgt wäre.«[28]

Frühere Beispiele für Vertuschungsaktionen sind die Große Hungersnot von 1958 bis 1962, die in Kapitel 12 besprochen wurde; die Kulturrevolution von 1966 bis 1976; und die Studentenproteste auf dem Platz des Himmlischen Friedens am 4. Juni 1989 samt ihrer gewaltsamen Niederschlagung, bei der etwa 2600 Menschen getötet wurden. Alle drei Ereignisse dürfen nicht mehr erwähnt werden, und in den in der Schule verwendeten Geschichtsbüchern kommen sie nicht vor. Auch Euphemismen wie die Umschreibung »der Vorfall vom 4. Juni 1989« werden vom Regime nicht gern gesehen. Am Jahrestag dieses Aufstands sind als Anspielungen interpretierbare Wörter wie »heute« oder »in jenem Jahr« aus dem Internet verbannt. Als die Mutter eines am 4. Juni getöteten Jungen einer Hongkonger Zeitung im Jahr 1991 ein Interview darüber gab, warnte man sie, ihr als Musiker arbeitender Ehemann würde ein Reiseverbot erhalten, wenn sie sich weiter zu diesem Thema äußern würde. 2012 wurde in Hongkong ein Museum zum Gedenken an den 4. Juni eröffnet, das aber vier Jahre später bereits wieder geschlossen wurde.[29]

Der bemerkenswerteste Kommentar zur Haltung der Regierung erfolgte nicht in verbaler, sondern in bildlicher Form. Der chinesische Karikaturist Badiucao, der jetzt in Australien lebt, illustrierte die Verschleierung in einer 2014 angefertigten Zeichnung mit dem Titel »Ein Stück rotes Tuch«. Unter diesem Stoff sehen wir die Form eines Panzers, der sprichwörtliche Elefant im Raum.[30] Jene Generationen, die diese drei Ereignisse persönlich miterlebt haben, werden sie selbstverständlich nie vergessen, aber später geborene Chinesen sind in Unkenntnis der Ereignisse aufgewachsen. Der Elefant wird allmählich kleiner. So ist beispielsweise das Foto eines jungen Mannes, der einem Panzer auf dem Platz gegenübersteht, im Westen gut bekannt, aber nicht in China. Als ein Journalist im Jahr 2016 das Bild des »Panzermannes« verschiedenen Studenten an vier chinesischen Universitäten vorlegte, deren Studentenschaft maßgeblich an den Protesten beteiligt gewesen war, stellte er fest, dass nur 15 von 100 Studierenden in der Lage waren, das Bild richtig zuzuordnen.[31]

Was die Älteren betrifft, die 1989 bereits erwachsen waren und oftmals Zeugen der damaligen Ereignisse, so unterstützen sie in der Regel das Regime bei dessen Bemühen, alles unter den Teppich zu kehren, und zwar unabhängig von ihrer eigenen Einstellung zu den Protesten. Sie wissen, was sie nicht wissen sollen, oder versuchen zumindest, ihr Wissen zu vergessen.[32] Im Sinne Freuds wird die offizielle Unterdrückung der Wahrheit durch deren inoffizielle Verdrängung ergänzt. Im Jahr 2013 kommentierte der Romanautor Yan Lianke in der *New York Times* die Lage der chinesischen Intellektuellen: »Man wird Sie mit Macht, Ruhm und Geld belohnen, solange Sie bereit sind, nur das zu sehen, was gesehen werden darf, und wegzusehen von dem, was nicht gesehen werden darf ... unsere Amnesie ist ein vom Staat geförderter Sport.«[33] Als die Journalistin Louisa Lim gewöhnliche Chinesen zu dem »Vorfall« befragte, erhielt sie Antworten wie die folgenden: »Dieses Problem ist recht heikel. Wir sollten jetzt besser nicht darüber reden. Lassen Sie uns in der heutigen Welt leben und nicht in der Vergangenheit wühlen« oder »Ich denke nicht darüber nach ... Ich möchte nur ein gutes Leben führen und ein wenig Geld verdienen. Was nützt es, ständig zurückzublicken?«[34]

Spionage

Das Bestreben, Geheimnisse zu entdecken oder zu enthüllen, ist zweifellos so alt wie die Geheimnisse selbst, aber zwischen dem 16. und dem frühen 21. Jahrhundert haben diese Bemühungen verschiedene Phasen durchlaufen. Während sie Anstrengungen unternahmen, ihre eigenen Geheimnisse zu bewahren, haben Regierungen gleichzeitig versucht, die Geheimnisse ihrer Feinde, Rivalen und Verbündeten, ja sogar ihrer Bürger herauszufinden, nur um diese Informationen dann wieder in eigenen Geheimberichten zu verbergen. Bereits in der Frühen Neuzeit beschäftigten europäische Regierungen Informanten und Spione, wenngleich die Spionage zu jener Zeit noch kaum hauptberuflich ausgeübt wurde, sondern eher eine zusätzliche Aktivität für Kaufleute oder Diplomaten war, die man dafür anwarb; ihre eigentliche Tätigkeit diente dann als Tarnung.[35]

Ab dem frühen 19. Jahrhundert lassen sich die Professionalisierung und die Spezialisierung der Spionage beobachten, zusammen mit dem Aufkommen der Geheimpolizei und der Geheimdienste (in einer militärischen und einer zivilen Variante, die sich sowohl mit dem Inland als auch mit dem Ausland befassten). So wurde beispielsweise in Russland im Jahre 1826 die berüchtigte »Dritte Abteilung« als Reaktion auf den erfolglosen Aufstand der »Dekabristen«-Offiziere gegründet. Zehn Jahre später überwachte sie mehr als 1600 Personen und zensierte Theaterstücke. Der Dritten Abteilung folgten 1881 die Sicherheitsdienste der Ochrana, eine Reaktion auf die Ermordung von Zar Alexander II. Nach der bolschewistischen Revolution trat an deren Stelle die Tscheka, die 1917 entstand, um gegen Konterrevolution und Sabotage zu ermitteln; dann die GPU/OGPU (1922), der NKWD (1934), der KGB (1954) und der FSB (1995).

Es mag seltsam erscheinen, diese Polizeikräfte als »geheim« zu bezeichnen, da sie spezielle Uniformen trugen und alle von ihrer Existenz wussten. Viele ihrer Aktivitäten waren und sind jedoch tatsächlich geheim: Verhaftungen auf der Grundlage geheimer Berichte anonymer Informanten, geheime Prozesse und geheime Hinrichtungen, manchmal in großem Umfang, wie im Fall des Massakers im Wald von Katyn. Wenn sie sich sicher vor Lauschern wähnten, bezeichneten gewöhnliche Russen Stalins NKWD manchmal als »Opritschniki«, die Privattruppen im Dienst des Zaren Iwan des Schrecklichen (Iwan Grosny) aus dem 16. Jahrhundert, die Menschen ohne Gerichtsverfahren oder sogar ohne Angabe von Gründen töteten. Sergei Eisenstein deutete 1944 in seinem Film *Iwan der Schreckliche, Teil 1* ebenfalls eine Parallele zu Stalin an, weshalb der zweite Teil des Films erst 1958 im Rahmen der Kampagne zur »Entstalinisierung« veröffentlicht wurde.[36]

Die Professionalisierung und Spezialisierung verstärkte sich während und unmittelbar nach dem Ersten Weltkrieg. Lenins Tscheka und der britische MI5 stammen aus jener Zeit; in den USA wurde 1917 der Espionage Act verabschiedet.[37] Diese Trends setzten sich während des Zweiten Weltkrieges und des Kalten Krieges fort, sodass die Aufgaben der CIA (gegründet 1947) und des KGB (ab 1954) immer vielfältiger wurden. Einen zusätzlichen Schub, zumindest in den USA, verlieh den Geheimdiensten der Terroranschlag vom 11. September 2001.[38] Vor allem durch den erhöhten Umfang der Operationen sowie die zunehmende Anzahl von Informationen, die der Öffentlichkeit vorenthalten werden, unterscheidet sich die jüngste Geschichte der politischen Geheimnisse und Lügen von früheren Zeiträumen.[39] Jemand, der 2014 und 2015 in der Sankt Petersburger Agentur für Internetrecherchen gearbeitet hatte, beschrieb diese später als »eine Art von Fabrik«, die »Lügen wie am Fließband produziert« habe.[40]

Die Geheimdienste – und ihre Kosten – werden ständig größer. Zu seiner Blütezeit hatte der KGB fast eine halbe Million Mitarbeiter. Die Geheimdienste in den USA (die CIA und 15 weitere Agenturen) beschäftigen heute (im Jahr 2021) etwa 100.000 Personen und verfügen über ein jährliches Budget in Höhe von etwa 50 Milliarden Dollar (wovon die CIA rund 15 Milliarden erhält).[41]

Die Vorgehensweisen dieser Agenturen, um in fremde Geheimnisse einzudringen und gleichzeitig ihre eigenen Operationen zu verschleiern, sind immer raffinierter geworden. Die traditionellen

Methoden zur Beschaffung geheimer Informationen – das Unterwandern von Institutionen, das Entschlüsseln von Nachrichten und das Abhören von Räumen – werden nun ergänzt, wenn nicht gar ersetzt durch Spionagedrohnen und das Hacken von Computern. Die Technologie ändert sich ständig, denn für jedes neue Angriffswerkzeug wird ein neues Verteidigungsinstrument erfunden.

Ein traditionelles Mittel zur Spionageabwehr war die Geheimhaltung der Identität der Mitarbeiter der Geheimdienste, zum Beispiel in Gestalt der langjährigen Anonymität des Generaldirektors des MI5. Diese Politik verspottete der schottische Schriftsteller Compton Mackenzie (ein ehemaliger MI6-Beamter, der an der Veröffentlichung seiner Memoiren durch den Official Secrets Act gehindert worden war) in einer Farce, in der der Direktor diese Anonymität mit folgender Begründung verteidigt: »Wenn der Leiter des Geheimdienstes bekannt ist, welche Chance haben wir dann gegen den Feind?«[42]

Das Aufdecken von Geheimnissen

Das Bestreben, Staatsgeheimnisse aufzudecken, ist seit langem das Anliegen von Privatpersonen und oppositionellen Gruppen sowie von konkurrierenden Regierungen. Wenn Veröffentlichungen zu diesem Thema ein zuverlässiger Indikator sind, dann wuchs das Interesse an dem, was hinter den Kulissen geschah, im späten 16. Jahrhundert sehr deutlich. Der Zeitraum zwischen 1550 und 1650 ist als Ära der Religionskriege zwischen Katholiken, Lutheranern und Calvinisten bekannt, zunächst in Frankreich und den Niederlanden (einschließlich des heutigen Belgiens) und später in Mitteleuropa, dem Schauplatz des Dreißigjährigen Krieges (1618 bis 1648). Der Öffentlichkeit wurden in der Regel religiöse Gründe für das Führen dieser Kriege genannt, aber einigen hellsichtigen

Beobachtern war klar, dass die Religion nur ein Vorwand war – in der plastischen Bildlichkeit der damaligen Zeit, eine »Maske« oder ein »Deckmantel« –, um politische Ziele zu verschleiern, wie etwa die Absicht des spanischen Königs Philipp II., seinen Einfluss auf Frankreich auszudehnen.

Im 17. Jahrhundert beschäftigten sich Dichter, Dramatiker, Historiker und Philosophen auf ungewöhnlich intensive Weise mit der Kluft zwischen Sein und Schein (*appearance/reality*, *être/paraître*, *ser/parecer* und so weiter) sowie mit der »Desillusionierung« (*desengaño*) derer, die sich nicht länger täuschen ließen. Bücher und Pamphlete behaupteten, Geheimnisse zu »entlarven« oder zu »enthüllen«, sie zu »entdecken« (im Sinne von »aufdecken«), die Kiste oder das »Schränkchen« zu öffnen, in dem sie verborgen waren. Zu den auf diese Weise offenbarten Geheimnissen gehörten die der Jesuiten, der Freimaurer und bestimmter Höfe (Spanien im 17. Jahrhundert und Frankreich im 18. Jahrhundert).[43]

Eines der Meisterwerke der Geschichtsschreibung der Frühen Neuzeit war die *Geschichte des Konzils von Trient*, die 1619 von dem venezianischen Mönch Paolo Sarpi veröffentlicht wurde. Das Konzil, an dem Bischöfe und Theologen teilnahmen, war einberufen worden, um über die Reform der katholischen Kirche zu diskutieren, einschließlich einer Beschneidung der Macht der Päpste. Doch den während der beinahe zwei Jahrzehnte des Tridentinums aufeinanderfolgenden Päpsten gelang es, die Debatten zu manipulieren, indem sie Vorsitzende ernannten, die sich an die Anweisungen hielten, die sie regelmäßig aus Rom zugeschickt bekamen. Sarpi deckte auf, was hinter den Kulissen geschah, womit er zu einem Pionier der heute in Italien als *dietrologia* bezeichneten Kunst wurde, der Erforschung der Wirklichkeit hinter der Fassade. Aus diesem Grund nannte ihn der englische Dichter John Milton »den großen Entlarver des Trienter Konzils«; unter einem Porträt von Sarpi, das sich heute in der Bodleian Library in Oxford befindet, heißt es, er habe »die Eingeweide des

Konzils von Trient herausgenommen« (*Concilii Tridentini Eviscerator*).[44] Sarpi glaubte an eine Verschwörung zwischen dem Papst, dem spanischen König und den Jesuiten, wodurch die Unabhängigkeit von Venedig in Gefahr sei. Wir wissen heute, dass er die Zusammenarbeit dieser drei Mächte übertrieben dargestellt hat, aber seine Vision der Kluft zwischen dem Auftreten in der Öffentlichkeit samt der damit verbundenen Vorwände und der geheimen Welt der Intrigen ist überzeugend und eindringlich. Wie die modernen Whistleblower versuchte Sarpi, seine Spuren zu verwischen und brachte sein Manuskript heimlich zur Veröffentlichung in das protestantische London, wo es im Jahr 1619 unter dem Pseudonym »Pietro Soave Polano« erschien. Seine Geschichte der Geheimnisse hatte ihre eigene geheime Geschichte.[45]

Ein weiterer Meilenstein der Geschichtsschreibung wurde von Edward Hyde, Lord Clarendon, verfasst, einem ehemaligen Berater von König Charles I. Die Botschaft dieses Berichts über den Britischen Bürgerkrieg oder »den Aufstand«, wie Clarendon ihn nannte, lässt sich mit einem Satz aus seiner Autobiografie zusammenfassen: »Die Religion wurde zum Deckmantel für die gottlosen Absichten« des Parlaments.[46] In ähnlicher Weise benutzen die berühmten Memoiren des Duc de Saint-Simon über das Leben am Hof von Ludwig XIV. manchmal die Sprache des Theaters, insbesondere die Ausdrücke *scène* und *les derrières*.[47]

Zu dem Zeitpunkt, als Clarendons *History of the Rebellion* veröffentlicht wurde (posthum, zwischen 1702 und 1704), war der Ausdruck »Geheimgeschichte« in mehreren europäischen Sprachen geläufig geworden. Er wurde geprägt zur Benennung eines neuen Genres der Geschichtsschreibung, das den Anspruch erhob, zu schildern, was sich hinter der öffentlichen Fassade in Wirklichkeit abspielte. Viele Dutzende dieser Texte erschienen zwischen dem späten 17. und dem frühen 18. Jahrhundert, entweder anonym oder unter Pseudonym. Die Autoren, die sich an Skandalen ergötzten, behaupteten, Insider zu sein, Augenzeugen der Intrigen am Hof oder in den Konklaven, in denen die Päpste gewählt wurden. Es gab eine *Geheime Geschichte der Freimaurer* und eine *Geheime Geschichte der krummen Geschäfte der Südsee* (der geplatzten Finanzblase rund um die South Sea Company). Manchmal gab man den Protagonisten Pseudonyme, sodass die Leser deren wahre Identität erraten mussten. Im Fall von Mary Manleys *Geheimer Geschichte der Königin Zarah* (1705) war es leicht erkennbar, wer damit gemeint war: Königin Annes Favoritin Sarah, die Herzogin von Marlborough, deren scharfsinnige Analyse der Südseeblase in Kapitel 10 des vorliegenden Buches zitiert wurde.

Die Geheimnisse erforschenden Historiker arbeiteten daran, die offiziellen Versionen der Ereignisse in Frage zu stellen, und das zu einer Zeit, als viele Regierungen amtliche Geschichtsschreiber beschäftigten. Diese Autoren waren in der Regel boshaft und erzählten auch eine Reihe von Lügen, sodass sich viele ihrer Informationen als unzuverlässig erwiesen. Immerhin machten diese Texte eine Menge inoffizielle und unbequeme Wahrheiten für die Öffentlichkeit zugänglich. Daher kann man sagen, dass diese historischen »Privatdetektive« einen ernsthaften Beitrag zur Entstehung der »öffentlichen Sphäre« geleistet haben.[48]

Von Skandalreportern zu Whistleblowern

Die Rolle der früheren Geheimhistoriker spielen seit einiger Zeit die investigativen Journalisten, die seit dem späten 19. Jahrhundert aktiv sind. So deckte beispielsweise in Großbritannien im Jahr 1885 W. T. Stead die Praxis der Kinderprostitution in einer Reihe von Artikeln für die *Pall Mall Gazette* auf, die dort unter dem Titel »Der Tribut an Jungfern des modernen Babylons« erschienen.[49] Wie zu erwarten war, wurde ihm vorgeworfen, »im Dreck zu wühlen«. Steads Pendant in den USA war Lincoln Steffens, der ebenfalls als Schmutzfink abqualifiziert wurde, als er in Artikeln der von ihm herausgegebenen Zeitschrift *McClure's* die Korruption in den Stadtverwaltungen bloßstellte, unter Überschriften wie »Die Schande von Minneapolis«, »Die Schamlosigkeit von St. Louis« und »Philadelphia: korrupt und zufrieden«, was den Unrat vor die Augen oder die Nasen der Öffentlichkeit brachte.[50] Als Skandalreporterin galt auch Ida Tarbell, die ebenfalls für *McClure's* schrieb. Ihre Artikel, in denen sie die rücksichtslosen Methoden von John D. Rockefeller aufdeckte, erschienen in gesammelter Form in ihrer *History of the Standard Oil Company* (1904).[51]

Zeitungen sind bis heute wichtig, wenn es darum geht, geheimes Material an die Öffentlichkeit zu bringen, sei es, dass Journalisten es selbst entdecken oder es von anderen Personen erhalten, von Beamten bis zu Hackern. Mitarbeiter der Presse gehören zu den wichtigsten Whistleblowern, von denen die Öffentlichkeit gewarnt wird, wenn etwas Verdächtiges im Gange ist.

Wie in Kapitel 9 erwähnt, schrieb Seymour Hersh 1969 einen Bericht über das Massaker an vietnamesischen Zivilisten durch amerikanische Soldaten bei My Lai. Im Jahr 1971 veröffentlichte die *New York Times* die *Pentagon Papers*, geheime Dokumente über die Aktivitäten der amerikanischen Regierung in Indochina zwischen 1945 und 1968, die die Zeitung von Daniel Ellsberg, einem Mitarbeiter der RAND Corporation, erhalten hatte. Im Jahr 1972 trugen Bob Woodward und Carl Bernstein, beide Reporter bei der *Washington Post*, maßgeblich zur Aufdeckung des Watergate-Skandals bei. Dabei ging es um den Versuch, die Beteiligung der US-Regierung am Einbruch in das nationale Hauptquartier der Demokratischen Partei zu vertuschen, sowie um den Einsatz von »erfundenen Enthüllungen an die Presse, gefälschten Briefen«. Die Offenlegung der Täuschung erzwang den Rücktritt von Präsident Richard Nixon.[52]

Folgen der Unwissenheit

Im 21. Jahrhundert hat das Aufkommen des Internets dazu geführt, dass sowohl der Umfang der geleakten Geheimnisse als auch die Geschwindigkeit ihrer Verbreitung in einem Ausmaß zugenommen haben, das vorher kaum vorstellbar war. Ellsberg zum Beispiel musste noch jede der 7000 Seiten der Dokumente, die er publik machte, einzeln fotokopieren, wohingegen beim sogenannten »Cablegate« der australische Aktivist und Hacker Julian Assange einfach 250.000 Dokumente herunterlud.[53]

Im Jahr 2010 wurden Enthüllungen über die Kriege in Afghanistan und im Irak sowie Auszüge aus vertraulichen Mitteilungen des diplomatischen Dienstes der USA in fünf bedeutenden Presseorganen veröffentlicht: in der *New York Times*, dem *Guardian*, im *Spiegel*, in *El País* und *Le Monde*. Die ausgetauschten Nachrichten lieferten reichhaltige Beweise für Verbindungen zwischen der amerikanischen Regierung und dem organisierten Verbrechen in Putins Russland. Dieser Fundus von vertraulichen Informationen wurde von WikiLeaks bereitgestellt, einer von Assange 2006 gegründeten Website mit Sitz in Island. Die Offenbarungen machten Assange nicht nur berühmt, sondern brachten ihn auch in Gefahr, sodass er ständig seinen Aufenthaltsort ändern musste und sich dabei gelegentlich sogar als Frau verkleidete.[54]

Assange, der die Weiterleitung von Geheimnissen an den Journalismus zu seiner Hauptbeschäftigung gemacht hat, hörte 2010 nicht damit auf. Ein Jahr später veröffentlichte er 779 geheime Dokumente über die Gefangenen von Guantánamo. Im Jahr 2012 wurde ihm politisches Asyl in der ecuadorianischen Botschaft in London gewährt, um ihn vor einer möglichen Auslieferung an die Vereinigten Staaten wegen Spionage zu schützen. Aber für wen sollte er spioniert haben? Die Antwort ist zwar naheliegend, aber ungewöhnlich: »Spionage für die Öffentlichkeit«, zur Herstellung von Transparenz und zum Untergraben des Vertrauens in Regierungen, weil das Vertrauen der Bevölkerung auf Unwissenheit beruhte. Assange blieb im Botschaftsasyl und veröffentlichte weiterhin geheime Dokumente (einige davon aus den Aktenbeständen der CIA) bis zum Jahr 2019, als die ecuadorianischen Diplomaten es der britischen Polizei erlaubten, ihn zu verhaften. WikiLeaks ist jedoch bis heute in Betrieb.

Der britische Historiker Timothy Garton Ash, der die 2010 veröffentlichten Mitteilungen als »ein Festmahl von Geheimnissen« bezeichnete, als »Traum aller Historiker« und »Albtraum aller Diplomaten«, hat eine ausgewogene Einschätzung der grundsätzlichen Fragen, die durch diese Leaks aufgeworfen werden, abgeliefert. Auf der einen Seite »gibt es ein öffentliches Interesse daran, zu verstehen, wie die Welt funktioniert und was in unserem Namen getan wird«. Auf der anderen Seite »gibt es ein öffentliches Interesse an der vertraulichen Durchführbarkeit der Außenpolitik«, denn es sei unmöglich, zu verhandeln und Kompromisse zu schließen, wenn einem die Medien dabei ständig über die Schulter schauten. »Diese beiden Forderungen stehen in Konflikt miteinander.« Garton Ash wies auch darauf hin, dass »der *Guardian*, genauso wie die *New York Times* und andere verantwortungsvolle Nachrichtenmedien, versucht hat, mit seinen Veröffentlichungen niemanden zu gefährden. Wir sollten alle von WikiLeaks verlangen, sich genauso zu verhalten«.[55]

Im Jahr 2013 wurde die Regierung der USA durch weitere Enthüllungen in Verlegenheit gebracht. Artikel des amerikanischen Journalisten Glenn Greenwald, die sowohl in der *Washington Post* als auch im *Guardian* erschienen, erörterten die geheimen Programme zur weltweiten Überwachung durch die National Security Agency. Im Jahr 2020 wurde Greenwald, der in Rio de Janeiro lebt, wegen »Cyberkriminalität« angeklagt, nachdem er Artikel verfasst hatte, in denen er die Unparteilichkeit von Sérgio Moro anzweifelte, dem Chefankläger bei dem »Autowäsche« (Lava Jato) genannten Ermittlungsverfahren gegen Korruption in Brasilien. 2022 bestätigte der Oberste Bundesgerichtshof dieses Landes den Vorwurf, Moro sei voreingenommen gewesen.

Das lange währende Kräftemessen zwischen dem Verbergen und dem Aufdecken von Informationen hat im 21. Jahrhundert neue Formen angenommen. Fake News finden sich nunmehr online, und der investigative Journalismus ist ihnen gefolgt, wie im Fall von Eliot Higgins, der Jahr 2014 die Website Bellingcat gründete. Higgins und sein Team recherchieren nicht nur im Internet, sondern veröffentlichen dort auch ihre Erkenntnisse. Bekannt wurden sie durch ihre Ermittlungen zu den Hintergründen des Absturzes der Malayan-Airlines-Maschine im Jahr 2014 und der Vergiftung von Sergei Skripal im Jahr 2018 sowie jener von Alexei Nawalny im Jahr 2020.[56] Ihre Vorgehensweise bietet eine Alternative zu den beiden Hauptwegen, auf denen Geheimnisse heute meist ans Licht kommen: durch Leaks und durch Hackerangriffe.

Undichte Stellen und Maulwürfe

Rückblickend betrachtet zeigen Leaks der Öffentlichkeit, was sie bis dahin alles nicht wusste, und lüften den Schleier der Geheimhaltung von Geheimnissen, einschließlich der Offenlegung ihres Ausmaßes.[57] Eine Sozialgeschichte der undichten Stellen im Bereich der Informationssicherheit muss folgende Fragen stellen: Wer hat was an wen weitergegeben, durch welche Medien, mit welcher Absicht und mit welchen Konsequenzen?

Obwohl Leaks heutzutage mehr Aufmerksamkeit erhalten als früher, ist die Praxis der Verbreitung von geheimen Informationen keineswegs neu. So kam es beispielsweise im Venedig des 17. Jahrhunderts, in dem die Patrizier alle politischen Entscheidungen allein treffen wollten, durchaus vor, dass Kopien von brisanten Dokumenten wie Berichten von Botschaftern zum Verkauf angeboten wurden und in Bibliotheken in verschiedenen Teilen Europas landeten, von Oxford bis nach Wien. Auch die Regierung selbst ermöglichte ironischerweise bisweilen das Durchsickern von Geheimnissen. »Was zunächst verschwiegen worden war, um die Öffentlichkeit nicht zu beunruhigen, wurde manchmal bekannt gemacht, um die Haltung von Unterhändlern zu beeinflussen, die eigentlich hinter den Kulissen arbeiten sollten.«[58]

Wer Geheimnisse weitergibt, handelt aus verschiedenen Gründen, die finanzieller, moralischer oder politischer Natur sein können. Wie er selbst zugab, war es der Wunsch, zu Geld zu kommen, der Charles Marvin, einen Angestellten des britischen Außenministeriums, der nebenbei als Journalist arbeitete, im Jahr 1878 dazu brachte, den Entwurf eines Geheimvertrags mit Russland an die Zeitung *The Globe* zu verkaufen.[59] Im Unterschied dazu haben im letzten halben Jahrhundert Personen im Regierungsdienst, insbesondere in Großbritannien und den USA, durch den Verrat von Staatsgeheimnissen die Entlassung und das Gefängnis riskiert, weil sie schockiert waren vom Verhalten ihrer Vorgesetzten – von Angriffen auf unschuldige Zivilisten in Afghanistan und Irak, von der Folterung von Gefangenen, von dem Abhören der Telefone von Verbündeten und so weiter. Sie waren der Überzeugung, dass die Öffentlichkeit nicht im Unklaren darüber gelassen werden sollte, was geschehen war.

Einer dieser Whistleblower wandte sich nicht an die Presse. Clive Ponting, ein britischer Beamter im Verteidigungsministerium, wurde gebeten, einen geheimen Bericht über die Versenkung des argentinischen Kreuzers *General Belgrano* während des Falklandkrieges (für die Argentinier der »Malvinaskrieg«) zu verfassen. Er fand heraus, dass der Kreuzer angegriffen worden war, während er sich außerhalb der von den Briten eingerichteten »Sperrzone« befand, da er sich zu diesem Zeitpunkt von den Inseln wegbewegte. Sowohl der Verteidigungsminister als auch die Premierministerin

(Margaret Thatcher) hatten also das Parlament belogen, als sie behauptet hatten, die *Belgrano* habe sich der Sperrzone genähert, als sie angegriffen wurde. Ponting war so schockiert von dieser Entdeckung, dass er 1984 die diesbezüglichen Beweise an den Parlamentsabgeordneten Tam Dalyell schickte, dessen Ermittlungen zu diesem Vorfall von der Regierung blockiert worden waren. Nach seinem Ausscheiden aus dem öffentlichen Dienst im Jahr 1985 und seinem Freispruch in einem Prozess, in dem ihm eine Straftat unter dem Official Secrets Act vorgeworfen wurde, veröffentlichte Ponting ein Buch über die Affäre.[60]

Eine andere britische Beamtin, Sarah Tisdall, hatte nicht so viel Glück: Sie wurde 1983 ins Gefängnis gesteckt, weil sie dem *Guardian* Dokumente über die Ankunft amerikanischer Marschflugkörper zugespielt hatte. Weitere Enthüller geheimer Machenschaften, die sich zwischen 1971 und 2013 an die Presse wandten, waren Daniel Ellsberg, der der *New York Times* die sogenannten »Pentagon Papers« zukommen ließ; Mark Felt, ein hochrangiger Beamter des FBI, der unter dem Pseudonym »Deep Throat« Informationen über Watergate an den Journalisten Bob Woodward weitergab; Katharine Gun, eine Übersetzerin im britischen GCHQ (Government Communications Headquarters) in Cheltenham, die 2003 brisantes Material an den *Observer* weiterleitete; Bradley Manning (jetzt Chelsea Manning), ein Soldat der US Army, der als Geheimdienstanalyst im Irak arbeitete und Julian Assange 2010 Stoff für Enthüllungen lieferte; und Edward Snowden.

Letzterer war ein Mitarbeiter der CIA und der National Security Agency, wo seine Aufgabe darin bestand, Nachrichten im Internet zu überwachen. Er fühlte sich zunehmend unwohl mit dem »Geheimregime der Massenüberwachung« und mit der ihm befohlenen Mitwirkung daran, die seines Erachtens gegen die amerikanische Verfassung verstieß, von der er ein Exemplar neben seinem Computer liegen hatte, zur Verwunderung seiner Kollegen. Schließlich überließ Snowden Material zu den Überwachungsprogrammen der NSA dem Journalisten Glenn Greenwald. Als er beschuldigt wurde, gegen das US-Spionagegesetz verstoßen zu haben, beantragte Snowden politisches Asyl im Ausland, aber sein Reisepass wurde von der US-Regierung für ungültig erklärt, während er bereits im Flugzeug saß. Sein Lebensweg war Gegenstand eines Dokumentarfilms, *Citizenfour*, der 2014 erstmalig gezeigt wurde; im Jahr 2019 veröffentlichte er seine Autobiografie, in der er schilderte, wie er das Hacken lernte, warum er sich entschied, die Öffentlichkeit zu alarmieren, und was ihn ins Exil führte »in einem Land, das ich mir nicht ausgesucht habe« (Putins Russland).[61]

Hacker

Mit dem Aufkommen des Internets begann eine neue Phase in der Geschichte der Spione, Maulwürfe und Whistleblower, denn nun war es nicht mehr nötig, in ein Büro einzubrechen, um Dokumente zu stehlen oder zu fotografieren, egal ob mit der Hand oder der Schreibmaschine zu Papier gebracht oder gedruckt. Jetzt konnte man als Hacker bequem von zu Hause aus Zugang zu Geheimakten erlangen und diese dann online verbreiten.

Die Regierungen haben von dieser neuen Möglichkeit regen Gebrauch gemacht. Die CIA hat eine Reihe von Hacking-Tools entwickelt, wie zum Beispiel den auf Fernsehgeräten installierbaren »Weeping Angel« oder den für Computer bestimmten »Pandemic«. Whistleblower sind auf ähnliche Weise vorgegangen. So hat etwa Manning, der (oder die, nach dem Wechsel des Geschlechts) sich selbst als »Hacktivist« bezeichnet, die ungenügenden Sicherheitsvorkehrungen in seiner (ihrer) Einheit im Irak genutzt, um geheimes Material zu kopieren und es auf der Musik-CD von Lady Gaga, die er (sie) im Büro zu hören pflegte, zu speichern.

LEUGNEN

Leugnen ist ein Verteidigungsmechanismus sowohl für Einzelpersonen als auch für Institutionen, die konfrontiert werden mit aufgedeckten »Informationen, die zu beunruhigend, bedrohlich oder außergewöhnlich sind, um damit umgehen zu können oder ihre Richtigkeit offen anzuerkennen«.[62] Ein öffentliches Dementi ist eine Form der Desinformation, während ein privates Abstreiten oder die stille Weigerung, etwas zuzugeben, Formen vorsätzlicher Unwissenheit sind, »wenn man weiß, was man besser nicht wissen sollte«.

Auf Regierungsebene hat das Leugnen vor der Öffentlichkeit eine lange Tradition. Im 16. Jahrhundert log Kaiser Karl V., als er bestritt, im Jahre 1529 den Angriff auf Rom gebilligt zu haben, der zur Inhaftierung des Papstes und zur Plünderung der Stadt führte, und er log erneut, als er behauptete, dabei die Wahrheit gesagt zu haben.[63]

Im 20. Jahrhundert kam es noch häufiger zu offiziellen Dementis, oder zumindest wurden diese Fälle bekannter. Gräueltaten inmitten eines Krieges, wie die der Deutschen im Ersten Weltkrieg, wurden von den Tätern oftmals geleugnet und erst viel später öffentlich bestätigt.[64] Die Ermordung von mehr als einer Million Armeniern durch die osmanische Obrigkeit im Jahr 1915, die man heute als »Genozid« bezeichnet, wird in der Türkei von staatlicher Seite immer noch abgestritten. Die dortige Regierung versucht zu verhindern, dass das Wort »Völkermord« in diesem Zusammenhang in der Öffentlichkeit verwendet wird.[65]

Auch in den Vereinigten Staaten wurden unbequeme Wahrheiten häufig von offiziellen Stellen geleugnet, vom Präsidenten abwärts.[66] Wie wir in Kapitel 7 gesehen haben, gab es zwischen den 1950er- und den 1980er-Jahren eine kleine Gruppe führender amerikanischer Wissenschaftler, die gemeinsam eine Reihe von Tatsachen anzweifelten, die von der Industrie und der Regierung nicht gern gehört wurden. Zu diesen Fakten gehörte die Existenz des sauren Regens, das Loch in der Ozonschicht und vor allem die Erderwärmung.⁶⁷

Förmliche Leugnung dieser Art ist Teil des umfassenderen Phänomens, etwas nicht wissen zu wollen, dessen Kenntnis den Wissenden in Gefahr oder in Verlegenheit bringen würde. Dies führt zu einer Verschwörung des Schweigens, zum kollektiven Ignorieren des »Elefanten im Raum«.⁶⁸

Während des Zweiten Weltkrieges wollte in Deutschland die in der Nähe von Vernichtungslagern wie Mauthausen lebende Zivilbevölkerung nichts von deren Existenz wissen, da Gespräche über das, was dort vor sich ging, zu einem Besuch der Gestapo führen konnten. Tatsächlich forderte die SS die Zivilisten ausdrücklich dazu auf, den Lagerinsassen und den Zügen, die sie herbeibrachten, keine Beachtung zu schenken. Der Großteil der deutschen Bevölkerung »lernte, sich auf einem schmalen Grat zwischen unvermeidlicher Aufmerksamkeit und vorsorglichem Wegschauen zu bewegen«, obwohl der Lagerkommandant über »neugierige Schaulustige« klagte und eine Dame sich bei der Polizei über die Erschießung von Häftlingen beschwerte, die in den Steinbrüchen gearbeitet hatten.⁶⁹

Die Forschungen des Historikers Walter Laqueur haben es »unmöglich gemacht, zu glauben, dass kein Bewohner von Gleiwitz, Beuthen oder Kattowitz etwas davon ahnte, was sich in nur wenigen Tausend Metern Entfernung von ihren Häusern ereignete«, denn die Flammen der Verbrennungsöfen waren kilometerweit zu sehen, ganz zu schweigen von dem Gestank der verkohlenden Leichen. Als ein Bewohner eines Dorfes in der Nähe des Lagers in den 1970er-Jahren hierzu befragt wurde, sagte er: »Wir wussten alle davon.« Es waren einfach zu viele Menschen – Lagerwächter, Bahnarbeiter, Verwaltungsbeamte und so weiter – an der Umsetzung der »Endlösung« beteiligt, um die Informationen darüber geheim zu halten.⁷⁰

Laqueur kam zu folgendem Befund: »Die deutsche Erfahrung zeigt, dass Geheimnisse selbst in einem totalitären Regime nicht unter Verschluss gehalten werden können, sobald sie erst einmal über eine abgrenzbare Gruppe von wenigen Personen hinausgedrungen sind.« »Ende 1942 wussten Millionen von Deutschen, dass ... die meisten oder alle der Deportierten nicht mehr am Leben waren.« Der Versuch, die Bevölkerung in Unwissenheit zu lassen, musste scheitern, sogar bei einer Gesellschaft, die nichts davon erfahren wollte. Mit anderen Worten, die Vernichtungslager waren nie wirklich verborgen, oder wie einige Wissenschaftler heute sagen, ein »öffentliches Geheimnis«, ein brauchbares Oxymoron zur Beschreibung der zwiespältigen Umstände.[71] Trotz zahlreicher Versuche, sie zu bekämpfen, ist die Leugnung des Holocausts noch immer nicht erloschen.

DAS GESCHÄFT MIT DER LEUGNUNG

Wie die Steuerhinterziehung ist im Geschäftsleben auch die Leugnung von Tatsachen ein alltägliches Phänomen. Es ist mehr als offensichtlich, dass zum Beispiel die Spitzen der Ölindustrie nichts vom Klimawandel wissen wollen. Exxon (später Exxon Mobil) finanzierte Forschungen zu diesem Thema bis zum Jahr 1978, als einer der im Dienst der Firma stehenden Wissenschaftler, James Black, zu der unerwünschten Schlussfolgerung gelangte, dass die Nutzung fossiler Brennstoffe eine schwerwiegende Rolle bei der Erderwärmung spielt. Das Unternehmen zweifelte seine Forschungsergebnisse an, konnte damit im Laufe der Jahre aber immer weniger Menschen überzeugen. Man könnte sagen, dass sich auch das Meinungsklima in den letzten Jahrzehnten geändert hat, wenngleich Rupert Murdoch steif und fest behauptet, die Zunahme der Buschbrände in Australien sei nur auf die Aktivität von Brandstiftern zurückzuführen. Seine Zeitung *The Australian* unterstützt immer noch die Leugnung der Erderwärmung, ebenso wie seine Fernsehsender Sky News und Fox News.[72]

Die von der Industrie verursachte Umweltverschmutzung und deren tödliche Folgen wurden von den daran schuldigen Unternehmen oftmals bestritten und vertuscht.[73] Ein Fall, der durch den Film *Erin Brockovich* (2000) bekannt wurde, betraf die amerikanische Anwaltsgehilfin dieses Namens, die wegen der Verunreinigung des Trinkwassers in Südkalifornien und den dadurch ausgelösten Krebserkrankungen einen Prozess gegen Pacific Gas & Electric anstrengte.

Eine besonders gut dokumentierte Historie von großen Unternehmen, die sich weigern, Erkenntnisse von Wissenschaftlern zu akzeptieren, bietet natürlich die Tabakindustrie, die bereits 1950 mit Beweisen für den Zusammenhang zwischen Rauchen und Lungenkrebs konfrontiert wurde.[74] Eine ihrer Reaktionen bestand darin, alles abzustreiten und eine Werbefirma zu beauftragen, einen Artikel in der Zeitschrift *True* (*Wahr*) zu veröffentlichen, der 1968 unter dem Titel »Die angebliche Verbindung zwischen Zigaretten und Krebs ist völliger Blödsinn« erschien.[75] Andere Reaktionen waren etwas subtiler. So versuchte man unter anderem, Zweifel zu säen, indem man behauptete, die Forschungsergebnisse seien nicht »schlüssig«. In einer berühmt-berüchtigten Rede aus dem Jahr 1969 gab ein Vizepräsident für Tabakvermarktung zu: »Mit dem Zweifel machen wir Geschäfte.«[76]

Eine weitere Methode der Unternehmen bestand darin, die öffentliche Aufmerksamkeit von dem Zusammenhang zwischen Rauchen und Krebs abzulenken. Zum Beispiel wurde ein Tobacco Industry Research Council gegründet, um Grundlagenforschung über die Ursachen von Krankheiten zu betreiben. Diese »Forschung als Finte« sollte für weniger Beachtung der Verbindung zwischen Rauchen und Krebs sorgen. Die Industrie wandte auch weiterhin das traditionelle Instrument der Zensur in Form der »Unterdrückung von Forschungsergebnissen« an, vor allem dann, »wenn der Forscher zu nahe an unangenehme Wahrheiten herankommen schien«.[77]

Diese Vorgehensweisen wurden manchmal als »Manufaktur von Unwissenheit« bezeichnet. Wenn man sich Briefe von Verbrauchern an Tabakfirmen ansieht, stellt man fest, dass »viele Menschen keine Ahnung von Zigaretten hatten«. Eine Person schrieb: »Die Vorstellung, dass Rauchen schlecht für die Gesundheit sein könnte, ist für mich ein großer Quatsch.«[78] Was die Industrie anstrebte, war jedoch »nicht fehlendes Wissen, sondern die heimliche Indoktrinierung mit einer bestimmten Art von Kenntnissen oder Überzeugungen und Gefühlen«, die dem Verkauf von Zigaretten förderlich sein würden.[79] Daher ist es in diesem Fall vielleicht treffender, von der Aufrechterhaltung von Unwissenheit zu sprechen. Alternativ könnte man auch von der Produktion von »Fehlinformationen« sprechen oder (da es sich um eine absichtliche Aktion handelt) von »Desinformation« (wie es zuerst von den Russen genannt wurde).[80]

Desinformation

Ladislav Bittman, der nach der russischen Invasion im Jahr 1968 vom tschechischen Geheimdienst in den Westen überlief, definierte Desinformation einmal als »einen eleganten Ausdruck für Aktivitäten, die man mit schlichten Worten ›schmutzige Tricks‹ nennt«.[81] An anderer Stelle bezeichnete er sie als »Täuschungsspiel« und definierte sie formeller als das Streuen »halbwahrer, irreführender oder gänzlich falscher Informationen, um den Feind zu täuschen«.[82] Diese Praktiken sind auch als »politische oder psychologische Kriegsführung« sowie »aktive Maßnahmen« bekannt, wobei letzteres ein Euphemismus ist, der in der UdSSR erfunden wurde und selbst eine Form der Desinformation darstellt, zusammen mit anderen Euphemismen wie »Sonderprojekte« (wozu die Ermordung von Regimekritikern gehörte). Putins Beschreibung der Invasion der Ukraine als »Spezialoperation« steht in der sprachlichen Tradition des KGB. Desinformation hält die Unwissenheit aufrecht und ist für ihren Erfolg auf diese angewiesen.

An dieser Stelle muss ein Sozialhistoriker fragen: Wer genau wird in die Irre geführt oder desinformiert? Ausländische Spione? Ausländische Regierungen? Oder die allgemeine Öffentlichkeit im Ausland und im Inland? Während des Kalten Krieges war es beispielsweise so, dass Desinformation zusammen mit Geheimhaltung dazu beitrug, die normalen Bürger im Unklaren zu lassen über die Ereignisse auf beiden Seiten des Eisernen Vorhangs. Zu den Absichten der Desinformation gehörte es, den Ruf des Feindes zu schädigen, wie im Fall bestimmter antisemitischer Vorfälle in Westdeutschland, als deren Urheber später der ostdeutsche Geheimdienst, die Stasi, identifiziert werden konnte. Bittman hat selbst zugegeben, im Jahr 1965 an der »Operation Neptun« teilgenommen zu haben, einem spektakulären Versuch, geheime Nazi-Dokumente (die aus einem sowjetischen Archiv in die Tschechoslowakei geschickt worden waren) in einem See in Böhmen zu verstecken und sie dann dort zu »entdecken«. Das Ziel der Operation war es, Westdeutschland zu diskreditieren, indem man die Welt 20 Jahre nach Kriegsende an die Verbrechen der Nazis erinnerte.[83] Ein weiteres wichtiges Ziel der kommunistischen Geheimdienste während des Kalten Krieges war es, den Feind zu spalten, was unter anderem die an der NATO beteiligten Nationen und die beiden konservativen Parteien in Westdeutschland, die CDU und die CSU, betraf.

Das grundsätzliche Bestreben von Desinformanten ist es, Zweifel und Verwirrung unter den Feinden zu säen. Gelegentlich wurde Desinformation auch als Ersatz für eine Entführung verwendet, wie im Fall des Geheimagenten Sidney Reilly (ursprünglich Rosenblum), der in Odessa geboren wurde und für die Russen arbeitete, bevor er zu den Briten überlief. Reilly, der als eines der Vorbilder für Ian Flemings James Bond gilt, erhielt im Jahre 1917 eine Einladung zur Rückkehr nach Russland. Da er glaubte, seine Kontaktperson sei antibolschewistisch eingestellt, akzeptierte er dieses Angebot. Nach seiner Ankunft wurde er jedoch verhaftet und später hingerichtet.[84]

Die Bolschewiken waren nicht die Ersten, die diesen Trick anwandten, der bereits im 17. Jahrhundert belegt ist. Ferrante Pallavicino war ein Autor, der berüchtigt war für seine Satiren über das Papsttum. Mit einer gefälschten Einladung, in Paris für Kardinal Richelieu zu arbeiten, wurde er aus seinem sicheren Zufluchtsort Venedig gelockt. Er machte sich 1642 auf den Weg nach Frankreich; als er jedoch durch Avignon kam (damals eine Enklave des Kirchenstaates), wurde er verhaftet und hingerichtet.[85]

Die Methoden der Desinformanten sind ebenso vielfältig wie ihre Ziele. Eine traditionelle Vorgehensweise besteht darin, falsche Gerüchte zu verbreiten. So streute beispielsweise im Jahr 1979, als die Große Moschee in Mekka von radikalen Muslimen in Beschlag genommen wurde, der KGB die Nachricht, die US-Regierung sei heimlich an dieser Besetzung beteiligt; außerdem lancierte man die Behauptung, die pakistanische Regierung habe hinter den Angriffen auf die US-Botschaft in Islamabad gesteckt.[86] Ein weiteres Mittel der Desinformation war die Produktion von gedruckter Propaganda, wobei man sich hinter »Tarnorganisationen« wie dem 1950 von der Komintern gegründeten Weltfriedensrat verstecken konnte. Sein Gegenstück, der Kongress für kulturelle Freiheit, entstand im selben Jahr, wurde von der CIA finanziert und unterstützte das britische Monatsmagazin *Encounter* und viele andere Zeitschriften.[87]

Eine dritte Methode ist die Einmischung in Wahlen in einem feindlichen Land, ein gerade in den letzten Jahren seit 2016 wieder sehr aktuelles Thema. Bereits 1952 beeinflusste die CIA die Wahlen in der Deutschen Demokratischen Republik.[88] Im Jahr 1980 griff der ostdeutsche Geheimdienst, die Stasi, in die westdeutschen Wahlen ein und förderte den Zwist zwischen CDU und CSU. So gesehen war das einzig Neue bei der russischen Einflussnahme auf den Wahlkampf von Hillary Clinton im Jahr 2016 die Technologie, welche das Hacken des E-Mail-Accounts des Leiters ihrer Kampagne ermöglichte.[89]

FÄLSCHUNG

Eines der wichtigsten Mittel der Desinformation war und ist die Fälschung. Ein berüchtigtes Beispiel für deren Einsatz ist der sogenannte »Sinowjew-Brief«, der auch einen frühen Beleg für die Einmischung in Wahlen darstellt. Grigori Sinowjew war der Vorsitzende der Kommunistischen Internationale, der Komintern. Ein angeblich von ihm verfasster Brief, der an die britische Kommunistische Partei adressiert war, wurde von einer konservativen Zeitung, der *Daily Mail*, vier Tage vor der britischen Parlamentswahl von 1924 veröffentlicht. Der Labour-Premierminister Ramsay MacDonald vermutete, dass der Brief nicht echt war, und Trotzki bezeichnete ihn noch entschiedener als »ein Dokument, das laut verkündet, dass es eine Fälschung ist«. Nichtsdestotrotz trug der Brief wahrscheinlich zur Niederlage der Labour-Regierung bei jener Wahl bei. Die Identität der Desinformanten ist bis heute nicht bekannt, aber es ist unwahrscheinlich, dass es Bolschewiken waren. Der Hauptverdächtige, Iwan Pokrowsky, war ein Gegner der Bolschewiken, während die Weitergabe des Briefes offenbar das Werk von Angehörigen des britischen Geheimdienstes war.[90]

Fälschungen wurden während des Kalten Krieges von beiden Seiten eingesetzt. So baute beispielsweise die CIA eine Tarnorganisation in der DDR auf, die gefälschte Ausgaben verschiedener ostdeutscher Publikationen herstellte, darunter auch eine astrologische Zeitschrift. Die CIA gab überdies die *Penkovsky Papers* in Auftrag, die 1966 veröffentlicht wurden und den Anschein erwecken sollten, von Oleg Penkowski verfasst zu sein, einem Oberst des sowjetischen Geheimdienstes, der auf diese Weise geheimes Material an den Westen weitergab. In Wirklichkeit war dieser Text eine halbe Fälschung, die von einem Ghostwriter auf Englisch niedergeschrieben worden war, aber immerhin auf mit dem Tonband aufgezeichneten Gesprächen mit dem »Autor« beruhte.[91]

Auf der anderen Seite veröffentlichte das *Neue Deutschland* (die offizielle ostdeutsche Zeitung) im Jahr 1957 einen Brief, den angeblich Nelson Rockefeller an Präsident Eisenhower geschrieben hatte und in dem er einen Plan für die Weltherrschaft der USA präsentierte. Die Nachricht wurde von Radio Moskau in der ganzen Welt verbreitet. Als der Doppelagent Kim Philby 1963 enttarnt wurde und in die UdSSR flüchtete, erhielt er anschließend dort den Auftrag, dafür zu sorgen, dass Fälschungen von britischen Dokumenten in idiomatischem Englisch verfasst wurden. Um das Jahr 1970 veröffentlichte der KGB einen gefälschten Anhang zu dem US Army Field Manual, um die Amerikaner damit in Verlegenheit zu bringen. Er enthüllte die Namen von CIA-Agenten im Ausland und empfahl die Organisation von »Spezialaktionen«, wie beispielsweise Terroranschlägen, um die Verbündeten der USA davon zu überzeugen, dass sie in Gefahr seien. 1985 startete der KGB eine Kampagne, um die Hypothese zu verbreiten, dass AIDS aus den USA stamme, wo das Virus im Rahmen von Experimenten des Pentagons mit biologischen Waffen hergestellt worden sei.[92]

Gefälschte Dokumente zu erstellen, erfordert ein hohes Maß an Wissen, nicht nur technischer Art, sondern auch über die darin erwähnten Ereignisse und Personen. Selbst kleine Fehler untergraben die Echtheitsanmutung des Dokuments. Immer bereit, von seinen eigenen Schandtaten und denen seiner ehemaligen Institution zu berichten, schilderte Ladislav Bittman, wie der tschechoslowakische Geheimdienst einen Brief des US-Botschafters in Léopoldville fälschte, der vorgeblich an Moïse Tschombé adressiert war und mit dem die Existenz eines amerikanischen Komplotts bewiesen werden sollte, um Tschombé im Juli 1964 wieder in den Kongo zu bringen. Erst als es bereits zu spät war, entdeckte Bittman »zwei schwerwiegende Fehler« in dem Dokument, einen in Tschombés Titel (er wurde als »Präsident« statt als »Premierminister« bezeichnet) und den anderen in der Datierung des Briefes, die einige Tage vor Tschombés Amtsantritt lag.[93] Die Unkenntnis scheinbar kleiner Details kann große Folgen haben.

Post-Wahrheit

In den letzten Jahren hat sich die Idee verbreitet, dass wir in einem »postfaktischen Zeitalter« leben, in der die Öffentlichkeit nicht durch Schweigen in Unwissenheit gehalten wird, sondern durch ein Übermaß an Lügen, an »Desinformation«, die in Zeitungen, Fernsehsendungen und zunehmend auch online kursiert. Der Journalist Peter Oborne führt Beispiele von Tony Blair und Peter Mandelson an und behauptet, dass in der britischen Politik »Wahrheit und Unwahrheit nicht mehr zu unterscheiden« seien. Ein anderer britischer Journalist, Matthew d'Aubrey, hat ein Buch mit dem Titel *Post Truth* (*Post-Wahrheit*) veröffentlicht.[94] Ein weiterer Begriff, der in letzter Zeit populär geworden ist, ist »Fake News«, bekannt vor allem durch die Tweets von Präsident Trump. Dieser hat behauptet, er habe den Ausdruck erfunden, und der Vorwurf, er habe die Wahl mit russischer Unterstützung gewonnen, sei ein Beispiel für dieses Phänomen.[95]

Eine ähnliche, nicht ganz so radikale These ist, dass wir in einer Epoche leben, in der Politiker und deren Berater die Fakten manipulieren, anstatt sie ex nihilo zu erfinden. Eine französische Fernsehserie, *Les Hommes de l'ombre*, die 2012 ausgestrahlt wurde, drehte sich um zwei rivalisierende Persönlichkeiten dieser Art. Als die Serie 2016 im britischen Fernsehen gezeigt wurde, wurde der Titel zu *Spin* geändert (ein neuer Euphemismus, da dieses im Englischen polysemische Verb, das unter anderem bedeuten kann, etwas ins rechte Licht zu rücken, besser klingt als das ältere Verb »to twist«, »verdrehen«).[96]

Die Behauptung, wir lebten in einer neuen Ära, ist eindrucksvoll, und die zitierten Beispiele sind zweifellos beunruhigend. Das Problem mit dieser These ist, dass die Journalisten, die sie vertreten, davon ausgehen, dass Politiker früher die Wahrheit sagten, ohne sich die Mühe zu machen, neben dem England von Tony Blair auch einen Blick auf die Zeit von Robert Walpole zu werfen, oder neben dem Russland von Putin auch das von Stalin zu analysieren. Immerhin hat bereits vor mehr als 500 Jahren Machiavelli in seiner Abhandlung über den Fürsten den Herrschern geraten, sowohl ihre Feinde als auch ihre Untertanen zu täuschen. Durch diese Empfehlung erwarb sich Machiavelli bei der Nachwelt einen schlechten Ruf, aber er fasste nur in Worte, was die Potentaten seiner Zeit, darunter Karl V., ohnehin schon taten.

Bestimmte Ideen und sogar die Worte, die sie ausdrücken, sind oftmals älter als die meisten Menschen denken. Im Jahr 2004 erschien ein Buch über »Die Ära der Post-Wahrheit«, während der Begriff anscheinend schon zwölf Jahre früher geprägt wurde, nämlich 1992. Der englische Ausdruck »spin doctor« (der heute meist als »Imageberater« übersetzt wird), wurde bereits in den 1940er-Jahren in der *New York Times* verwendet.[97] Im Französischen ist die mit »fake news« verwandte Formulierung »fausses nouvelles« bereits seit langem im Gebrauch, mit der Bedeutung von »Falschnachrichten«. Ein weiterer traditioneller Begriff ist der der Zeitungsente, der in Balzacs lebhafter Beschreibung der Welt des Journalismus im Paris seiner Zeit erwähnt wird. »Wir nennen eine Ente«, erklärt ein erfahrener Journalist einem Neuling, »eine Begebenheit, die den Anschein hat, wahr zu sein, die aber erfunden wird, um den *Faits-Paris* [einer Zeitung] mehr Attraktivität zu verleihen, wenn die wirklichen Ereignisse langweilig sind.« (*Nous appelons un canard un fait qui a l'air d'être vrai, mais qu'on invente pour relever les* Faits-Paris *quand ils sont pâles.*)[98]

Ein noch älteres Konzept ist das der »Lügen«. Der britische Journalist Jeremy Paxman, der viele Politiker interviewt hat, sagte, dass er sich dabei jedes Mal frage: »Warum lügt dieser verlogene Bastard mich an?« Dieser Satz wird auch einem früheren Journalisten zugeschrieben, dem Amerikaner Louis Heren.[99]

Eine moderatere These als die vom Zeitalter der »Post-Wahrheit« stammt aus einer Studie von zwei Wissenschaftsphilosophen, die 2019 veröffentlicht wurde. Die Autoren bemerken, dass »es nicht wirklich neu ist, zu lügen, dass aber die absichtliche Streuung von falschen oder irreführenden Informationen im letzten Jahrhundert stark angewachsen ist, gefördert sowohl durch neue Technologien zur Verbreitung von Informationen – Radio, Fernsehen, Internet – als auch durch die zunehmende Raffinesse derjenigen, die uns in die Irre führen wollen«.[100] Die Medien sorgen nicht nur für »Desinformation«, sondern auch »Fehlinformationen«, die eher die Folge von Unwissenheit oder Nachlässigkeit sind als von absichtlicher Täuschung.

DIE LÜGEN DES PRÄSIDENTEN

In einer 2004 erschienenen Untersuchung wurde behauptet, dass »in der amerikanischen Politik heutzutage die Fähigkeit, überzeugend zu lügen, fast schon als grundlegende Qualifikation für die Übernahme eines hohen Amtes angesehen wird«. Falls dies

Folgen der Unwissenheit

übertrieben klingt, sei daran erinnert, dass bereits im Jahr 1962 der stellvertretende Verteidigungsminister der USA so weit ging zu verkünden, die Regierung habe das »Recht zu lügen, um sich selbst zu retten«, während in der Ära von George W. Bush das Justizministerium die Option rechtfertigte, »falsche Informationen zu verbreiten«.[101]

Seit 1945 haben die meisten amerikanischen Präsidenten die Bevölkerung in wichtigen Angelegenheiten belogen. Franklin D. Roosevelt log über die in Jalta gemachten Zugeständnisse an Stalin in Bezug auf Polen und den Fernen Osten, und Harry Truman behielt das Geheimnis von Roosevelt für sich. John F. Kennedy log über die Konzessionen an Nikita Chruschtschow zur Zeit der kubanischen Raketenkrise – es ging um den Abzug der amerikanischen Raketen aus der Türkei als Gegenleistung für den Abzug der sowjetischen Raketen aus Kuba. Lyndon Johnson log über den Beginn des Krieges in Vietnam, mit Berichten, um »die Vietnamesen als aggressiver darzustellen, als sie sich bis dahin erwiesen hatten« und »die Vereinigten Staaten als friedliebender« als sie dies waren. George W. Bush log über Saddam Husseins Besitz von Massenvernichtungswaffen.[102] Die von Trump während seiner Amtszeit erzählten Lügen sind zu zahlreich, um sie hier alle zu erwähnen.

Diese Lügen haben oft unerwartete negative Auswirkungen gehabt. So wurden beispielsweise »McCarthy und seine Anhänger durch die Unehrlichkeit der Demokratischen Partei in Bezug auf Jalta deutlich gestärkt«, denn nun hatte es den Anschein, als habe Stalin das Abkommen gebrochen, was keineswegs der Fall war. Auch die Leugnung der an Chruschtschow gemachten Zugeständnisse durch John und Robert Kennedy war eine Lüge, die zu weiteren Unwahrheiten führte, zur Verringerung der Transparenz offizieller Stellen und zum Anstieg des Misstrauens gegenüber der Vorgehensweise der amerikanischen Regierung. Dieser Vertrauensverlust zusammen mit Johnsons Weigerung, eine offene Debatte

Geheimnisse und Lügen

über den Vietnamkrieg zuzulassen, schadete dem Ansehen der USA im In- und Ausland.[103]

Die aktuelle Welle der »Fake News« ist alarmierend, aber man muss die Hoffnung, dass die Wahrheit ans Licht kommt, noch nicht aufgeben. So wie Vertuschungen aufgedeckt werden, werden auch die in den Medien zu findenden Lügen regelmäßig von den die Fakten überprüfenden Stellen auf deren Websites angeprangert.

Mehrere dieser Einrichtungen sind in den USA und in Großbritannien aktiv: Snopes.com, gegründet 1994; FactCheck.org, gegründet 2003 und Eigentum einer akademischen Institution, der Annenberg School for Communication in Philadelphia; PolitiFact, gegründet 2007, im Besitz des Poynter Institute for Media Studies in Florida und bekannt für die jährliche Enthüllung der »Lüge des Jahres«; Full Fact, gegründet 2009 in Großbritannien von dem Geschäftsmann Michael Samuel; Bellingcat, gegründet 2014 von Eliot Higgins; und Media Bias/Fact Check, gegründet 2015 von dem Journalisten Dave Van Zandt.

Außerhalb der anglophonen Welt gehören zu diesen Organisationen der deutsche Faktenfinder (2017), die italienische Pagella Politica (2013), die brasilianischen Aos Fatos (2015) und das Bolsonômetro, eine Art Thermometer, das das Verhältnis von kalten Fakten zu heißer Luft (um es nicht Lügen zu nennen) in den aktuellen Mitteilungen des brasilianischen Präsidenten misst.[104]

Kapitel 14

Ungewisse Zukünfte

Leben bedeutet, in einem Meer von Ungewissheiten zu navigieren.

Edgar Morin

Ungewissheit kann als eine Art Unwissenheit beschrieben werden, Unwissenheit über die Zukunft. Wie wir im Bereich der Wirtschaft, der Politik und des Krieges gesehen haben, hingen viele wichtige Entscheidungen von der Annahme dessen ab, was wohl in der Zukunft geschehen würde. Das Problem ist, dass das, was tatsächlich passiert, sich oftmals stark von dem unterscheidet, was erwartet wurde. Gelegentlich können die Folgen solcher Fehleinschätzungen sogar »pervers« sein, das völlige Gegenteil von dem, was beabsichtigt war.[1]

Unerwünschte Nebenwirkungen von Medikamenten sind drastische Beispiele derartig perverser Konsequenzen. In der Politik gibt es klassische Fälle von Reformen, die eher zur Zerstörung als zur Bewahrung des Regimes beitrugen, das sie beschloss, denn sie machten der Bevölkerung bewusst, dass Veränderungen möglich waren, was den Wunsch nach mehr weckte. Ein berühmtes Beispiel stammt aus Frankreich in den Jahren unmittelbar vor der Revolution von 1789, was den politischen Theoretiker Alexis de Tocqueville zu der Schlussfolgerung führte, dass »die Erfahrung lehrt, dass der gefährlichste Zeitpunkt für eine schlechte Regierung üblicherweise dann ist, wenn sie beginnt, sich zu reformieren«.[2]

Ein weiterer bekannter Fall dieser Art stammt aus Russland nach dem Jahr 1905. Unter dem neuen Premierminister Pjotr Stolypin erhielten die Bauern Kredite, um Land zu kaufen, und die Gewerkschaften wurden legalisiert. Auf diese Reformen folgte die Revolution von 1917. Näher an unserer Zeit, führten die Reformen von Gorbatschow, die darauf abzielten, das System zu stabilisieren, zum Ende des Kommunismus und zur Auflösung der Sowjetunion im Jahr 1991.

Im Laufe der Jahrtausende hat es viele Versuche gegeben, die Zukunft vorherzusehen, beispielsweise mit der Hilfe von Orakelknochen, den Eingeweiden von Vögeln oder der Position der Planeten.[3] Im Italien der Renaissance wurde die Astrologie von vielen Menschen ernst genommen, von einigen aber auch abgelehnt. Die Zukunft wurde oft als Reich der Fortuna dargestellt, sei es in Form eines Rades, auf dem die Einzelnen unweigerlich auf- und absteigen, oder personifiziert in Form einer Göttin, deren wallendes Haar eine zu ergreifende Gelegenheit symbolisierte.

Die Fortuna konnte auch als Wind vorgestellt werden, an den sich geschickte Seeleute anzupassen vermochten, indem sie ihre Segel hissten oder senkten. Aus diesem Grunde wählten die Rucellai, eine Florentiner Kaufmannsfamilie, das Segel als ihr Emblem. Auch Machiavelli sah die Menschen in einer Mittelstellung zwischen Freiheit und Vorbestimmtheit; im 25. Kapitel seines Traktats *Vom Fürsten* schrieb er, das Schicksal kontrolliere nur die Hälfte unserer Aktionen, die andere Hälfte sei frei.[4]

Diese Vorstellungen galten im 17. Jahrhundert als veraltet – »Fortuna ist tatsächlich gestorben« – aufgrund der »Zähmung des Zufalls« durch die Mathematiker, deren Wahrscheinlichkeitsrechnungen, wie wir gleich sehen werden, die Praxis der Versicherungen veränderten.[5] Doch in unserem eigenen Zeitalter der

»Risikogesellschaft« und der »radikalen Ungewissheit« scheint die Göttin zurückgekehrt zu sein.[6]

Risikoanalysten untersuchen heutzutage bekannte Ungewissheiten in der Wirtschaft, den internationalen Beziehungen oder der Technologie. Man geht davon aus, dass das Risiko in Wahrscheinlichkeitsgraden messbar ist, ähnlich wie die Wettervorhersage, die für den nächsten Tag eine 80-prozentige Regenwahrscheinlichkeit ankündigt. Das Risikomanagement ist zu einem Beruf geworden, mit eigenen Zeitschriften wie dem *Journal of Risk Research*. »Das Wesen des Risikomanagements besteht darin, sich auf die Bereiche zu konzentrieren, über die wir eine gewisse Kontrolle besitzen.«[7] Deshalb diversifizieren Investoren beispielsweise ihre Portfolios, während viele von uns ihre Häuser und ihre Leben versichern.

Die Versicherungsbranche hat eine lange Geschichte. Es begann mit der Versicherung gegen Schiffbruch, gefolgt von der Versicherung gegen Feuer und dann der Versicherung gegen einen frühen Tod. Die Versicherung der Seefahrt geht zurück auf den Mittelmeerraum des späten Mittelalters, als der Verlust von Ladungen durch den Untergang von Schiffen eine akute Gefahr darstellte. In der Frühen Neuzeit umfasste die maritime Versicherung in den Niederlanden, Frankreich und England auch das Leben der an Bord befindlichen Sklaven, da sie in den Gesetzen der damaligen Zeit als Güter betrachtet wurden.[8] In Großbritannien gründeten »Konsortialmitglieder der Marine« im Jahre 1771 die Versicherungsgesellschaft Lloyd's.

Die Erinnerungen an den Großen Brand von London im Jahr 1666 waren noch sehr präsent, als 1680 von Nicholas Barbon, einem Arzt und späteren Immobilienspekulanten, das Fire Office gegründet wurde, um Versicherungen für Hauseigentum anzubieten. Er ließ sich dabei vermutlich durch das Vorbild der Hamburger Feuerkasse inspirieren, die 1676 gegründet wurde und als erste Versicherungsfirma der Welt gilt. Die britische Feuerversicherung entwickelte sich dann weiter und wurde Mitte des 19. Jahrhunderts von drei großen Unternehmen dominiert: Sun, Royal Exchange und Phoenix.[9]

Die Lebensversicherung für Einzelpersonen (mit Ausnahme von Sklaven) wurde entscheidend beeinflusst von der Entwicklung der Wahrscheinlichkeitsrechnung. In der Niederländischen Republik nutzten zwei führende Mitglieder der Oberschicht, Jan de Witt und Johannes Hudde, diese Form der Mathematik für Systeme zum Verkauf von lebenslänglichen Renten, indem sie Sterbetabellen erstellten.[10] Sowohl die niederländische als auch die britische Regierung nahmen auf diese Weise Geld ein, obwohl »keine britische Regierung vor 1789 den Preis einer Leibrente von dem Alter des Käufers abhängig gemacht zu haben scheint«. Die Versicherungsgesellschaften des 18. Jahrhunderts hatten »keine Ahnung von statistischen Methoden ... für sie zählte die Erfahrung, nicht die Zahlen«. Versicherungen blieben daher eine Art Glücksspiel, »man wettete auf Leben«.[11] Die Unkenntnis der zu erwartenden Erträge hatten viele Käufer von Rentenversicherungen sowohl in der Niederländischen Republik als auch in Großbritannien gemeinsam. Diese Art von »Unwissenheit der Geldanleger« ähnelt dem der Südseeblase, von der bereits die Rede war, wenngleich es hier nun um geringere Beträge ging.

Ob eine bestimmte Person in 30 Jahren noch am Leben sein wird oder nicht, kann nicht im Voraus beantwortet werden, aber wenn man dieselbe Frage für eine ausreichend große Gruppe von Menschen stellt, dann ist es möglich, den Prozentsatz der Überlebenden zu ermitteln und so einen Preis für Renten festzulegen, der einen Gewinn ermöglicht. Diese Vorgehensweise wurde als »Zähmung des Zufalls« bezeichnet.[12] Dank Mathematikern wie Jacques Bernoulli, dessen *Ars conjectandi* 1713 posthum erschien, wurde die Lebensversicherung in Großbritannien im 18. Jahrhundert zu einem florierenden Wirtschaftszweig, im 19. Jahrhundert dann auch in den USA. Wo früher Astrologen Horoskope für Einzelpersonen erstellt hatten, analysierten nun Versicherungsmathematiker verlässlichere allgemeine Trends.[13]

Die Möglichkeit, Risiken zu messen, wurde in letzter Zeit jedoch zunehmend angezweifelt, denn derartige Versuche sind »durch Unwissenheit grundsätzlich eingeschränkt«.[14] Ein früheres Zeitalter des Vertrauens in Risikomessungen wird gerade durch eine Ära der Ungewissheit abgelöst. Hierauf spezialisierte Analytiker, vor allem die der sogenannten »radikalen Ungewissheit«, beschäftigen sich mit unkalkulierbaren Elementen des Unbekannten. Ein vielzitiertes Buch von Nassim Taleb, einem »Professor für die Wissenschaften der Ungewissheit«, versucht zu zeigen, dass »unsere Welt von dem Extremen, dem Unbekannten und dem sehr Unwahrscheinlichen beherrscht wird«. Ähnlich argumentieren auch die Ökonomen John Kay und Mervyn King, deren Ideen in diesem Kapitel diskutiert werden.[15]

Ein weiteres einflussreiches Buch wurde 1986 vom deutschen Soziologen Ulrich Beck veröffentlicht; es trug den Titel *Risikogesellschaft*, ein Konzept, das durch diesen hellsichtigen und zum Nachdenken herausfordernden Essay ins Gespräch gebracht wurde. Beck behauptete, eine neue Art von Modernität und von Gesellschaft entdeckt zu haben, sichtbar ab dem späten 20. Jahrhundert. Er argumentierte, im Zeitraum der ersten Moderne seien durch die Industrialisierung Probleme gelöst worden, aber im Zeitraum der zweiten Moderne sei diese selbst zum Problem geworden.

So handele es sich beispielsweise bei der Umweltverschmutzung um eine Begleiterscheinung oder einen Nebeneffekt der Industrialisierung, um »Risiken und Unsicherheiten, die durch die Modernisierung selbst verursacht und herbeigeführt wurden« (passenderweise erschien Becks Buch im Jahr der Katastrophe von Tschernobyl).[16] Der Autor kam zu dem Schluss, dass »die Berechnung des Risikos, wie sie bisher von der Wissenschaft und gesetzlich vorgesehenen Einrichtungen gehandhabt wurde, nicht mehr funktioniert«. Aus diesem Grund wurde bemerkt, dass ein noch passenderer Titel für sein Buch *Gefahrengesellschaft* gewesen wäre.[17]

Eine Untersuchung des Risikos aus anthropologischer Sicht, die vier Jahre vor Becks Buch veröffentlicht wurde, bot eine andere Sichtweise dieser Problematik, indem sie die These vertrat: »Die Wahrnehmung von Risiko ist ein sozialer Vorgang« und jede »Art von Gesellschaft ... ist besonders besorgt über spezifische Gefahren«, »entsprechend einer bestimmten Lebensweise«.[18]

Aus der Perspektive eines Historikers scheinen alle Gesellschaften auf ähnliche Weise »Risikogesellschaften« zu sein, wenngleich jede Zeit ihre eigene Auswahl an Risiken besitzt. In der vorindustriellen Ära, mit der sich Beck nicht beschäftigt, fürchtete man vor allem große Seuchen, Hungersnöte und Kriege, aber auch das alltägliche Risiko, auf der Straße oder im Wirtshaus erstochen zu werden, oder Opfer von Hexerei zu werden. Einige dieser Risiken waren unabwendbare Ungewissheiten, andere jedoch die Folge von individuellen oder kollektiven Entscheidungen. Reisenden wurde geraten, vor Seereisen ihr Testament zu machen, und Stadtverwaltungen mussten entscheiden, wie viel Getreide sie für den Fall einer möglichen Hungersnot einlagern sollten.[19] Im Mittelalter waren mehrere dieser Risiken bereits global. Die Mongolen verwüsteten im 13. Jahrhundert sowohl Europa als auch Asien, ebenso wie ein Jahrhundert später die als »Schwarzer Tod« bezeichnete Pest.

Trotz dieser nötigen Differenzierungen regt Becks These von der Verschiebung von messbaren Risiken zu unkalkulierbaren Ungewissheiten durchaus zu weiterem Nachdenken an, was auch für die Ausführungen von Taleb und weiteren Forschern gilt. In seinem Buch *Weltrisikogesellschaft* (1997) und dessen späteren Ausgaben hat Beck seine Ideen überarbeitet und weiterentwickelt. Nach dem 11. September 2001 sah er nunmehr im Terrorismus und in den Finanzkrisen die größten Bedrohungen und betonte noch stärker die Globalisierung der wichtigsten Risiken, die nicht mehr an nationale Grenzen gebunden seien.

Die Fähigkeiten der Versicherungsbranche anzweifelnd, betonte Beck die Unkalkulierbarkeit der neuen Bedrohungen für die Gesellschaft. »Das Fehlen eines angemessenen privaten Versicherungsschutzes ist der institutionelle Indikator für den Übergang zu einer Gesellschaft unkontrollierbarer Risiken in der zweiten Moderne.«[20] Beck räumte ein, dass es möglich sei, Vorsichtsmaßnahmen gegen Katastrophen zu ergreifen, aber er behauptete: »Die vorbeugenden Aktionen gegen katastrophale Risiken sind selbst Verursacher neuer katastrophaler Risiken, die am Ende noch schlimmer sein können als die Katastrophen, die man verhindern will.« (Er schrieb dies vor der amerikanischen Invasion des Iraks im Jahr 2003, ein Ereignis, das seine Argumentation auf drastische Weise stützt.) Becks Schlussfolgerung lautete, in einer globalen Risikogesellschaft herrsche das Nichtwissen.[21]

An dieser Stelle dürfte es von Nutzen sein, zu unterscheiden zwischen dem Risiko, dem Reich der Vorhersagen, und der Ungewissheit, der Domäne der Zukunftsforschung. Diese beiden Ansätze beim Umgang mit künftigen Geschehnissen werden hier nun nacheinander erörtert.

Vorhersagen

Die Vorhersage von Ernten, des Wetters und wirtschaftlicher Trends wurde in den USA ab den 1860er-Jahren zum Bestandteil des Alltags, es entstand eine »Kultur der Prognose«, die durch die Finanzpanik von 1907 zusätzlichen Auftrieb erhielt. Der Meteorologe Henry H. Clayton präsentierte regelmäßig Vorhersagen nicht nur des Wetters, sondern auch der ökonomischen Entwicklung. In Frankreich spielte der Astronom Urbain Le Verrier, der heute vor allem bekannt ist für seine Entdeckung des Planeten Neptun, ebenfalls die Rolle eines Pioniers bei der Organisation von Wettervorhersagen.[22]

Zukunftspläne von Regierungen (insbesondere sozialistischer Couleur) wurden im 19. und 20. Jahrhundert zunehmend üblich. Diese umfassten die Wirtschaftsplanung, Stadtplanung und Verteidigungsplanung.[23] In der UdSSR wurden von den späten 1920er-Jahren bis zum Ende des Regimes regelmäßig Fünfjahrespläne für die Wirtschaft beschlossen. In Frankreich berief die französische Regierung, beraten von dem vielseitigen Jean Monnet, im Jahr 1946 eine Planungskommission (Commissariat Général du Plan) für den heimischen Wiederaufbau der Nachkriegszeit. Planungsministerien gab es auch in Ländern wie Indien, Pakistan, Myanmar und Kambodscha.

Was die Landesverteidigung betrifft, so verfügt die norwegische Regierung über eine Abteilung für Verteidigungspolitik und deren langfristige Planung. In den USA wurden Prognosen von RAND, einer 1948 gegründeten Denkfabrik für Forschungen im Auftrag des Militärs, und IARPA, einer Organisation innerhalb der amerikanischen Nachrichtendienste, finanziert. Nach Auffassung des Geheimdienstexperten Thomas Fingar lässt sich Unsicherheit zwar nicht vermeiden, aber sie kann reduziert werden, indem man Geld für die Forschung ausgibt, »um Probleme zu antizipieren, Chancen zu ermitteln und Fehler zu vermeiden«.[24]

Es ist natürlich möglich, von vergangenen Trends auf zu erwartende zukünftige Tendenzen zu schließen. Extrapolation ist eine systematische Form (wenngleich keine schöne Bezeichnung) einer geistigen Aktivität, die wir ohnehin stets praktizieren, indem wir davon ausgehen, dass die Sonne am nächsten Tag wieder aufgehen wird oder dass die Londoner U-Bahn zur Hauptverkehrszeit überfüllt sein wird. Demografen, Ökonomen und Staatsbeamte tun dies seit Jahrhunderten, indem sie die Trends in ihren eigenen Ländern analysieren oder sich an anderen Nationen wie den Vereinigten

Staaten orientieren, wo, wie ein deutscher Analytiker im Jahr 1952 bemerkte, die Zukunft »schon begonnen« hat.[25]

Die geschichtliche Erfahrung lehrt uns jedoch, dass sich Trends nicht endlos fortsetzen. Hin und wieder kommt es zu einem Vorfall, der von Nassim Taleb als »Schwarzer Schwan« bezeichnet wurde, ein höchst unwahrscheinliches Ereignis mit schwerwiegenden Auswirkungen, eine große Überraschung wie der Börsencrash von 1929 oder der Fall der Berliner Mauer.[26] Wie Stuart Firestein bemerkte, ist »eines der vorhersehbarsten Dinge bei Vorhersagen, wie oft sie falsch sind«.[27] In der Tat ist das Einzige, dessen wir uns sicher sein können, dass wir nichts sicher im Voraus wissen, sodass wir lernen müssen, das Unerwartete zu erwarten. Wie der französische Soziologe Edgar Morin 2020 in einem Interview sagte: »Leben bedeutet, in einem Meer von Ungewissheiten zu navigieren.«[28]

Man könnte sagen, dass der Blick in die Zukunft sowohl nötig ist, um Pläne zu machen, als auch unmöglich, weil das Kommende ungewiss bleibt. Einen Entwurf für die Zukunft zu erstellen und unbeirrt daran festzuhalten, komme was wolle, ist jedoch arrogant und gefährlich. Ebenso verfehlt ist es, sich nicht auf mögliche Unglücksfälle vorzubereiten, einschließlich dessen, was der Philosoph Nick Bostrom als »existenzielle Katastrophen« bezeichnete, die »großen Schicksalsschläge«, die nicht nur die Gegenwart, sondern auch die Zukunft konditionieren und das »langfristige Potenzial der Menschheit« schädigen.[29] Glücklicherweise ist es möglich, verschiedene Grade der Ungewissheit zu unterscheiden. Entscheidungsträger, die sich mit der nahen Zukunft beschäftigen, haben eine größere Chance, korrekte Vorhersagen zu treffen als Zukunftsforscher, die sich mit weiter entfernten Zeiträumen befassen. In zwei Gebieten sind Prognosen besonders verbreitet (und umstritten): in der Politik und in der Wirtschaft.

Politische Risiken

In der Politikwissenschaft ist diesbezüglich eine große Debatte im Gange. Auf der einen Seite gibt es Gelehrte, die der Auffassung sind, dass sich in der Geschichte der Politik bestimmte Situationen wiederholen und Vorhersagen möglich sind, und auf der anderen Seite diejenigen, die behaupten, dass jedes Ereignis einzigartig und unvorhersehbar ist.[30] Eine mittlere Position wird in zwei wichtigen Studien eingenommen, die beide bereits in den 1960er-Jahren veröffentlicht wurden, aber auch heute noch lesenswert sind. Die Erste, von dem Professor für internationale Beziehungen Thomas Schelling, stützte sich auf die Spieltheorie, um die besten Strategien in Konflikten zu ermitteln. Schelling vertrat die Ansicht, dass Konflikte mit Spielen vergleichbar seien, bei denen die Informationen über die anderen Spieler »unvollständig« sind, das heißt in denen man sich in einer Situation partieller Unwissenheit befindet.[31]

Die zweite Studie, verfasst von dem Historiker Saul Friedländer, wies darauf hin, dass »Vorhersagen eine wesentliche Voraussetzung für das Handeln sind« und argumentierte, derartige Prognosen seien sowohl schwierig als auch möglich. Schwierig, weil die Entscheidungsträger in einem bestimmten Land die Ziele ihrer Amtskollegen in einem anderen Land nicht kennen. Möglich, weil die Freiheit eines jeden Entscheidungsträgers (sei es ein Einzelner oder eine Gruppe) durch die gewählten Ziele eingeschränkt wird. Dieser Freiraum »schrumpft« mit jedem Schritt, der getan wird.[32] Friedländer unterstrich auch, dass es wichtig sei, sich künftige Szenarien vorab auszumalen. »In den meisten Fällen kann der Beobachter eine Liste der verschiedenen Möglichkeiten erstellen, die dem von ihm observierten Akteur offenstehen.« Bei seiner Beschreibung der Versuche von Kennedy und Chruschtschow, während der kubanischen Raketenkrise die Absichten des Gegenübers zu erkennen, betonte er die Notwendigkeit, »die Situation mit den Augen des

Akteurs zu sehen, den man überwacht«, und dabei die persönlichen »Eigenheiten« der Entscheidungsträger, ihre individuellen Verhaltensmuster zu berücksichtigen. Es wurde geltend gemacht, dass das Versäumnis, dies zu tun, einer der grundlegenden Fehler der amerikanischen Geheimdienste bei der Einschätzung der Wahrscheinlichkeit der Existenz von Massenvernichtungswaffen im Irak von Saddam Hussein gewesen sei.[33]

Um ein Gefühl für den persönlichen Entscheidungsstil einer anderen Person zu bekommen, benötigt man das, was Friedländer »Intuition« nennt.[34] Um Letztere geht es auch in einem Buch des Psychologen Philip Tetlock, das ein halbes Jahrhundert nach Friedländers Aufsatz erschien.[35] Tetlock leitete das »Good Judgment Project«, das mit dem Ziel ins Leben gerufen wurde, erfolgreiche Prognostiker zu ermitteln und deren Methoden zu analysieren. Er warb Freiwillige an und organisierte Wettbewerbe, im Rahmen deren die insgesamt mehr als 20.000 Teilnehmer Vorhersagen zu Hunderten von zukünftigen Ereignissen machten – beispielsweise ob es vor dem 1. Dezember 2014 eine Militäroperation von ausländischen Streitkräften in Syrien geben würde, oder ob es am 15. September 2014 weniger Eis in der Arktis geben würde als genau ein Jahr zuvor. Die »Zukunft« war bei diesem Projekt begrenzter als die in Friedländers Studie, da sie nicht weiter als fünf Jahre reichte und man sich meistens sogar darauf beschränkte, nur ein Jahr vorauszublicken.

Mit Hilfe dieser Turniere gelang es Tetlock, eine kleine Gruppe von »Supervorhersehern« zu identifizieren, wie er sie nannte, Amateure, die durchgängig genauere Vorhersagen machten als die Profis. Diese Freizeitprognostiker verwandten viel Zeit darauf, sich über die Fragen, die sie beantworten sollten, zu informieren und aktualisierten ihre Schätzungen mehrfach bis zum Stichtag. Sie waren besonders gut im »Wahrscheinlichkeitsdenken« und auch in der Intuition, im Sinne einer »Mustererkennung« auf der Grundlage von vordergründig vergessenem Wissen, das bei Bedarf jedoch verfügbar ist.

ÖKONOMIE

In der Wirtschaft wird genauso wie in der Politik seit langem über die Möglichkeiten und die Grenzen von Vorhersagen diskutiert. In einer aktuellen Studie berichteten zwei bedeutende Ökonomen, John Kay und Mervyn King, in ihrer Jugend gelernt zu haben, Probleme anhand mathematischer Modelle anzugehen. Auf diese Weise konnte man sinnvolles »Verhalten vorhersagen, indem man die ›optimale‹ Lösung für diese Probleme berechnete«. Doch ihre Erfahrungen in der Praxis veranlassten die Autoren, diesen Ansatz in Frage zu stellen, denn Unternehmen, Regierungen und Haushalte sehen sich alle mit einer »ungewissen Zukunft« konfrontiert und sind sich bewusst, nicht zu wissen, was passieren wird.[36] Kay und King schlagen deshalb vor, sich im Wirtschaftsleben statt auf mathematische Modelle besser auf das Phänomen der Ungewissheit zu konzentrieren.

Auf ähnliche Weise hatte bereits ein Jahrhundert zuvor der amerikanische Wirtschaftswissenschaftler Frank Knight unterschieden zwischen Risiken, die gemessen werden können, und Unsicherheit, bei der dies nicht der Fall ist. Knight kritisierte die Annahme des »praktischen Allwissens« der ökonomischen Akteure und betonte das Element der Überraschung.[37] Einige Jahre nach Knight vertrat John Maynard Keynes dieselbe Auffassung, wie bei ihm üblich brillant formuliert: »Wann welche Kriege in Europa geführt werden, ist ungewiss, was auch für den Preis von Kupfer in 20 Jahren und den dann geltenden Zinssatz zutrifft, oder ob eine jetzt neue Erfindung dann veraltet sein wird ... Für all diese Dinge gibt es keine wissenschaftliche Grundlage, um die Wahrscheinlichkeit zu berechnen. Wir wissen es einfach nicht!«[38]

Keynes schrieb auch über die Notwendigkeit, »die dunklen Kräfte der Zeit und der Unwissenheit zu besiegen, die unsere Zukunft verhüllen«. Eine ähnliche Betonung von Zeit und Unwissenheit sowie deren unerwünschten Folgen findet sich in den Schriften mehrerer österreichischer Ökonomen, von Joseph Schumpeter bis hin zu Friedrich von Hayek. Sie kritisierten die neoklassischen Volkswirte sowohl für die mangelnde Beachtung von Veränderungen als auch für die Annahme, wirtschaftliche Akteure würden in vollständiger Kenntnis der Umstände agieren, was ebenso unrealistisch sei wie die Vorstellung eines perfekten Wettbewerbs.[39]

Ein weiterer Beitrag zur Erforschung der Ungewissheit stammt von dem britischen Wirtschaftswissenschaftler George Shackle. Dieser wurde von dem Risikoanalytiker Nassim Taleb als »großer unterschätzter Denker« bezeichnet, wobei er hinzufügte: »Man stößt kaum je auf eine Erwähnung von Shackles Arbeiten, und seine Bücher musste ich mir in Londoner Antiquariaten beschaffen.«[40] In diesen Werken beschäftigte sich der Autor vor allem mit dem von ihm so genannten »Nichtwissen« und erörterte, wie man damit umgehen solle.

ZUKUNFTSFORSCHUNG

Während Prognostiker normalerweise die nächsten ein oder zwei (bis hin zu maximal fünf) Jahre untersuchen, befassen sich die Futurologen oder Zukunftsforscher mit längeren Zeiträumen, 20 oder 30 Jahren oder sogar noch mehr. Dafür ist – neben anderen Eigenschaften – eine starke Vorstellungskraft nötig, und so ist keineswegs überraschend, dass sich oftmals Romanautoren mit der Zukunft beschäftigt haben, darunter Jules Verne in Frankreich und H. G. Wells in Großbritannien, dessen 1933 erschienener Roman *The Shape of Things to Come* von Ereignissen bis zum Jahr 2106 erzählte.[41]

Einige Verfasser fiktionaler Werke haben zutreffende Vorhersagen gemacht. Verne stellte sich eine Mondlandung und ein U-Boot vor, während Wells, der ausgebildeter Biologe war, die Gentechnik antizipierte. Wenige Jahre vor dem Ersten Weltkrieg sagte

Wells den Einsatz von Panzern voraus (die er »mit Eisen umhüllte Landfahrzeuge« nannte) sowie den »Krieg in der Luft«. In jüngerer Vergangenheit erdachte der Science-Fiction-Autor Arthur C. Clarke, bekannt durch seine Zusammenarbeit mit Stanley Kubrick bei dem Film *2001: Odyssee im Weltraum* (1968), sowohl das Online-Banking als auch das Online-Shopping, bevor diese zur Realität wurden.

Wells verfasste nicht nur Narrativik, sondern im Jahr 1901 beispielsweise auch eine Artikelserie für die *Fortnightly Review*, die in Buchform unter dem Titel *Anticipations of the Reaction of Mechanical and Scientific Progress upon Human Life and Thought* erschien. Dieses Werk war ein früher Beitrag zur Futurologie, ein Begriff, der im Jahr 1943 in Deutschland von dem Juristen Ossip Flechtheim geprägt wurde. Ein anderer Beitrag zur Beschäftigung mit der Zukunft kam von dem amerikanischen Soziologen William Ogburn, einem Mitglied des von Präsident Hoover eingesetzten Forschungsausschusses zu den neuesten gesellschaftlichen Entwicklungen. Als er 1931 von der *New York Times* gebeten wurde, Vorhersagen für das Jahr 2011 zu machen, äußerte Ogburn, dass Regierungen dann mehr Einfluss auf das Leben der Menschen nehmen würden und dass das Leben der Frauen dann dem der Männer ähnlicher sein würde.

Langfristige Prognosen wurden ab den späten 1950er-Jahren immer häufiger. Wie die Science-Fiction halfen sie der Öffentlichkeit, sich alternative Zukunftsszenarien vorzustellen.[42] Drei Franzosen leisteten wichtige Beiträge zu diesem expandierenden Bereich. Gaston Berger, dessen persönliche Interessen die Philosophie und das Management umfassten, prägte den Begriff »prospektiv« (das komplementäre Gegenteil von »retrospektiv«) und gründete im Jahr 1957 ein Zentrum für Zukunftsforschung. Bertrand de Jouvenel, ein politischer Philosoph, gab eine Sammlung von Aufsätzen unter dem Titel *Futuribles* heraus (ein Neologismus für das Konzept der möglichen Zukünfte). Ein dritter Franzose, der Wirtschaftswissenschaftler Jean Fourastié, stützte seine Vorhersagen zukünftiger

Trends auf die Analyse mehrerer vergangener Jahrhunderte statt nur der letzten Jahrzehnte.[43]

In den 1960er-Jahren hatte die Futurologie den Status einer internationalen Unternehmung erreicht. 1967 veröffentlichte Herman Kahn, ein Mitarbeiter der amerikanischen Research and Development Corporation (RAND), ein Buch mit dem Titel *The Year 2000*; der Untertitel lautete übersetzt »Ein Rahmen für Spekulationen über die nächsten 33 Jahre«.[44] Damals, im Jahr 1968, erschienen auch die ersten Ausgaben der Zeitschrift *Futures*; außerdem wurden mehrere wichtige Einrichtungen gegründet: die World Future Society (1966), der Club of Rome (1968) und das Kopenhagener Institut für Zukunftsstudien (1969).

Ab diesem Zeitpunkt dürfte es sinnvoll sein, zwischen vier Hauptgruppen bei der Erforschung der Zukunft zu unterscheiden. Eine Kategorie ist mit Regierungen verbunden, vor allem, aber nicht ausschließlich, mit den Geheimdiensten. So finanzierte beispielsweise die schwedische Regierung in den frühen 1970er-Jahren ein Sekretariat für Zukunftsstudien. In den 1990er-Jahren begannen die amerikanischen Nachrichtendienste mit der Erstellung von Prognosen bezüglich globaler Trends in zwei Jahrzehnten. Die Forschungen für den Band über das Jahr 2025 begannen 2004, und das daraus resultierende Buch wurde 2008 veröffentlicht.[45]

Ein zweiter Typ hat sich besonders mit der Technologie der Zukunft und den sozialen Folgen ihrer Nutzung beschäftigt. Zu dieser Gruppe gehörte der Soziologe Daniel Bell, der die Entstehung der »postindustriellen Gesellschaft« und die Auswirkungen von Computern auf den Alltag vorhersagte.[46] Ebenfalls in diese Kategorie sind eine Reihe von Erfindern einzuordnen, die sich gern die Zukunft ausmalen und zu ihrer Gestaltung beitragen. So bemerkte etwa der Ingenieur Dennis Gabor, man könne zwar »die Zukunft nicht vorhersagen«, aber man könne »Zukünfte erfinden«. In dieser zweiten Gruppe war die bemerkenswerteste Persönlichkeit zweifellos der

Universalgelehrte Buckminster Fuller (bekannt als »Bucky«). Fuller entwarf unter anderem als Massenprodukte herstellbare Häuser, ein zur Fortbewegung zu Lande, zu Wasser und in der Luft geeignetes Automobil und »geodätische Kuppeln«, die auf unterschiedlich großen Flächen errichtet werden können, vom Raum eines Gewächshauses bis zu dem einer ganzen Stadt.[47] Diese leichten, aber stabilen Kuppeln finden heute neues Interesse als Hilfsmittel für Stadtbewohner, um die Auswirkungen des Klimawandels zu bewältigen.

Eine dritte Gruppe von Futurologen kommt aus der Wirtschaft und befasst sich mit Unternehmensstrategien; zu ihr zählen der Managementberater Peter Drucker – der einmal bemerkte, dass »der beste Weg, die Zukunft vorherzusagen, darin besteht, sie zu erschaffen« –, Peter Schwartz, der Gründer des Global Business Network, und Peter Fisk, der Schöpfer von GeniusWorks. Eine vierte Kategorie, die weniger optimistisch ist als die zweite und dritte, hat über die Grenzen des Wirtschaftswachstums und die Zukunft der Umwelt nachgedacht. Sie vereint Mitglieder des Club of Rome wie Donella und Dennis Meadows, außerdem den norwegischen Systemanalytiker Jørgen Randers, der im Jahr 2013 eine »globale Prognose« für das Jahr 2052 veröffentlichte.

Die jüngsten Rekruten der Zukunftsforschung kommen aus der Philosophie; zu ihnen gehören Nick Bostrom und Toby Ord. Die beiden arbeiten am Future of Humanity Institute in Oxford, das im Jahr 2005 gegründet wurde und sich mit »existenziellen Risiken« beschäftigt, mit der Gefahr des Aussterbens der Menschheit oder zumindest einer drastischen Verringerung ihres Potenzials. Bostrom und Ord sind Teil einer Schar von Analytikern, die versuchen, spekulative Futurologie in begründete Vorhersagen zu verwandeln. Die Kluft zwischen kurzfristigen Prognosen und langfristigen Zukunftsstudien scheint derweil kleiner zu werden, da sich Zukunftsforscher nun auf mittlere Zeiträume konzentrieren – mit anderen Worten, auf die nächsten Jahrzehnte oder maximal das nächste Jahrhundert.

So erörtert etwa Ord »natürliche« Risiken wie den Einschlag eines Meteoriten auf der Erde oder einen »Super-Vulkanausbruch«; größere Aufmerksamkeit schenkt er jedoch fünf zentralen Bedrohungen: Atomwaffen, Klimawandel, Umweltschäden, Pandemien (egal ob natürlichen oder im Labor erzeugten) und das, was er »unkontrollierte künstliche Intelligenz« nennt, wodurch die KI vom Diener der Menschheit eines Tages zu deren Herr werden könnte. Shane Legg, der Gründer von DeepMind, einem Unternehmen, das KI-Systeme entwickelt, bezeichnete dieses Szenario als seines Erachtens »größtes Risiko für dieses Jahrhundert«.[48]

Die in diesen »Zukunftsstudien« angewandten Methoden sind so unterschiedlich wie die Gruppen, die sich mit ihnen beschäftigen.[49] Bertrand de Jouvenel schrieb über »die Kunst der Vermutung«, während Herman Kahn seine Darstellung des Jahres 2000 als »Spekulation« bezeichnete. Die Grundlage für systematische Annahmen bezüglich der Zukunft pflegte die Auswertung von Statistiken zu sein, das Extrapolieren von Trends aus der jüngeren Vergangenheit auf die Zukunft. Seit den 1970er-Jahren wird jedoch zunehmend Gebrauch von Computersimulationen gemacht. Der Club of Rome zum Beispiel verwendete Computermodelle der von ihm so genannten »Welt 3«; dabei handelte es sich um eine Aktualisierung des »Welt 2«-Modells des Computeringenieurs Jay Forrester, um die Auswirkungen künftiger Interaktionen zwischen Bevölkerung, Industrie und Umwelt zu berechnen und so die Grenzen des Wirtschaftswachstums einschätzen zu können. Die Menschheit navigiert immer noch in einem Meer der Ungewissheit, aber zumindest, was unsere Umwelt betrifft, verfügt sie jetzt zur Orientierung auf hoher See über etwas wie ein Astrolabium.[50]

Während Gefahren für die Umwelt mit einem gewissen Grad an Wahrscheinlichkeit vorhergesehen werden können, ist dies bei Bedrohungen, die auf menschliches Handeln zurückzuführen sind, nicht möglich. Anders als Andrei Amalrik, ein russischer Dissident, der 20 Jahre zuvor schrieb, waren Spezialisten für die Sowjetunion in der Regel nicht dazu in der Lage, deren Zerfall im Jahre 1990 zu prognostizieren. Amalrik hatte eine Krise des sowjetischen Systems vorausgesagt, die er aus dem Anwachsen der »kulturellen Opposition«, der »passiven Unzufriedenheit« und den »nationalistischen Tendenzen der nicht-russischen Völker der Sowjetunion« extrapolierte. Er sprach von der Möglichkeit alternativer Szenarien (einschließlich eines Krieges mit China) und zeigte Parallelen zu den Umständen auf, die zu den Revolutionen von 1905 und 1917 führten.[51]

Der Zukunftsforscher Herman Kahn schrieb 1970, er sei dazu bereit, sein Geld auf den Aufstieg der japanischen Wirtschaft zu verwetten, und behauptete, dass sie bis zum Jahr 2000 die ökonomische Leistung der USA erreichen oder übertreffen würde. Hingegen machte er sich keine Gedanken über das mögliche Erstarken Chinas.[52] Die meisten Ökonomen waren nicht dazu in der Lage, den großen Börsencrash von 1929 zu prognostizieren. Auch die Bankenkrise von 2008 – welche die englische Königin »schrecklich« nannte – wurde von den Experten nicht vorhergesehen.

Das Problem bei der Extrapolation von aktuellen Trends besteht darin, dass diese sich manchmal plötzlich umkehren, wie die Aktienkurse an der Börse. Ein unvergessliches Beispiel hierfür stammt von Nassim Taleb: Er verweist auf die Erwartung künftiger Mahlzeiten von Seiten der Truthähne, die kurz vor Thanksgiving – wo sie geschlachtet werden – besonders reichhaltig gefüttert werden.[53] Wenn wir die Vorhersagen der Futurologen einige Jahrzehnte, nachdem sie gemacht wurden, lesen, fallen uns die Fehleinschätzungen sofort auf. Über Risiken zu schreiben, ist selbst ein riskantes Unterfangen. Dass diese Risiken in gewissem Maße durch die Analyse der Vergangenheit verringert werden können, ist das zentrale Thema des folgenden Kapitels.

Kapitel 15

Unkenntnis der Vergangenheit

Nur ein Idiot glaubt, aus den eigenen Erfahrungen zu lernen. Ich ziehe es vor, aus den Erfahrungen anderer zu lernen, um von vornherein eigene Fehler zu vermeiden.

Bismarck zugeschrieben

In diesem Kapitel geht es um die Unkenntnis der Vergangenheit in drei verschiedenen Gruppen. Erstens die Historiker, die nie so viel über die Vergangenheit wissen, wie sie gern wissen würden, und oft weniger, als sie zu wissen glauben. Zweitens die breite Öffentlichkeit, deren Unwissenheit, ebenso wie die Unwissenheit der Wähler, erst kürzlich wieder in einer Reihe von Umfragen nachgewiesen wurde. Drittens, und am wichtigsten, die Unwissenheit der Entscheidungsträger, die es häufig versäumen, von ihren Vorgängern zu lernen. Da sie die Vergangenheit nicht kennen, machen sie die gleichen Fehler erneut.

Geschichtsskepsis

Ernst Gombrich, der wie viele Wiener Intellektuelle eine Gabe für scharfe und geistreiche Formulierungen hatte, pflegte seinen Studenten zu sagen, dass »Geschichte wie ein Schweizer Käse ist, voller Löcher«.[1] Auf der Landkarte der Vergangenheit gibt es viele Leerstellen. Für die Geschichte vieler Teile der Welt in vielen Epochen sind Quellen nur spärlich vorhanden, wenn sie nicht sogar fast völlig fehlen. Das Bewusstsein dieser Problematik und die Wiederentdeckung des antiken Philosophen Sextus Empiricus (besprochen in Kapitel 2) bildeten die Grundlage für die Bewegung der Geschichtsskepsis oder des »Pyrrhonismus«, die in Europa vom 16. bis zum 18. Jahrhundert währte, einer Kampagne zur Aufdeckung der Unwissenheit über die Vergangenheit im Allgemeinen und der Antike im Besonderen.

Im Jahre 1528 veröffentlichte der berühmte spanische Prediger und Moralist Antonio de Guevara eine halbfiktionale Biografie des römischen Kaisers Mark Aurel. Als er für die Erfindung historischer Details kritisiert wurde, verteidigte sich Guevara mit dem Argument, man besitze im Hinblick auf weltliche und heidnische Geschichtsdarstellungen »keine Gewissheit, dass einige [Historiker] eher die Wahrheit sagen als andere.«[2] Später im selben Jahrhundert verteidigte Sir Philip Sidney die Dichtung gegen ihre Kritiker, indem er die Geschichtsschreibung angriff und über den Historiker spottete, der viele »alte, von Mäusen zernagte Aufzeichnungen« besitzt, sich aber »meistens nur auf die bemerkenswerte Grundlage von Gerüchten stützt«.[3]

Die Mitte des 17. Jahrhunderts war ein Zeitraum, in dem die Grundlagen, die Möglichkeiten und die Grenzen historischen Wissens besonders lebhaft diskutiert wurden, vor allem, aber nicht nur in Frankreich. In seinem *Discours de la méthode* behauptete René Descartes im Jahre 1637, die Arbeiten der Historiker seien nutzlos oder sogar gefährlich. Er verglich sie mit den modischen Ritterromanen, da sie offenkundig triviale Umstände (*les plus basses et moins illustres circonstances*) beiseiteließen und so die Leser dazu verleiteten, »in die Extravaganzen der Paladine aus unseren mittelalterlichen Heldenerzählungen« zu verfallen und Pläne zu schmieden, die ihre Kräfte überstiegen.[4]

Das Problem der »geschichtlichen Ungewissheit« wurde von dem Philosophen François La Mothe Le Vayer in einer damals kontrovers diskutierten Studie, *Du peu de certitude qu'il y a dans l'histoire* (1668), ausführlicher erörtert. Eine Generation später, zur Zeit des Skeptikers Pierre Bayle, wurde die Debatte zu diesem Thema noch heftiger geführt, mit Ausläufern bis weit hinein in das 18. Jahrhundert. Im Jahre 1768 veröffentlichte Voltaire einen Essay über *Le Pyrrhonisme de l'Histoire*.[5] Dieses Werk, bekannt auch unter dem Titel *Les Pyrrhonistes*, begründete seine Geschichtsskepsis hauptsächlich mit zwei Argumenten: einerseits mit der Voreingenommenheit der Historiker und andererseits mit dem Mangel an historischen Belegen.

Das, was die Geschichtswissenschaftler immer noch als »Einseitigkeit« bezeichnen (eine Metapher aus dem Bowlingspiel), führt uns zurück zum Problem der Standpunkte, das, wie wir gesehen haben, von dem Soziologen Karl Mannheim in den 1920er-Jahren und von den Feministinnen in den 1980er-Jahren diskutiert wurde, aber mindestens bis ins 17. Jahrhundert zurückreicht. Was für eine Vorstellung von den Punischen Kriegen hätten wir heute, fragte La Mothe Le Vayer, wenn wir nur Zugang zu einem Bericht aus der Sicht der Karthager hätten? Wie würden Caesars Gallische Kriege auf uns wirken, wenn Vercingetorix und nicht Caesar seine Memoiren geschrieben hätte?[6]

Bayle verglich die Tätigkeit von Historikern mit der von Köchen. »Die Geschichte wird zubereitet wie das Essen in einer Küche ... jede Nation, jede Religion, jede Sekte nimmt die gleichen rohen Zutaten ... und würzt sie nach ihrem Geschmack« (*l'on accommo-*

de l'Histoire à peu près comme les viands dans une Cuisine ... chaque nation, chaque religion, chaque secte prend les mêmes faits tout cruds ... et les assaisonne selon son goût). Daher (behauptete Bayle) lese er historische Darstellungen weniger, um zu erfahren, was in der Vergangenheit geschehen sei, sondern um sich zu informieren, »was in jeder Nation und in jeder Partei dazu gesagt wird«. Was ihn an den einzelnen Historikern interessierte, war genau deren Voreingenommenheit.[7]

Voltaire sagte nichts Neues, sondern fasste nur mehr als ein Jahrhundert von Debatten zusammen, als er 1769 das Problem der Einseitigkeit in seinem Essay über *Historischen Pyrrhonismus* erörterte. Er benutzte sogar La Mothes Beispiel vom Einfluss von Caesars Memoiren auf die Wahrnehmung der Punischen Kriege durch die Nachwelt. »Um ausgewogen urteilen zu können«, schrieb er, »wäre es nötig, Zugang zu den Archiven von Hannibals Familie zu haben.« Da Voltaire ein notorischer Kritiker der Religion war, konnte er nicht widerstehen, den Wunsch zu äußern, auch die Memoiren von Kaiphas und Pontius Pilatus in Augenschein nehmen zu können.[8]

Das zweite Hauptargument der Skeptiker waren die fehlenden Beweise für viele Ereignisse in der Vergangenheit, zusammen mit dem Hinweis auf die Tatsache, dass einige lange Zeit als zuverlässig geltende Quellen nicht vertrauenswürdig waren und möglicherweise sogar gefälscht wurden. Ein französischer Jesuit namens Jean Hardouin ging so weit zu behaupten, die Mehrheit der Texte aus der Antike seien Fälschungen. Heutzutage würde man Hardouin als paranoid diagnostizieren, da er an eine Verschwörung zur Fälschung von Texten glaubte. Vermutlich hätte er eine Behandlung nötig gehabt, aber er war nur ein extremer Fall einer damals weitverbreiteten Haltung, und er kombinierte die bereits von anderen Gelehrten geäußerten Zweifel an vielen antiken Werken mit eigener Kritik.[9]

Das Beispiel von Hardouin zeigt auf drastische Weise, wie diese besondere Art von Skepsis eine kumulative Wirkung entfalten konnte. Es ist kein Wunder, dass das Adjektiv »kritisch« sich im späten 17. Jahrhundert in Buchtiteln so großer Beliebtheit erfreute. Ein immer größerer Teil dessen, was bis dahin als wahre Geschichte akzeptiert worden war – beispielsweise die Gründung des antiken Roms durch Romulus, die Biografien bestimmter Heiliger oder die Gründung der französischen Monarchie durch Faramund – wurde nun als Erfindung oder als Mythos abgetan.

Ein wichtiges Beispiel für die neue Geschichtskritik war das *Dissertation sur l'incertitude des cinq premiers siècles de l'histoire romaine* genannte Werk des hugenottischen Gelehrten Louis de Beaufort aus dem Jahr 1738. Darin wurde die Auffassung von Geschichte als löchriger Schweizer Käse kombiniert mit der Überzeugung von der Unzuverlässigkeit der überlieferten Quellen für Geschehnisse der fernen Vergangenheit, was in diesem Fall den Historiker Livius betraf, der zur Zeit der Geburt Christi über Ereignisse schrieb die – wenn überhaupt – etwa 700 Jahre zuvor stattgefunden hatten.[10] Die Geschichtsschreiber mussten nun zugeben, dass sie weniger über frühere Jahrhunderte wussten, als sie behauptet hatten, dass ihre Quellen weniger zuverlässig waren, als sie angenommen hatten, und dass sogar die solidesten ihrer Aussagen nicht die Art von Gewissheit boten, wie sie in der Mathematik zu finden war.[11]

Im Zeitalter der »Postmoderne«, in dem sich die Geschichtsschreibung (wenn nicht sogar die Geschichte) zu wiederholen schien, wurde die Unkenntnis der Vergangenheit erneut betont. Eine zweite Krise des Geschichtsbewusstseins trat zutage, in der kurioserweise erneut drei französische Philosophen eine führende Rolle spielten.

Das Trio von Descartes, La Mothe und Bayle wurde ersetzt durch das von Michel Foucault, Jacques Derrida und Jean-François Lyotard. An die Stelle der Zweifel an der Existenz Caesars traten Zweifel an der Realität des Holocausts, und die gesamte Vergangenheit wurde manchmal als kulturelles »Konstrukt« betrachtet. Ohne sich offenbar darüber im Klaren zu sein, wiederholen die Teilnehmer der Debatte der 1990er-Jahre viele Axiome ihrer Vorgänger aus den 1690er-Jahren.[12]

Selektive Unwissenheit

Langfristig noch wichtiger als der radikale Zweifel war die Entdeckung der in Kapitel 1 erwähnten »selektiven Unwissenheit«, vor allem die Erkenntnis, dass Geschichte größtenteils von Eliten, über Eliten und für Eliten geschrieben worden war. Die römische Geschichte wurde von Senatoren für Senatoren verfasst, die chinesische Geschichte von Mandarinen für Mandarine, und die mittelalterliche europäische Geschichte (zumindest eine Zeit lang) von Mönchen für Mönche. Die Geschichte von Menschen anderer Schichten wurde oftmals als nicht wissenswert abgetan – in der Regel implizit, aber gelegentlich auch wortreich –, als Affront gegen die »historische Würde« (eine klassische Formulierung, die noch im frühen 20. Jahrhundert in Gebrauch war).

Als sich in den 1820er-Jahren der große russische Schriftsteller Alexander Puschkin mit der Geschichte des von Jemeljan Pugatschow angeführten Bauernaufstandes beschäftigte, sagte der Zar Nikolaus I. zu ihm: »Ein solcher Mann hat keine Geschichte.« In den 1950er-Jahren, als ein britischer Historiker seine Dissertation über eine volkstümliche Bewegung schrieb, die Teil der Französischen Revolution war, fragte ihn sein Prüfer, kein Geringerer als Lewis Namier: »Warum geben Sie sich mit diesen Banditen ab?«[13]

Die historische Forschung im 20. Jahrhundert weist eine Reihe von Fällen derartiger Selektion auf. Zu Beginn des Säkulums konzentrierte sie sich noch darauf, politische Ereignisse von oben herab zu betrachten, aus der Perspektive der Staatsmänner. Diese Art von Geschichtsschreibung wurde von Wirtschaftshistorikern als oberflächlich abgelehnt, weil diese es vorzogen, ihre Aufmerksamkeit den Strukturen und Tendenzen zu schenken und nicht den Ereignissen oder Personen. In einer späteren Generation waren es dann die Sozialhistoriker, die ihrerseits die Wirtschaftsgeschichte als reduktionistisch kritisierten. In den 1960er-Jahren interessierten sich Vertreter der Geschichte von unten wie Edward Thompson und Eric Hobsbawm für einfache Menschen (Letzterer unter anderem für Banditen), für die Beherrschten und nicht die Herrschenden, und zwar nicht nur für ihre entbehrungsreichen Leben, sondern auch für ihre Sicht der Welt. Die Geschichte von unten begann zwar mit Männern der Arbeiterklasse, schloss aber bald auch die Geschichte der Frauen mit ein.[14]

Wie wir in vorhergehenden Kapiteln gesehen haben, führte neues Wissen stets zu einem verstärkten Bewusstsein der vergangenen Unwissenheit – der Unkenntnis der Geschichte der Arbeiterklasse, der Bauern, der Frauen und seit kurzem auch der Umwelt.

DIE UNWISSENHEIT DER ÖFFENTLICHKEIT

Wie die Unkenntnis der Politik wurde auch die Unkenntnis der Geschichte in Umfragen nachgewiesen. Im Jahr 2015 zeigten die Antworten einer repräsentativen Auswahl der britischen Bevölkerung, dass »drei von vier Briten wenig oder gar nichts über die Schlacht von Waterloo wissen. Junge Leute denken, Waterloo sei ein Song von Abba; ältere Menschen kennen den Namen nur als den eines Londoner Bahnhofs ... viele der Befragten nennen Francis Drake oder Winston Churchill und nicht den Herzog von Wellington als Verantwortlichen für den Sieg in dieser Schlacht, und einige glauben sogar, die Franzosen hätten gewonnen.«[15]

In den USA haben die Gallup-Jugendumfragen aus den Jahren 1977 und 2000 gezeigt, dass das Wissen über die Weltgeschichte zurückgegangen ist. Weniger Befragte konnten Hitler mit Deutschland, Napoleon mit Frankreich oder Churchill mit England in Verbindung bringen. Eine weitere Erhebung aus dem Jahr 2000, diesmal zur amerikanischen Geschichte, ergab, dass nur 42 Prozent der Antwortgeber wussten, dass 1492 das Jahr war, in dem Kolumbus Amerika entdeckte, und dass 56 Prozent den Zeitpunkt der amerikanischen Unabhängigkeit nicht kannten.[16]

Die Lage mag sich verschlechtern, aber das Problem als solches ist nicht neu. Eine Gallup-Umfrage von 1996 enthüllte, dass weniger als 25 Prozent der Briten im Alter zwischen 16 und 24 Jahren wussten, dass es Christopher Wren war, der die St. Paul's Cathedral entwarf, und dass nur 10 Prozent wussten, welcher englische König die Magna Carta unterzeichnete. Ein Buch mit dem Titel *1066 and All That*, das 1930 zum ersten Mal erschien und heute ein Klassiker ist, enthält unter anderem einen urkomischen Bericht über »die Geschichte, an die man sich erinnern kann«, womit falsche Annahmen über die Vergangenheit gemeint sind, die auf den Erfahrungen eines der Verfasser beruhen: Walter Sellar, der den größten Teil seines Berufslebens als Geschichtslehrer an englischen Schulen tätig war.

Wenn die Schüler oft nichts über die Vergangenheit wissen, liegt das nicht immer daran, dass sie im Unterricht gefehlt oder geschlafen haben. Manchmal sind auch ihre Lehrbücher daran schuld. Eine Untersuchung von zwölf Schulbüchern zur amerikanischen Geschichte könnte man als *1492 and All That* bezeichnen, obwohl ihr wirklicher Titel noch drastischer ist: *Lies My Teacher Told Me* (*Lügen, die mir mein Lehrer erzählte*). Das Vergehen der Verfasser dieser Schulbücher sind aber weniger Lügen als Ungenauigkeiten und vor allem Unterlassungssünden, wie die fehlende Erwähnung, dass Kolumbus nicht der Erste war, der die Neue Welt erkundete, denn »Menschen von anderen Kontinenten hatten den amerikanischen Kontinent schon viele Male vor 1492 erreicht«. Und weiter:

»Während Schulbücher heutzutage den Schrecken der Sklaverei und deren Auswirkungen auf das Schwarze Amerika (Black America) zeigen, schweigen sie weitgehend über die Folgen der Sklaverei für das weiße Amerika, ob im Norden oder im Süden.«[17]

Die Unkenntnis der Geschichte von Seiten der Wähler, eine Art kollektiver Amnesie, hat manchmal schwerwiegende Folgen. Nehmen Sie den Fall von Spanien zum Zeitpunkt der Niederschrift dieses Buches (2021). Als das Land nach dem Tod Francos zur Demokratie zurückkehrte, war die Erinnerung an den Bürgerkrieg, als die Linke vor allem deshalb besiegt wurde, weil sie gespalten war, noch sehr präsent und motivierte die verschiedenen Parteien in den 1970er-Jahren zur Zusammenarbeit. Heutzutage, wo es kaum noch lebende Zeugen des Bürgerkrieges gibt, scheint die spanische Demokratie aufgrund dieses Gedächtnisverlusts zerbrechlicher zu werden.

DIE UNWISSENHEIT DER ENTSCHEIDUNGSTRÄGER

Historiker werden oft von ihren Freunden, Verwandten und Studenten gefragt: Was ist der Nutzen der Geschichte? Die Frage lässt sich leichter beantworten, wenn man sie umkehrt zu: Was sind die Gefahren der Unkenntnis der Geschichte? Anleger mit historischem Wissen haben bessere Chancen, Verluste auf dem Aktienmarkt zu vermeiden. Wirtschaftszyklen wiederholen sich, oft aus den gleichen Gründen, wozu ein übergroßes Angebot an Krediten und die Versprechen skrupelloser Manipulatoren gehören. Wer in den 1990er-Jahren in den dot.com-Aktienmarkt investierte, hätte gut daran getan, sich zuvor über frühere Finanzblasen zu informieren, darunter die zwei hier in Kapitel 10 analysierten, die britische »South Sea Bubble« von 1720 und der große New Yorker Börsencrash von

1929. Der berühmte amerikanische Wirtschaftswissenschaftler John Kenneth Galbraith nannte als Begründung für seine Beschäftigung mit dem Großen Crash: »Als Vorsichtsmaßnahme gegen finanzielle Illusionen oder Wahnvorstellungen ist die Erinnerung weitaus besser als das Gesetz.« In diesem Zusammenhang schuf er die denkwürdige Formulierung vom »immunisierenden Gedächtnis«. Galbraith vertrat auch die Ansicht, dass die Erinnerungsarbeit der Geschichte erst dann einsetzen könne, wenn alle an einer Katastrophe Beteiligten tot seien.[18]

Geschichte wiederholt sich nicht, aber manche Situationen ergeben sich erneut und machen bestimmte Zukunftsszenarien wahrscheinlicher als andere. Mehrfach hatten Entscheidungen, die von Staatsmännern und Generälen in Unkenntnis der Lehren der Vergangenheit getroffen wurden, unerfreuliche, wenn nicht gar schreckliche Folgen. Nehmen Sie den Fall der bengalischen Hungersnöte von 1770 und 1943. Der Journalist Kali Charan Ghosh, der die Reaktionen der Obrigkeit auf beide Katastrophen miteinander verglich, stellte fest, dass »alle Fehler des Unterlassens und der Fehlentscheidung ... in jedem Detail auf gleiche Weise wieder begangen wurden«.[19]

Wie wir in Kapitel 9 gesehen haben, sind die Konsequenzen der Unwissenheit am raschesten erkennbar in der Geschichte der Kriege. Befehlshabern wird oft vorgeworfen, dass sie versuchen, so zu kämpfen wie bei der vorhergehenden militärischen Auseinandersetzung, wobei sie die Unterschiede zwischen Vergangenheit und Gegenwart zu wenig berücksichtigen. Einige von ihnen machen jedoch Fehler aus dem gegenteiligen Grund, nämlich aus Unkenntnis der Lehren der Vergangenheit.

Nehmen Sie den Fall zweier großer Invasionen in Russland, die Erste durch Napoleon und dessen Armee im Jahr 1812 und die zweite auf Befehl von Hitler im Jahr 1941. Natürlich gibt es erhebliche Differenzen zwischen den beiden Angriffen. Napoleon führte seine

Truppen persönlich an, während Hitler sich weit von der Front entfernt hielt. Napoleons Heer marschierte zu Fuß oder ritt zu Pferd und wurde von einem langen Tross begleitet, der ihm nachfolgte, während die deutschen Invasoren dank der Panzer viel rascher vorankamen (obwohl auch im Zweiten Weltkrieg Pferde weiterhin im Einsatz waren).

Einige der Teilnehmer an der zweiten Kampagne waren sich der Parallelen zwischen ihren Problemen und denen der Franzosen im Jahr 1812 durchaus bewusst. Hitler wollte seinen Generälen nicht erlauben, auf Moskau vorzustoßen, was zum Teil an »einer abergläubischen Vermeidung der Fußstapfen Napoleons« lag. Einige der Offiziere der Invasionsarmee, darunter der Kommandeur der Heeresgruppe Mitte, Feldmarschall Günther von Kluge, lasen die Memoiren von General Armand de Caulaincourt, der Napoleon 1812 begleitet hatte. Der Panzergeneral Erich Hoepner war nicht der Einzige, der erkannte, dass »unsere Situation verzweifelte Ähnlichkeiten mit der von Napoleon im Jahre 1812 aufweist«.[20]

In beiden Fällen lag das Scheitern der Invasoren weniger an den verteidigenden Armeen als an den geografischen und meteorologischen Rahmenbedingungen, vor allem an zweien von ihnen. Die eine war die enorme Größe des Landes, in dem die Angreifer unweigerlich wie vom Erdboden verschluckt wurden. Ein deutscher Offizier, der Caulaincourts Memoiren gelesen hatte, sprach vom »unguten Gefühl angesichts der enormen Ausdehnung Russlands«. Ein anderer Offizier erklärte: »Die Weite Russlands verschlingt uns.« Ein Dritter nannte die russische Steppe »einen Ozean, der den Angreifer ertränken könnte«.[21] Carl von Clausewitz schrieb zu seiner Zeit, der Russlandfeldzug von 1812 habe gelehrt, »daß ein Reich von großen Dimensionen nicht zu erobern ist«.[22]

Die zweite Konstante war das Wetter. Die größte Bedrohung sowohl für die französischen als auch für die deutschen Armeen war das, was die Russen »General Winter« nannten. Zwar hatte Napoleon vor seinem Rückzug bereits mehr als die Hälfte seiner Truppen verloren, aber das Wetter trug sicherlich zu seinen Schwierigkeiten bei.[23] Das französische Heer war fast 700.000 Mann stark, als es in Russland einmarschierte. Zu diesem Zeitpunkt war es noch Sommer, und die Soldaten litten unter der Hitze. Doch als Napoleon schließlich den Abzug aus Moskau anordnete, war es bereits der 20. Oktober. Der Kaiser wusste, dass es normalerweise erst im Dezember ernsthaft kalt wurde, weshalb er glaubte, viel Zeit zu haben. »Wie vielen, die das russische Klima nicht kennen, war ihm nicht klar, wie plötzlich und heftig die Temperaturschwankungen dort sein können und dass die Kälte nur ein Faktor neben Wind, Wasser und Bodenbeschaffenheit ist; zusammen können sie die Natur in einen teuflisch starken Gegner verwandeln.«[24] Caulaincourt, der Russland bereits aus seiner Zeit als Diplomat kannte, hatte übrigens versucht, Napoleon von der Invasion abzubringen und ihn vor der Gefahr gewarnt, den Winter dort verbringen zu müssen.

Dies ist kein einfacher Fall »völliger« Unwissenheit. Napoleon wusste sehr wohl, dass der russische Winter kalt war und dass man warme Kleidung brauchen würde. Es ist ein Fall von sogenannter »angewandter« Unwissenheit, der Unfähigkeit, diese Kenntnisse auf diesen speziellen Fall zu übertragen und die entsprechenden Befehle zu erteilen. Dieses Versäumnis, Wissen in den Dienst der Entscheidungsfindung zu stellen, wurde durch Arroganz begünstigt, vor allem durch die allzu optimistische Annahme, der französische Sieg könne so schnell errungen werden, dass die Invasoren bis zum Herbst Russland verlassen haben und in Sicherheit sein würden.

Die Warnung von Caulaincourt erwies sich als berechtigt. Als der 6. November 1812 erreicht war, war die Temperatur gesunken und es war Schnee in dicken Flocken gefallen. Der Armee der Angreifer, die zu diesem Zeitpunkt nur noch 100.000 Mann zählte, gingen langsam die Vorräte aus. Die Truppen waren nicht in der Lage gewesen, aus Moskau genügend Nahrung für sich selbst und hinreichend Futter für die Pferde mitzunehmen. Außerdem fehlte es der Armee an Winterkleidung. »So etwas wie eine Winteruniform besaßen die Franzosen nicht, denn zu jener Zeit pflegten Heere nicht im Winter zu kämpfen.«[25] Wie im Fall des Rückzugs der Briten aus Kabul 28 Jahre später, hinderten Erfrierungen an den Händen die Soldaten am Schießen, und aufgrund von Erfrierungen an den Füßen konnten sie nicht mehr marschieren. Ende November war die Truppenstärke der französischen Armee von 700.000 auf 25.000 Mann reduziert worden – der Rest war entweder tot, verwundet oder in Gefangenschaft geraten.[26]

Im Jahr 1941 begannen sich die geschichtlichen Abläufe zu wiederholen. Hitler befahl die Invasion von Russland im Juni, diesmal mit etwa drei Millionen Soldaten. In »völliger Unkenntnis des Archangelsk-Feldzugs« im Ersten Weltkrieg, waren die deutschen Befehlshaber überrascht von den Problemen, die eine Kriegsführung bei niedrigen Temperaturen im Schnee mit sich brachte.[27] Hitler wusste zwar, was mit Napoleons Armee geschehen war, aber er ließ sich davon nicht beeindrucken. Er war überzeugt, dass ihm mit mehr Soldaten, ganz zu schweigen von Panzern und Flugzeugen, das gelingen würde, woran Napoleon gescheitert war. Es gelang ihm nicht.

Die Russen schlugen zurück und besiegten schließlich die deutschen Armeen. Ihre Verteidigung wurde durch den russischen Winter begünstigt, denn wieder einmal fehlte es den Invasionstruppen an echter Winterkleidung, einschließlich warmer Handschuhe und Socken. Wie Napoleon hatte auch Hitler mit einer Niederlage der Russen vor dem Temperatursturz gerechnet. Infolge der mangelnden Ausrüstung erfroren viele deutsche Soldaten, während andere an Frostbeulen litten oder nur überlebten, indem sie Zeitungen unter ihre Wäsche stopften und Zivilkleidung unter ihren Uniformen trugen.[28] Den Invasionsarmeen fehlte es auch an ausreichend Fahrzeugen, Ersatzteilen und Benzin, da die Logistik von den Planern des Angriffs vernachlässigt worden war. Goebbels gab zu: »Der Zusammenbruch im Nachschub- und Transportwesen war der militärisch entscheidende Faktor für das Scheitern des Ostfeldzuges.«[29]

Die Russen litten ebenfalls unter Unwissenheit und dem Wetter. Sie ließen sich von der deutschen Invasion überraschen und waren nicht darauf vorbereitet. Doch wie im Fall des Französisch-Preußischen Krieges kann der Grad an Unwissenheit entscheidend sein. In diesem Fall waren die Russen, die auf heimischem Boden kämpften, weniger unwissend als die Deutschen. Sie hatten die Lehren aus ihrer Niederlage gegen die Finnen gezogen, die nicht lange zurücklag, denn 1939 hatte »Stalin seinen militärischen Beratern kein Gehör geschenkt und hatte Finnland ohne angemessene Vorbereitung überstürzt angegriffen«.[30] Im darauffolgenden »Winterkrieg« hatte eine kleine finnische Streitmacht eine ganze sowjetische Division praktisch vernichtet, denn im Gegensatz zu den Russen waren die Finnen für den Kampf im Schnee ausgebildet und griffen manchmal auf Skiern an. Die Russen lernten die Lektion, so dass sowjetische Einheiten auf Skiern bei der Einkesselung der deutschen 6. Armee im Jahr 1942 eine wichtige Rolle spielten.

Invasionen Afghanistans

Was es besonders schwierig macht, die weiter oben bereits erwähnte Entscheidung der Amerikaner zu verstehen, in Vietnam in den Krieg zu ziehen und ihn auf die Weise zu führen, wie sie es taten, ist die offenbare Unkenntnis sowohl der militärischen als auch der zivilen Entscheidungsträger der Lehren aus dem Krieg, der in der Region gerade zu Ende gegangen war, als ihr eigenes dortiges Engagement begann. Im Indochinakrieg, der von 1946 bis 1954 gedauert hatte, war die französische Kolonialmacht von den Streitkräften der Viet Minh besiegt worden. Bereits in diesem Fall war eine reguläre, von auswärts kommende Armee durch aus dem Land stammende Guerillatruppen bekämpft worden, die mit zahlreichen punktuellen Vorstößen französische Nachschublinien angegriffen hatten, bis sie stark genug für eine Entscheidungsschlacht waren. Bei Dien Bien Phu im Nordwesten Vietnams gelang es den Viet Minh, die Franzosen einzukesseln und sie so lange zu bombardieren, bis sie zur Kapitulation gezwungen waren.[31]

Die Amerikaner versäumten es, aus den französischen Erfahrungen die entsprechenden Schlüsse zu ziehen. »Wie konnte Dien Bien Phu so ignoriert werden?«[32] Eine Antwort auf diese Frage lautet, dass die Amerikaner »nicht von den Franzosen lernten, weil sie dachten, dass diese einfach nicht über genügend militärische Ausrüstung verfügt hatten; die Vereinigten Staaten besaßen viel mehr davon«.[33] Auf ähnliche Weise hatte Hitler den Einmarsch in Russland befohlen, weil er der Überzeugung war, eine Armee mit Panzern würde Erfolg haben, wo eine Armee mit Pferden gescheitert war. Die Weigerung, aus der Vergangenheit zu lernen, führte in beiden Fällen zu einer Wiederholung der Niederlage.

Ein weiteres dramatisches Beispiel für das Ignorieren der Lehren aus der Vergangenheit ist die Invasion Afghanistans, genauer gesagt drei Invasionen: durch die Briten im Jahr 1839, durch die Russen im Jahr 1979 und durch die Amerikaner im Jahr 2001. Jedes Mal wurden einige der gleichen Fehler gemacht.[34]

Im Falle der Briten spielte, wie wir bereits gesehen haben, General Winter erneut eine zentrale Rolle. Von den Russen wurde gesagt, ihre Entscheidungen seien »verhext gewesen von der Unwissenheit«. Ein russischer General hatte bereits 1921 festgestellt, Afghanistan sei aufgrund »seiner gebirgigen Landschaft und des stolzen und freiheitsliebenden Charakters seines Volkes« »schwer zu erobern und noch schwerer zu kontrollieren«.[35] Im Jahr 1980 überreichte das britische Außenministerium einem zu Besuch weilenden russischen Minister eine Geschichte der britischen Kriege in Afghanistan. Seine Antwort lautete: »Dieses Mal wird es anders sein.«[36] Das war es nicht.

Die mit Guerilla-Methoden kämpfenden Mudschaheddin überfielen die Russen aus dem Hinterhalt und nahmen ihnen ihre Waffen ab. Sie erhielten auch Waffen aus dem Ausland, insbesondere aus den USA und Ägypten. Was ihre Taktik anbelangt, so »bemannten sie die Anhöhen oberhalb der Route der sich langsam bewegenden sowjetischen Kolonnen … Sie stoppten zunächst die Fahrzeuge am Anfang und Ende mit einer Mine oder einer Rakete und zerstörten dann systematisch den Rest«. Die Russen brauchten viel Zeit und schwere Verluste, um zu lernen (wie zuvor die Briten), die Höhen selbst zu besetzen oder neue Militärtechnik einzusetzen und ihre Truppen mit Hubschraubern zu schützen. Resümierend lässt sich sagen, dass »die sowjetischen Kommandeure sich nicht im Voraus überlegt hatten, wie sie mit kleinen, leicht ausgerüsteten und sehr beweglichen Gruppen hoch motivierter Männer umgehen sollten, die sich in unwegsamem Terrain befanden, mit dem sie bestens vertraut waren«.[37]

Im Jahr 2001 waren dann die Amerikaner an der Reihe, ihrerseits Fehler zu machen. Elf Jahre später veröffentlichte der schottische Historiker William Dalrymple eine Geschichte des britischen Afghanistankrieges, in der er auf Parallelen zwischen der britischen Invasion von 1839 und der amerikanischen von 2001 hinwies. Kurz nach dem Erscheinen seines Buches wurde Dalrymple eingeladen, in den USA die Nationale Sicherheitsbehörde, die CIA und das Verteidigungsministerium über die Geschichte Afghanistans zu informieren.[38] Offenbar hatten die Amerikaner endlich ihre Lektion gelernt, wenngleich ihr überstürzter und katastrophaler Rückzug aus Afghanistan im Jahr 2021 einen anderen Eindruck vermittelte.

Es ist natürlich riskant, die Analogien zwischen Vergangenheit und Gegenwart zu weit zu treiben oder sich an den falschen Vorbildern zu orientieren. So ließen sich beispielsweise in den 1950er-

Folgen der Unwissenheit

Jahren sowohl die USA als auch Großbritannien bei der Gestaltung ihrer Politik von Präzedenzfällen aus den 1930er-Jahren leiten. Präsident Truman reagierte so aggressiv auf die Invasion von Südkorea durch Nordkorea im Jahr 1950, weil »der Kommunismus in Korea genauso vorging wie Hitler, Mussolini und die Japaner vorgegangen waren«.[39] Als im Jahr 1956 der ägyptische Premierminister Gamal Abdel Nasser die Schließung des Suez-Kanals anordnete, sah der britische Premierminister Anthony Eden in ihm einen neuen Hitler. Er entschied sich, mit militärischer Gewalt zu reagieren, weil Verhandlungen für ihn aufgrund des gescheiterten Versuchs der Briten, auf diplomatischem Weg auf Hitlers Besetzung der Tschechoslowakei im Jahr 1938 zu reagieren, nicht in Frage kamen. Das Ergebnis war die erfolglose britische Invasion der Kanalzone, ein gescheiterter Feldzug, der heute als das Suez-Fiasko bekannt ist.

Auf ähnliche Weise sahen Präsident Johnson und sein Berater Henry Cabot Lodge, Botschafter in Südvietnam, die Vietnamkrise im Jahr 1965 als eine Art Wiederholung der Münchner Krise von 1938 und waren wie Eden entschlossen, den Fehler einer »Beschwichtigung« gegenüber dem Aggressor zu vermeiden. Bei einem Treffen mit dem Präsidenten echauffierte sich Lodge: »Sehen wir nicht die Parallele zu unserer Trägheit in München?«[40] Johnson bemerkte später: »Alle meine historischen Kenntnisse sagten mir, dass ein Rückzug aus Vietnam ... dem Verhalten Chamberlains vor dem Zweiten Weltkrieg entsprochen hätte.«[41]

Analogien zu bilden, kann gefährlich sein, da dies »Aspekte des gegenwärtigen Falles verschleiert, die sich von denen der Vergangenheit unterscheiden«.[42] Um dieser Gefahr zu entgehen, empfiehlt sich eine sorgfältige Prüfung aller »disanalogen« Elemente. Aber auch der Verzicht auf die Berücksichtigung von Analogien birgt Gefahren. Der bekannte Aphorismus des Philosophen George Santayana bringt dies gut auf den Punkt: »Wer sich nicht an die Vergangenheit erinnern kann, ist dazu verdammt, sie zu wiederholen.«

Schlusswort

Neues Wissen und neue Unwissenheit

Vielleicht schafft jedes neue Lernen für sich Platz, indem es für eine neue Unwissenheit sorgt.

C. S. Lewis

Wie wir gesehen haben, war die triumphalistische Interpretation der Geschichte im Sinne eines unvermeidlichen Fortschritts, die im 18. und 19. Jahrhundert – damals vertreten durch die britischen »Whigs« – und sogar noch später dominierte, eine simplifizierte Version vom Sieg des Wissens über die Unwissenheit. Im Gegensatz dazu wurde im vorliegenden Buch argumentiert, dass das Aufkommen von neuem Wissen im Laufe der Jahrhunderte zwangsläufig mit dem Entstehen von neuer Unwissenheit einherging. Die Menschheit weiß heutzutage insgesamt mehr als je zuvor, aber jeder Einzelne von uns weiß nicht mehr als seine Vorgänger.

Altes Wissen wurde aufgegeben, damit neues an seine Stelle treten konnte. Zu der Zeit, als Enzyklopädien noch in Form von schweren gedruckten Bänden und nicht online konsultiert wurden, bedeutete ihre Aktualisierung, alte Informationen zu verwerfen, um auf den Seiten neue Entdeckungen unterbringen zu können. So hat zum Beispiel das Wissen über die Details von Autos jenes über

Schlusswort

die Welt der Pferde ersetzt. Die Kenntnis der Heraldik, die einst für einen Gentleman als unverzichtbar galt, ist heutzutage nur noch vorhanden bei einer kleinen Schar von Enthusiasten wie den Mitgliedern der British Heraldry Society.

In Europa wurde ab der Renaissance bis ins frühe 20. Jahrhundert von männlichen Mitgliedern der Ober- und Mittelschicht erwartet, dass sie mit der Geschichte, Philosophie, Sprache und Literatur der griechischen und römischen Antike vertraut waren. Von britischen Parlamentariern und anderen Gentlemen wurde erwartet, dass sie Anspielungen auf die klassische Antike in Reden im Unterhaus oder auf den Seiten der *Times* erkannten. Diese Ansprüche waren durchaus begründet in einer Zeit, in der die Klassiker in Schulen und Universitäten ausführlich behandelt wurden und höhere Bildung im Wesentlichen den männlichen Eliten vorbehalten war.

Heutzutage, wo akademische Lehrpläne die antiken Klassiker auf einen Nischenplatz verbannen, ist Boris Johnsons Gebrauch des Lateinischen zu einer Exzentrizität geworden (die man liebenswert oder bizarr finden kann, je nach persönlichem Geschmack) sowie ein Zeichen dafür, dass er eine traditionelle Eliteschule besucht hat. Zwar sind die Namen von Aristoteles und Plato, Homer und Vergil, Caesar und Cicero den meisten Menschen weiterhin bekannt, aber man kann nicht mehr davon ausgehen, dass viele davon deren Werke gelesen haben, nicht einmal in Übersetzung.

Früher war auch die Kenntnis der klassischen Autoren in den Volkssprachen weiter verbreitet. In Italien war ab dem 16. Jahrhundert keineswegs nur die Oberschicht mit den Gedichten von Dante und Ariost vertraut. In Frankreich wurden Racine und Balzac zu Klassikern dieses Ranges. In Spanien galt dies für Cervantes und in Deutschland für Goethe. In Großbritannien besaßen diesen Status Shakespeare, Milton, Scott und Dickens.

Heute müssen diese Texte um die Aufmerksamkeit der Leser mit Werken aus anderen Kulturen konkurrieren, von Autoren wie beispielsweise Borges und García Márquez aus Lateinamerika, mit dem *Traum der Roten Kammer* aus China, mit der *Geschichte vom Prinzen Genji* aus Japan und so weiter. Wie in der Kulinarik hat die Bekanntschaft mit internationalen Spezialitäten zugenommen, während die Vertrautheit mit einheimischen Produkten geringer geworden ist. Bei den Sprachen sieht die Lage ähnlich aus. Die Verbreitung des Französischen und Deutschen außerhalb ihrer Herkunftsländer hat in großen Teilen Europas abgenommen, während die Kenntnis des amerikanischen Englisch, des Chinesischen und des Spanischen in vielen Teilen der Welt zugenommen hat.

Im Europa der Reformationszeit waren Debatten über Theologie weithin üblich, nicht nur unter dem katholischen, lutherischen oder calvinistischen Klerus, sondern auch unter den einfachen Männern und Frauen aus der Bevölkerung. Da der Katechismus schon in jungen Jahren auswendig gelernt wurde, konnten die Prediger zumindest in den Städten voraussetzen, dass Verweise auf theologische Konzepte wie die »Sakramente« oder sogar die »Transsubstantiation« von den meisten ihrer Zuhörer verstanden wurden, ebenso wie Bezüge zur Bibel, zum Alten genauso wie zum Neuen Testament. Wissen dieser Art kann heutzutage nicht mehr als selbstverständlich erachtet werden, anders als im späten 19. Jahrhundert, als die Romane von Thomas Hardy noch voller biblischer Referenzen waren. Nach den jüngsten Umfragen zu urteilen, wissen die Christen in den USA, Großbritannien und anderswo jetzt weniger über Theologie als frühere Generationen. Stattdessen sind sie besser informiert über Hinduismus und Buddhismus als ihre Vorfahren, weil sie nach Asien gereist sind oder in der Schule etwas über diese fremden Religionen gelernt haben.

Was die Kenntnisse über Geografie betrifft, so kann das von der Generation, die in Großbritannien, den USA und anderswo in den 1960er-Jahren zur Schule ging, erworbene Wissen, wie etwa die Position der wichtigsten Länder auf der Landkarte und die Namen

Schlusswort

ihrer Hauptstädte, nicht mehr bei allen vorausgesetzt werden, was an Änderungen im Lehrplan liegt, die »Geografie relevanter und anspruchsvoller machten, aber um den Preis der Reduzierung des früheren Umfangs des Faches«. Ein Erdkundelehrer erinnert sich, dass in den späten 1980er- und frühen 1990er-Jahren »aus den Bücherschränken meiner Geographieabteilung die alten Lehrbücher entfernt wurden«.[1]

In der Naturkunde lassen sich Veränderungen weniger deutlich feststellen, aber ein aufmerksamer Journalist hat beobachtet, dass eine neue Ausgabe des *Oxford Junior Dictionary* Wörter wie »Butterblume«, »Weidenkätzchen« und »Rosskastanie« eliminiert hat, während »Breitband«, »Chatroom« und »Berühmtheit« hinzugefügt wurden, um den veränderten Interessen der jüngeren Generation Rechnung zu tragen.[2]

Bei den Naturwissenschaften war das goldene Zeitalter der Popularisierung ihrer Forschungsergebnisse zweifellos das 19. Jahrhundert, als Experimente in Physik und Chemie vor vollen Zuschauerbänken vorgeführt wurden, als die Öffentlichkeit über Evolutionstheorie diskutierte und es zahlreiche Amateurgeologen und Hobbybotaniker gab, Frauen ebenso wie Männer. Wie jedoch der zum Romanautor gewordene britische Chemiker C. P. Snow 1959 in einem berühmten Vortrag in Cambridge feststellte, waren zu diesem Zeitpunkt die Natur- und die Geisteswissenschaften zu »zwei Kulturen« geworden, die sich immer weiter voneinander entfernten, sodass ein philologisch gebildeter Mensch wahrscheinlich keine Ahnung vom zweiten Hauptsatz der Thermodynamik haben würde.[3] Heute, in einer Ära noch viel weiter fortgeschrittener Spezialisierung, wäre die Vorstellung von nur »zwei« Kulturen sicherlich eine Untertreibung.

Im Bereich der Geschichte traten an die Stelle des Wissens über die griechische und römische Antike Kenntnisse über die nationale Vergangenheit, die nun ihrerseits durch die Globalgeschichte ersetzt werden – auch hier eine Erweiterung des Horizonts zu Lasten des Wissens über die eigene Heimat. Die Verschiebung von der von oben betrachteten Geschichte, bei der die führenden Persönlichkeiten im Mittelpunkt stehen, zur Geschichte von unten, bei der die Erfahrungen der einfachen Menschen berücksichtigt werden, hat unser Wissen über die Vergangenheit und unser Verständnis für diese enorm erweitert, hatte aber eine unerwünschte Auswirkung. Die jüngere Generation von Geschichtsstudenten weiß nur noch wenig über die Entscheidungsträger der Vergangenheit. Wie ein bedeutender älterer Historiker, John Elliott, bemerkte: »Etwas ist nicht in Ordnung, wenn der Name von Martin Guerre bekannter zu werden droht als der von Martin Luther.«[4] Dass das Wissen über Martin Luthers Leben und Werk schon seit einiger Zeit abgenommen hat, zeigt ein Vergleich des ihm gewidmeten Artikels in der berühmten Ausgabe von 1911 der *Encyclopaedia Britannica* mit dem ihm zugestandenen Eintrag in der *New Encyclopaedia Britannica* 63 Jahre später. Während 1911 noch 14 Spalten Text über Luther informierten, war es 1974 nur noch eine einzige.

Angesichts der Kürze des menschlichen Lebens, aufgrund des Schlafbedürfnisses und der Vielzahl von um Aufmerksamkeit konkurrierenden neuen Formen der Kunst oder Vergnügung sollte es offensichtlich sein, dass jede Generation in jeder Zivilisation kaum in der Lage ist, mehr zu wissen als ihre Vorgänger. Sie weiß einfach mehr über die Gedichte von Tu Fu als über die von Tennyson, oder mehr über die Geschichte Afrikas als die der Tudors. Wir sehen uns auch mit dem Paradoxon konfrontiert, das der Wirtschaftswissenschaftler Friedrich von Hayek identifizierte: Je größer dank der Forschungen von Wissenschaftlern und Gelehrten die Zunahme des kollektiven Wissens ist, »desto kleiner ist der Anteil an der Gesamtheit des Wissens ... den ein individuelles Gehirn aufnehmen kann«.[5]

Auf einer praktischeren Ebene haben wir gesehen, wie Fortschritte im Wissen der Regierung über die Bevölkerung, ein durch

Schlusswort

Umfragen erworbenes Wissen, das in Gestalt von Karten und statistischen Tabellen zusammengefasst wurde, manchmal zu Blindheit geführt hat, zu einem mangelnden Bewusstsein für den Unterschied zwischen diesen Darstellungen und den lokalen Realitäten in all ihrer Unordnung.

Kurzum, wie in diesem Buch dargelegt, müssen wir Formen des Wissens und der Unwissenheit im Plural betrachten und nicht im Singular, und uns dabei klarmachen, dass das, was als allgemein bekannte oder verbreitete Weisheit gilt, sich von Ort zu Ort und von einem Zeitalter zum anderen unterscheidet. »Neues Wissen ermöglicht neue Arten von Unwissenheit.«[6] Um auf C. S. Lewis zurückzukommen: »Vielleicht schafft jedes neue Lernen für sich Platz, indem es für eine neue Unwissenheit sorgt.«[7] Wir sollten es uns immer gut überlegen, bevor wir ein Individuum, eine Kultur oder eine Epoche als unwissend bezeichnen, denn es gibt einfach zu viel zu wissen – eine alte Klage, die aber in unserer Zeit immer mehr an Berechtigung gewinnt.[8] Um wieder mit Mark Twain zu sprechen: »Wir sind alle unwissend, nur über verschiedene Dinge.« Das Problem besteht darin, dass den Menschen, die an der Macht sind, oft die für ihre Stellung benötigten Kenntnisse fehlen, während es andere Menschen gibt, die dieses Wissen besitzen, aber keine Macht haben.

Weiterführende Literatur

Peter Burke, *Giganten der Gelehrsamkeit: Die Geschichte der Universalgenies*, Wagenbach 2021

Peter Burke, *Die Explosion des Wissens: Von der Encyclopédie bis Wikipedia*, Wagenbach 2014

Peter Burke, *Die Renaissance*, Wagenbach 2019

Stanley Cohen, *States of Denial: Knowing About Atrocities and Suffering*, Polity Press 2001

Alain Corbin, *Terra Incognita: A History of Ignorance in the Eighteenth and Nineteenth Centuries*, Polity Press 2021

Roy Dilley und Thomas Kirsch (Hgg.), *Regimes of Ignorance*, Berghahn 2015

Renate Dürr (Hg.), *Threatened Knowledge: Practices of Knowing and Ignoring from the Middle Ages to the Twentieth Century*, Routledge 2021

Stuart Firestein, *Ignoranz: Die Triebfeder der Wissenschaft*, Hogrefe 2013

John Kay und Mervyn King, *Radical Uncertainty*, Bridge Street Press 2020

Linsey McGoey, *The Unknowers: How Strategic Ignorance Rules the World*, Zed Books 2019

Andrew Martin, *The Knowledge of Ignorance, from Genesis to Jules Verne*, Cambridge University Press 1985

Weiterführende Literatur

Martin Mulsow, *Prekäres Wissen: Eine andere Ideengeschichte der Frühen Neuzeit*, Suhrkamp 2012

Toby Ord, *The Precipice: Existential Risk and the Future of Humanity*, Bloomsbury 2020

Naomi Oreskes und Erik M. Conway, *Merchants of Doubt: How a Handful of Scientists Obscured the Truth on Issues from Tobacco Smoke to Global Warming*, Bloomsbury 2010

Richard H. Popkin, *History of Scepticism: From Savonarola to Bayle*, überarbeitete Ausgabe, Oxford University Press 2005

Robert N. Proctor und Londa Schiebinger (Hgg.), *Agnotology: The Making and Unmaking of Ignorance*, Stanford University Press 2008

Nicholas Rescher, *Ignorance: On the Wider Implications of Deficient Knowledge*, University of Pittsburgh Press 2009

Nassim Nicholas Taleb, *Der Schwarze Schwan: Die Macht höchst unwahrscheinlicher Ereignisse*, Penguin 2020

Eviatar Zerubavel, *The Elephant in the Room: Silence and Denial in Everyday Life*, Oxford University Press 2006

Anmerkungen

Vorwort und Dank

1. Während ich schreibe, meldet der Guardian, dass David Puttnam, während er aus dem House of Lords zurücktrat, MPs vorwarf, sie seien »ignorante Schweine« in Bezug auf die Thematik der irischen Grenze bei den Brexit-Verhandlungen. (16. Oktober 2021, www.theguardian.com/politics)

2. Françoise Waquet, Parler comme une livre: L'oralité et le savoir (XVIe-XXe siècle) (Paris 2003); Les enfants de Socrate: Filiation intellectuelle et transmission du savoir, XVIIe-XXIe siècle (Paris 2008); L'ordre materiel du savoir: Comment les savants travaillent, XVIe-XXIe siècle (Paris 2015); Une histoire émotionelle du savoir, XVIIe-XXIe siècle (Paris 2019).

Kapitel 1

1. Gustave Flaubert an Louise Colet, 16. Januar 1852, in Correspondance, Hg. Bernard Masson (Paris 1975), S. 156.

2. Lord Clarendon, A Compleat Collection of Tracts (London 1747), S. 237.

3. George Washington, Circular to the States, June 1783. On the history of the phrase, Lucie Varga, Das Schlagwort vom ›Finsteren Mittelalter‹ (Baden 1932); Theodor Mommsen, ›Petrarch's conception of the »Dark Ages«‹, Speculum 17 (1942), S. 226-242.

4. William E. Shepard, ›The Age of Ignorance‹, in Encyclopedia of the Qur'an, vol. 1 (Leiden 2001), S. 37-40.

5. William Beveridge, Social Insurance and Allied Services (London 1942).

6. Charles Simic, ›Age of Ignorance‹, New York Review of Books (20. März 2012), https://www.nybooks.com/daily/2012/03/20/age-of-ignorance;

Anmerkungen

›Robert Proctor‹, in Janet Kourany und Martin Carrier (Hgg.), Science and the Production of Ignorance (Cambridge MA 2020), S. 53.

[7] Martin Mulsow, Prekäres Wissen: Eine andere Ideengeschichte der Frühen Neuzeit (Berlin 2012). Vgl. Renate Dürr (Hg.), Threatened Knowledge: Practices of Knowing and Ignoring from the Middle Ages to the Twentieth Century (London 2021).

[8] Rhodri Marsden, ›Filter Failure: Too Much Information?‹, Independent, 31. Mai 2011. Der Begriff ›Filter Failure‹ wurde von Clay Shirky, Professor für Neue Medien an der Universität von New York, geprägt. Vgl. Shaheed Nick Mohammed, The (Dis)Information Age: the Persistence of Ignorance (New York 2012), S. 2.

[9] Hans Blumenberg, ›Curiosity is Enrolled in the Catalogue of Vices‹, in The Legitimacy of the Modern Age (1966: Engl. Übers. Cambridge MA 1983), S. 309-323; Neil Kenny, The Uses of Curiosity in Early Modern France and Germany (Oxford 2004), S. 99 und (Kritik an Blumenberg) S. 165-167.

[10] Eliza Butler, The Fortunes of Faust (Cambridge 1952).

[11] Franco Venturi, ›Was ist Aufklärung? Sapere Aude!‹, Rivista storica italiana 71 (1959), S. 119-128.

[12] Henry Thoreau, ›Walking‹ (1851), faculty.washington.edu/timbillo/Readings und documents/Wilderness, aufgerufen am 27. Oktober 2020.

[13] Alain Corbin, Terra Incognita: A History of Ignorance in the Eighteenth and Nineteenth Centuries (2020: Engl. Übers. Cambridge 2021), S. 4.

[14] Vgl. Sandrine Bergès, ›Olympe de Gouges versus Rousseau‹, Journal of the American Philosophical Association (2018), S. 433-451, auf S. 444.

[15] José González García, The Eyes of Justice: Blindness and Farsightedness, Vision and Blindness in the Aesthetics of the Law (Frankfurt 2016).

[16] John Rawls, A Theory of Justice (Cambridge MA 1971).

[17] Wilbert Moore and Melvin Tumin, ›Some Social Functions of Ignorance‹, American Sociological Review 14 (1949), S. 787-796; Heinrich Popitz, *Über die Präventivwirkung des Nichtwissens* (Tübingen, 1968); Roy Dilley, ›Reflections on Knowledge Practices and the Problem of Ignorance‹, Journal of the Royal Anthropological Institute 16 (2010), S. 176-192; Peter Wehling (Hg.), Vom Nutzen des Nichtwissens (Bielefeld 2011); Nick Bostrom, ›Information Hazards: A Typology of Potential Harms from Knowledge‹, Review of Contemporary Philosophy 10 (2011), S. 44-79.

Anmerkungen

18 Susan Matt und Luke Fernandez (2021), ›Ignorance is Power, as well as Joy‹, in Dürr (Hg.), Threatened Knowledge, S. 212-231, auf S. 212.

19 Anthony Tjan, ›The Power of Ignorance‹, Harvard Business Review, 9. August 2010, hbr.org/2010/08/the-power-of-ignorance.html. Vgl. Ursula Schneider, Das Management der Ignoranz: Nichtwissen als Erfolgsfaktor (Wiesbaden 2006), und Piero Formica, The Role of Creative Ignorance (New York 2014).

20 New Yorker, 10. Februar 1945. Ford in Formica zitiert, Creative Ignorance, S. 10.

21 James Ferrier, Institutes of Metaphysic (Edinburgh 1854), S. 405.

22 Halcyon Backhouse, (Hg.), The Cloud of Unknowing (London 2009).

23 Matthias Gross, ›»Objective Culture« and the Development of Nonknowledge: Georg Simmel and the Reverse Side of Knowing‹, Cultural Sociology 6 (2012), S. 422-37, auf S. 433.

24 Michael J. Smithson, ›Social Theories of Ignorance‹, in Robert N. Proctor und Londa Schiebinger (Hgg.), Agnotology: The Making and Unmaking of Ignorance (Stanford CA, 2008), S. 209-229, auf S. 209-212.

25 News-Briefing, US Department of Defense, 12. Februar 2002, als Antwort auf die Frage, wo die Beweise für Massenvernichtungswaffen im Irak seien. https://en.wikipedia.org/wiki/ There_are_known_knowns.

26 Slavoj Žižek, ›What Rumsfeld Doesn't Know That He Knows About Abu Ghraib‹, In These Times, 21. Mai 2004. Danke an Lukas Verburgt für diese Referenz.

27 Sigmund Freud, Introductory Lectures on Psychoanalysis (1916–17: Engl. Übers. London 1922), S. 100.

28 Jacques Lacan, My Teaching (London 2008).

29 Charles Mills, ›White Ignorance‹, in Shannon Sullivan und Nancy Tuana (Hgg.), Race and Epistemologies of Ignorance (Albany NY 2007), S. 13-28, auf S. 33.

30 ›Traces of Terrorism‹, New York Times, 17. Mai 2002, www.nytimes.com, 17. Mai 2002, aufgerufen am 26. Juli 2021.

31 Andrew Abbott, ›Varieties of Ignorance‹, American Sociologist 41 (2010), S. 174-189; Nikolaj Nottelmann, ›The Varieties of Ignorance‹, in Rik Peels und Martijn Blaauw (Hgg.), The Epistemic Dimensions of Ignorance (Cambridge 2016), S. 33-56.

32 Gilbert Ryle, ›Knowing How and Knowing That‹, Proceedings of the Aristotelian Society 46, S. 1-16.

Anmerkungen

33 Linsey McGoey, The Unknowers: How Strategic Ignorance Rules the World (London 2019), S. 326.

34 Gayatri Chakravorty Spivak, Critique of Postcolonial Reason (Cambridge MA 1999).

35 Jane Austen, Northanger Abbey (London 1817), Kap. 2.

36 Paul Hoyningen-Huene, ›Strong Incommensurability and Deeply Opaque Ignorance‹, in Kourany und Carrier (Hgg.), Science, S. 219-241, auf S. 222.

37 Lucien Febvre, Le problème de l'incroyance au XVIe siècle (Paris 1942), S. 385-388.

38 Thomas Kuhn, The Structure of Scientific Revolutions (Chicago IL 1962); Menachem Fisch und Yitzhak Benbaji, The View from Within: Normativity and the Limits of Self-Criticism (Notre Dame IN 2011).

39 Die klassische Diskussion zu diesem Thema findet sich in Robin Horton, ›African Traditional Thought and Western Science‹, Africa 37 (1967), S. 50-71.

40 Peter Burke, ›Alternative Modes of Thought‹, Common Knowledge (2022), S. 41-60.

41 William Beer, ›Resolute Ignorance: Social Science and Affirmative Action‹, Society 24 (1987), S. 63-9.

42 Michel-Rolph Trouillot, Silencing the Past: Power and the Production of History (Boston MA 1995).

43 Brief an Étienne Falconet im Jahr 1768, zitiert in Peter Gay, The Enlightenment: An Interpretation, Bd. 2, The Science of Freedom (New York 1969), S. 520.

44 Lytton Strachey, Eminent Victorians (London 1918), Vorwort.

45 Roxanne L. Euben, Journeys to the Other Shore (Princeton NJ 2006), S. 136.

46 Mary Louise Pratt, Imperial Eyes: Travel Writing and Transculturation (London 1992), S. 159-60; Indira Ghose, Women Travellers in Colonial India: The Power of the Female Gaze (Delhi 1998).

47 Robert Halsband (Hg.), The Complete Letters of Lady Mary Wortley Montagu, 3 Bde. (Oxford 1965–7), Bd. 1, S. 315.

48 Grace Browne, ›Doctors Were Sure They Had Covid 19. The Reality Was Worse‹, Wired, 23. April 2021, www.wired.co.uk.

49 Robert K. Merton, ›Three Fragments from a Sociologist's Notebooks: Establishing the Phenomenon, Specified Ignorance, and Strategic Research Materials‹, Annual Review of Sociology 13 (1987), S. 1-28. Vgl.

Peter Burke, ›Paradigms Lost: from Göttingen to Berlin‹, Common Knowledge 14 (2008), S. 244-57.

[50] Karl Popper, Logik der Forschung (1934: Engl. Adaptation, The Logic of Scientific Discovery (London 1959).

[51] David Gilmour, Curzon (London 1994), S. 481.

[52] Matt Seybold, ›The Apocryphal Twain‹, https://marktwainstudies.com/category/the-apocryphal-twain. Aufgerufen am 12. Mai 2022.

[53] Proctor und Schiebinger, Agnotology.

[54] William Scott, ›Ignorance and Revolution‹, in Joan H. Pittock und Andrew Wear (Hgg.), Interpretation and Cultural History (London 1991), S. 235-268, auf S. 241.

[55] Über Dummheit, Carlo Cipolla, The Laws of Stupidity (1976: Engl. Übers. London 2019); Barbara Tuchman, The March of Folly: From Troy to Vietnam (London 1984).

[56] Über Begriffsgeschichte, Melvin Richter, The History of Political and Social Concepts (Oxford 1995), S. 27-51.

[57] Gaston Bachelard, The Formation of the Scientific Mind: A Contribution to a Psychoanalysis of Objective Knowledge (1938: Engl. Übers. Manchester 2002). Vgl. Burke, ›Paradigms Lost‹.

[58] John Barnes, ›Structural Amnesia‹ (1947: Neudr. in Models and Interpretations, Cambridge 1990, S. 226-228); Jack Goody und Ian Watt, ›The Consequences of Literacy‹ (1963: Neudr. in Goody (Hg.), Literacy in Traditional Societies, Cambridge, 1968), S. 27-68 auf S. 32-33; David W. DeLong, Lost Knowledge: Confronting the Threat of an Aging Workforce (Oxford 2004).

[59] Robert Merton, The Sociology of Science (Chicago IL 1973), S. 402-403, zitiert von Malhar Kumar, ›A Review of the Types of Scientific Misconduct in Biomedical Research‹, Journal of Academic Ethics 6 (2008), S. 211-228, auf S. 214.

[60] Stanley Cohen, States of Denial: Knowing About Atrocities and Suffering (Cambridge 2001).

[61] Zu den Ausnahmen dieser Vernachlässigung gehören Erik Zürcher, Dialoog der misverstanden (Leiden 1962); Wenchao Li, Die christliche China-Mission im 17. Jh.: Verständnis, Unverständnis, Missverständnis (Stuttgart 2000); Martin Espenhorst (Hg.), Unwissen und Missverständnisse im vormodernen Friedensprozess (Göttingen 2013).

[62] Marshall Sahlins, Islands of History (Chicago IL 1985). Diese Interpretation wurde vom Anthropologen Gananath Obeyesekere in Frage gestellt in The Apotheosis of Captain Cook (Princeton NJ 1992).

Kapitel 2

[1] The Sayings of Confucius (Engl. Übers. James R. Ware, New York 1955), Buch 2, Kap. 17. Heutzutage nimmt man an, dass diese Sammlung von Redewendungen von einem Kollektiv und nicht von einem einzelnen Individuum stammt und über mehrere Jahrhunderte weiter ergänzt wurde: Michael Nylan, The Five ›Confucian‹ Classics (New Haven CT 2001).

[2] Laozi, Daodejing, Kap. 71, Übers. Ernest R. Hughes. Ich danke Cao Yiqiang, dass er diesen Abschnitt veranschaulicht hat. Über ›leere Worte‹, Geoffrey Lloyd und Nathan Sivin, The Way and the Word: Science and Medicine in Early China and Greece (New Haven CT 2002), S. 204, 209. Vgl. auch Alan Chan, ›Laozi‹, Stanford Encyclopedia of Philosophy (Stanford CA 2018), https://plato.stanford.edu/archives/win2018/entries/laozi.

[3] Chuang Tzu, Basic Writings, Übers. Burton Watson (New York 1964), S. 40.

[4] Sokrates wird zitiert in Plato, Apology, S. 21d, 23a.

[5] Diogenes Laertius, Lives of Eminent Philosophers (Engl. Übers., 2 Bde., Cambridge MA 1925), Bd.1, S. 163. Vgl. W. K. C. Guthrie, ›The Ignorance of Socrates‹, History of Greek Philosophy (Cambridge 1969), Bd. 3, S. 442-449; Gregory Vlastos, ›Socrates' Disavowal of Knowledge‹, Philosophical Quarterly 35 (1985), S. 1-31; Gareth Matthews, Socratic Perplexity and the Nature of Philosophy (Oxford 1999); und Hugh Benson, Socratic Wisdom (New York 2000).

[6] Jacques Brunschwig, ›Pyrrhon‹ and ›Scepticisme‹, in Brunschwig und Geoffrey Lloyd (Hgg.), Le savoir grec (Paris 1996), S. 801-806, 1001-1020; Brunschwig, ›The Beginnings of Hellenistic Epistemology‹, in Keimpe Algra et al. (Hgg.), The Cambridge History of Hellenistic Philosophy (Cambridge 1999), S. 229-259, auf S. 229, 241, 246; Luca Castagnoli, ›Early Pyrrhonism‹, in James Warren und Frisbee Sheffield (Hgg.), The Routledge Companion to Ancient Philosophy (London 2014), S. 496-510.

[7] Sextus Empiricus, Outlines of Pyrrhonism (Engl. Übers. New York 1933), S. 27-29.

[8] Michael Frede, ›The Skeptic's Beliefs‹ (1979), Nachdr. In seinen Essays in Ancient Philosophy (Oxford 1987), S. 179-200, auf S. 186; Katja Vogt, ›Ancient Skepticism‹, in Edward N. Zalta (Hg.), Stanford Encyclopedia of Philosophy (Stanford CA 2018), plato.stanford.edu/entries/skepticism-ancient.

[9] Nicolette Zeeman, Kantik Ghosh und Dallas Denery II, ›The Varieties of Uncertainty‹, in Denery, Ghosh und Zeeman (Hgg.), Uncertain Knowledge: Scepticism, Relativism and Doubt in the Middle Ages (Turnhout 2014), S. 1-12, auf S. 9.

[10] Richard Popkin, The History of Scepticism: From Savonarola to Bayle (1964: 3. Aufl., New York 2003), S. 1-16, 50. Über den Kontrast zwischen älterem und frühmodernem Skeptizismus, Myles Burnyeat in Richard Popkin und Charles Schmitt (Hgg.), Skepticism from the Renaissance to the Enlightenment (Wiesbaden 1987), S. 13-14.

[11] Popkin, History of Scepticism, S. 44-57 (Montaigne) und S. 57-61 (Charron).

[12] Michael Moriarty, ›Montaigne and Descartes‹, in Philippe Desan (Hg.), The Oxford Handbook of Montaigne (Oxford 2016). Den Ausdruck ›methodische Unwissenheit‹ verdanke ich Lukas Verburgt.

[13] Elisabeth Labrousse, Pierre Bayle, 2 Bde. (Den Haag 1963–4).

[14] Peter Burke, ›The Age of the Baroque‹ (1998: Englisches Original in Burke, Identity, Culture and Communications in the Early Modern World (Brighton 2018), S. 119-148, auf S. 120.

[15] Ferrier, Institutes of Metaphysic; Jenny Keefe, ›James Ferrier and the Theory of Ignorance‹, The Monist 90 (2007), S. 297-309.

[16] Thomas Carlyle, Sartor Resartus (1831). Vgl. Ruth apRoberts, ›Carlyle and the History of Ignorance‹, Carlyle Studies Annual 18, S. 73-81.

[17] Über Marx und Freud, Sandra Harding, ›Two Influential Theories of Ignorance and Philosophy's Interests in Ignoring Them‹, Hypatia 21 (2006), S. 20-36.

[18] Steve Fuller, Social Epistemology (Bloomington IN 1988, 2. Aufl. 2002), S. xxix. Vgl. Miranda Fricker und Jennifer Hornsby (Hgg.), The Routledge Handbook of Social Epistemology (London 2000).

[19] Shannon Sullivan und Nancy Tuana, ›Introduction‹, in Sullivan und Tuana, Race and Epistemologies of Ignorance, 1.

KAPITEL 3

[1] Joanne Roberts, ›Organizational Ignorance‹, in Matthias Gross und Linsey McGoey (Hgg.), Routledge International Handbook of Ignorance Studies (London 2015), S. 361-369; Tore Bakken und Erik-Lawrence Wiik, ›Ignorance and Organization Studies‹, Organization Studies 39 (2018), S. 1109-1120. Vgl. ›Systemic ignorance‹, in Moore und Tumin, ›Social Functions‹, S. 789.

[2] DeLong, Lost Knowledge.

[3] Michel Crozier, The Bureaucratic Phenomenon (1963: Engl. Übers. London 1964), S. 190, 42, 51.

[4] Serhii Plokhy, Chernobyl: History of a Tragedy (London 2018), S. 20, 34, 43, 54.

[5] Silvio Funtowicz und Jerome Ravetz, Uncertainty and Quality in Science for Policy (Dordrecht 1990), S. 1.

[6] James C. Scott, Seeing Like a State: How Certain Schemes to Improve the Human Condition Have Failed (New Haven CT 1998). Vgl. Roy Dilley und Thomas G. Kirsch (Hgg.), Regimes of Ignorance: Anthropological Perspectives on the Production and Reproduction of Non-Knowledge (Oxford 2015).

[7] Sei Shōnagon, Pillow Book (Engl. Übers. London 1960), S. 66; Ivan Morris, The World of the Shining Prince: Court Life in Ancient Japan (Oxford 1964), S. 85; Mark Bailey, ›The Peasants and the Great Revolt‹, in Sian Echard und Stephen Rigby (Hgg.), Historians on John Gower (Cambridge 2019), Kap. 4; Über La Bruyère, Carlo Ginzburg, Occhiacci di Legno: Nove Riflessioni sulla Distanza (Milan 1998), S. 26.

[8] Andrew McKinnon, ›Reading »Opium of the People« ‹, Critical Sociology 31 (2005), S. 15-38, auf S. 17. Der Text von Marx ist Zur Kritik der Hegelschen Rechtsphilosophie (1844).

[9] Antonio Gramsci, Selections from the Prison Notebooks, Hg. Quintin Hoare und Geoffrey Nowell Smith (London 1971), S. 58.

[10] Michel Foucault, Power/Knowledge: Selected Interviews and Other Writings (Brighton 1980), S. 8.

[11] Shirley Ardener, ›Introduction‹ to Ardener (Hg.), Perceiving Women (London 1975), S. vii– xxiii, auf S. 12. Vgl. Shirley Ardener, ›Ardener's Muted Groups: The Genesis of an Idea and its Praxis‹, Women and Language 28 (2005), S. 50-54, und Gayatri Spivak, Can the Subaltern Speak? (Basingstoke 1988).

[12] Charles W. Mills, The Racial Contract (Ithaca NY 1997), S. 97; Mills, ›White Ignorance‹, S. 11-38, auf S. 17; Eric Malewski und Nathalia Jaramillo (Hgg.), Epistemologies of Ignorance in Education (Charlotte NC 2011).

[13] Über weibliche Kredibilität, Lorraine Code, What Can She Know? Feminist Theory and the Construction of Knowledge (Ithaca NY 1991), S. 222-264.

[14] Jean Donnison, Midwives and Medical Men: A History of Inter-Professional Rivalries and Women's Rights (London 1977), S. 21-41; Londa

Schiebinger, The Mind Has No Sex? Women in the Origins of Modern Science (Cambridge MA 1989), S. 108. Vgl. Ruth Ginzberg, ›Uncovering Gynocentric Science‹, Hypatia 2 (1987), S. 89-105, auf S. 95, 102.

[15] François Fénelon, L'éducation des filles (1687: Neuaufl., Paris 1885), Kap. 1–2.

[16] Über die gestrichene Stelle, Andrew Bennett, Ignorance: Literature and Agnoiology (Manchester 2009), S. 203, Notiz 14.

[17] Virginia Woolf, Three Guineas (1938), zitiert in William Whyte, ›The Intellectual Aristocracy Revisited‹, Journal of Victorian Culture 10 (2005), S. 15-45, auf S. 20.

[18] Christine de Pizan, The Book of the City of Ladies (1405: Engl. Übers. New York 1998), S. 70-83.

[19] Anna Maria van Schurman, De ingenii muliebris ad doctrinam et meliores litteras aptitudine (1638), Engl. Übers. The Learned Maid (London 1659).

[20] François Poullain de la Barre, L'égalité des deux sexes (1671: zweisprachige Aufl., The Equality of the Two Sexes, Lampeter 1989), S. 6-7, 29–30, 84.

[21] Gabrielle Suchon, Traité de la Morale (Paris 1693), Bd. 3, S. 11-12; Sammlungen hg. und übers. von Domna Stanton und Rebecca Wilkins als A Woman Who Defends All the Persons of Her Sex (Chicago IL 2010), S. 73, 133. Vgl. Michèle Le Dœuff, The Sex of Knowing (1998: Engl. Übers. New York 2003), S. 36, 40.

[22] Cavendish wird zitiert in Schiebinger, The Mind Has No Sex?, S. 48; Mary Astell, ›A serious proposal to the ladies‹ (1694–7: Neuaufl., London 1997), S. 1, 25–26; Astell, Reflections Upon Marriage (1700: Neudr. in ihren Political Writings, Hg. Patricia Springborg, Cambridge 1996), S. 28.

[23] Maria Lúcia Pallares-Burke, ›Globalizing the Enlightenment in Brazil‹, Cultural History 9 (2020), S. 195-216.

[24] ›Sophia‹, Woman Not Inferior to Man (London 1739), S. 45; Mary Wollstonecraft, A Vindication of the Rights of Woman (London 1792), Kap. 4 und 13, Abschnitt sechs.

[25] Le Doeuff Sex of Knowing, S. 104.

[26] Zitiert in Joan Kelly, ›Early Feminist Theory and the »Querelle des Femmes«‹, Signs 8 (1982), S. 4-28, auf S. 18, 20, 25.

[27] Dieses Problem wird in zahlreichen aktuellen Studien untersucht, wie zum Beispiel bei Jill Tietjen, Engineering Women: Re-visioning Wo-

men's Scientific Achievement and Impact (Cham, 2017) und bei anderen Beiträgen zur Springer-Serie ›Women in Engineering and Science‹.

[28] Vgl. Evelyn Fox Keller, Reflections on Gender and Science (New Haven CT 1985); Schiebinger, The Mind Has No Sex?

[29] Ruth Sime, Lise Meitner: A Life in Physics (Berkeley CA 1996); Hugh Torrens, ›Anning, Mary‹, Oxford Dictionary of National Biography 2 (Oxford 2004), S. 240-41.

[30] James Watson, The Double Helix: A Personal Account of the Discovery of DNA (1968: 2. Aufl., London 1997). Vgl. Howard Markel, The Secret of Life: Rosalind Franklin, James Watson, Francis Crick and the Discovery of DNA's Double Helix (New York 2021), S. 313, 315, 333, 387, und über ›Verschwörung‹, S. 200, 335, 360, 385.

[31] Gegenüberstellung von John Chadwick, The Decipherment of Linear B (Cambridge 1958) mit Margalit Fox, The Riddle of the Labyrinth: The Quest to Crack an Ancient Code (London 2013).

[32] Ruth Hagengruber und Sarah Hutton (Hgg.), Women Philosophers from the Renaissance to the Enlightenment (London 2021).

[33] Linda Nochlin, ›Why Have There Been No Great Women Artists?‹, ArtNews, Januar 1971, S. 22-39, 67–71; Rozsika Parker und Griselda Pollock, Old Mistresses: Women, Art and Ideology (London 1981).

[34] Ann Oakley, The Sociology of Housework (1974: Neuaufl. Bristol 2018), S. 1-26; Renate Bridenthal und Claudia Koonz (Hgg.), Becoming Visible: Women in European History (Boston MA 1977).

[35] Donna Haraway, ›Situated Knowledges: The Science Question in Feminism‹, Feminist Studies 14 (1988), S. 575-99. In den 1920er-Jahren erörterte Karl Mannheim die Relativität von Blickwinkeln ohne Bezug zum sozialen Geschlecht: Essays on the Sociology of Knowledge (Engl. Übers. London 1952), S.103–4 und passim.

[36] Alison Jagger, ›Love and Knowledge: Emotion in Feminist Epistemology‹, in Ann Garry und Marilyn Pearsall (Hgg.), Women, Knowledge and Reality (New York 1996), S. 166-190, auf S. 175-177, 185; Mary Belenky et al., Women's Ways of Knowing (1986: 2. Aufl. New York 1997), S. 11, 95, 6. Für Kritikpunkte, vgl. Code, What Can She Know? S. 251-262.

[37] Lorraine Code, ›Taking Subjectivity into Account‹, in Linda Alcoff und Elizabeth Potter (Hgg.), Feminist Epistemologies (London 1993), S. 15-48, auf S. 32.

[38] Evelyn Fox Keller ›Gender and Science‹ (1978: Nachdr. in Fox Keller, Reflections on Gender and Science), S. 75-94. Vgl. Alison Wylie, ›Feminism in Philosophy of Science‹, in Miranda Fricker und Jennifer

Hornsby (Hgg), The Cambridge Companion to Feminism in Philosophy (Cambridge 2000), S. 166-184.

KAPITEL 4

1. Fox Keller, Reflections on Gender and Science.
2. Nancy Levit und Robert Verchick, Feminist Legal Theory (2006: 2. Aufl. New York 2016); Ann Scales, Legal Feminism (New York 2006).
3. Carole Pateman, Participation and Democratic Theory (Cambridge 1970); Pateman, The Disorder of Women (Cambridge 1989), S. 1, 121 und passim.
4. Gillian Rose, Feminism and Geography (Minneapolis MI 1993); Joni Seager und Lise Nelson (Hgg.), Companion to Feminist Geography (Oxford 2004).
5. Esther Boserup, Woman's Role in Economic Development (London 1970), S. 5.
6. Oakley, Sociology of Housework; Dorothy Smith, ›Women's Perspective as a Radical Critique of Sociology‹, Sociological Inquiry 44 (1974), S. 7-13.
7. Margaret Mead, Coming of Age in Samoa: A Psychological Study of Primitive Youth for Western Civilisation (New York 1928); Ruth Landes, City of Women (New York 1947). Mead wurde stark kritisiert in Derek Freeman, Margaret Mead und Samoa: The Making and Unmaking of an Anthropological Myth (Cambridge MA 1983). Mead bleibt weiterhin umstritten.
8. Richard Fardon, Mary Douglas: An Intellectual Biography (London 1999), S. 243.
9. Marilyn Strathern, ›Culture in a Netbag: The Manufacture of a Subdiscipline in Anthropology‹, Man 16 (1981), S. 665-688; Henrietta Moore, Feminism and Anthropology (Cambridge 1988).
10. Joan Gero und Margaret Conkey (Hgg.), Engendering Archaeology: Women and Prehistory (Oxford 1991).
11. Marija Gimbutas, The Civilization of the Goddess (San Francisco CA 1991), S. 222, 324.
12. Leszek Gardeła, Women and Weapons in the Viking World: Amazons of the North (Oxford 2021).
13. Gero und Conkey (Hgg.), Engendering Archaeology, S. 163-223.
14. Bennett, Ignorance, S. 2.

Anmerkungen

[15] Paulo Freire, Pedagogy of the Oppressed (1968: Engl. Übers. Harmondsworth 1970), S. 45-46; José de Souza Martins, ›Paulo Freire, Educador‹, Eu & Fim de Semana 22, Nr. 1084, 1. Oktober 2021.

[16] Peter K. Austin und Julia Sallabank (Hgg.), The Cambridge Handbook of Endangered Languages (Cambridge 2011).

[17] Mark Plotkin, ›How We Know What We Do Not Know‹, in Kurt Almqvist und Matthias Hessérus (Hgg.), Knowledge and Information (Stockholm 2021), S. 25-31, auf S. 25.

[18] Heinz Post, ›Correspondence, Invariance and Heuristics‹, Studies in History and Philosophy of Science 2 (1971), S. 213-255, auf S. 229. Referenz bezieht sich auf Kuhn, Structure.

[19] Peter Galison, ›Removing Knowledge‹, Critical Inquiry 31 (2004), S. 229-243.

[20] Julius Lukasiewicz, The Ignorance Explosion (Ottawa 1994), Erweiterung eines Artikels mit demselben Titel in Leonardo 7 (1974), S. 159-163.

[21] Zitiert in Erwin Panofsky, ›The First Page of Vasari's Libro‹ (1930: Engl. Übers. In Meaning in the Visual Arts (Garden City NY 1955), S. 169-235.

[22] Joseph Addison, The Spectator, Nr. 1 (London 1711); Ziauddin Sardar, ›The Smog of Ignorance‹, Futures 120 (2020), www.sciencedirect.com, aufgerufen am 26. Juli 2021.

[23] Zitiert in Varga, Schlagwort, S. 125.

[24] Astell, ›A serious proposal‹, S. 21.

[25] Bericht der Verwalter, zitiert in G. Ward Hubbs, ›»Dissipating the Clouds of Ignorance«: The First University of Alabama Library, 1831–1865‹, Libraries & Culture 27 (1992), S. 20-35, auf S. 24.

[26] Edward Gibbon, Decline and Fall of the Roman Empire (1776–89), Bd. 6, Kap. 66.

[27] Zitiert in Varga, Schlagwort, S. 119.

[28] George Eliot, The Mill on the Floss (1860: Harmondsworth 1979), S. 427, 185.

[29] George Eliot, Daniel Deronda (London 1876), Kap. 21. Vgl. Linda K. Robertson, ›Ignorance and Power: George Eliot's Attack on Professional Incompetence‹, The George Eliot Review 16 (1985), https://digitalcommons.unl.edu/ger/24.

[30] Bennett, Ignorance, S. 106.

[31] Vgl. J. Hillis Miller, ›Conscious Perjury: Declarations of Ignorance in the Golden Bowl‹, in Literature as Conduct: Speech Acts in Henry James (New York 2005), S. 228-290.

[32] Michael Smithson, ›Ignorance and Science‹, Knowledge: Creation, Diffusion, Utilization 15 (1993), S. 133-56, auf S. 133. Er hatte bereits ein weiteres Buch zu diesem Thema veröffentlicht: Ignorance and Uncertainty: Emerging Paradigms (New York 1989).

[33] Théodore Ivainer und Roger Lenglet, Les ignorances des savants (Paris 1996), S. 6.

[34] Gross, ›Objective Culture‹. Vgl. Moore und Tumin, ›Social Functions‹, S. 789-795.

[35] Friedrich von Hayek, ›Coping with Ignorance‹, Imprimis 7 (1978), https://imprimis.hillsdale.edu/coping-with-ignorance-july-1978.

[36] Andrew Martin, The Knowledge of Ignorance from Genesis to Jules Verne (Cambridge 1985); Philip Weinstein, Unknowing: The Work of Modernist Fiction (Ithaca NY 2005); Bennett, Ignorance, besonders Kap. 6 über ›Joseph Conrad's Blindness‹.

[37] C. S. Lewis, ›New Learning and New Ignorance‹, English Literature in the Sixteenth Century, Excluding Drama (Oxford 1954), S. 1-65; Bennett, Ignorance, S. 1; Steven Connor, The Madness of Knowledge: On Wisdom, Ignorance and Fantasies of Knowing (London 2019).

[38] Ivainer und Lenglet, Ignorances, S. 5; Mills, Racial Contract, S. 97.

[39] Murray Last, ›The Importance of Knowing About Not-Knowing‹ (1981: Nachdr. in S. Feierman und J. Janzen (Hgg.), The Social Basis of Health and Healing in Africa (Berkeley CA 1992), S. 393-406; Ronald Duncan und Miranda Weston-Smith, The Encyclopaedia of Medical Ignorance (Oxford 1984); Lewis Thomas, ›Medicine as a Very Old Profession‹, in James B. Wyngaarden und L. H. Smith (Hgg.), Cecil Textbook of Medicine (Philadelphia PA 1985), S. 9-11.

[40] Marlys Witte, Ann Kerwin et al., ›A Curriculum on Medical Ignorance‹, Medical Education 23 (1989), S. 24-29.

[41] Roberta Bivins, Alternative Medicine? A History (Oxford 2007), S. 52, 56, 75, 78, 135.

[42] In einer Sonderausgabe des Journals Knowledge, Bd. 15, mit Beiträgen von Ann Kerwin, Jerome R. Ravetz, Michael J. Smithson und S. Holly Stocking.

[43] Matthias Gross, Ignorance and Surprise: Science, Society and Ecological Design (Cambridge MA 2010); Gross, Experimentelles Nichtwissen: Umweltinnovationen und die Grenzen sozial-ökologischer Resilienz

(Bielefeld 2014); Ana Regina Rêgo und Marialva Barbosa, A Construção Intencional da Ignorância: O Mercado das Informações Falsas (Rio 2020); José de Souza Martins, Sociologia do desconhecimento: ensaios sobre a incerteza do instante (São Paulo 2021).

[44] Gross und McGoey, Routledge Handbook of Ignorance Studies.

[45] ›Vaguen‹ (Chris Gibbs und T. J. Dawe), The Power of Ignorance: 14 Steps to Using Your Ignorance (London 2006); David H. Swendsen, The Power of Ignorance: The Ignorance Trap (self-published 2019); Dave Trott, The Power of Ignorance: How Creative Solutions Emerge When We Admit What We Don't Know (London 2021).

KAPITEL 5

[1] Antoine Thomas, Essay on the Characters, Manners and Genius of Women in Different Ages. Enlarged from the French of M. Thomas by Mr Russell (London 1773); Christoph Meiners, History of the Female Sex: Comprising a View of the Habits, Manners and Influence of Women Among All Nations from the Earliest Ages to the Present Time (London 1808).

[2] Daniel Woolf, ›A Feminine Past? Gender, Genre and Historical Knowledge in England, 1500–1800‹, American Historical Review 102 (1997), S. 645-679; Natalie Z. Davis, ›Gender and Genre: Women as Historical Writers 1400–1820‹, in Patricia Labalme (Hg.), Beyond Their Sex: Learned Women of the European Past (New York 1980), S. 153-175; Bonnie Smith, The Gender of History: Men, Women and Historical Practice (Cambridge 1998).

[3] Mary R. Beard, Woman as Force in History: A Study in Traditions and Realities (New York 1946), S. 1, 273.

[4] Smith, Gender of History, S. 207.

[5] Natalie Z. Davis, ›Women's History in Transition‹, Feminist Studies 3 (1975), S. 83-103; Davis, ›City Women and Religious Change‹, in Society and Culture in Early Modern France (London 1975), S. 65-95. Vgl. Joan Scott, ›Women's History‹, in Peter Burke (Hg.), New Perspectives on Historical Writing (Cambridge 1991), S. 42-66.

[6] Natalie Z. Davis, The Return of Martin Guerre (Cambridge MA 1983).

[7] Allgemeine Untersuchungen hierzu finden sich bei Heide Wunder, He is the Sun, She is the Moon: Women in Early Modern Germany (1992: Engl. Übers. Cambridge MA 1998); Merry Wiesner-Hanks, Women and Gender in Early Modern Europe (1993: 4. Aufl. Cambridge 2019); Olwen

Hufton, The Prospect Before Her: A History of Women in Western Europe, 1500–1800 (London 1995).

8 Marshall Sahlins, Historical Metaphors and Mythical Realities (Ann Arbor MI 1981).

9 Davis, ›Women's History‹, S. 90.

10 Peter Galison und Robert Proctor, ›Agnotology in Action‹, in Kourany und Carrier (Hgg.), Science, S. 27-54, auf S. 27-28; Proctor und Schiebinger, Agnotology. Aktuellere Arbeiten werden untersucht in Lukas Verburgt, ›The History of Knowledge and the Future History of Ignorance‹, Know 4 (2020), S. 1-24.

11 Eine frühe Ausnahme unter einfachen Historikern ist Scott, ›Ignorance and Perceptions of Social Reality in Revolutionary Marseilles‹, in Pittock und Andrew (Hgg.), Interpretation and Cultural History, S. 235-68.

12 Robert DeMaria Jr, Johnson's Dictionary (Oxford, 1986), S. 77.

13 François La Mothe Le Vayer, Du peu de certitude qu'il y a dans l'histoire (Paris 1668).

14 Varga, Schlagwort, S. 119, 123.

15 Bernard de Fontenelle, De l'origine des fables (1724: hg. Jean-Raoul Carré, Paris 1932), S. 11-12, 37.

16 Nicolas de Condorcet, Esquisse d'un tableau historique des progrès de l'esprit humain (1794–5: hg. Oliver H. Prior, Paris 1933).

17 Dieser Ausdruck wurde geprägt und seine Interpretation kritisiert in Herbert Butterfield, The Whig Interpretation of History (London 1931).

18 Martin Kintzinger, ›Ignorantia diplomatica. Konstrukives Nichtwissen in der Zeit des Hundertjähriges Krieges‹, in Espenhorst, Unwissen und Missverständnisse, S. 13-40; Cornel Zwierlein, Imperial Unknowns: The French and the British in the Mediterranean, 1650–1750 (Cambridge 2016), und Zwierlein (Hg.), The Dark Side of Knowledge: Histories of Ignorance, 1400 to 1800 (Leiden 2016); Corbin, Terra Incognita.

19 Elliot W. Eisner, The Educational Imagination (New York 1979), S. 83-92, auf S. 83.

20 Beispiele für Handlungsansätze finden sich in Peter Burke, A Social History of Knowledge, Bd. 2: From the Enyclopédie to Wikipedia (Cambridge 2012), S. 149-50.

21 Scott Frickel, ›Absences: Methodological Note about Nothing, in Particular‹, Social Epistemology 28 (2014), S. 86-95; Jenny Croissant, ›Agnotology: Ignorance and Absence or Towards a History of Things that Aren't There‹, ebd., S. 4-25.

Anmerkungen

[22] Francesco Petrarca, ›De sui ipsius et multorum ignorantia‹ (1368: in Opera, Basel 1554), S. 1123-1168, Engl. Übers. ›On His Own Ignorance and That of Many Others‹, in Ernst Cassirer, Paul O. Kristeller und John H. Randall Jr (Hgg.), The Renaissance Philosophy of Man (Chicago IL 1948), S. 47-133.

[23] Gómaras Historia General de las Indias y Nuevo Mundo, zitiert in José Antonio Maravall, Antiguos y modernos (Madrid 1966), S. 446.

[24] Marc Bloch, Caractères originaux de l'histoire rurale française (Oslo 1931).

[25] Febvre, Problème de l'incroyance, Teil 2, Buch 2, Kap. 2.

[26] Arthur Conan Doyle, ›The Silver Blaze‹, in Memoirs of Sherlock Holmes (London 1892); Werner Sombart, Warum gibt es in den Vereinigten Staaten keinen Sozialismus? (Tübingen 1906).

[27] Zwierlein, Imperial Unknowns, S. 189-191.

[28] Edward Janak, ›What Do You Mean It's Not There? Doing Null History‹, American Archivist 83 (2020), S. 57-76.

[29] Burke, Knowledge, Bd. 2, S. 139-159.

[30] C. S. Lewis, English Literature in the Sixteenth Century, excluding Drama (Oxford 1954), S. 31

[31] Harold Lasswell, ›The Structure and Function of Communication in Society‹, in Lyman Bryson (Hg.), The Communication of Ideas (New York 1948), S. 37-51.

[32] Zwierlein, Imperial Unknowns, S. 2, 118 etc.

[33] Zitiert in David Vincent, The Culture of Secrecy: Britain, 1832–1998 (Oxford 1998), S. 160-161.

[34] Michel Foucault, The History of Sexuality, Bd. 1 (1976: Engl. Übers. London, 1978), S. 3, 123, 127. Peter Gay, in The Education of the Senses (New York 1984), S. 468, dagegen lehnte Foucault Argumente ab, weil sie ›beinahe vollkommen frei von Fakten seien‹.

[35] Madeleine Alcover, ›The Indecency of Knowledge‹, Rice University Studies 64 (1978), S. 25-40; Bathsua Makyn, An Essay to Revive the Antient Education of Gentlewomen (London 1673); Jerome Nadelhaft, ›The Englishwoman's Sexual Civil War‹, Journal of the History of Ideas 43 (1982), S. 555-579. Vgl. Le Doeuff, Sex of Knowing.

[36] Peter Burke, ›Cultural History as Polyphonic History‹, Arbor 186 (2010), DOI: 10.3989/ arbor.2010.743n1212. nicht aufrufbar, statt dessen: arbor.revistas.csic.es/index.php/arbor/article/view/815).

Kapitel 6

1. Justin McBrayer, ›Ignorance and the Religious Life‹, in Peels und Blaauw, Epistemic Dimensions, S: 144–159, auf S. 149.

2. Silvia Berti, ›Scepticism and the Traité des trois imposteurs‹, in Richard Popkin und Arjo Vanderjagt (Hgg.), Scepticism and Irreligion in the Seventeenth and Eighteenth Centuries (Leiden 1993), S. 216-229.

3. Denys Hay, The Church in Italy in the Fifteenth Century (Cambridge 1977), S. 49.

4. Eamon Duffy, The Stripping of the Altars: Traditional Religion in England, 1400–1580 (New Haven CT 1992), S. 53.

5. Zitiert in Jean Delumeau, Le Catholicisme entre Luther et Voltaire (Paris 1971), S. 270.

6. Christopher Hill, ›Puritans and the »Dark Corners of the Land«‹, Transactions of the Royal Historical Society 13 (1963), S. 77-102, auf S. 80.

7. Über unwissende Priester, Hay, The Church, S. 49-57; über Pfarrer, Gerald Strauss, ›Success and Failure in the German Reformation‹, Past & Present 67 (1975), S. 30-63, auf S. 51, 55.

8. Bernard Heyberger, Les chrétiens du proche-orient au temps de la réforme catholique (Rome 1994), S. 140.

9. Zitiert in Larry Wolff, Inventing Eastern Europe: The Map of Civilization on the Mind of the Enlightenment (Stanford CA 1994), S. 175, 177.

10. Zitiert in Keith Thomas, Religion and the Decline of Magic (London 1971), S. 164.

11. Hill, ›Puritans‹, S. 82.

12. Strauss, ›Success and Failure‹, S. 43

13. Hilding Pleijel, Husandakt, husaga, husförhör (Stockholm 1965). Ich danke Dr. Kajsa Weber für diesen Verweis.

14. Gigliola Fragnito, Proibito capire: la Chiesa e il volgare nella prima età moderna (Bologna 2005).

15. Peter Burke, ›The Bishop's Questions and the People's Religion‹ (1979: Nachdr. in Historical Anthropology of Early Modern Italy (Cambridge 1987)), S. 40-47.

16. Leonard P. Harvey, Muslims in Spain, 1500 to 1614 (Chicago IL 2005), S. 25.

17. David M. Gitlitz, Secrecy and Deceit: The Religion of the Crypto-Jews (1996: 2. Aufl. Albuquerque NM 2002), S. 135.

Anmerkungen

[18] Gitlitz, Secrecy, S. 87-88, 100, 117.

[19] Zitiert in Thomas, Religion and the Decline of Magic, S. 164-166.

[20] Rudyerd zitiert in Hill, ›Puritans‹, S. 96.

[21] Adriano Prosperi, ›Otras Indias‹, in Paola Zambelli (Hg.), Scienze, credenze occulte, livelli di cultura (Florence 1982), S. 205-234, auf S. 208.

[22] Will Sweetman, ›Heathenism, Idolatry and Rational Monotheism among the Hindus‹, in Andreas Gross et al. (Hgg.), Halle and the Beginning of Protestant Christianity in India (Halle 2006), S. 1249-1272.

[23] Heyberger, Les chrétiens du proche-orient, S. 140

[24] Hildegarde Fast, ›»In at One Ear and Out at the Other«: African Response to the Wesleyan Message in Xhosaland, 1825–1835‹, Journal of Religion in Africa 23 (1993), S. 147-174, auf S. 150.

[25] Scipione Paolucci, Missioni de'Padri della Compagnia de Giesù nel Regno di Napoli (Naples 1651), S. 29; Antoine Boschet, Le Parfait Missionaire, ou la vie du r. p. Julien Maunoir (Paris 1697), S. 96; Louis Abelly, La vie de St Vincent de Paul, Bd. 2 (Paris 1664), S. 76.

[26] Fast, ›In at One Ear‹.

[27] Adrian Hastings, The Church in Africa, 1450–1950 (Oxford 1994), S. 258.

[28] Luke A. Veronis, ›The Danger of Arrogance and Ignorance in Missions: A Case Study from Albania‹, https://missions.hchc.edu/articles/articles/the-danger-of-arrogance-and-igno- rance-in-missions-a-case-study-from-albania. Aufgerufen am 28. Juni 2022.

[29] Zitiert in David Maxwell, Religious Entanglement and the Making of the Luba Katanga in Belgian Congo (forthcoming 2022). (Titel ist so zu finden: Religious Entanglements: Central African Pentecostalism, the Creation of Cultural Knowledge, and the Making of the Luba Katanga www.tandfonline.com/doi/full/10.1080/13537903.2023.2168891)

[30] James Clifford, Person and Myth: Maurice Leenhardt in the Melanesian World (Berkeley CA 1982).

[31] https://www.reuters.com/article/us-britain-bible-idINTRE-56A30S20090711. Aufgerufen am 28. Juni 2022.

[32] https://www.pewforum.org/2010/09/28/u-s-religious-knowledge-survey-who. Aufgerufen am 13. Mai 2022.

[33] Zwierlein, Imperial Unknowns, S. 118-124, 134.

[34] Nicholas Rescher, Ignorance: On the Wider Implications of Deficient Knowledge (Pittsburgh PA 2009), S. 14.

35 Tamotsu Shibutani, Improvised News: A Sociological Study of Rumour (Indianapolis IN 1966). Vgl. Gordon Allport und Leo Postman, The Psychology of Rumor (New York 1947).

36 McGowan, ›Eating People: Accusations of Cannibalism against Christians in the Second Century‹, Journal of Early Christian Studies 2 (1994), S. 413-442.

37 Norman Daniel, Islam and the West: The Making of an Image (Edinburgh 1958), S. 217; Michael Camille, The Gothic Idol: Ideology and Image-Making in Medieval Art (Cambridge 1989), S. 165-175.

38 James Parkes, The Conflict of the Church and the Synagogue (London 1934); Joshua Trachtenberg, The Devil and the Jews: The Medieval Conception of the Jew and its Relation to Modern Antisemitism (New Haven CT 1943), S. 97-155; Miri Rubin, Gentile Tales: The Narrative Assault on Late Medieval Jews (New Haven CT 1999); Ronald P. Hsia, The Myth of Ritual Murder: Jews and Magic in Reformation Germany (New Haven CT 1988).

39 Trachtenberg, The Devil and the Jews, S. 174.

40 Nicholas of Cusa, On Learned Ignorance (1440: Engl. Übers. Minneapolis MN 1981), Buch 1, Kap. 25.

41 Heiko Oberman, The Roots of Anti-Semitism in the Age of Renaissance and Reformation (1981: Engl. Übers. Philadelphia PA 1984), S. 25, 30, 40.

42 Christopher Probst, Demonizing the Jews: Luther and the Protestant Church in Nazi Germany (Bloomington IN 2012), S. 39-45.

43 Pierre de l'Ancre, L'incredulité et mescréance du sortilege (Paris 1622), zitiert in Hugh Trevor-Roper, The European Witch-Craze of the Sixteenth and Seventeenth Centuries (Harmondsworth 1969), S. 36.

44 Norman Cohn, Warrant for Genocide: The Myth of the Jewish World Conspiracy and the Protocols of the Elders of Zion (London 1967).

45 Richard M. Hunt, ›Myths, Guilt, and Shame in Pre-Nazi Germany‹, Virginia Quarterly Review 34 (1958), S. 355-371.

46 Probst, Demonizing the Jews, S. 137.

47 Daniel, Islam and the West, S. 309-313; Richard W. Southern, Western Views of Islam in the Middle Ages (Cambridge MA 1962), S. 14, 25, 28, 32; Camille, The Gothic Idol, S. 129-164, auf S. 129, 142.

48 Pim Valkenberg, ›Learned Ignorance and Faithful Interpretation of the Qur'an in Nicholas of Cusa‹, in James L. Heft, Reuven Firestone und

Omid Safi (Hgg.), Learned Ignorance: Intellectual Humility among Jews, Christians and Muslims (Oxford 2011), S. 34-52, auf S. 39, 45.

[49] Marco Polo, The Travels, Hg. Robin Latham (Harmondsworth 1958), S. 57, 134.

[50] Robert Irwin, For Lust of Knowing: The Orientalists and Their Enemies (London 2006), S. 82-108.

[51] Glenn J. Ames (Hg.), Em Nome de Deus: The Journal of the First Voyage of Vasco da Gama to India, 1497–1499 (Boston 2009), S. 66n, 72, 75–6. Vgl. Sanjay Subrahmanyam, The Career and Legend of Vasco da Gama (Cambridge 1997), S. 132-133.

[52] Donald Lach, Asia in the Making of Europe, 2 Bde. (Chicago IL 1965), S. 439, 449.

[53] Partha Mitter, Much Maligned Monsters: A History of European Reactions to Indian Art (1977: 3. Aufl. Oxford 2013), S. 15, 17, 22, 25; Inga Clendinnen, Ambivalent Conquests: Maya and Spaniard in Yucatan, 1517–1570 (1987: 2. Aufl. Cambridge 2003), S. 45-56; Diego de Landa, Relación de las Cosas de Yucatan (Paris 1928), Kap. 18.

[54] Peter Marshall (Hg.), The British Discovery of Hinduism in the Eighteenth Century (Cambridge 1970), S. 48, 50, 107, 145.

[55] Lynn Hunt, Margaret Jacob und Wijnand Mijnhardt, The Book that Changed Europe: Picart and Bernard's Religious Ceremonies of the World (Cambridge MA 2010); Hunt, Jacob und Mijnhardt (Hgg.), Bernard Picart and the First Global Vision of Religion (Los Angeles CA 2010).

[56] Robert Pomplun, Joan-Pau Rubiès und Ines G. Županov, ›Early Catholic Orientalism and the Missionary Discovery of Asian Religions‹, Journal of Early Modern History 24 (2020), S. 463-470.

[57] Luciano Petech (Hg.), I missionari italiani nel Tibet e nel Nepal, Teil 6 (Rome: Istituto Poligrafico dello Stato 1955), S. 115ff; Philip C. Almond, The British Discovery of Buddhism (Cambridge 1988), S. 7.

[58] Melville J. Herskovits, ›African Gods and Catholic Saints in New World Negro Belief‹, American Anthropologist 39 (1937), S. 635-643; Paul C. Johnson, Secrets, Gossip and Gods: The Transformation of Brazilian Candomblé (Oxford 2002), S. 71.

[59] Harvey, Muslims, S. 61-62. Vgl. Antonio Domínguez Ortiz, Historia de los Moriscos: Vida y Tragedia de una Minoría (Madrid 1978).

[60] Brian Pullan, ›The Marranos of Iberia and the Converts of Italy‹, in The Jews of Europe and the Inquisition of Venice, 1550–1670 (Oxford 1983), S. 201-312, auf S. 223. Vgl. Perez Zagorin, ›The Marranos and Crypto-Ju-

daism‹, in Ways of Lying: Dissimulation, Persecution and Conformity in Early Modern Europe (Cambridge MA 1990), S. 38-62; Gilitz, Secrecy.

61 Delio Cantimori, Eretici italiani del Cinquecento (Florence 1939); Carlo Ginzburg, Il Nicodemismo: simulazione e dissimulazione religiosa nell' Europa del '500 (Turin 1970); Zagorin, Ways of Lying, S. 83-152.

62 Mauro Bonazzi, The Sophists (Cambridge 2020), S. 113.

63 Sextus Empiricus, Outlines of Pyrrhonism, S. 329.

64 Friedrich Nietzsche, Genealogie der Moral (1887), Abschnitt 25; Marcel Proust, Le Côté de Guermantes (Paris 1920).

65 T. H. Huxley, ›Agnosticism and Christianity‹ (1899).

66 Bernard Lightman, The Origins of Agnosticism: Victorian Unbelief and the Limits of Knowledge (Baltimore MD 1987).

67 Denys Turner, The Darkness of God: Negativity in Christian Mysticism (Cambridge 1995); William Franke, ›Learned Ignorance‹, in Gross und McGoey (Hgg.), Routledge Handbook of Ignorance Studies, S. 26-35; Jonathan Jacobs, ›The Ineffable, Inconceivable and Incomprehensible God‹, in Jonathan Kvanvig (Hg.), Oxford Studies in Philosophy of Religion 6 (Oxford 2015), S. 158-176.

68 Moses Maimonides, Guide for the Perplexed (Engl. Übers. New York 1956), S. 81.

69 Nicholas of Cusa, On Learned Ignorance, Buch 1, Kap. 26; Peter Casarella (Hg.), Cusanus: The Legacy of Learned Ignorance (Washington DC 2006); Blaise Pascal, Pensées (1670: Engl. Übers. London 1958), Nummern 194, 242; Lucien Goldmann, The Hidden God: A Study of Tragic Vision in Pascal's Pensées and the Tragedies of Racine (1959: Engl. Übers. London 1964); Volker Leppin, ›Deus Absconditus und Deus Revelatus‹, Berliner Theologische Zeitschrift 22 (2005), S. 55-69.

70 Peter Gay, Deism: An Anthology (Princeton NJ 1968).

71 Alexander Pope, Essay on Man (1732–4), Brief II, Zeilen 1–2.

72 https://www.rt.com/uk/231811-uk-atheism-report-decline und https://www.cnn.com/2019/04/13/us/no-religion-largest-group-first-time-usa-trnd, beide aufgerufen am 18. November 2020.

73 ›Evangelical Ignorance‹, 15. März 2018, brucegerencser.net.

74 Peter Stanford, ›Christianity, Arrogance and Ignorance‹, Guardian, 3. Juli 2010, https://www.theguardian.com.

75 ›What Americans Know About Religion‹, www.pewforum.org/2019. Aufgerufen am 13. Mai 2022.

[76] ›A Review of Survey Research on Muslims in Britain‹, https://www.ipsos.com/en-uk/ review-survey-research-muslims-britain-0. Aufgerufen am 13. Mai 2022.

[77] Berichtet in The Economist, 3.–9. Juli 2021, S. 54.

KAPITEL 7

[1] Peter Wehling, ›Why Science Does Not Know: A Brief History of (the Notion of) Scientific Ignorance in the 20th and Early 21st Century‹, Journal of the History of Knowledge 2 (2021), https://doi.org/10.5334/jhk.40; Proctor und Schiebinger, Agnotology.

[2] Jerome R. Ravetz, ›The Sin of Science: Ignorance of Ignorance‹, Knowledge 15 (1993), S. 157-65.

[3] Der indirekte Nachweis für diese Anmerkung wird diskutiert in https://todayinsci.com/N/Newton_ Isaac/NewtonIsaac-PlayingOnTheSeashore.htm. Aufgerufen am 13. Mai 2022.

[4] Isaac Newton, Four Letters to Dr Bentley (London 1756), S. 20 (Newtons zweiter Brief an, verfasst 1693).

[5] Zitiert in Leonard Huxley, Life and Letters of Thomas Huxley (London 1900), S. 261.

[6] Zitiert in Stuart Firestein, Ignorance: How it Drives Science (New York 2012).

[7] Ferdinand Vidoni, Ignorabimus! Emil Du Bois-Reymond und die Debatte über die Grenzen wissenschaftlicher Erkenntnis im 19. Jahrhundert (Frankfurt 1991).

[8] www.nobelprize.org/prizes/physics/2004/gross/speech. Aufgerufen am 13. Mai 2022.

[9] Firestein, Ignorance, S. 5, 44.

[10] Voltaire, Lettres philosophiques (Paris 1734), Kap. 12.

[11] James Ussher, Annals of the World (London 1658), S. 1.

[12] Brent Dalrymple, The Age of the Earth (Stanford CA 1994); James Powell, Mysteries of Terra Firma: The Age and Evolution of the World (New York 2001).

[13] Yuval Noah Harari, Sapiens: A Brief History of Humankind (2011: Engl. Übers. London, 2014), S. 275-306, auf S. 279.

[14] Herbert Spencer, First Principles of a New System of Philosophy (London 1862), S. 17. Blaise Pascal hatte diese Metapher bereits zweihundert Jahre zuvor verwendet.

Anmerkungen

15 Zitiert in Firestein, Ignorance, S. 7, 4.

16 Firestein, Ignorance, S. 44.

17 Zitiert in Steven Shapin, The Scientific Life: A Moral History of a Late Modern Vocation (Chicago IL 2008), S. 135, 142. Vgl. Firestein, Ignorance; Verburgt, ›History of Knowledge‹, S. 1-24; Wehling, ›Why Science Does Not Know‹.

18 Francis Crick, What Mad Pursuit: A Personal View of Scientific Discovery (1988: Neuaufl. London 1989), S. 35, 141–142.

19 Zitiert in Firestein, Ignorance, S. 136, 44.

20 Janet Kourany und Martin Carrier, ›Introducing the Issues‹, in Kourany und Carrier (Hgg.), Science, S. 3-25, auf S. 14.

21 Zitiert in Formica, Creative Ignorance, S. 13.

22 Hans-Jörg Rheinberger, Toward a History of Epistemic Things (Stanford CA 1997); Hans-Jörg Rheinberger, ›Man weiß nicht genau, was man nicht weiß. Über die Kunst, das Unbekannte zu erforschen‹, Neue Zürcher Zeitung, 5. Mai 2007. https://www.nzz.ch/arti- cleELG88-ld.409885.

23 Gross, Ignorance and Surprise, S. 1.

24 Ian Taylor, ›A bluffer's guide to the new fundamental law of nature‹, Science Focus, 8. April 2021, www.sciencefocus.com/news/a-bluffers-guide; ›Mapping the Local Cosmic Web: Dark matter map reveals hidden bridges between galaxies‹, 25. Mai 2021, phys.org. www.sciencefocus.com/news/a-bluffers-guide.

25 Richard Southern, The Making of the Middle Ages (London 1953), S. 210.

26 Dimitri Gutas, Greek Thought, Arabic Culture: The Graeco-Arabic translation movement in Baghdad and early Abbasid Society (London 1998); Charles Burnett, Arabic into Latin in the Middle Ages: The Translators and Their Intellectual and Social Context (London 2009).

27 Mulsow, Prekäres Wissen.

28 Guy Deutscher, Through the Language Glass: Why the World Looks Different in Other Languages (London 2010), S. 79, 83, 85.

29 William Bateson, Mendel's Principles of Heredity (Cambridge 1913).

30 Bernard Barber, ›Resistance by Scientists to Scientific Discovery‹, Science 134 (1961), S. 596-602, auf S. 598.

31 Über ›Anomalien‹, Kuhn, Structure, S. 52-65.

Anmerkungen

[32] Max Planck, Scientific Autobiografy (1945: Engl. Übers. London 1948), S. 33-4.

[33] Andrew D. White, A History of the Warfare of Science with Theology in Christendom (New York 1896).

[34] Edward Grant, ›In Defense of the Earth's Centrality and Immobility: Scholastic Reaction to Copernicanism in the Seventeenth Century‹, Transactions of the American Philosophical Society 74 (1984), S. 1-69, auf S. 4; Christopher Graney, Setting Aside All Authority: Giovanni Battista Riccioli and the Science Against Copernicus in the Age of Galileo (Notre Dame IN 2015), S. 63.

[35] Rivka Feldhay, Galileo and the Church: Political Inquisition or Critical Dialogue? (Cambridge 1995).

[36] Ludovico Geymonat, Galileo (Turin 1957), Kap. 4. Vgl. Ernan McMullin, ›Galileo's Theological Venture‹, in McMullin (Hg.), The Church and Galileo (Notre Dame IN 2005), S. 88-116.

[37] Zitiert in Edward Lurie, Louis Agassiz: A Life in Science (Chicago IL 1960), S. 151.

[38] Peter Bowler, The Eclipse of Darwinism: Anti-Darwinian Evolution Theories in the Decades around 1900 (Baltimore MD 1983); James R. Moore, The Post-Darwinian Controversies (Cambridge 1979).

[39] Freeman Henry, ›Anti-Darwinism in France: Science and the Myth of Nation‹, Nineteenth-Century French Studies 27 (1999), S. 290-304.

[40] Zitiert in Moore, Post-Darwinian Controversies, S. 1.

[41] Naomi Oreskes, The Rejection of Continental Drift: Theory and Method in American Earth Science (New York 1999), S. 316. Vgl. John Stewart, Drifting Continents and Colliding Paradigms: Perspectives on the Geoscience Revolution (Bloomington IN 1990), S. 17-19, 22–44.

[42] Zitiert in Powell, Mysteries of Terra Firma, S. 77.

[43] Zitiert in Oreskes, Rejection of Continental Drift, S. 277.

[44] Naomi Oreskes und Erik M. Conway, Merchants of Doubt: How a Handful of Scientists Obscured the Truth on Issues from Tobacco Smoke to Global Warming (New York 2010).

[45] Scott Frickel et al., ›Undone Science‹, Science, Technology and Human Values 35 (2010), S. 444-473; David Hess, Undone Science: Social Movements, Mobilized Publics, and Industrial Transitions (Cambridge MA 2016).

Anmerkungen

⁴⁶ Roy Porter, Quacks: Fakers and Charlatans in English Medicine (Stroud 2000); David Wootton, Bad Medicine: Doctors Doing Harm Since Hippocrates (Oxford 2006).

⁴⁷ Ben Goldacre, Bad Pharma: How Drug Companies Mislead Doctors and Harm Patients (London 2012), S. 311, 242.

⁴⁸ William Eamon, Science and the Secrets of Nature: Books of Secrets in Medieval and Early Modern Culture (Princeton NJ 1994).

⁴⁹ Charles Webster, Paracelsus: Medicine, Magic and Mission at the End of Time (New Haven CT 2008).

⁵⁰ Zitiert in F. N. L. Poynter, ›Nicholas Culpeper and His‹, Journal of the History of Medicine and Allied Sciences 17 (1962), S. 152-167, auf S. 157.

⁵¹ Culpeper zitiert in Benjamin Woolley, The Herbalist: Nicholas Culpeper and the Fight for Medical Freedom (London 2004), S. 297. Über ihn, Patrick Curry, ›Culpeper, Nicholas‹, Oxford Dictionary of National Biography 14, S. 602-605.

⁵² Lisbet Koerner, in Nicholas Jardine, James Secord und Emma Spary (Hgg.), Cultures of Natural History (Cambridge 1996), S. 145.

⁵³ Simon Schaffer, ›Natural Philosophy and Public Spectacle in the Eighteenth Century‹, History of Science 21 (1983), S. 1-43.

⁵⁴ Aileen Fyfe and Bernard Lightman (Hgg.), Science in the Marketplace: 19th-century Sites and Experiences (Chicago IL 2007).

⁵⁵ Edward Larson, Summer for the Gods: The Scopes Trial and America's Continuing Debate over Science and Religion (New York 1997).

⁵⁶ Larson, Summer, S. 281; Vgl. Larson, The Creation-Evolution Debate (Athens GA 2007), S. 23-26.

⁵⁷ Glenn Branch, ›Understanding Gallup's Latest Poll on Evolution‹, Skeptical Inquirer 41 (2017), S. 5-6.

⁵⁸ C. P. Snow, The Two Cultures (Cambridge 1959).

⁵⁹ ›Survey Reveals Public Ignorance of Science‹, 14. Juli 1989, https://www.newscientist.com.

⁶⁰ Melissa Leach, Ian Scoones und Brian Wynne (Hgg.), Science and Citizens: Globalization and the Challenge of Engagement (London 2005).

⁶¹ Alan Irwin, Citizen Science (London 1995).

⁶² Firestein, Ignorance, S. 171.

Kapitel 8

1. John Morgan, ›The Making of Geographical Ignorance?‹ Geography 102.1 (2017), S. 18-25, auf S. 18-20.
2. John R. Short, Cartographic Encounters: Indigenous Peoples and the Exploration of the New World (London 2009).
3. Der Text wurde in ›Governor Bourke's Proclamation, 26 August 1835 – Wikisource, the free online library‹ reproduziert.
4. Corbin, Terra Incognita.
5. Über Ptolemäus, Pierre-Ange Salvadori, Le Nord de la Renaissance: La carte, l'humanisme suédois et la genèse de l'Arctique (Paris 2021), S. 29.
6. Danilo Dolci, Inchiesta a Palermo (1956: Neuaufl. Palermo 2013).
7. Wolff, Inventing Eastern Europe, S. 174.
8. Janet Abu-Lughod, Before European Hegemony: The World System, ad 1250–1350 (New York 1989).
9. W. G. L. Randles, ›Classical Models of World Geography and Their Transformation Following the Discovery of America‹, und James Romm, ›New World and »Novos Orbes«: Seneca in the Renaissance Debate over Ancient Knowledge of the Americas‹, in Wolfgang Haase und Meyer Reinhold (Hgg.), The Classical Tradition and the Americas, Bd. 1 (Berlin 1994), S. 6-76 und S. 77-116.
10. Edmundo O'Gorman, The Invention of America (1958: Engl. Übers. Bloomington IN 1961); Eviatar Zerubavel, Terra Cognita: The Mental Discovery of America (New Brunswick NJ 1992).
11. Paolo Chiesa, ›Marckalada: The First Mention of America in the Mediterranean Area (c.1340)‹, Terrae Incognitae 53.2 (2021), S. 88-106.
12. Jean-Jacques Rousseau, Discours sur Inégalité (1755: Paris 2004 Aufl., S. 110 (meine Übersetzung).
13. Shibutani, Improvised News.
14. John B. Friedman, The Monstrous Races in Medieval Art and Thought (Cambridge MA 1981).
15. Robert Silverberg, The Realm of Prester John (1996: 2. Aufl. London 2001), S. 26, 38.
16. Silverberg, Prester John, S. 40-73.
17. Silverberg, Prester John, S. 163-192.
18. Ames, Em Nome de Deus, S. 51.

19   Kathleen March und Kristina Passman, ›The Amazon Myth and Latin America‹, in Haase und Reinhold, Classical Tradition, S. 286-338, auf S. 300-307.

20   Dora Polk, The Island of California: A History of the Myth (Spokane WA 1991), S. 105-20, 301. Der Roman war ›The Exploits of Esplandián‹ (Las Sergas de Esplandián) von Garci Rodríguez de Montalvo.

21   Robert Silverberg, The Golden Dream: Seekers of El Dorado (Athens OH 1985), S. 4-5; Vgl. Jean-Pierre Sánchez, ›El Dorado and the Myth of the Golden Fleece‹, in Haase und Reinhold, Classical Tradition, S. 339-378; John Hemming, The Search for El Dorado (London 2001).

22   Lach, Asia in the Making of Europe.

23   Andrea Tilatti, ›Odorico da Pordenone‹, DBI 79.

24   Marco Polo, Il Milione, Hg. Luigi Benedetto (Milan 1932: Engl. Übers., Travels).

25   John Larner, Marco Polo and the Discovery of the World (New Haven CT 1999), S. 131.

26   Marco Polo, Travels, S. 218.

27   Timothy Brook, Great State: China and the World (2019: Neuaufl. London 2021), S. 46-47.

28   Larner, Marco Polo, S. 97, 108.

29   Stephen Greenblatt, Marvelous Possessions: The Wonder of the New World (Oxford 1991), S. 26-51; Iain M. Higgins, Writing East: The ›Travels‹ of Sir John Mandeville (Philadelphia PA 1997), S. 6, 156–178; Carlo Ginzburg, The Cheese and the Worms: The Cosmos of a Sixteenth-Century Miller (1976: Engl. Übers. London 1980), Abschn. 12.

30   Larner, Marco Polo, S. 151-70, auf S. 155.

31   Brook, Great State, S. 148.

32   Lach, Asia in the Making of Europe, S. 731-821.

33   Nicholas Trigault (Hg.), De christiana expeditione apud Sinas (Augsburg 1615).

34   Kenneth Ch'en, ›Matteo Ricci's Contribution to, and Influence on Geographical Knowledge in China‹, Journal of the American Oriental Society 59 (1939), S. 325-359; Cordell Yee, ›The Introduction of European Cartography‹, in J. Brian Harley und David Woodward (Hgg.), The History of Cartography, Bd. 2, Buch 2, Cartography in the Traditional East and Southeast Asian Societies (Chicago IL 1994), S. 170-202, auf S. 176.

35   Edwin Van Kley, ›Europe's Discovery of China and the Writing of World History‹, American Historical Review 76 (1971), S. 358-385.

Anmerkungen

[36] Philippe Couplet et al., Confucius Sinarum Philosophus (Paris 1687).

[37] Virgile Pinot, La Chine et la formation de l'esprit philosophique en France (Paris 1932).

[38] Hugh Honour, Chinoiserie (London 1961).

[39] Felix Greene, A Curtain of Ignorance (London 1965), S. xiii. Vgl. Greene, Awakened China: The Country Americans Don't Know (New York, 1961). Mit seiner Sympathie für das kommunistische Regime kompensierte er seine feindselige Berichterstattung in der amerikanischen Presse zu dieser Zeit.

[40] Brook, Great State, S. 226. Vgl. Brook, ›Europaeology? On the Difficulty of Assembling a Knowledge of Europe in China‹, in Antoni Ücerler (Hg.), Christianity and Cultures: Japan and China in Comparison, 1543–1644 (Rome 2009), S. 269-293.

[41] John Henderson, ›Chinese Cosmographical Thought‹, in Harley und Woodward (Hgg.), History of Cartography, S. 203-227. Über Europa, Grant, ›In Defense of the Earth's Centrality and Immobility‹, S. 1-69, auf S. 22.

[42] Ch'en, ›Matteo Ricci's Contribution‹, S. 325-359, auf S. 326, 329–332, 341.

[43] James Cahill, The Compelling Image: Nature and Style in Seventeenth-Century Chinese Painting (Cambridge MA 1982). Vgl. Michael Sullivan, The Meeting of Eastern and Western Art (Berkeley CA 1989).

[44] Eugenio Menegon, Un Solo Cielo: Giulio Aleni SJ (1582–1649): Geografia, arte, scienza, religion dall'Europa alla Cina (Brescia 1994), S. 38-39, 42–43.

[45] Nathan Sivin, ›Copernicus in China‹, Studia Copernicana 6 (1973), S. 63-122; Roman Malek, Western Learning and Christianity in China: The Contribution and Impact of Johann Adam Schall von Bell SJ (1592–1666) (Sankt Agustin 1998); Florence Hsia, Sojourners in a Strange Land: Jesuits and Their Scientific Missions in Late Imperial China (Chicago IL 2009).

[46] Marta Hanson, ›Jesuits and Medicine in the Kangxi Court‹, Pacific Rim Report 43 (2007), S. 1-10, auf S. 5, 7.

[47] Mario Cams, ›Not Just a Jesuit Atlas of China: Qing Imperial Cartography and its European Connections‹, Imago Mundi 69 (2017), S. 188-201.

[48] Ich danke Joseph McDermott für diesen Vorschlag.

[49] Lettres edifiantes Bd. 24, S. 334, 375, zitiert in Jürgen Osterhammel, Unfabling the East: The Enlightenment's Encounter with Asia (1998: Engl. Übers. Princeton NJ 2018), S. 85.

50 Ricci, zitiert in Ch'en, ›Matteo Ricci's Contribution‹, S. 343.

51 Brook, ›Europaeology?‹, S. 285; Roger Hart, Imagined Civilizations: China, the West and Their First Encounter (Baltimore MD 2013), S. 19, 188–191.

52 Ren Dayuan, ›Wang Zheng‹, in Malek, Western Learning, Bd. 1, S. 359-368; über Mei Wending, Benjamin Elman, On Their Own Terms: Science in China, 1550–1900 (Cambridge MA 2005), S. 154-155.

53 Brook, ›Europaeology?‹, S. 270.

54 Ch'en, ›Matteo Ricci's Contribution‹, S. 348. Vgl. George Wong, ›China's Opposition to Western Science during Late Ming and Early Ch'ing‹, Isis 54 (1963), S. 29-49.

55 Brook, ›Europaeology?‹, 291; Brook, Great State, 263.

56 Erörtert in Shang Wei, ›The Literati Era and its Demise (1723–1840) ‹, in Kang-I Sun Chang und Stephen Owen (Hgg.), The Cambridge History of Chinese Literature, Bd. 2 (Cambridge 2010), S. 245-342, auf S. 292, 294. Ich danke Joe McDermott für diese Referenz.

57 Henderson, ›Chinese Cosmographical Thought‹, S. 209, 223, 225.

58 John Frodsham (Hg.), The First Chinese Embassy to the West (Oxford 1974), S. xvii, xxii, 148.

59 James Polachek, The Inner Opium War (Cambridge MA 1992).

60 Jane Leonard, Wei Yuan and China's Discovery of the Maritime World (Cambridge MA 1984), S. 101.

61 Frodsham, First Chinese Embassy, S. 97.

62 Elman, On Their Own Terms, S. xxvii, 320.

63 Adrian Bennett, John Fryer: The Introduction of Western Science and Technology into Nineteenth-Century China (Cambridge MA 1967).

64 Benjamin Schwartz, In Search of Wealth and Power: Yen Fu and the West (Cambridge MA 1964); Douglas Howland, Translating the West (Honolulu 2001).

65 Michael Cooper (Hg.), The Southern Barbarians: The First Europeans in Japan (Tokyo 1971); Derek Massarella, A World Elsewhere: Europe's Encounter with Japan in the Sixteenth and Seventeenth Centuries (New Haven CT 1990).

66 Charles Boxer, Jan Compagnie in Japan (Den Haag 1936); Grant K. Goodman, Japan and the Dutch, 1600–1853 (1967: überarbeitete Aufl. Richmond 2000); Beatrice Bodart-Bailey und Derek Massarella (Hgg.), The Furthest Goal: Engelbert Kaempfer's Encounter with Tokugawa Japan (Folkestone 1996).

Anmerkungen

67 Donald Keene, The Japanese Discovery of Europe 1720–1830 (1952: überarbeitete Aufl. Stanford CA 1969).

68 William G. Beasley, Japan Encounters the Barbarian: Japanese Travellers in America and Europe (New Haven CT 1995).

69 Diese Beschreibung stammt aus William Griffis, Corea: The Hermit Nation (New York 1882).

70 Hendrick Hamel, Journaal (1668: Aufl. Henny Savenije, Rotterdam 2003).

71 Rodney Needham, ›Psalmanazar, Confidence-Man‹, in Exemplars (Berkeley CA 1985), S. 75-116; Richard M. Swiderski, The False Formosan (San Francisco CA 1991); Michael Keevak, The Pretended Asian (Detroit MI 2004). Über sein Geständnis, Percy Adams, Travelers and Travel Liars, 1660–1800 (Berkeley CA 1962), S. 93.

72 Richard Burton, Personal Narrative of a Pilgrimage to al-Madinah and Mecca (London 1856); Christiaan Snouck Hurgronje, Het Mekkaansche Feest (Leiden 1880).

73 Petech, I missionari, S. 115ff.

74 Peter Hopkirk, Trespassers on the Roof of the World (London 1983), S. 23; Oxford Dictionary of National Biography, ›Montgomerie, Thomas‹.

75 Frank Kryza, The Race for Timbuktu (New York 2007).

76 Peter Hopkirk, Foreign Devils on the Silk Road: The Search for the Lost Cities and Treasures of Chinese Central Asia (London 1980), S. 32-43.

77 Wilfrid Thesiger, Arabian Sands (London 1959).

78 Vicente de Salvador, Historia do Brasil (1627: Neuaufl. São Paulo 1918).

79 Leo Africanus, Descrizione dell'Africa (Venice 1550); Oumelbanine Zhiri, L'Afrique au miroir de l'Europe, Fortunes de Jean Léon l'Africain à la Renaissance (Geneva 1991); Natalie Davis, Trickster Travels: A Sixteenth-Century Muslim Between Worlds (New York 2007).

80 Miles Bredin, The Pale Abyssinian: A Life of James Bruce, African Explorer and Adventurer (London 2000), S. 72. Vgl. Oxford Dictionary of National Biography, ›Bruce, James, of Kinnaird‹.

81 James Bruce, Travels to Discover the Source of the Nile, 5 Bde. (Edinburgh 1790).

82 Bredin, The Pale Abyssinian, S. 163.

83 Bredin, The Pale Abyssinian, S. 25.

84 Bredin, The Pale Abyssinian, S.161.

Anmerkungen

[85] Der Redakteur von Proceedings of the Association for Promoting the Discovery of the Interior Parts of Africa, zitiert in Roxanne Wheeler, ›Limited Visions of Africa‹, in James Duncan und Derek Gregory (Hgg.), Writes of Passage: Reading Travel Writing (London 1999), S. 14-48, auf S. 16.

[86] Henry Stanley, Through the Dark Continent (London 1878), S. 2.

[87] Kryza, Race for Timbuktu.

[88] Kenneth Lupton, Mungo Park: The African Traveller (Oxford 1979); Christopher Fyfe, ›Park, Mungo‹, Oxford Dictionary of National Biography.

[89] Stanley, Dark Continent, Vorwort.

[90] Zitiert in Joe Anene, The International Boundaries of Nigeria, 1885–1960 (London 1970), S. 3.

[91] J. Brian Harley, ›Silences and Secrecy‹ (1988: Nachdr. The New Nature of Maps: Essays in the History of Cartography, Baltimore MD 2001), S. 84-107.

[92] Bailie W. Diffie, ›Foreigners in Portugal and the »Policy of Silence«‹, Terrae Incognitae 1 (1969), S. 23-34; David Buisseret (Hg.), Monarchs, Ministers and Maps: Emergence of Cartography as a Tool of Government in Early Modern Europe (Chicago IL 1992), S. 106.

[93] ›André João Antonil‹ (Giovanni Antonio Andreoni), Cultura e opulência do Brasil (1711: Hg. Andrée Mansuy, Paris 2019).

[94] Rachel Zimmerman, The ›Cantino Planisphere‹, https://smarthistory.org/cantino-planisphere. Aufgerufen am 13. Mai 2022.

[95] Alison Sandman, ›Controlling Knowledge: Navigation, Cartography and Secrecy in the Early Modern Spanish Atlantic‹, in James Delbourgo und Nicholas Dew (Hgg.), Science and Empire in the Atlantic World (London 2008), S. 31-52, auf S. 35; Maria L. Portuondo, Secret Science: Spanish Cosmography and the New World (Chicago IL 2009).

[96] Harley, ›Silences and Secrecy‹, S. 90.

[97] Craig Clunas, Fruitful Sites: Garden Culture in Ming Dynasty China (London 1996), S. 191.

[98] Patrick van Mil (Hg.), De VOC in de kaart gekeken (Den Haag 1988), S. 22.

[99] Woodruff D. Smith, ›Amsterdam as an Information Exchange in the 17th Century‹, Journal of Economic History 44 (1984), S. 985-1005, auf S. 994. Vgl. Karel Davids, ›Public Knowledge and Common Secrets: Se-

crecy and its Limits in the Early-Modern Netherlands‹, Early Science and Medicine 10 (2005), S. 411-427, auf S. 415.

[100] Elspeth Jajdelska, ›Unknown Unknowns: Ignorance of the Indies among Late Seventeenth-century Scots‹, in Siegfried Huigen, Jan L. de Jong und Elmer Kolfin (Hgg.), The Dutch Trading Companies as Knowledge Networks (Leiden 2010), S. 393-413.

[101] Matthew H. Edney, Mapping an Empire: The Geographical Construction of British India, 1765–1843 (Chicago IL 1997), S. 143.

[102] Marie-Noelle Bourguet et al. (Hgg.), L'invention scientifique de la Méditerranée (Paris 1998), S. 108.

[103] G. Lappo und Pavel Polian, ›Naoukograds, les villes interdites‹, in Christian Jacob (Hg.), Lieux de Savoir (Paris 2007), S. 1226-1249; Sean Keach, ›Revealed: 11 Secret Google Maps locations you're not allowed to see‹, The Sun, 17. Februar 2021.

[104] Adams, Travelers and Travel Liars.

[105] Higgins, Writing East, S. 49, 161.

[106] Marco Polo, Travels, S. 272-277.

[107] Marco Polo, Travels, S. 244.

[108] Eileen Power, Medieval People (1924: Neuaufl. 1937), S. 55, 65; Larner, Marco Polo, S. 59-60.

[109] John W. Haeger, ›Marco Polo in China? Problems with Internal Evidence‹, Bulletin of Sung and Yuan Studies 14 (1978), S. 26, 28.

[110] Luigi Benedetto (Hg.), Il Milione (Florence 1928), S. xx, xxii, xxv.

[111] Adams, Travelers and Travel Liars.

[112] Frances Wood, Did Marco Polo Go to China? (London 2018), S. 148-50. Gegensatz Larner, Marco Polo, S. 58-62.

[113] Haeger, ›Marco Polo‹, S. 22-29.

[114] Zitiert in Rebecca D. Catz, ›Introduction‹ zu Fernão Mendes Pinto, Travels (Chicago IL, 1989), S. xv–xlvi, auf S. xxvii.

[115] Jonathan Spence, ›The Peregrination of Mendes Pinto‹, Chinese Roundabout (New Haven CT 1990), S. 25-36, auf S. 30.

[116] Bredin, The Pale Abyssinian.

[117] Cyril Kemp, Notes on Van der Post's Venture to the Interior and The Lost World of the Kalahari (London 1980), S. 176, 443; Simon Cooke, Travellers' Tales of Wonder: Chatwin, Naipaul, Sebald (Edinburgh 2013).

Anmerkungen

[118] Toby Ord, The Precipice: Existential Risk and the Future of Humanity (London 2021), S. 62, 92.

[119] Jonathan Schell, The Fate of the Earth (London 1982).

[120] Rachel Carson, Silent Spring (1962: Neuaufl. London 2000), S. 24, 29, 51, 64, 82. Zur aktuellen Situation, vgl. Julian Cribb, Earth Detox: How and Why We Must Clean Up Our Planet (Cambridge 2021).

[121] Bill McKibben, The End of Nature (1989: 2. Aufl New York 2006), S. 60.

[122] Keith Thomas, Man and the Natural World (London 1983), S. 15.

[123] ›Plastic in the Ocean‹, https://www.worldwildlife.org/magazine/issues/fall-2019/articles/ plastic-in-the-ocean. Aufgerufen am 13. Mai 2022.

[124] Elizabeth Kolbert, The Sixth Extinction: An Unnatural History (London 2014).

[125] https://www.diariocentrodeundocom.br.

KAPITEL 9

[1] Sun Tzu, The Art of War (Engl. Übers. London 2002), S. 21-23.

[2] John Presland, Vae Victis: The Life of Ludwig von Benedek (London 1934), S. 232, 275; Oskar Regele, Feldzeugmeister Benedek: Der Weg zu Königgratz (Vienna 1960).

[3] Owen Connelly, Blundering to Glory: Napoleon's Military Campaigns (Lanham MD 2006), S. 100, 107, 113.

[4] Huw Davies, Wellington's War (New Haven CT 2012).

[5] Marc Bloch, ›Réflexions d'un historien sur les fausses nouvelles de la guerre‹, Revue de Synthèse Historique 33 (1921), S. 13-35.

[6] Tolstoy, War and Peace (Voina i Mir; 1869), Buch 3, Teil 2, Kap. 33.

[7] Peter Snow, To War with Wellington: From the Peninsula to Waterloo (London, 2010), S. 59-60, 109, 161; Rory Muir, Wellington (New Haven CT 2013), S. 46, 589.

[8] Henri Troyat, Tolstoy (1965: Engl. Übers. London 1968), S. 105-26.

[9] Lonsdale Hale, The Fog of War (London 1896).

[10] Erik A. Lund, War for the Every Day: Generals, Knowledge and Warfare in Early Modern Europe, 1680–1740 (Westport CT 1999), S. 15.

[11] David Chandler, The Campaigns of Napoleon (1966: London, 1993), S. 411; Robert Goetz, 1805, Austerlitz: Napoleon and the Destruction of the Third Coalition (2005: 2. Aufl. Barnsley 2017), S. 283-284, 291.

Anmerkungen

12 Davies, Wellington's War, S. 231-234.

13 Cecil Woodham-Smith, The Reason Why: Story of the Fatal Charge of the Light Brigade (London 1953); George R. Stewart, Pickett's Charge (Boston MA 1959); Earl J. Hess, Pickett's Charge (Chapel Hill NC 2001).

14 Gregory Daly, Cannae (London 2002).

15 Basil Liddell Hart, Scipio Africanus: Greater than Napoleon (London 1926); Howard Scullard, Scipio Africanus (London 1970).

16 Maximilien Foy, zitiert in Snow, To War with Wellington, S. 167; Torres Vedras, ebd., S. 79, 96.

17 Brian Lavery, Nelson and the Nile (1998: 2. Aufl. London 2003), S. 170, 178.

18 Für eine detaillierte Darstellung, Thaddeus Holt, The Deceivers: Allied Military Deception in the Second World War (New York, 2004).

19 Antony Beevor, Stalingrad (London 2018), S. 239-330, besonders S. 226-227, 246.

20 Zola, La Débâcle (1892: Paris 1967), S. 364.

21 Adam Roberts, in Howards Nachruf, Guardian, 1. Dezember 2019.

22 Michael Howard, The Franco-Prussian War (London 1961), S. 70, 147, 206, 209.

23 Howard, Franco-Prussian War, S. 191, 198.

24 James M. Perry, Arrogant Armies: Great Military Disasters and the Generals Behind Them (New York 1996).

25 Über jezails, T. R. Moreman, The Army in India and the Development of Frontier Warfare, 1849–1947 (Basingstoke 1998), S. 13, 37.

26 John Kaye, History of the First Afghan War (London 1860); Perry, Arrogant Armies, 109–40; John Waller, Beyond the Khyber Pass: The Road to British Disaster in the First Afghan War (New York 1990); William Dalrymple, Return of a King: The Battle for Afghanistan (London 2012).

27 Richard Burton, Übersetzer, The Arabian Nights (London 1885), Einleitung.

28 Alfred Martin, Mountain and Savage Warfare (Allahabad 1898); George Younghusband, Indian Frontier Warfare (London 1898). Vgl. Moreman, Army in India, S. 46-47, 75.

29 Euclides da Cunha, Os Sertões (1902: Neuaufl., 2 Bde., Porto 1980); Robert M. Levine, Vale of Tears: Revisiting the Canudos Massacre (Berkeley CA 1992); Adriana Michéle Campos Johnson, Sentencing Canudos: Subalternity in the Backlands of Brazil (Pittsburgh PA 2010).

Anmerkungen

30 Da Cunha, Os Sertões, S. 57.

31 James Gibson, The Perfect War: Technowar in Vietnam (Boston MA 1986), S. 12.

32 Harrison Salisbury (Hg.), Vietnam Reconsidered: Lessons from a War (New York 1984).

33 Gibson, Perfect War, S. 17.

34 Salisbury, Vietnam Reconsidered, S. 39.

35 Tuchman, March of Folly, S. 376.

36 Josiah Heyman, ›State Escalation of Force‹, in Heyman (Hg.), States and Illegal Practices (Oxford 1999), S. 285-314, auf S. 288.

37 Salisbury, Vietnam Reconsidered, S. 55, 64.

38 Ronald H. Spector, After Tet (New York 1993), S. 314.

39 Eric Alterman, When Presidents Lie: A History of Official Deception and Its Consequences (New York 2004), S. 178; Gibson, Perfect War, S. 124-5, 462.

40 Robert McNamara und Brian VanDeMark, In Retrospect: The Tragedy and Lessons of Vietnam (New York 1995), S. 322.

41 Zitiert in James Blight und Janet Lang, The Fog of War: Lessons from the Life of Robert McNamara (Lanham MD 2005).

42 Leonard Bushkoff, ›Tragic Ignorance in Vietnam‹, Christian Science Monitor, 30. November 1992; M. S. Shivakumar, ›Ignorance, Arrogance and Vietnam‹, Economic and Political Weekly, 16. Dezember 1995. Vgl. H. R. McMaster, Dereliction of Duty: Lyndon Johnson, Robert McNamara, the Joint Chiefs of Staff and the Lies that Led to Vietnam (New York 1997).

43 Salisbury, Vietnam Reconsidered, S. 117, 149.

44 Salisbury, Vietnam Reconsidered, S. 161.

45 Kendrick Oliver, The My Lai Massacre in American History and Memory (2. Aufl., Manchester 2006), S. 4 (zitiert von Ex-Soldat Ronald Ridenhour), S. 41. Seymour Hersh, My Lai: A Report on the Massacre and its Aftermath (New York 1970).

46 Oliver, The My Lai Massacre, S. 19, 49.

47 Salisbury, Vietnam Reconsidered, S. 43.

48 Carl von Clausewitz, Vom Kriege (Augsburg 1832-34), Buch 2, Kap. 2.

49 Wasilij Grossman, Stalingrad (1952: Engl. Übers. London 2019), S. 121; Grossman, Life and Fate (verfast 1959, veröffentlicht 1980: Engl. Übers. London 2006), S. 49.

Anmerkungen

50 Beevor, Stalingrad, S. 345.

51 David Stahel, Retreat From Moscow: A New History of Germany's Winter Campaign, 1941–1942 (New York 2019), S. 294 und passim. Vgl. Jonathan Dimbleby, Barbarossa: How Hitler Lost the War (London 2021).

Kapitel 10

1 William Cronon, Changes in the Land: Indians, Colonists and the Ecology of New England (New York 1983), S. 36.

2 Thomas R. Dunlap, Nature and the English Diaspora (Cambridge 1999), S. 46.

3 Dunlap, Nature, S. 80-88, auf S. 81.

4 Pietro Lanza, Principe di Trabia, Memoria sulla decadenza dell'agricultura nella Sicilia: ed il modo di rimediarvi (Naples 1786).

5 R. J. Shafer, The Economic Societies in the Spanish World, 1763–1821 (Syracuse NY 1958).

6 Scott, Seeing Like a State.

7 J. S. Hogendorn und K. M. Scott, ›The East African Groundnut Scheme‹, African Economic History 10 (1981), S. 81-115; Richard Cavendish, ›Britain Abandons the Groundnut Scheme‹, History Today 51 (2001).

8 Wei Li und Dennis Tao Yang, ›The Great Leap Forward: Anatomy of a Central Planning Disaster‹, Journal of Political Economy 113 (2005), S. 840-77; Frank Dikötter, Mao's Great Famine: The History of China's Most Devastating Catastrophe, 1958–62 (2010: 2. Aufl. London, 2017).

9 Donald Worster, ›Grassland Follies: Agricultural Capitalism on the Plains‹, in Worster, Under Western Skies (New York 1992), S. 93-105.

10 Warren Dean, With Broadax and Firebrand: The Destruction of the Brazilian Atlantic Forest (Berkeley CA 1995).

11 Bengt Holmström et al., ›Opacity and the Optimality of Debt for Liquidity Provision‹, https://www.researchgate.net/publication/268323724_Opacity_and_the_Optimality_of_Debt_for_Liquidity_Provision. Aufgerufen am 13. Mai 2022.

12 George A. Akerlof, ›The Market for »Lemons«: Quality Uncertainty and the Market Mechanism‹, Quarterly Journal of Economics 84 (1970), S. 488-500.

13 John von Neumann und Oskar Morgenstern, Theory of Games and Economic Behavior (1944: Neuaufl. Princeton NJ 2004).

14 Eric Maskin und Amartya Sen, The Arrow Impossibility Theorem (New York 2014).

15 Cornel Zwierlein, ›Coexistence and Ignorance: what Europeans in the Levant did not Read (ca. 1620–1750)‹, in Zwierlein, The Dark Side, S. 225-265; Julian Hoppit, Risk and Failure in English Business 1700–1800 (Cambridge 1987), S. 69.

16 Hoppit, Risk and Failure, S. 139, 177, 114–115.

17 Joel Mokyr, The Gifts of Athena: Historical Origins of the Knowledge Economy (Princeton NJ, 2003), S. 37n. Vgl. David Hey, ›Huntsman, Benjamin‹, Oxford Dictionary of National Biography.

18 A. d. Ü.: Dieses Statistikamt für die Eisen- und Stahlindustrie (Jernkontoret) existiert heute auch noch: jernkontoret.se.

19 Svante Lindqvist, Technology on Trial: The Introduction of Steam Power Technology into Sweden, 1715–36 (Uppsala 1984); John R. Harris, Industrial Espionage and Technology Transfer: Britain and France in the Eighteenth Century (Aldershot 1998).

20 Hedieh Nasheri, Economic Espionage and Industrial Spying (Cambridge 2005).

21 Malcolm Balen, A Very English Deceit (London 2002), S. 41.

22 Smith, ›Amsterdam as an Information Exchange‹, S. 1001-1003.

23 Vance Packard, The Hidden Persuaders (London 1957); Stefan Schwarzkopf und Rainer Gries (Hgg.), Ernest Dichter and Motivational Research (New York 2010).

24 John K. Galbraith, The Great Crash (1954: Neuaufl. London 2009), S. 70.

25 Elizabeth W. Morrison und Frances J. Milliken, ›Organizational Silence‹, The Academy of Management Review 25 (2000), S. 706-725.

26 Gabriel Szulanski, Sticky Knowledge: Barriers to Knowing in the Firm (Thousand Oaks CA 2003).

27 Morrison und Milliken, ›Organizational Silence‹, S. 708.

28 Miklós Haraszti, A Worker in a Worker's State (1975: Engl. Übers. Harmondsworth 1977); Dikötter, Mao's Great Famine.

29 Clinton Jones, ›Data Quality and the Management Iceberg of Ignorance‹ (2017), www. jonesassociates.com/?p=808. Der Vorsitzende wird zitiert in John S. Brown und Paul Duguid, ›Organizational Learning and Communities of Practice‹, in E. L. Lesser, M. A. Fontaine und J. A. Slusher (Hgg.), Knowledge and Communities (Oxford, 1991), S. 123.

Anmerkungen

[30] DeLong, Lost Knowledge, S. 13, 101–118. Vgl. Arnold Kransdorff, Corporate Amnesia: Keeping Know-how in the Company (Oxford 1998), besonders S. 21-28.

[31] Über Frankreich in den späten 1950er-Jahren, Crozier, Bureaucratic Phenomenon, wird in Kapitel eins kurz erörtert. Über die Antwort auf das Problem, Ikujiro Nonaka und Hirotaka Takeuchi, The Knowledge Creating Company: How Japanese Companies Create the Dynamics of Innovation (New York 1995); Nancy M. Dixon, Common Knowledge: How Companies Thrive by Sharing What They Know (Boston MA 2000).

[32] Már Jónsson, ›The Expulsion of the Moriscos from Spain‹, Journal of Global History 2 (2007), S. 195-212; Warren C. Scoville, The Persecution of Huguenots and French Economic Development, 1680–1720 (Berkeley CA 1960).

[33] Dorothy Davis, A History of Shopping (London 1966); Sheila Robertson, Shopping in History (Hove 1984); Evelyn Welch, Shopping in the Renaissance (New Haven CT 2009).

[34] Ernest S. Turner, The Shocking History of Advertising (London 1952); Packard, Hidden Persuaders.

[35] George A. Akerlof und Robert Shiller, Phishing for Phools: The Economics of Manipulation and Deception (Princeton NJ 2015).

[36] Goldacre, Bad Pharma, S. 278-282, 292–298.

[37] www.accountingliteracy.org/about-us.html. Aufgerufen am 13. Mai 2022.

[38] Annamaria Lusardi und Olivia S. Mitchell, ›Financial Literacy Around the World‹, Journal of Pension Economics and Finance 10 (2011), S. 497-508.

[39] Jacob Soll, The Reckoning: Financial Accountability and the Making and Breaking of Nations (London 2014).

[40] Daniela Pianezzi und Muhammad Junaid Ashraf, ›Accounting for Ignorance‹, Critical Perspectives on Accounting (2020), repository.essex.ac.uk/26810.

[41] Nils Steensgaard, ›The Dutch East India Company as an Institutional Innovation‹, in Maurice Aymard (Hg.), Dutch Capitalism and World Capitalism (Cambridge 1982), S. 447-450; Lodowijk Petram, The World's First Stock Exchange (New York 2014).

[42] Steve Fraser, Every Man a Speculator: A History of Wall Street in American Life (New York 2005).

[43] William Quinn und John D. Turner, Boom and Bust: A Global History of Financial Bubbles (Cambridge 2020), Register.

[44] Robert J. Shiller, Irrational Exuberance (2000: 3. Aufl. Princeton NJ 2015), S. 190, 195–196, 200–203.

[45] Quinn und Turner, Boom and Bust, S. 8.

[46] Über Ponzi, Shiller, Irrational Exuberance, S. 117-118. Das Better Business Bureau verwendete diese Maxime um die Bevölkerung vor Betrug zu warnen: ›If something sounds too good to be true, it probably is‹ (5. Juni 2009), www.barrypopik.com.

[47] Shiller, Irrational Exuberance, S. 127, 148, 204–205.

[48] Jonathan Israel, ›The Amsterdam Stock Exchange and the English Revolution of 1688‹, Tijdschrift voor Geschiedenis 103 (1990), S. 412-440; Richard Dale, Napoleon is Dead: Lord Cochrane and the Great Stock Exchange Scandal (Stroud 2006).

[49] Charles P. Kindleberger und R. Z. Aliber, Manias, Panics and Crashes (Basingstoke 2005).

[50] Thomas Lux, ›Herd Behaviour, Bubbles and Crashes‹, Economic Journal 105 (1995), S. 881-896. Vgl. Shiller, Irrational Exuberance, S. 200-203.

[51] Shiller, Irrational Exuberance, S. 112-114.

[52] Zitiert in Julian Hoppit, ›Attitudes to Credit in Britain, 1680–1780‹, Historical Journal 33 (1990), S. 305-322, auf S. 309.

[53] John Carswell, The South Sea Bubble (1960: Überarbeitete Aufl. London, 1993); Balen, Very English Deceit; Julian Hoppit, ›The Myths of the South Sea Bubble‹, Transactions of the Royal Historical Society 12 (2002), S. 141-165; Richard Dale, The First Crash (Princeton NJ 2004); Helen Paul, The South Sea Bubble (Abingdon 2011); William Quinn und John D. Turner, ›1720 and the Invention of the Bubble‹, in Quinn und Turner, Boom and Bust, S. 16-38; Stefano Condorelli und Daniel Menning (Hgg.), Boom, Bust and Beyond: New Perspectives on the 1720 Stock Market Bubble (Berlin 2019); Daniel Menning, Politik, Ökonomie und Aktienspekulation: ›South Sea‹ und Co. 1720 (Berlin 2020).

[54] Carswell, Bubble, S. 89.

[55] Dale, First Crash, S. 2, 82, 120.

[56] Carswell, Bubble, S. 57n., 119.

[57] Carswell, Bubble, S. 132; Balen, Very English Deceit, S. 119.

[58] Dale, First Crash, S. 17, 93.

Anmerkungen

[59] Der Begriff ›to screen‹, also ›vertuschen‹, wurde zum ersten Mal von Richard Steele verwendet, dem ehemaligen Redakteur (zusammen mit Joseph Addison) von The Spectator: Carswell, Bubble, S. 175.

[60] Archibald Hutchison im Jahr 1720, zitiert in Dale, First Crash, S. 85, 98.

[61] Balen, Very English Deceit, S. 97, 105, 116.

[62] Adam Smith, Wealth of Nations (1776), Hg. Roy Campbell und Andrew Skinner (2 Bde., Oxford 1976), Bd.2, S. 745-746.

[63] Zitiert in Dale, First Crash, S. 101, aus The Secret History of the South Sea Scheme (zurückzuführen auf John Toland, London 1726).

[64] Galbraith, Crash; Maury Klein, Rainbow's End (New York 2001); William Quinn und John D. Turner, ›The Roaring Twenties and the Wall Street Crash‹, in Quinn und Turner, Boom and Bust, S. 115-133.

[65] Galbraith, Crash, S. 9.

[66] Galbraith, Crash, S. 28, 32, 187.

[67] Galbraith, Crash, S. 75-80, 100. Im Gegensatz dazu beschrieb die Journalistin Eunice Barnard zu dieser Zeit eine Gruppe weiblicher Betrachterinnen, wie sie das Börsentickerband lasen und über die Informationen diskutierten. Eunice Barnard, ›Ladies of the Ticker‹, North American Review 227 (1929), S. 405-410, zitiert in Daniel Menning, ›Doubt All Before You Believe Anything: Stock Market Speculation in the Early Twentieth-Century United States‹, in Dürr, Threatened Knowledge, S. 74-93, auf S. 74-75.

[68] Galbraith, Crash, S. 121-122, 133–145, 148–149.

[69] Galbraith, Crash, S. 51, 125.

[70] Menning, ›Doubt All‹, S. 90.

[71] Heyman, States and Illegal Practices.

[72] Daniel Okrent, Last Call: The Rise and Fall of Prohibition (New York 2010), S. 150-153, 165, 207–211, 215, 272–274.

[73] Dikötter, Mao's Great Famine, S. 197-207.

[74] Friedrich Schneider und Dominik H. Enste, The Shadow Economy (2. Aufl. Cambridge 2013).

[75] Misha Glenny, McMafia (London 2008), S. 251, 385.

[76] Paul Gootenberg, ›Talking Like a State: Drugs, Borders and the Language of Control‹, in Willem van Schendel und Itty Abraham (Hgg.), Illicit Flows and Criminal Things (Bloomington IN 2005), S. 101-127, auf S. 109; Gootenberg (Hg.), Cocaine: Global Histories (London 1999); Gootenberg, Andean Cocaine: The Making of a Global Drug (Chapel

Hill NC 2008); Mark Bowden, Killing Pablo: The Hunt for the Richest, Most Powerful Criminal in History (London 2007).

[77] Peter Reuter und Edwin M. Truman, Chasing Dirty Money: The Fight Against Money Laundering (Washington DC, 2004); Douglas Farah, ›Fixers, Super Fixers and Shadow Facilitators: How Networks Connect‹, in Michael Miklaucic und Jacqueline Brewer (Hgg.), Convergence: Illicit Networks and National Security in the Age of Globalization (Washington DC 2013), S. 75-95, Zitat auf S. 77.

[78] Ian Smillie, ›Criminality and the Global Diamond Trade‹, in Van Schendel und Abraham, Illicit Flows, S. 177-200, auf S. 181.

[79] Jason C. Sharman, Havens in a Storm: The Struggle for Global Tax Regulation (Ithaca NY 2006); Nicholas Shaxson, Treasure Islands: Uncovering the Damage of Offshore Banking and Tax Havens (London 2011).

[80] Shaxson, Treasure Islands, 54; Sébastien Guex, ›The Origins of the Swiss Banking Secrecy Law‹, Business History Review 74 (2000), S. 237-266, auf S. 241.

[81] R. T. Naylor, Hot Money (London 1987), S. 234-239.

[82] Pino Arlacchi, Mafia Business (1983: Engl. Übers. Oxford 1988); Diego Gambetta, The Sicilian Mafia: The Business of Private Protection (Cambridge MA 1993); Yiu-kong Chu, The Triads as Business (London 2000); Vadim Volkov, Violent Entrepreneurs: The Use of Force in the Making of Russian Capitalism (Ithaca NY 2002), S. 43. Vgl. Federico Varese, The Russian Mafia: Private Protection in a New Market Economy (Oxford 2001).

[83] Varese, Russian Mafia, S. 22-29, 55–59.

[84] Alan Knight, The Mexican Revolution, 2 Bde. (Cambridge 1986).

[85] Peter Andreas, ›The Clandestine Political Economy of War and Peace in Bosnia‹, International Studies Quarterly 48 (2004), S. 29-51, auf S. 31.

[86] Douglas Farah und Stephen Braun, Merchant of Death (Hoboken NJ 2007).

[87] Kenneth I. Simalla und Maurice Amutari, ›Small Arms, Cattle Raiding and Borderlands‹, in Van Schendel und Abraham, Illicit Flows, S. 201-225, auf S. 217.

[88] Paul Grendler, The Roman Inquisition and the Venetian Press, 1540–1605 (Princeton NJ 1977).

[89] Robert Darnton, The Forbidden Best-Sellers of Pre-Revolutionary France (New York 1996), S. 3, 7, 18–20.

[90] Frances Yates, ›Paolo Sarpi's History of the Council of Trent‹, Journal of the Warburg and Courtauld Institutes 7 (1944), S. 123-144.

[91] Adrian Johns, Piracy: The Intellectual Property Wars from Gutenberg to Gates (Chicago IL 2009); Paul Kruse, ›Piracy and the Britannica‹, Library Quarterly 33 (1963), S. 318-338.

[92] Glenny, McMafia, S. 382.

[93] Roberto Saviano, Gomorrah (2006: Engl. Übers. New York 2007).

[94] Saviano, Gomorrah, S. 25-33. Ein paar der Arbeiter tauchen im vom Buch adaptierten Film Gomorrah (2008) auf.

[95] Saviano, Gomorrah, S. 7.

[96] Über La Salada, Matías Dewey, Making It at Any Cost: Aspirations and Politics in a Counterfeit Clothing Marketplace (Austin TX, 2020).

[97] Dewey, Making It, S. 6.

[98] Jane Schneider und Peter Schneider, ›Is Transparency Possible? The Political-Economic and Epistemological Implications of Cold War Conspiracies and Subterfuge in Italy‹, in Heyman (Hg.), States and Illegal Practices, S. 169-198, auf S. 169.

[99] Pino Arlacchi, Addio Cosa Nostra (Milan 1994), 159, zitiert in Varese, Russian Mafia, S. 234-235.

[100] Diego Gambetta, ›The Price of Distrust‹, in Gambetta (Hg.), Trust (Oxford 1988), S. 158-175.

KAPITEL 11

[1] Foucault, Power/Knowledge; Lorraine Code, ›The Power of Ignorance‹, in Sullivan und Tuana (Hgg.), Race and Epistemologies, S. 213-230.

[2] Hubert Dreyfus und Paul Rabinow (Hgg.), Michel Foucault: Beyond Structuralism and Hermeneutics (Brighton 1982), S. 187, aus einem persönlichen Gespräch mit den Autoren.

[3] Richelieu, Testament Politique, Hg. Françoise Hildesheimer (Paris 1995), S. 137; Daniel Roche, France in the Enlightenment (1993: Engl. Übers. Cambridge MA 1998), S. 346.

[4] Friedrich der Große zitiert in Gay, Science of Freedom, S. 521-522; Friedrich VI. zitiert in Robert J. Goldstein (Hg.), The War for the Public Mind: Political Censorship in Nineteenth-Century Europe (Westport CT 2000), S. 3.

[5] Oldenburg an Samuel Hartlib (1659), in A. Rupert Hall und Marie Boas Hall (Hgg.), The Correspondence of Henry Oldenburg, 13 Bde. (Madison WI 1965–86).

[6] Ryszard Kapuściński, Shah of Shahs (1982: Engl. Übers. London 1986), S. 150.

[7] Shibutani, Improvised News.

[8] Zitiert in Janam Mukherjee, Hungry Bengal (New York 2016), S. 83.

[9] Raymond A. Bauer und David B. Gleicher, ›Word-of-Mouth Communication in the Soviet Union‹, Public Opinion Quarterly 17 (1953), S. 297-310.

[10] Stanley Cohen, Folk Devils and Moral Panics: The Creation of Mods and Rockers (London 1972).

[11] John Kenyon, The Popish Plot (London 1972).

[12] W. C. Abbott, ›The Origins of Titus Oates's Story‹, English Historical Review 25 (1910), S. 126-129, auf S. 129; Allport und Postman, Psychology of Rumour; Shibutani, Improvised News.

[13] https://journals.plos.org/plosone/article?id=10.1371/journal.pone.0233879, aufgerufen am 28. Juni 2022; https://www.bbc.co.uk/bitesize/articles/zgfgf82, aufgerufen am 28. Juni 2022.

[14] Über Venedig, Paolo Preto, I servizi secreti di Venezia (Milan 1994).

[15] Über die erste Bedeutung, Alison Bailey, ›Strategic Ignorance‹, in Sullivan und Tuana, Race and Epistemologies, S. 77-94. Vgl. James C. Scott, Domination and the Arts of Resistance (New Haven CT 2008). Über die zweite, McGoey, Unknowers.

[16] Jefferson an Charles Yancey (1816); Madison an William Barry (1822).

[17] John Foster, An Essay on the Evils of Popular Ignorance (London 1824), S. 214.

[18] Hansard, Juli 1833, S. 143-146, ›National Education‹ (30. Juli 1833), http://hansard.millbank-systems.com. Vgl. S. A. Beaver, ›Roebuck, John Arthur‹, Oxford Dictionary of National Biography.

[19] Michael Cullen, ›The Chartists and Education‹, New Zealand Journal of History 10 (1976), S. 162-177, auf S. 163, 170.

[20] John Stuart Mill, Representative Government (1867: Nachdr. On Liberty, Utilitarianism and Other Essays, Oxford 2015), S. 239; Walter Bagehot, The English Constitution (1867: Hg. Paul Smith, Cambridge 2001), S. 327.

[21] Um genau zu sein, hatte er es in einer Parlamentsrede für notwendig erklärt, dass ›unsere zukünftigen Herren ihre Grundlagen lernen‹: Jo-

Anmerkungen

nathan Parry, ›Lowe, Robert‹, Oxford Dictionary of National Biografy. Im kulturellen Gedächtnis bekam der Sinnspruch eine größere Bedeutung.

[22] Oscar Wilde, The Importance of Being Earnest (1895), 1. Akt. Ich danke Ghil'ad Zuckermann, dass er mich an diese Passage erinnert hat.

[23] Dolci, Inchiesta a Palermo, S. 76.

[24] ›What Americans Know, 1989–2007‹, news release, Pew Research Center, 15. April 2007, https://www.pewresearch.org/wp-content/uploads/sites/4/legacy-pdf/319.pdf. Aufgerufen am 28. Juni 2022. Über Umfragen zur Zeit der Wahl von 2008, Ilya Somin, Democracy and Political Ignorance (2013: Überarbeitete Aufl. Stanford CA 2016), S. 34-35. Somin (162), weist darauf hin, wie problematisch der Vergleich zwischen der aktuellen Unwissenheit und der des 19. und 20. Jahrhunderts ist, da aus dieser Zeit keine Umfragen existieren – sozusagen mangelnde Beweise über mangelndes Wissen.

[25] Anthony Downs, An Economic Theory of Democracy (New York 1957).

[26] Linda Martín Alcoff über die Epistemologie von Unwissenheit und die Präsidentschaftswahl von 2016 (24. Februar 2017), https://philosophy.commons.gc.cuny.edu/linda-martin-alcoff.

[27] Philip Kitcher, Science in a Democratic Society (Amherst NY 2011).

[28] Simon Kaye, ›On the Complex Relationship between Political Ignorance and Democracy‹ (5. April 2017), http://eprints.lse.ac.uk/72489.

[29] Sophia Kaitatzi-Whitlock, ›The Political Economy of Political Ignorance‹, in Janet Wasko, Graham Murdock und Helena Sousa (Hgg.), The Handbook of Political Economy of Communications (Oxford 2011), S. 458-481.

[30] Mario Sabino, ›FHC, Suplicy, O Preço do Paõzinho, o General Medici e Eu‹, Crusoé, 17. August 2018, https://crusoe.com.br.

[31] Adam Nicolson, When God Spoke English: The Making of the King James Bible (London 2011), S. 7.

[32] Geoffrey Parker, Emperor: A New Life of Charles V (New Haven CT 2019).

[33] Parker, Emperor, S. 35, 136, 208, 265, 317.

[34] Parker, Emperor, S. 58, 86, 195–196, 290.

[35] Geoffrey Parker, Philip II (1978: 4. Aufl. Chicago IL 2002), besonders S. 24-37.

[36] Paul Dover, ›Philip II, Information Overload and the Early Modern Moment‹, in Tonio Andrade und William Reger (Hgg.), The Limits of

Empire: European Imperial Formations in Early Modern World History (Farnham 2012).

[37] Zitiert in Albert W. Lovett, Philip II and Mateo Vázquez de Leca (Geneva 1977), S. 66; Stafford Poole, Juan de Ovando (Norman OK 2004), S. 162.

[38] Soll, The Reckoning, S. ix, 87.

[39] Isabel de Madariaga, Russia in the Age of Catherine the Great (London 1981), S. 371; Simon Montefiore, Prince of Princes: The Life of Potemkin (London 2001), S. 380-333.

[40] Zitiert in Ladislav Bittman, The Deception Game (Syracuse NY 1972), S. 58.

[41] Richard Cobb, ›The Informer and his Trade‹, in Cobb, The Police and the People (Oxford 1970), S. 5-8.

[42] Scott, Seeing Like a State, S. 2.

[43] Sheldon Ungar, ›Ignorance as an Under-Identified Social Problem‹, British Journal of Sociology 59 (2008), S. 301-326, auf S. 306.

[44] Adam Tooze, Statistics and the German State, 1900–1945: The Making of Modern Economic Knowledge (Cambridge 2001), S. 84.

[45] Frank Cowell, Cheating the Government: The Economics of Evasion (Cambridge MA 1990), S. 38.

[46] Sir William Hayter (Britischer Botschafter in Moskau 1953–7), zitiert in Anna Aslanyan, Dancing on Ropes: Translators and the Balance of History (London 2021), S. 13.

[47] Lothar Gall, Bismarck: The White Revolutionary, Bd. 1 (1851–71: Engl. Übers. London, 1986), S. 180.

[48] Christopher Clark, The Sleepwalkers: How Europe Went to War in 1914 (London 2013), S. 200-201.

[49] Margaret MacMillan, Peacemakers: The Paris Conference of 1919 and its Attempt to End War (London 2001), S. 43, 48–49.

[50] Bartlomiej Rusin, ›Lewis Namier, the Curzon Line and the Shaping of Poland's Eastern Frontier‹, Studia z Dziejów Rosji i Europy Środkowy-Wschodniej 48 (2013), S. 5-26, auf S. 6, n. 3. Die ›Legende‹ scheint eine polnische zu sein, da Lloyd George die polnischen Ansprüche abstritt.

[51] Russell H. Fifield, Woodrow Wilson and the Far East: The Diplomacy of the Shantung Question (New York 1952), S. 240-241.

[52] James Headlam-Morley, zitiert in D. W. Hayton, Conservative Revolutionary: The Lives of Lewis Namier (London 2019), S. 108.

Anmerkungen

[53] John W. Wheeler-Bennett, Munich: Prologue to Tragedy (London 1948), S. 264, 157.

[54] Constantin Dumba, zitiert in Larry Wolff, Woodrow Wilson and the Reimagining of Eastern Europe (Stanford CA 2020), S. 5.

[55] John M. Cooper, Woodrow Wilson (New York 2009), S. 182.

[56] Zitiert in MacMillan, Peacemakers, S. 41.

[57] Wolff, Woodrow Wilson, S. 228, 231.

[58] Cooper, Woodrow Wilson, S. 490. Vgl. Harold Nicolson, Peacemaking 1919 (London 1933); David Fromkin, A Peace to End All Peace (1989).

[59] Der Brief wird zitiert in Hugh und Christopher Seton-Watson, The Making of a New Europe (London 1981), S. 343. Am Seminar nahm die junge Zara Steiner teil, sie wird zitiert in David Reynolds, ›Zara Steiner‹, Biografical Memoirs of Fellows of the British Academy XIX (London 2021), S. 467-481, auf S. 470. Vgl. Nicolson, Peacemaking, S. 200, 203.

[60] R. W. Seton-Watson, Masaryk in England (Cambridge 1943), S. 67.

[61] ›Resign! Alexander Lukashenko heckled by factory workers in Minsk‹, Guardian, 17. August 2020.

[62] ›Trump touts hydrochloroquine as a cure for Covid-19‹, Guardian, 6. April 2020; ›Coronavirus: Trump says he's been taking hydrochloroquine for »a few weeks« ‹, The Independent, 19. Mai 2020; ›Bolsonaro bets »miraculous cure« for COVID-19 can save Brazil – and his life‹, Reuters Health News, 8. Juli 2020.

[63] Oreskes und Conway, Merchants of Doubt.

[64] Joanne Roberts, ›Organizational Ignorance‹, in Gross und McGoey (Hgg.), Routledge Handbook of Ignorance Studies, 361–369; Bakken und Wiik, ›Ignorance and Organization Studies‹, S. 1109-1120.

[65] Michael Zack, ›Managing Organizational Ignorance‹, Knowledge Directions 1 (1999), http://web.cba.neu.edu/~mzack/articles/orgig/orgig.htm. Aufgerufen am 28. Juni 2022.

[66] Der Verlauf seit dem Mittelalter wird hervorgehoben in G. L. Harriss, ›A Revolution in Tudor History?‹, Past & Present 25 (1963), S. 8-39.

[67] Geoffrey Elton, The Tudor Revolution in Government (Cambridge 1953); Max Weber, Soziologie, Hg. Johannes Winckelmann (Stuttgart 1956), S. 151-154.

[68] Über Persson, Michael Roberts, The Early Vasas: A History of Sweden, 1523–1611 (Cambridge 1968), S. 224-225, 237–239, und Marko Hakanen und Ulla Koskinen, ›Secretaries as Agents in the Middle of Power Struc-

tures (1560–1680)‹, und ›The Gentle Art of Counselling Monarchs‹, in Petri Karonen und Marko Hakanen (Hgg.), Personal Agency at the Swedish Age of Greatness (Helsinki 2017), S. 5-94. Über Cromwell, Diarmaid MacCulloch, Thomas Cromwell (London 2018); über Richelieu, Orest Ranum, Richelieu and the Councillors of State (Oxford 1968), besonders S. 45-76.

[69] Ranum, Richelieu, S. 63.

[70] Über Eraso, Carlos Javier de Carlos Morales, ›El Poder de los Secretarios Reales: Francisco de Eraso‹, in José Martínez Millán (Hg.), La corte de Felipe II (Madrid 1994), S. 107-148.

[71] Gregorio Marañón, Antonio Pérez (Madrid 1947); Lovett, Philip II.

[72] Fernand Braudel, The Mediterranean and the Mediterranean World in the Age of Philip II (1949: Engl. Übers. 2 Bde, London, 1972–3), Teil 2, Kap. 1, Abschnitt 1. Vgl. Geoffrey Blainey, The Tyranny of Distance: How Distance Shaped Australia's History (Melbourne 1966), und Parker, Emperor, S. 382, 653.

[73] Parker, Emperor, S. 385.

[74] Parker, Philip II, S. 25, 28. Über Philip und sein Reich, Arndt Brendecke, The Empirical Empire: Spanish Colonial Rule and the Politics of Knowledge (2009: Engl. Übers. Berlin, 2016), besonders Kap. 1 über ›the blindness of the king‹, und Brendecke, ›Knowledge, Oblivion and Concealment in Early Modern Spain: The Ambiguous Agenda of the Archive of Simancas‹, in Liesbeth Corens, Kate Peters und Alexandra Walsham (Hgg.), Archives and Information in the Early Modern World (Oxford 2018), S. 131-149.

[75] Simon Franklin und Katherine Bowers (Hgg.), Information and Empire: Mechanisms of Communication in Russia, 1600–1850 (Cambridge 2017).

[76] Scott, Seeing Like a State, S. 11; vgl. Jacob Soll, The Information Master: Jean-Baptiste Colbert's Secret State Intelligence System (Ann Arbor MI 2009); Michèle Virol, Vauban (Seyssel 2003).

[77] Oliver MacDonagh, ›The Nineteenth-Century Revolution in Government‹, Historical Journal 1 (1958), S. 52-67.

[78] Scott, Seeing Like a State, S. 33, 77.

[79] Emily Osborn, ›Circle of Iron: African Colonial Employees and the Interpretation of Colonial Rule in French West Africa‹, Journal of African History 44 (2003), S. 29-50.

[80] Philip Bowring, Free Trade's First Missionary: Sir John Bowring in Europe and Asia (Hong Kong 2014), S. 170.

Anmerkungen

81 William Dalrymple, The Anarchy: The Relentless Rise of the East India Company (London 2019).

82 Dalrymple, Anarchy, S. 237, 313.

83 Christopher A. Bayly, Empire and Information: Intelligence Gathering and Social Communication in India, 1780–1870 (Cambridge 1996), S. 14.

84 Dalrymple, Return of a King, S. 130.

85 Bayly, Empire and Information, S. 178.

86 Ranajit Guha, A Rule of Property for Bengal (Paris 1963).

87 Nicholas B. Dirks, Castes of Mind: Colonialism and the Making of Modern India (Princeton NJ, 2001).

88 Bayly, Empire and Information, S. 102, 212, 245–246.

89 Bayly, Empire and Information, S. 315-337, auf S. 315-316.

90 A. d. Ü.: Man findet dazu einiges im Internet, z. B: Vereinigte Arabische Emirate (VAE): Corona-Impfstoffe auch mit Gelatine erlaubt – Institut für Islamfragen (islaminstitut.de).

91 Kim Wagner, The Great Fear of 1857 (Oxford 2010).

92 Wagner, Great Fear, S. 28, 30.

93 John Stuart Mill, Representative Government, Fazit, zitiert in McGoey, Unknowers, S. 161.

94 Bayly, Empire and Information, S. 338.

95 Clive Dewey, Anglo-Indian Attitudes: The Mind of the Indian Civil Service (London 1993), S. 3.

96 Penderel Moon, Divide and Quit: An Eyewitness Account of the Partition of India (1961: 2. Aufl. Delhi, 1998), S. 37, 88.

97 Alex von Tunzelmann, Indian Summer: The Secret History of the End of an Empire (New York 2007), S. 3, 154, 185, 190, 199, 201.

98 Tunzelmann, Indian Summer, S. 232.

99 Anthony Tucker-Jones, The Iraq War: Operation Iraqi Freedom, 2003–2011 (Barnsley 2014), S. 137.

100 Zitiert in Brian Whitaker, ›Nowhere to Run‹, Guardian, 29. November 2005. Das korrekte Jahr ist 9 n. Chr.

101 Henry Adams, The Education of Henry Adams (1907: Neuaufl. Cambridge MA 1918), S. 100, 296, 462.

KAPITEL 12

[1] Ord, The Precipice. Vgl. Nick Bostrom ›Existential Risks‹, Journal of Evolution and Technology. 9 (2002), https://nickbostrom.com/existential/risks.html; Bostrom, ›Existential Risk Prevention as Global Priority‹, Global Policy 4 (2013), S. 15-31.

[2] Zitiert in Plokhy, Chernobyl, S. 269.

[3] Neil Hanson, The Dreadful Judgement: The True Story of the Great Fire of London (New York 2001).

[4] John M. Barry, Rising Tide: The Great Mississippi Flood of 1927 and How It Changed Americans (New York 1997).

[5] William M. Taylor (Hg.) The ›Katrina Effect‹: On the Nature of Catastrophe (London 2015).

[6] Chester Hartman und Gregory Squires (Hgg.), There Is No Such Thing as a Natural Disaster: Race, Class, and Hurricane Katrina (London 2006), S. vii, 121–129, 194. Vgl. Douglas Brinkley, The Great Deluge: Hurricane Katrina, New Orleans and the Mississippi Gulf Coast (New York 2006).

[7] Scott Frickel und M. Bess Vincent, ›Hurricane Katrina, Contamination, and the Unintended Organization of Ignorance‹, Technology in Society 29 (2007), S. 181-188.

[8] Gregory Quenet, Les tremblements de terre aux XVII et XVIIIe siècles: La naissance d'un risque (Champvallon 2005), S. 305-356; Michael O'Dea, ›Le mot »catastrophe«‹ and Anne Saada, ›Le désir d'informer: le tremblement de terre de Lisbonne‹, in Anne-Marie Mercier-Faivre und Chantal Thomas (Hgg.), L'invention de la catastrophe au XVIIIe siècle: Du châtiment divin au désastre naturel (Genf 2008), S. 35-48 und 209–30.

[9] Vgl. John Leslie, The End of the World: The Science and Ethics of Human Extinction (London 1996).

[10] David Arnold, Famine: Social Crisis and Historical Change (Oxford 1988); Dalrymple, Anarchy, S. 219-226.

[11] Zitiert in Amartya Sen, Poverty and Famines (Oxford 1981), S. 76.

[12] Zitiert in Arnold, Famine, S. 117.

[13] Kali Charan Ghosh, Famines in Bengal, 1770–1943 (1944: 2. Aufl. Kalkutta 1987), Vorwort, S. 122.

[14] Sen, Poverty and Famines, S. 79. Paul Greenough, Prosperity and Misery in Modern Bengal: The Bengal Famine of 1943–44 (New York 1982); Mukherjee, Hungry Bengal.

Anmerkungen

[15] Zitiert in Robin Haines, Charles Trevelyan and the Great Irish Famine (Dublin, 2004), S. 401, verteidigt Trevelyan gegen den Vorwurf ›einer bösartigen Entlastungsstrategie‹ (S. xiii).

[16] Cecil Woodham-Smith, The Great Hunger: Ireland 1845–1849 (London 1962); Mary Daly, The Famine in Ireland (Dundalk 1986); Christine Kineally, This Great Calamity: The Irish Famine, 1845–52 (Dublin 1995); James S. Donnelly, The Great Irish Potato Famine (Stroud 2002); Cormac Ó Gráda (Hg.), Ireland's Great Famine: Interdisciplinary Perspectives (Dublin 2006).

[17] Arnold, Famine. Vgl. Polly Hill, Population, Prosperity and Poverty: Rural Kano in 1900 and 1970 (Cambridge 1977).

[18] Jasper Becker, Hungry Ghosts: Mao's Secret Famine (New York 1996); Dikötter, Mao's Great Famine, S. 6. Für Kritik an Letzterem und einer Antwort des Autors, vgl. Felix Wemheuer, ›Sites of Horror: Mao's Great Famine‹, The China Journal 66 (2011), S. 155-164.

[19] Dikötter, Mao's Great Famine, S. 8, 25–26.

[20] Dikötter, Mao's Great Famine, S. 56-63.

[21] Zitat von Mao's doctor, Li Zhisui, der ihn begleitet hat. Dikötter, Mao's Great Famine, S. 41, 67–72.

[22] Dikötter, Mao's Great Famine, S. 29, 37, 62, 69, 130.

[23] Monica Green, ›Taking »Pandemic« Seriously: Making the Black Death Global‹, in Green (Hg.), Pandemic Disease (Kalamazoo MI 2015), S. 27-61, auf S. 37. Vgl. Timothy Brook, ›The Plague‹, in Brook, Great State, S. 53-75.

[24] Philip Ziegler, The Black Death (London 1969); William H. McNeill, Plagues and Peoples (Garden City NY 1976); Samuel K. Cohn Jr., ›The Black Death and the Burning of Jews‹, Past & Present 196 (2007), S. 3-36.

[25] Carlo Cipolla, Cristofano and the Plague (London 1973); Cipolla, Faith, Reason and the Plague in Seventeenth-Century Tuscany (New York 1981); A. Lloyd Moote und Dorothy C. Moote, The Great Plague: The Story of London's Most Deadly Year (Baltimore MD 2004); John Henderson, Florence under Siege: Surviving Plague in an Early Modern City (New Haven CT 2019).

[26] Carlo Cipolla, Fighting the Plague in Seventeenth-Century Italy (Madison WI 1981); Stefano di Castro, zitiert von Henderson, Florence under Siege, S. 55.

[27] Giuseppe Farinelli und Ermanno Paccagnini (Hgg.), Processo agli untori (Mailand 1988); Giovanni Baldinucci, zitiert in Henderson, Florence under Siege, S. 43.

[28] Henderson, Florence under Siege, S. 149-182.

[29] Sidney Chaloub, Cidade Febril: Cortiços e Epidemias na Cidade Imperial (São Paulo 1996), S. 62-63.

[30] Woodrow Borah und Sherburne Cook, The Aboriginal Population of Central Mexico in 1548 (Berkeley CA 1960); Rudolph Zambardino, ›Mexico's Population in the Sixteenth Century‹, Journal of Interdisciplinary History 11 (1980), S. 1-27; Noble David Cook, Born to Die: Disease and New World Conquest, 1492–1650 (Cambridge 1998).

[31] Jonathan B. Tucker, Scourge: The Once and Future Threat of Smallpox (New York 2001).

[32] https://people.umass.edu/derrico/amherst/lord_jeff.html. Aufgerufen am 28. Juni 2022.

[33] Jo Willett, ›Lady Mary Wortley Montagu and her Campaign against Smallpox‹, https:// www.historic-uk.com/HistoryUK/HistoryofBritain/Lady-Mary-Wortley-Montagu- Campaign-Against-Smallpox/. Aufgerufen am 13. Mai 2022.

[34] Nicolau Sevcenko, A Revolta da Vacina (São Paulo 1983); José Murilo de Carvalho, ›Cidadãos ativos: a Revolta da Vacina‹, in Murilo de Carvalho, Os Bestializados (São Paulo 1987), S. 91-130; Chaloub, Cidade Febril; Teresa Meade, ›Civilizing‹ Rio: Reform and Resistance in a Brazilian City, 1889–1930 (Philadelphia PA 1997); Jane Santucci, Cidade Rebelde: As Revoltas Populares no Rio de Janeiro no Início do Século XX (Rio 2008).

[35] Chaloub, Cidade Febril, S. 139.

[36] Chaloub, Cidade Febril, S. 125.

[37] Chaloub, Cidade Febril, S. 123-126.

[38] Manfred Waserman und Virginia Mayfield, ›Nicholas Chervin's Yellow Fever Survey‹, Journal of the History of Medicine and Allied Sciences 26 (1971), S. 40-51.

[39] Robert J. Morris, 1832 Cholera: The Social Response to an Epidemic (London 1976), S. 30, 35.

[40] Morris, 1832 Cholera, S. 85, 96–100.

[41] Morris, 1832 Cholera, S. 74, 161, 192.

[42] Suellen Hoy, Chasing Dirt: The American Pursuit of Cleanliness (New York 1995), besonders S. 88-89, 124–127.

Anmerkungen

43 Mark Bostridge, Florence Nightingale (London 2008).

44 Morris, 1832 Cholera; Stephanie J. Snow, ›Snow, Dr John‹, Oxford Dictionary of National Biography.

45 Richard Evans, Death in Hamburg (Oxford 1987); Thomas Brock, Robert Koch: A Life in Medicine and Bacteriology (Washington D.C., 1999). Vgl. Frank M. Snowden, Naples in the Time of Cholera, 1884–1911 (Cambridge 1995).

46 Laura Spinney, Pale Rider: The Spanish Flu of 1918 and How It Changed the World (London 2017).

47 ›US Senator says China trying to sabotage vaccine development‹, Reuters, 7. Juni 2020, www.reuters.com; Alexandra Sternlicht, ›Senator Tom Cotton Ramps Up Anti-China Rhetoric‹, Forbes, 26. April 2020.

KAPITEL 13

1 Ein bahnbrechender Beitrag dieser Art ist: Georg Simmel, ›The Sociology of Secrecy and of Secret Societies‹, American Journal of Sociology 11 (1906), S. 441-498.

2 Francis Bacon, Essays (1597: Cambridge 1906).

3 Baltasar Gracián, Oráculo Manual y Arte de Prudencia (1647: zweisprachige Ausgabe, London 1962), Nr. 13, 49, 98-100. Allgemeine Diskussionen in Rosario Villari, Elogio della Dissimulazione. La lotta politica nel Seicento (Rom 1987); Jean-Pierre Cavaillé, Dis/simulations (Paris 2002); Jon R. Snyder, Dissimulation and the Culture of Secrecy in Early Modern Europe (Berkeley CA 2009).

4 Zitiert in Ulrich Ricken, ›Oppositions et polarités d'un champ notionnel: Les philosophes et l'absolutisme éclairé‹, Annales historiques de la Révolution française 51 (1979), S. 547-557, auf S. 547.

5 Werner Krauss (Hg.), Est-il utile de tromper le peuple? (Berlin 1966). Beim Lesen bewundert man die Ironie einer Veröffentlichung dieser Art in Ostdeutschland in den 1960er-Jahren.

6 David Kahn, The Codebreakers: The Story of Secret Writing (New York 1967).

7 A. C. Duke und C. A. Tamse (Hgg.), Too Mighty to be Free: Censorship and the Press in Britain and the Netherlands (Zutphen 1987); Gigliola Fragnito (Hg.), Church, Censorship and Culture in Early Modern Italy (engl. Übersetzung Cambridge 2001).

Anmerkungen

8   Daniel Roche, ›Censorship and the Publishing Industry‹, in Robert Darnton und Daniel Roche (Hgg.), Revolution in Print (Berkeley CA 1989), S. 3-26; Robert Darnton, The Forbidden Best-Sellers of Pre-Revolutionary France (New York 1996).

9   Judith Wechsler, ›Daumier and Censorship, 1866-1872‹, Yale French Studies 122 (2012), S. 53-78.

10 Goldstein, War, S. 22, 41, 45, 88.

11 Goldstein, War, S. 25.

12 Clive Ansley, The Heresy of Wu Han: His Play ›Hai Jui's Dismissal‹ and its Role in China's Cultural Revolution (Toronto 1971); Mary G. Mazur, Wu Han, Historian: Son of China's Times (Lanham MD 2009).

13 Bauer und Gleicher, ›Word-of-Mouth Communication‹, S. 297-310.

14 F. J. Ormeling, ›50 Years of Soviet Cartography‹, American Cartographer 1 (1974), S. 48-49; Lappo und Polian, ›Naoukograds‹, S. 1226-1249.

15 Andrei Sakharov, Thoughts on Progress, Peaceful Coexistence, and Intellectual Freedom (Petersham 1968). Vgl. Masha Gessen, ›Fifty Years Later‹, New Yorker, 25. Juli 2018.

16 Pamela O. Long, Openness, Secrecy, Authorship: Technical Arts and the Culture of Knowledge from Antiquity to the Renaissance (Baltimore MD 2001); Karel Davids, ›Craft Secrecy in Europe in the Early Modern Period: A Comparative View‹, Early Science and Medicine 10 (2005), S. 340-348.

17 Eamon, Science and the Secrets of Nature, S. 130-133.

18 Eamon, Science and the Secrets of Nature.

19 Nicole Howard, ›Rings and Anagrams: Huygens's System of Saturn‹, Papers of the Bibliographical Society of America 98 (2004), S. 477-510.

20 Parker, Emperor, S. xvi.

21 Carswell, Bubble, S. 175.

22 Anonym, The French King's Wedding (London 1708); Peter Burke, The Fabrication of Louis XIV (New Haven CT 1992), S. 136-137.

23 Mukherjee, Hungry Bengal, S. 125.

24 Anne Applebaum, Red Famine: Stalin's War on Ukraine (London 2017).

25 William Taubman, Gorbachev (London 2017); Plokhy, Chernobyl; Adam Higginbotham, Midnight in Chernobyl: The Untold Story of the World's Greatest Nuclear Disaster (London 2019).

26 Louis FitzGibbon, The Katyn Cover-Up (London 1972); Alexander Etkind et al., Remembering Katyn (Cambridge 2012), S. 13-34.

Anmerkungen

[27] Etkind, Remembering Katyn, S. 35-53; Jane Rogoyska, Surviving Katyń: Stalin's Polish Massacre and the Search for Truth (London 2021). Zu Zeugen vor Ort, Rogoyska, S. 206-207, 227; zu Beweisen für die Datierung, S. 229, 236, 240.

[28] Berichtet in The Independent, 27. Juli 2020; was das Video betrifft, vgl. https://www.independent.co.uk/news/world/asia/wuhan-officials-coronavirus-cases-spread-cover-up-leading-scientist-a9639806.html.

[29] Louisa Lim, The People's Republic of Amnesia (New York 2014), S. 99, 115; Margaret Hillenbrand, Negative Exposures: Knowing What not to Know in Contemporary China (Durham NC 2020), S. 181, 196.

[30] Hillenbrand, Negative Exposures, S. 177.

[31] Lim, People's Republic, S. 85-86.

[32] Lim, People's Republic, S. 214. Dies ist das Zentralthema von Hillenbrand, Negative Exposures.

[33] Lim, People's Republic, S. 49-50.

[34] Lim, People's Republic, S. 3, 140.

[35] Zur frühneuzeitlichen Spionage, Miguel Angel Echevarria Bacigalupe, La diplomacia secreta en Flandres, 1598-1643 (Vizcaya 1984); Lucien Bély, Espions et ambassadeurs (Paris 1990); Preto, I servizi secreti.

[36] Sidney Monas, The Third Section: Police and Society Under Nicholas I (Cambridge MA 1961); Ronald Hingley, The Russian Secret Police: Muscovite, Imperial Russian and Soviet Political Security Operations, 1565-1970 (London 1970); Christopher Andrew und Oleg Gordievsky, KGB: The Inside Story of its Foreign Operations from Lenin to Gorbachev (London 1990).

[37] George Leggett, The Cheka: Lenin's Political Police (Oxford 1986).

[38] Andrew und Gordievsky, KGB; Rhodri Jeffreys-Jones und Christopher Andrew (Hgg.), Eternal Vigilance? 50 Years of the CIA (London 1997).

[39] Galison, ›Removing Knowledge‹; Galison, ›Secrecy in Three Acts‹, Social Research 77 (2010), S. 941-974.

[40] Quoted in Thomas Rid, Active Measures: The Secret History of Disinformation and Political Warfare (London 2020), S. 401. Ein ehemaliger tschechoslowakischer Geheimdienstoffizier hatte bereits von der »Massenproduktion von Desinformationsoperationen« in einer »Desinformationsfabrik« gesprochen: Bittman, Deception Game, S. 89, 126.

[41] Jeffreys-Jones und Andrew, Eternal Vigilance?; Andrew und Gordievsky, KGB.

Anmerkungen

[42] Compton Mackenzie, Water on the Brain (London 1933), zitiert in Vincent, Culture of Secrecy, S. 182-183. Erst im Jahr 1993 wurde der Name des neuen Generaldirektors enthüllt (die erste Frau auf diesem Posten, Stella Rimington).

[43] Burke, ›Baroque‹; Burke, ›Publicizing the Private: The Rise of »Secret History«‹, in Christian J. Emden und David Midgley (Hgg.), Changing Perceptions of the Public Sphere (New York 2012), S. 57-72.

[44] Peter Burke, ›The Great Unmasker‹, History Today (1965), S. 426-432; Burke (Hg.), Sarpi (New York 1967), S. i–xli.

[45] »Pietro Soave Polano« ist ein Anagramm von »Paolo Sarpi Veneto«.

[46] Edward Hyde, The Life of Edward, Earl of Clarendon (Oxford 1760), Bd. 2, S. 512.

[47] Peter Burke, ›On the Margins of the Public and the Private: Louis XIV at Versailles‹, International Political Anthropology 2 (2009), S. 29-36.

[48] Burke, ›Publicizing the Private‹.

[49] R. L. Schults, Crusader in Babylon: W. T. Stead and the Pall Mall Gazette (Lincoln NE 1972); Grace Eckley, Maiden Tribute: A Life of W. T. Stead (Philadelphia PA 2007).

[50] Justin Kaplan, Lincoln Steffens (New York 1974); Peter Hartshorn, I Have Seen the Future: A Life of Lincoln Steffens (Berkeley CA 2011), S. 102, 104, 108.

[51] Kathleen Brady, Ida Tarbell: Portrait of a Muckraker (Pittsburgh PA 1989); Steve Weinberg, Taking on the Trust: The Epic Battle of Ida Tarbell and John D. Rockefeller (New York 2008).

[52] Carl Bernstein und Bob Woodward, All the President's Men (London 1974), S. 14, 135; Lamar Waldron, Watergate: The Hidden History (Berkeley CA 2012). Der Name »Watergate« stammt von einem Bürogebäude in Washington.

[53] Patrick McCurdy, ›From the Pentagon Papers to Cablegate: How the Network Society Has Changed Leaking‹, in Bendetta Brevini, Arne Hintz und Patrick McCurdy (Hgg.), Beyond WikiLeaks: Implications for the Future of Communications, Journalism and Society (Basingstoke 2013), S. 123-145.

[54] David Leigh und Luke Harding, WikiLeaks: Inside Julian Assange's War on Secrecy (London 2013), S. 22.

[55] Timothy Garton Ash, ›US Embassy Cables: A Banquet of Secrets‹, Guardian, 28. November 2010, www.theguardian.com.

Anmerkungen

56 Eliot Higgins, We are Bellingcat: An Intelligence Agency for the People (London 2021).

57 Zur Verbreitung von geheimen Informationen, Galison, ›Removing Knowledge‹.

58 Filippo de Vivo, Information and Communication in Venice: Rethinking Early Modern Politics (Oxford 2007), S. 57-58, 181.

59 Vincent, Culture of Secrecy, S. 78-81.

60 Clive Ponting, The Right to Know: The Inside Story of the Belgrano Affair (London 1985).

61 Edward Snowden, Permanent Record (Basingstoke 2019).

62 Cohen, States of Denial, S. 1.

63 Parker, Emperor, S. 279.

64 John Horne und Alan Kramer, German Atrocities, 1914: A History of Denial (2001).

65 Fatma Müge Göçek, Denial of Violence: Ottoman Past, Turkish Present and Collective Violence Against the Armenians, 1789-2009 (Oxford 2015); Maria Karlsson, Cultures of Denial: Comparing Holocaust and Armenian Genocide Denial (Lund 2015).

66 Alterman, When Presidents Lie.

67 Oreskes und Conway, Merchants of Doubt.

68 Cohen, States of Denial; Eviatar Zerubavel, The Elephant in the Room: Silence and Denial in Everyday Life (New York 2006).

69 Gordon J. Horwitz, In the Shadow of Death: Living Outside the Gates of Mauthausen (New York 1990), S. 27-36. Vgl. Elmer Luchterhand, ›Knowing and Not Knowing: Involvement in Nazi Genocide‹, in Paul Thompson (Hg.), Our Common History (Atlantic Highlands NJ 1982), S. 251-272.

70 Walter Laqueur, ›Germany: A Wall of Silence?‹, in Laqueur, The Terrible Secret: Suppression of the Truth about Hitler's Final Solution (Boston MA 1980), S. 17-40, vor allem S. 18, 22-23; Luchterhand, ›Knowing‹, S. 255.

71 Robert Eaglestone, ›The Public Secret‹, in Eaglestone, The Broken Voice: Reading Post-Holocaust Literature (Oxford 2017), Kap. 1. Grundsätzliche Überlegungen in Michael Taussig, Defacement: Public Secrets and the Labor of the Negative (Stanford CA 1999) und Hillenbrand, Negative Exposures.

[72] Michael E. Mann, The Hockey Stick and the Climate Wars (New York 2012); Mann, ›When it Comes to the Australian Bush Fires, Rupert Murdoch is an Arsonist‹, Newsweek, 14. Januar 2020.

[73] Gerald Markowitz und David Rosner, Deceit and Denial: The Deadly Politics of Industrial Pollution (Berkeley CA 2002).

[74] Ernest L. Wynder und Everts Graham, ›Tobacco Smoking as a Possible Etiologic Factor in Bronchiogenic Carcinoma‹, Journal of the American Medical Association 143 (1950), S. 329-346.

[75] Samuel Epstein, The Politics of Cancer (San Francisco CA 1978), worin es um Umweltfälle im Allgemeinen geht; Robert Proctor, Golden Holocaust (Berkeley CA 2011).

[76] Proctor, Golden Holocaust, S. 290-292, mit der Auflistung von 14 »Strategien zur Erzeugung von Zweifel«.

[77] Proctor, Golden Holocaust, S. 260, 263-267.

[78] Zitiert in Proctor, Golden Holocaust, S. 317.

[79] Proctor, Golden Holocaust, S. 301.

[80] Richard S. Schultz und Roy Godson, Dezinformatsia (New York 1984); Rid, Active Measures.

[81] Zitiert in Rid, Active Measures, S. 147.

[82] Bittman, Deception Game, S. ix.

[83] Bittman, Deception Game, S. 39-59. Vgl. Rid, Active Measures, S. 157-166.

[84] Rid, Active Measures, S. 27-28.

[85] Mario Infelise, ›Pallavicino, Ferrante‹, DBI.

[86] Rid, Active Measures, S. 249-250.

[87] Frances S. Saunders, Who Paid the Piper? The CIA and the Cultural Cold War (1999).

[88] Rid, Active Measures, S. 81.

[89] Rid, Active Measures, S. 213, 377-386.

[90] Gill Bennett, The Zinoviev Letter: The Conspiracy that Never Dies (Oxford 2018).

[91] Rid, Active Measures, S. 170-175.

[92] Rid, Active Measures, S. 104-106, 231-242, 318-319.

[93] Bittman, Deception Game, S. 84-86.

[94] Peter Oborne, The Rise of Political Lying (London 2005), S. 5; Matthew d'Ancona, Post-Truth (London 2017). Vgl. Ari Rabin-Havt und Media

Matters, Lies Incorporated: The World of Post-Truth Politics (New York 2016).

[95] Andrew Buncombe, ›Donald Trump dismisses as »fake news« claims that Russia gathered compromising information about him‹, www.independent.co.uk, 11. Januar 2017, aufgerufen am 4. Juli 2022; Chris Cillizza, ›Donald Trump just claimed he invented »Fake News«‹, edition.cnn.com, 26. Oktober 2017.

[96] Andrew Marr, ›How Blair put the Media in a Spin‹, news.bbc.co.uk, 10. Mai 2007; Timothy Bewes, ›The Spin Cycle: Truth and Appearance in Politics‹, http://signsofthe-times.org.uk/pamphlet1/The%20Spin%20Cycle.html, aufgerufen am 16. Mai 2022; David Greenberg, ›A Century of Political Spin‹, Wall Street Journal, http://www.wsj.com, 8. Januar 2016; David Greenberg, Republic of Spin: An Inside History of the American Presidency (New York 2016). Zu Russland, Peter Pomerantsev, Nothing is True and Everything is Possible (2014: 2. Aufl. London 2017), S. 54-58, 65, 77-90.

[97] Ralph Keyes, The Post-Truth Era (New York 2004); Greenberg, ›A Century of Political Spin‹.

[98] Honoré de Balzac, Illusions Perdues (1837-1843: neue Ausgabe Paris 1961), S. 395.

[99] ›Why is this Lying Bastard Lying to Me?‹, blogs.bl.uk, 2. Juli 2014; ›Louis Heren‹, https://en.wikipedia.org, aufgerufen am 30. Oktober 2017.

[100] Cailin O'Connor und James Owen Weatherall, The Misinformation Age: How False Beliefs Spread (New Haven CT 2019), S. 9.

[101] Alterman, When Presidents Lie, S. 1, 92, 296.

[102] Alterman, When Presidents Lie, S. 38, 61-63, 102-104, 204, 297-300.

[103] Alterman, When Presidents Lie, 76, 133-134, 183.

[104] Rêgo und Barbosa, Construção da Ignorância, S. 154, 156.

KAPITEL 14

[1] Robert Merton, ›The Unanticipated Consequences of Purposive Social Action‹, American Sociological Review 1 (1936), S. 894-904; Raymond Boudon, Effets pervers et ordre social (Paris 1977); Albert Hirschman, The Rhetoric of Reaction: Perversity, Futility, Jeopardy (Cambridge MA 1991); Matthias Gross, ›Sociologists of the Unexpected: Edward A. Ross and Georg Simmel on the Unintended Consequences of Modernity‹, American Sociologist 34 (2003), S. 40-58.

[2] Alexis de Tocqueville, The Ancien Régime and the French Revolution (1856: engl. Übersetzung Cambridge 2011), S. 157.

[3] Georges Minois, Histoire de l'Avenir (Paris 1996); Martin van Creveld, Seeing into the Future: A Short History of Prediction (London 2020).

[4] José M. González García, La Diosa Fortuna: Metamorfosis de una metáfora política (Madrid 2006).

[5] Arndt Brendecke und Peter Vogt (Hgg.), The End of Fortuna and the Rise of Modernity (Berlin 2017), S. 6; Ian Hacking, The Taming of Chance (Cambridge 1990).

[6] José M. González García, ›El regreso de la diosa Fortuna en la »sociedad del riesgo«‹, Contrastes 2 (1997), S. 129-143, eine Fortführung von Überlegungen von Ulrich Beck.

[7] Peter L. Bernstein, Against the Gods: The Remarkable Story of Risk (New York 1998), S. 197. Vgl. Ulrich Beck, Risk Society: Towards a New Modernity (1986 erschienen unter dem deutschen Originaltitel Risikogesellschaft. Auf dem Weg in eine andere Moderne: engl. Übersetzung London 1992); Stefan Böschen, Michael Schneider und Anton Lerf (Hgg.), Handeln trotz Nichtwissen: Vom Umgang mit Chaos und Risiko in Politik, Industrie und Wissenschaft (Frankfurt 2004); Bostrom, ›Existential Risks‹.

[8] Alberto und Branislava Tenenti, Il prezzo del rischio: l'assicurazione mediterranea vista da Ragusa, 1563-1591 (Rom 1985); Adrian Leonard (Hg.), Marine Insurance: Origins and Institutions, 1300-1850 (Basingstoke 2016); Karin Lurvink, ›The Insurance of Mass Murder: The Development of Slave Life Insurance Policies of Dutch Private Slave Ships, 1720-1780‹ (2019), doi:10.1017/eso.2019.33.

[9] Peter Koch, Pioniere des Versicherungsgedankens, 1550-1850 (Wiesbaden 1968); Robin Pearson, Insuring the Industrial Revolution: Fire Insurance in Great Britain, 1700-1850 (Aldershot 2004).

[10] Ian Hacking, The Emergence of Probability (Cambridge 1975), S. 114-121; Lorraine Daston, Classical Probability in the Enlightenment (Princeton NJ 1988), S. 27.

[11] Geoffrey Clark, Betting on Lives: The Culture of Life Insurance in England, 1695-1775 (Manchester 1999), S. 7, 49-53.

[12] Hacking, Emergence of Probability; Hacking, The Taming of Chance (Cambridge 1990); Daston, Classical Probability.

[13] Clark, Betting on Lives; Timothy Alborn und Sharon Ann Murphy (Hgg.), Anglo-American Life Insurance, 1800-1914, 3 Bde. (London 2013).

Anmerkungen

[14] Holger Hoffman-Riem und Brian Wynne, ›In Risk Assessment One Has to Admit Ignorance‹, Nature 416, 14. März 2002, S. 123.

[15] Nassim N. Taleb, The Black Swan: The Impact of the Highly Improbable (2008: überarbeitete Fassung London 2010); John Kay und Mervyn King, Radical Uncertainty: Decision-making for an Unknowable Future (London 2020). Kay und King wurden von Frank Knight inspiriert, dessen Buch Risk, Uncertainty and Profit im Jahr 1921 erschienen war.

[16] Beck, Risk Society, S. 21.

[17] Beck, Risk Society, S. 22; González García, ›El regreso‹.

[18] Mary Douglas und Aaron Wildavsky, Risk and Culture: An Essay on the Selection of Technical and Environmental Dangers (Berkeley CA 1982), S. 6-7, 9.

[19] Julius Ruff, Violence in Early Modern Europe (Cambridge 2001).

[20] Ulrich Beck, World at Risk (1999: engl. Übersetzung Cambridge 2009), S. 132. Richard Ericson und Aaron Doyle kommentierten die Anpassungsfähigkeit der Versicherungsbranche an die neuen Risiken in ›Catastrophe Risk, Insurance and Terrorism‹, Economy and Society 33 (2004), S. 135-173.

[21] Beck, World at Risk, S. 10-11, 115, 119. Vgl. Böschen, Schneider und Lerf, Handeln trotz Nichtwissen.

[22] Jamie Pietruska, Looking Forward: Prediction and Uncertainty in Modern America (Chicago IL 2017); Fabien Locher, Le savant et la tempête: étudier l'atmosphère et prévoir le temps au XIXe siècle (Paris 2008).

[23] Rolf Schwendter, Zur Geschichte der Zukunft: Zukunftsforschung und Sozialismus (Frankfurt 1982); Lucian Hölscher, Die Entdeckung der Zukunft (Frankfurt 1999), S. 122-126; Hölscher (Hg.), Die Zukunft des 20. Jahrhunderts (Frankfurt 2017).

[24] Thomas Fingar, Reducing Uncertainty: Intelligence Analysis and National Security (Stanford CA 2011), S. 1.

[25] Robert Jungk, Tomorrow is Already Here (deutsche Originalausgabe 1952 unter dem Titel Die Zukunft hat schon begonnen: engl. Übersetzung London 1954). Jungk bedauerte die von ihm vorhergesagten Trends.

[26] Taleb, The Black Swan.

[27] Firestein, Ignorance, S. 48.

[28] Edgar Morin, ›Vivre, c'est naviguer dans une mer d'incertitudes‹, Le Monde, 6. April 2020.

[29] Ord, The Precipice, S. 37.

[30] Philip E. Tetlock, Expert Political Judgement: How Good is It? (Princeton NJ 2005).

[31] Thomas C. Schelling, The Strategy of Conflict (Cambridge MA 1960).

[32] Saul Friedländer, ›Forecasting in International Relations‹, in Bertrand de Jouvenel (Hg.), Futuribles, Bd. 2 (Genf 1965), S. 1-111, auf S. 2, 54. Vgl. Robert Jervis, Perception and Misperception in International Politics (Princeton NJ 1976), S. 205.

[33] Fingar, Reducing Uncertainty, S. 95-106.

[34] Friedländer, ›Forecasting‹, S. 10-11, 21-23, 28, 41, 101.

[35] Philip E. Tetlock mit Dan Gardner, Superforecasting: The Art and Science of Prediction (New York 2015).

[36] Kay und King, Radical Uncertainty, S. xiv–xv.

[37] Frank Knight, Risk, Uncertainty and Profit (New York, 1921). Vgl. Kay und King, Radical Uncertainty, S. 15, 72-74.

[38] John Maynard Keynes, ›The General Theory‹, Quarterly Journal of Economics 51 (1937), S. 209-233.

[39] John Maynard Keynes, The General Theory of Employment, Interest and Money (London 1936), zitiert in Gerald P. O'Driscoll Jr. und Mario J. Rizzo, The Economics of Time and Ignorance (1985: 2. Auflage London, 1996), S. 1.

[40] George Shackle, Expectation in Economics (Cambridge 1949). Vgl. J. L. Ford, ›Shackle's Theory of Decision-Making under Uncertainty‹, in Stephen Frowen (Hg.), Unknowledge and Choice in Economics (Basingstoke 1990), S. 20-45, und Taleb, The Black Swan. Vgl. Jerome Ravetz, ›Economics as an Elite Folk Science: The Suppression of Uncertainty‹, Journal of Post-Keynesian Economics 17 (1994-95), S. 165-184, vor allem S. 172 ff.

[41] Sarah Cole, Inventing Tomorrow: H. G. Wells and the Twentieth Century (New York 2019).

[42] Brian J. Loasby, ›The Use of Scenarios in Business Planning‹, in Frowen, Unknowledge, S. 46-63.

[43] Jouvenel, Futuribles; Jean Fourastié, Prévision, futurologie, prospective (Paris 1974).

[44] Elke Seefried, Zukünfte: Aufstieg und Krise der Zukunftsforschung 1945-1980 (Berlin 2015).

[45] Björn Wittrock, ›Sweden's Secretariat‹, Futures 9 (1977), S. 351-357; Fingar, Reducing Uncertainty, S. 54-58.

Anmerkungen

[46] Daniel Bell, The Coming of Post-Industrial Society: A Venture in Social Forecasting (New York 1973).

[47] Dennis Gabor, Inventing the Future (London 1963); Jonathan Keats, You Belong to the Universe: Buckminster Fuller and the Future (New York 2016). Der englische Begriff ›Dymaxion‹ kombinierte ›dynamic‹ und ›maximum‹ mit ›tension‹.

[48] Bostrom, ›Existential Risks‹; Legg zitiert in Ord, The Precipice, S. 367.

[49] Brita Schwarz, Uno Svedin und Björn Wittrock, Methods in Futures Studies (Boulder CO 1982).

[50] A. d. Ü.: Ein Astrolabium ist ein scheibenförmiges astronomisches Rechen- und Messinstrument. Mit ihm kann man den sich drehenden Himmel nachbilden und Berechnungen von Sternpositionen vornehmen. Meistens befindet sich auf der Rückseite ein Diopter, mit der der Höhenwinkel eines Objekts auf der Erde oder am Himmel (zum Beispiel Stern oder Sonne) über dem Horizont gemessen werden kann. Die überkommene griechische Bedeutung als »Sternnehmer« oder »Sternhöhenmesser« stammt von dieser Zusatzeinrichtung, die vor dem Sextanten auch in der Seefahrt zur Bestimmung des Breitengrads benutzt wurde. Quelle: Wikipedia.

[51] Andrei Amalrik, Will the Soviet Union Survive Until 1984? (New York 1970).

[52] Herman Kahn, The Emerging Japanese Superstate (Englewood Cliffs NJ 1970).

[53] ›How to Learn from the Turkey‹, in Taleb, The Black Swan, S. 40-42.

Kapitel 15

[1] Peter Burke, Interview mit E. H. Gombrich, The Listener 90 (27. Dezember 1973), S. 881-883, https://gombricharchive.files.wordpress.com/2011/04/showdoc19.pdf.

[2] Eugenio de Ochoa (Hg.), Epistolario español (Madrid 1856), S. 237; William Nelson, Fact or Fiction: The Dilemma of the Renaissance Storyteller (Cambridge MA 1973), S. 35-36; Augustin Redondo, Antonio de Guevara et l'Espagne de son temps (Genf 1976), S. 558.

[3] Philip Sidney, Defence of Poetry, Hg. Jan van Dorsten (Oxford 1973), S. 83.

[4] René Descartes, Discours de la méthode, in dessen *Œuvres philosophiques*, Hg. Ferdinand Alquié (Paris 1963), S. 574.

5   Meta Scheele, Wissen und Glaube in der Geschichtswissenschaft (Heidelberg 1930); Carlo Borghero, La certezza e la storia: cartesianesimo, pirronismo e conoscenza storica (Mailand 1983); Peter Burke, ›Two Crises of Historical Consciousness‹, Storia della Storiografia 33 (1998), S. 3-16.

6   La Mothe Le Vayer, Du peu de certitude; vgl. Vittorio I. Comparato, ›La Mothe dalla critica storica al pirronismo‹, in Ricerche sulla letteratura libertina, Hg. Tullio Gregory (Florenz 1981), S. 259-280.

7   Pierre Bayle, Œuvres Diverses (Paris 1737), S. 510; Bayle, Critique générale de l'histoire du Calvinisme de M. de Maimbourg, (›Villefranche‹ 1683), S. 13-18, 28-29.

8   Voltaire, Le pyrrhonisme de l'histoire (Paris 1769), S. 54.

9   Jean Hardouin, Prolegomena (Amsterdam 1729); vgl. Jean Sgard, ›Et si les anciens étaient modernes ... le système du P. Hardouin‹, in D'un siècle à l'autre: anciens et modernes, Hg. L. Godard (Marseille 1987), S. 209-220; Anthony Grafton, ›Jean Hardouin: The Antiquary as Pariah‹, Journal of the Warburg and Courtauld Institutes 62 (1999), S. 241-267.

10 Michele Sartori, ›L'incertitude dei primi secoli di Roma: il metodo storico nella prima metà del '700‹, Clio 18 (1982), S. 7-35.

11 Borghero, La certezza.

12 Burke, ›Two Crises‹, S. 3-16. Diese Darstellung hat einige Sätze aus jenem Artikel entlehnt.

13 Cobb, Police and People, S. 81.

14 Jim Sharpe, ›History from Below‹, in Burke, New Perspectives, S. 24-41. Zu den Klassikern in diesem Bereich gehören Eric Hobsbawm, Primitive Rebels (Manchester 1959), Edward Thompson, The Making of the English Working Class (London 1963) und Hufton, Prospect Before Her.

15 Stephen Moss, ›1066 and All That: 20 Questions to Test Your History Knowledge‹, Guardian, 17. April 2015, www.theguardian.com.

16 Joseph Carroll, ›Teens' Knowledge of World History Slipping‹, news.gallup.com, 5. März 2002.

17 James W. Loewen, Lies My Teacher Told Me: Everything Your American History Textbook Got Wrong (New York 1995), S. 30, 135. Vgl. Frances Fitzgerald, America Revised (New York 1979).

18 Galbraith, Crash, S. 10-11, 29.

19 Ghosh, Famines in Bengal, Vorwort.

Anmerkungen

[20] Beevor, Stalingrad, S. 13, 32; David Stahel, Operation Barbarossa and Germany's Defeat in the East (Cambridge 2009), 449 Anm.; Hoepner an seine Frau, zitiert in Stahel, Retreat from Moscow, S. 84.

[21] Beevor, Stalingrad, S. 14, 31, 76.

[22] Clausewitz, Vom Kriege; von Burke zitiert nach der englischen Übersetzung On War, S. 258, hier nach dem deutschen Originalwortlaut, https://www.clausewitz-gesellschaft.de/wp-content/uploads/2014/12/VomKriege-ebook.pdf.

[23] Allen F. Chew, Fighting the Russians in Winter (Fort Leavenworth KS 1981), S. vii.

[24] Adam Zamoyski, 1812: Napoleon's Fatal March on Moscow (London 2004), S. 351-352.

[25] Zamoyski, 1812, S. 391.

[26] Zamoyski, 1812, S. 393, 447; vgl. Dominic Lieven, Russia Against Napoleon (2010).

[27] Chew, Fighting the Russians, S. 38.

[28] Beevor, Stalingrad, passim; Chew, Fighting the Russians, S. 31-41; Stahel, Retreat from Moscow, S. 315-317.

[29] Von Burke zitiert nach der englischen Übersetzung von Goebbels' Tagebuch in Stahel, Retreat from Moscow, S. 186; hier im deutschen Originalwortlaut nach https://archive.org/stream/JosephGoebbelsTagebcher19241945vol12345_201803/Joseph%20Goebbels%20-%20Tageb%C3%BCcher%201924%201945%20%28vol%201%202%203%204%205%29_djvu.txt.

[30] Chew, Fighting the Russians, S. 17.

[31] Martin Windrow, The French Indochina War 1946-54 (London 1998).

[32] Tuchman, March of Folly, S. 287.

[33] Gibson, Perfect War, S. 18.

[34] M. Hassan Kakar, Afghanistan: The Soviet Invasion and the Afghan Response (Berkeley CA 1995); Rodric Braithwaite, Afgantsy: The Russians in Afghanistan, 1979-1989 (London 2011).

[35] Andrei Snessarew, zitiert in Braithwaite, Afgantsy, S. 7-9.

[36] Braithwaite, Afgantsy, S. 109.

[37] Braithwaite, Afgantsy, S. 127-129.

[38] Dalrymple, Return of a King, S. 489-492.

[39] Zitiert in Jervis, Perception and Misperception, S. 218.

40 Yuen Foong Khong, Analogies at War: Korea, Munich, Dien Bien Phu and the Vietnam Decisions of 1965 (Princeton NJ 1992), S. 3, 5, 61-62.
41 Zitiert in Alterman, When Presidents Lie, S. 174.
42 Jervis, Perception and Misperception, S. 218, 220.

SCHLUSSWORT

1 Morgan, ›The Making of Geographical Ignorance?‹, S. 23.
2 Phoebe Weston im Observer, 29. August 2021, S. 29.
3 Snow, The Two Cultures.
4 Der im 16. Jahrhundert lebende Bauer und Soldat Martin Guerre stand im Mittelpunkt eines Films, der 1982 erstmals in den Kinos gezeigt wurde, und einer Studie der amerikanischen Historikerin Natalie Davis, The Return of Martin Guerre (Cambridge MA 1983).
5 Hayek, ›Coping with Ignorance‹. Vgl. Lukasiewicz, ›Ignorance Explosion‹, S. 159-163.
6 Miriam Solomon, ›Agnotology, Hermeneutical Injustice and Scientific Pluralism‹, in Kourany und Carrier, Science, S. 145-160, auf S. 157.
7 Lewis, English Literature, S. 31.
8 Ann Blair, Too Much to Know (New Haven CT 2010).

Stichwortverzeichnis

Abbott, Larry 101
Abbott, Wilbur 214
absichtliche Unwissenheit 109
Accetto, Torquato 270
Adams, Henry 270
Adams, William 135
Addison, Joseph 56
Adenauer, Konrad 227
Afghanistan, Einmarsch 170, 173, 175, 177, 206, 290, 293, 342-43
Agassiz, Louis 106, 114
Agnoiologie 65
Agnostizismus 75, 92-93, 98
Agnotologie 27, 35, 61, 65, 97
Aislabie, John 197
Akerlof, George 183
aktive Maßnahmen 27, 300
aktive Unwissenheit 26, 104
Alcoff, Linda 219
Alembert, Jean d' 271
Aleni, Giulio 130, 133
Alexander I. Zar 162
Alexander II. Zar 283
Alexander, William 64
Alternativen 23, 67, 213
Al-Wazzan (Leo Africanus) 140
Amalrik, Andrei 327
Amazonen 122
Amherst, Lord Jeffrey 260
Analogien 343-44
Analphabetismus 54, 66, 89, 191
Ancona, Matthew 410
Ancre, Pierre de l' 86
Andrade, Antonio de 138

Andreotti, Giulio 215
Angewandte Unwissenheit
Anning, Mary
Aos Fatos 309
Aquin, Thomas von 24
Ardener, Edwin und Shirley 41, 44, 360
Arlacchi, Pino 205
Armenier, Genozid 296
Arrhenius, Svante 153
Arrow, Kenneth 183
Ash, Timothy Garton 291
Äsop 273
Assange, Julian 290, 294
Astell, Mary 45, 47, 56, 73, 361
Asymmetrische Unwissenheit 183
Attenborough, David 115
Attlee, Clement 243
Aufdecken 237, 268, 285-86, 292
Augustin 14
Austen, Jane 356

Bachelard, Gaston 165, 357
Bacon, Francis 270, 404
Badiucao 281
Bagehot, Walter
Baldwin, Stanley 228
Balfour-Deklaration 26
Balzac, Honoré de 346, 410
Banks, Joseph 138
Bayle, Pierre 330-32, 352
Bayly, Christopher 238, 240
Bazaine, Achille 168
Beard, George 16

Stichwortverzeichnis

Beard, Mary Ritter 64, 366
Beaufort, Louis de 332
Beck, Ulrich 314-16
Behe, Michael 114
bekannte Unbekannte 18, 246-47
Bell, Daniel 324, 414
Bellingcat 292, 209, 408
Belloc, Hilaire 164
Benedek, Ludwig von 159, 385
Benedict, Ruth 52
Bengalische Hungersnöte 337
Bennett, Andrew 59, 361
Bennigsen, Theophil von 159
Benoist, Michel 131
Bentham, Jeremy 267-68
Berger, Gaston 323
Berkeley, George 35
Berliner Konferenz 143
Bernal, John 101
Bernard, Jean Frédéric 89
Bernoulli, Jacques 313
Bernstein, Carl 289, 408
Beveridge, William 13
bewusste Unwissenheit 22
Bhattacharya, Chittaprosad 278
Bilac, Olavo 262
Bismarck, Otto von 226, 228, 329
Bittman, Ladislav 300-01, 305, 397
Black, James 298
Blackett, Patrick 108
Blair, Tony 226, 244, 305-06
Bloch, Marc 68-69, 160, 368, 385
Blumenthal, Leonhard von 168
Bodel, Jean 86
Bogle, George 138
Boldensele, Wilhelm von 147
Bolsonaro, Jaïr 7, 62, 226, 230
Bolsonômetro 309
Börsencrash 193, 196, 200, 318, 327, 336
Boserup, Esther 51, 363
Bošković, Ruđer 77
Bossuet, Jacques 127

Bostrom, Nick 318, 325, 354, 401, 411
Bourke, Richard 118
Bout, Victor 206
Bouvet, Joachim 131
Bowring, John 238, 400
Brände 247-48, 298
Braudel, Fernand 234, 399
Brexit 353
Briejer, C. J.151
Brizola, Leonel 6, 156
Brockovich, Erin 152, 299
Bruce, James 141, 149, 383
Bubbles 391
Buchan, William 112
Buddhismus 84, 89-90, 95, 126, 347
Buffon, Comte de 100
Burns, Robert 246
Bürokratien 172
Burton, Richard 137, 170, 382, 387
Burton, Robert 148
Burton, William 82
Buscetta, Tommaso 209
Bush, George W.109, 226, 230, 250, 308

Caillié, René 138, 142
Calderón, Pedro 35
Callendar, Guy 153
Calvin, Jean 92
Camorra 208
Candomblé 90, 373
Cantino, Alberto 144
Canudos 170-72, 175, 387
Capone, Al 202, 206
Cardoso, Fernando Henrique 156
Carlyle, Thomas 35, 359
Carson, Rachel 151, 385
Casoy, Boris 221
Cassat, Mary 48
Caulaincourt, Armand de 338-39
Cavendish, Margaret 45
Chadwick, Edwin 263

Stichwortverzeichnis

Challenger 39
Chamberlain, Neville 228, 242, 44
Chamberlin, Rollin 107
Charge of the Light Brigade 386
Charles I. 287
Charles II. 214
Charles V. 397
Charron, Pierre 34, 359
Chartreuse de Parma 160
Chatwin, Bruce 149-50
Ch-Ch-Syndrom 39
Chervin, Nicholas 262, 404
Chiffre 271
Cholera 256, 262-64, 404
Chruschtschow, Nikita 227, 308, 319
Chuang Tzu (Zhuangzi) 358
Churchill, Winston 334-35, 353
CIA 174, 284, 291, 294-95, 302-04, 343, 407, 410
Cimabue 55
Citizen Science 115, 378
Clarendon, Lord (Edward Hyde) 13, 287, 407
Clark, William 140
Clarke, Arthur 323
Clausewitz, Carl von 157, 176, 338, 388, 416
Clayton, Henry 316
Clemenceau, Georges 228-29
Clinton, Hillary 215, 303
Club of Rome 324-26
Cobos, Francisco de los 222
Codes 271
Colbert, Jean-Baptiste 223-24, 335, 400
Condorcet, Nicolas de 66, 367
Conselheiro, Antônio 171
Conti, Niccolò de' 122
Cook, James 30
Copenhagen Institute for Futures Studies
Corbin, Alain 67, 99, 118, 351, 359

Correns, Carl 104
Cortés, Hernán 122-23
Cotton, Tom 266, 404
Couplet, Philippe 128, 380
Covid-19 20, 25, 60, 62, 226, 241, 256, 261, 264-65, 280, 356, 398-99
Cowell, Frank 227, 397
Cox, Brian 155
Creveld, Martin van 245, 411
Crick, Francis 47, 101, 362, 375
Crispi, Francesco 215
Cromwell, Thomas 232-33, 399
Crozier, Michel 38, 224, 360, 390
Cruz, Gaspar de 126
Culpeper, Nicholas 112, 377
Cunha, Euclides da 170, 172, 387
Curie, Marie 101
Curzon, George Nathaniel 26, 357

Daily Mail 117, 303
Dalrymple, William 343, 387, 400
Dalyell, Tam 294
Daniel Deronda 58, 365
Daniel, Jurij 207
Darwin, Charles 29, 93, 105-07, 113-14, 134
Daumier, Honoré 293
Davis, Natalie 64, 366-67, 383, 417
Dawkins, Richard 116
Deep Throat 294
DeLong, David 187, 357
DeMaria Jr., Robert 63, 367
Derrida, Jacques 332
Descartes, René 35, 329, 332, 359, 415
Desengaño 286
Desideri, Ippolito 83, 138
Desinformation 9, 27, 220, 268, 296, 300-03, 305, 307
Dewey, John 102
Dichter, Ernst 186, 389
Diderot, Denis 24, 275

421

Stichwortverzeichnis

Dietrologia 286
Dikötter, Frank 254, 388
Dirks, Nicholas 240, 400
Dissimulation 270, 373, 405
Djatlow, Anatoli 274
docta ignorantia 93
Doktor Schiwago 207
Dolci, Danilo 217, 378
Dong Han 133
Douglas, Mary 52, 363, 412
Dow, Alexander 89
Downs, Anthony 219, 396
Drogenhandel 29
Drucker, Peter 325
Du Bois-Reymond, Emil 98, 374
Du Halde, Jean-Baptiste 128
Dungs, Heinz 86
Durán, Diego 88
Durant, John 115
Dust Bowl 182
Dutch East India Company (VOC) 391

East India Company 89, 138, 142, 145, 192, 238-42, 252
Ebola 256, 265
Echte Unwissenheit 102
Eden, Anthony 344
Einstein, Albert 26, 150
Eisberg der Unwissenheit 187
Eisenhower, Dwight 304
Eisner, Elliot 67, 368
El Dorado 123, 147, 379
Elefant im Raum 281
Eliassen, Rolf 151
Eliot, George (Mary Ann Evans) 44, 57-59, 309, 365
Elisabeth I. 90
Elliott, John 349
Ellsberg, Daniel 289-90, 294
Elton, Geoffrey 232, 399
Encyclopaedia Britannica 208, 349
Epidemien 256, 266

Epistemologie 33, 35-36, 396
Erasmus 85, 207
Eraso, Francisco de 233, 399
Erdalter 100
Erdbeben 22, 156, 247
Erdbeben von Lissabon 251
Erderwärmung 297-99
Erhard, Ludwig 227
Erik XIV. von Schweden 232
Erkenntnistheorie 33, 41-42, 49, 60
Escalante, Bernardino de 126
Escobar, Pablo 203
Existenzielle Risiken 247, 325

FactCheck.org 309
Fake News 30, 195, 268, 292, 305-06, 309, 410 siehe auch Lügen
Faktenfinder 309
Fälschung 86, 208, 303-305, 331
Fanfani, Amintore 227
Faulkner, William 42
Fawkes, Guy 214
Febvre, Lucien 23, 69, 356
Federal Emergency Management Agency 250
fehlende Allwissenheit 227
Fehlinformation 300, 307
Felt, Mark 294
Feminismus 42
Fénelon, François 43, 361
Feng Yingjing 132
Ferrier, James 35, 57, 355, 359
Fiamma, Galvano 120
Fingar, Thomas 317, 413
Firestein, Stuart 99, 101, 115, 318, 351, 374
Fisk, Peter 325
Flaubert, Gustave 12, 353
Flechtheim, Ossip 323
Flint, Robert 93
Fontenelle, Bernard de 66, 367
Forbes 404
Ford, Henry 17

Forrester, Jay 326
Foster, John 216, 396
Foucault, Michel 41, 72, 211, 332, 360, 368, 395
Fourastié, Jean 323, 414
Fox Keller, Evelyn 49, 362-63
Fox News 299
Franklin, Rosalind 47, 276, 362
Französisch-Preußischer Krieg 341
Frauengeschichte 63-65
Freimaurer 86, 215, 275, 286, 288
Freire, Paulo 54, 364
Freiwillige Unwissenheit 23
Freud, Sigmund 19, 36, 42, 59, 123, 186, 273, 282, 355
Friedländer, Saul 319-20, 413
Friedrich der Große 270, 395
Friedrich VI. von Dänemark 212
Friends of the Earth 151
Fryer, John 134, 382
Full Fact 309
Fuller, Buckminster 325, 414
Fürst Trabia 180, 388
Future of Humanity Institute 325, 352

Gabor, Dennis 324, 414
Galbraith, John Kenneth 198-200, 337, 389
Galileo 29, 104-06, 111, 376
Galison, Peter 65, 364, 367
Galton, Francis 93
Gambetta, Diego 205, 393-94
Geheimgeschichte 287
Geheimgesellschaften 205, 210
Geheimhaltung 28-30, 65, 111, 144-46, 166, 204, 209, 267, 269, 276-77, 285, 292, 301
Geheimnisse 185, 267-310
Geheimpolizei 210, 279-80, 283
Geiger, Lazarus 103
Gelbfieber 260, 262
Geldwäsche 205

Gender Studies 48
Gentileschi, Artemisia 48
Geografischer Analphabetismus 117
Georg I. 197
Gerbillon, Jean-François 131
Gerüchte 30, 84, 121, 160, 194-95, 213-14, 240-41, 248, 258, 261, 268, 274, 302, 329
Ghosh, Kali Charan 253, 337, 402
Gibbon, Edward 57, 156, 199, 364
Gibson, James 172-74, 387
Gimbutas, Marija 53, 364
Gladstone, William 227
Goebbels, Joseph 341, 417
Goldacre, Ben 110, 377
Gombrich, Ernst 10, 329, 415
González de Mendoza, Juan 126
Good Judgment Project 320
Google Earth 150
Google Maps 146, 384
Gorbatschows, Michail 268, 274, 278-79, 311
Gouges, Olympe de 15, 354
Gower, John 40, 360
Gracián, Baltasar 270, 404
Gramsci, Antonio 40-41, 360
Granvelle, Nicolas de 222
Greene, Felix 128, 380
Greenspan, Alan 195
Greenwald, Glenn 291, 295
Gregor von Nazianz 93
Grey, Edward 228
Grippe 264
Gross, David
Große Hungersnot Irland 252-54
Große Hungersnot, China 202, 254, 256, 281
Große Hungersnot, Ukraine 252, 278
Große Mississippi-Überschwemmung 249, 401
Großer Brand von London 248, 312
Großer Sprung nach vorn 182, 237, 255

423

Grossman, Wasilij 176-77
Groundnut Scheme 181, 237, 388
Guardian 290-91, 294, 353, 374, 386, 398, 401, 408, 416
Guevara, Antonio de 329, 415
Gun, Katharine 294
Guo Songtao 134

Hacking 295, 412
Hahn, Otto 47
Hakluyt, Richard 147
Hale, Lonsdale 161, 176, 386
Halhed, Nathaniel 89
Halley, Edmond 137
Hamel, Hendrick 136, 382
Hannibal 164-65, 331
Harari, Yuval 101, 375
Hardouin, Jean 331, 415
Hardy, Thomas 93, 347
Harley, Brian 144, 380, 383
Harley, Robert 196
Hastings, Warren 238, 252
Havlíček, Karel 274
Hayek, Friedrich von 59, 322, 349, 365
Heine, Heinrich 273
Heinrich VIII. 224, 232
Helbig, Georg von 224
Henri III. von Frankreich 271
Henri IV. von Frankreich 271
Heren, Louis 307, 410
Herodot 122, 140, 146
Hersh, Seymour 175, 289, 388
Herzen, Alexander 273
Higgins, Eliot 292, 309, 408
Hinduismus 84, 88-89, 95, 347
Hindus 88-89, 96, 241, 370
Hitler, Adolf 86, 177-78, 248, 335, 337-38, 340, 342, 344, 388, 409
Hobsbawm, Eric 334, 416
Hoepner, Erich 338
Holmes, Arthur 100
Holmes, Sherlock 59, 368

Holocaust 30, 298, 332, 408-09
Holodomor 278
Holwell, John 88
Hoover, Herbert 323
Howard, Michael 167, 386
Hudde, Johannes 185, 313
Humboldt, Alexander von 113
Hume, David 35, 57, 66
Hungersnöte 156, 231, 247, 252-56, 278, 315, 337
Huntsman, Benjamin 185, 389
Hurrikan Katrina 249-50, 401
Hurston, Zora 52
Husförhör 78, 370
Hussein, Saddam 18, 244, 308, 320
Huxley, Thomas H. 74, 92-93, 98, 106-07, 113, 135, 373-74
Huygens, Christiaan 276, 406
Hyde, Edward (Lord Clarendon) 287, 407

IARPA (Intelligence Advanced Research Projects Activity) 317
Ignorantia sacerdotum 76
Impfaufstand 261
Impfung 215, 260, 266
Index der verbotenen Bücher 272
Indische Meuterei 238
Indochinakrieg 341
Informationsüberflutung 21
Investigativer Journalismus 269, 288, 292
Investoren-Unwissenheit 192-96
Islam 75, 84, 86-87, 95-96, 371-72
Ivanier, Theodore 59
Iwan IV. Zar 284

James I. 221
James, Henry 58-59, 365
Jefferson, Thomas 211, 216
Jelzin, Boris 280
Jesuiten 80-81, 88-89, 106, 127-34, 141, 144, 149, 270, 286-87

Jinnah, Muhammad Ali 242
Johann III. 233
Johnson, Boris 346
Johnson, Lyndon 175, 308, 344, 387
Johnson, Samuel 149
Johnson, William 139
Jouvenel, Bertrand de 323, 326, 413
Juden 79, 84-86, 90-91, 257
Junot, Henri 83

Kaempfer, Engelbert 136, 382
Kahn, Herman 324, 326-27, 415
Kangxi-Kaiser 130-31
Kant, Immanuel 15, 251
Kapuściński, Ryszard 213, 274, 395
Karlsbader Dekrete 273
Kaste 240
Katastrophe 7, 18, 39, 62, 152-53, 156, 159, 169, 181-82, 200, 237-38, 246-66, 278-80, 314, 316, 318, 337
Katharina die Große 224-25, 235,
Katrina-Effekt 250, 401
Katyn Forest 279-80, 283
Kay, David 244
Kay, John 314, 321, 351, 386, 412
Kelvin, Lord (William Thomson) 100
Kennedy, John F. 218, 308, 319
Kenyon, John 214, 395
Keynes, John Maynard 59, 321, 413
KGB 139, 279, 283-84, 301-02, 304, 407
King, Mervyn 314, 321, 351, 412
Kino, Eusebio 123
Kircher, Athanasius 127
Kitcher, Philip 396
Klasse und Unwissenheit 40-41, 71
Klebriges Wissen 187
Klimawandel 7, 153, 219, 230, 298, 326
Kluge, Günther von 338
Knight, Frank 59, 321, 412-13

Know Nothings 215-16
Kober, Alice 47
Koch, Robert 264, 404
Kolbert, Elizabeth 152, 385
Koloniale Unwissenheit 244, 252
Kolumbus, Christoph 18, 118-20, 122, 125, 133, 335
Kommunikation 38, 71, 186, 274
Komnenos, Manuel 121
Konfuzius (Kong Fuzi)32, 128, 133
Kong Fuzi (Konfuzius) 32, 128, 133
Kopenhagener Institut für Zukunftsstudien 324
Kopernikus, Nikolaus 105, 130, 134
Kreationismus 113
Krieg und Frieden 160, 167, 176, 205
Kublai Khan 147-48
Kubrick, Stanley 323
Kuhn, Thomas 23, 54, 104, 356

La Bruyère, Jean de 40, 360
La Mothe Le Vayer, François 35, 66, 330, 332, 367, 415
Lacan, Jacques 19-20, 355
Landa, Diego de 88, 372
Landes, Ruth 52, 363
Laotse 32
Laqueur, Walter 297-98, 409
Lasswell, Harold 71, 267, 368
Le Dœuff, Michèle 37, 361-62
Le Verrier, Urbain 316
Leaks 268, 291-92
Leenhardt, Maurice 83, 371
Legasow, Walerij 248
Legg, Shane 326, 414
Leibniz, Gottfried Wilhelm 128
Leichtgäubigkeit 28, 30, 86-87, 193, 196, 219
Leifr Eiriksson 120
Leigh, Mike 268
Lenin, Vladimir 70, 284, 407
Leo Africanus (al-Wazzan) 140, 383
Les Hommes de l'ombre 306

425

Stichwortverzeichnis

Leugnen 22, 231, 268, 278, 296-98
Lewis, Clive S. 70, 345, 350, 365, 368
Lewis, Meriwether 140
Li Zhizao 132
Liebig, Justus von 181
Ligne, Fürst von 224
Lim, Louisa 282, 406
Lin Shu 135
Linné, Carl von 112
Livius 332
Lloyd George, David 228, 398
Lobo, Jerónimo 141, 149
Lodge, Henry Cabot 344
López de Gómara 68
Lovett, William 217, 397
Lowe, Robert 217, 396
Ludwig XIII. 212, 233
Ludwig XIV. 188, 223, 235, 377-78, 287
Lügen 27, 86, 148, 192, 267-310, 355
Lukaschenko, Aleksandr 230
Lukasiewicz, Julius 55, 364, 417
Lungenkrebs und Rauchen 30, 299
Luther, Martin 76, 78, 86, 93, 349, 369
Lyotard, Jean-François 332

MacDonald, Ramsay 303
Machiavelli, Niccolò 212, 270, 273, 306, 311
Mackenzie, Compton 285, 407
MacMahon, Patrick 168
Macron, Emmanuel 226
Madison, James 216
Mafia 22, 204-05, 209-10, 215, 293-94
Maimonides, Moses 84, 93, 373
Maintenon, Madame de 277-78
Makyn, Bathsua 73, 369
Mandelson, Peter 305
Mandeville, Sir John de 125, 147
Manley, Mary 288

Mannheim, Karl 330, 362
Manning, Bradley/Chelsea 294-95
männliche Unwissenheit 46-49
Mantegna, Andrea 28
Manuel I., von Portugal 144
Manufaktur von Unwissenheit 300
Mao Zedong 182, 237, 254
Marco Polo 87, 122-25, 147-48, 372, 379
Marie-Antoinette 40
Marinella, Lucrezia 46
Marlborough, Sarah, Herzogin von 197, 288
Martineau, James 93
Martini, Martino 127
Marvin, Charles 293
Marx, Karl 36, 40, 273, 359-60
Masken 286
Massaker am Platz des Himmlischen Friedens 281
Masséna, André 165
Maunoir, Julien 370
Mauthausen 297, 409
Maxwell, James Clerk 98
McClure's 289
McGoey, Linsey 21, 351, 356, 360
McKibben, Bill 151-52, 385
McNamara, Robert 174-75, 387
Mead, Margaret 52, 363
Meadows, Donella und Dennis 325
Media Bias/Fact Check 309
Medizinische Unwissenheit 60, 111
Mei Wending 132, 381
Meiners, Christoph 63, 366
Meitner, Lise 47, 362
Mendel, Gregor 104-05
Mendes Pinto, Fernão 126, 148, 385
Menning, Daniel 200, 392
Merton, Robert K. 25, 29, 356-57, 411
Metaphern 56-57, 161, 268, 330, 375
MI5 284-85
Middlemarch 44, 57-58

Mill on the Floss 57, 365
Mill, John Stuart 135, 217, 241, 396, 400
Mills, Charles W. 24, 41, 220, 355, 361
Milton, John 286, 346
Missverständnis 7, 28, 30, 81, 88, 239-40, 357, 367
Moltke, Helmuth von 165, 168
Monnet, Jean 317
Montagu, Lady Mary Wortley 260, 356, 403
Montaigne, Michel de 15, 32, 34-35, 53, 126, 359
Montecorvino, Giovanni da 124
Montgomerie, Thomas 138-39, 382
Moreira César, Antônio 171-72
Morgenstern, Oskar 183, 389
Morin, Edgar 310, 318, 413
Moro, Sérgio 291-92
Mountbatten, Lord Louis 243
Mulsow, Martin 14, 103, 352, 354, 376
Murdoch, Rupert 298, 409
Mussolini, Benito 225, 344
mutwillige Unwissenheit 258
My Lai Massaker 175-76, 289, 388
Mythen 84, 86, 121

Nain Singh, Pundit 138
Namier, Lewis 333, 398
Napoleon 146, 159-66, 178, 195, 335, 337-40, 385-86, 391, 416
Napoleon III. 273
Nasmith, David 66
Nasser, Gamal Abdel 344
National Security Agency 291, 294
Navalny, Alex 427
Nebel 56, 101, 161-62, 166, 176
Nehru, Jawaharlal 243, 253
Nelson, Horatio 164, 166
Neues Deutschland 304

Neugier 15, 43, 102, 115, 121, 126, 268
Neumann, John von 183, 389
New York Times 282, 289-91, 294, 306, 323, 355
Newton, Isaac 98, 197, 374
Nicht-Wissen 18
Nierenberg, William 108-09
Nietzsche, Friedrich 92, 373
Nightingale, Florence 263, 404
Nikodemismus 92
Nikolaus I. 273, 333
Nikolaus von Kues 85, 87, 93, 112
Nil, Quelle des 141, 383
Nixon, Richard 289
Nobili, Roberto de 80
Nochlin, Linda 48, 362
Northanger Abbey 22, 356
Null-Kurrikulum 67

O'Gorman, Edmundo 378
Oakley, Ann 51, 362
Obama, Barack 226
Oborne, Peter 305, 410
Observer, The 294, 417
Odorico da Pordenone 124, 379
Ogburn, William 323
okkultes Wissen 276
Oldenburg, Henry 213, 395
olympische Unwissenheit 237
Operation Autowäsche (Lava Jato) 291
Operation Neptun 301
Ord, Toby 150, 325, 352, 385
Orellana, Francisco 122
Oreskes, Naomi 107, 352, 376-77
Organisations-Unwissenheit 75, 82, 158, 174-75, 186-87, 211, 231-37
organisatorische 37-38 Unwissenheit
Orishas 90
Orman, Suze 194

Stichwortverzeichnis

örtliche Unwissenheit 39, 250
Osborne, Dorothy 148
Otto von Freising 121

Páez, Pedro 140
Pagella Politica 309
Pallavicino, Ferrante 302, 410
Palmerston, Henry Lord 228
Panik 193, 195, 199, 214
Papistenkomplott 214Paracelsus 111-12, 377
Paradigmen 29
Park, Mungo 142-43, 383
Pascal, Blaise 373, 375
passive Unwissenheit 26
Pasternak, Boris 207
Pasteur, Louis 105, 264
Pateman, Carol 51, 363
Patterson, Clair 100
Paxman, Jeremy 307
Peel, Robert 254
Pelosi, Nancy 218
Penkovsky Papers 304
Penkowski, Oleg 304
Pentagon Papers 289, 294, 408
Pepper, John Henry 113, 116
Pérez, Antonio 233-34, 399
Pérez, Gonzalo 233-34
Persson, Jöran 232
Pest 60, 85, 256-59, 260, 266, 315
Petrarca, Francesco 6, 68, 368
Pew Forum 83, 95-96, 371, 374
Philby, Jack 139
Philby, Kim 139
Philip II. von Spanien 397, 399
Pian del Carpine, Giovanni da 124
Picart, Bernard 89, 372
Pickett, George 42, 163, 386
Pires, Tomé 144
Pizan, Christine de 361
Pizarro, Francisco 122, 259
Planck, Max 105, 107, 376
Plato 33, 346, 358-59

Plinius der Ältere 121
Pocken 256, 259-62
Pokrowsky, Ivan 303
PolitiFact 309
Pollock, Griselda 48, 362
Polyphone Geschichtsschreibung 73
Pontiac Aufstand 260
Ponting, Clive 293-94, 408
Ponzi, Charles 194, 391
Pope, Alexander 15, 94, 197
Popish Plot 214, 395
Popkin, Richard 34, 352, 359, 369
Popper, Karl 26, 104, 357
Popularisierung 112-14, 348
Pordenone, Odorico de 124, 147, 379
Post, Laurens van der 149
Post-Wahrheit 305-07
Potemkin, Grigori 224-25, 397
Potemkinsche Dörfer 224, 255
Poullain de la Barre, François 45, 361
Powell, Colin 244, 428
Pravda 213
Priester Johannes 121-23
Proctor, Robert 13, 65, 352, 354-55, 409
Prohibition 201-02, 206-07, 393
Protagoras 92
Protokolle der Weisen von Zion 86
Proust, Marcel 92, 373
Psalmanazar, George 137, 382
Ptolemäus, Claudius 117, 119, 378
Pugatschow, Jemeljan 333
Puschkin, Alexander 333
Putin, Vladimir 290, 295, 301, 306
Pyrrho von Elis 33, 35, 358
Pyrrhonismus 33-34, 329-31, 358, 373, 415

Qianlong-Kaiser 131
Quarantäne 258, 262
Quin, Edward 57, 117

Qutb, Sayidd 13

Radcliffe, Cyril 243
Radolf von Lüttich 103
Raginbold von Köln 103
Raleigh, Walter 122-23
RAND (Research and Development) 289, 317, 324
Randers, Jørgen 325
Rassismus 41, 65, 175, 241, 250
Rauchen und Krebs 30, 108, 299-300
Ravetz, Jerome 97, 360, 366, 374, 414
Rawls, John 15, 354
Reagan, Ronald 109, 230
regressive Methode 68
Reilly, Sidney 302
Reisende 25, 69, 84, 122, 126, 137, 139, 141-42, 146, 149, 315
relative Unwissenheit 159, 183
retrospektiv 323
Reuchlin, Johann 85
Ricci, Matteo 88, 126-27, 129-32, 380-81
Ricci, Sebastiano 28
Rice, Condoleeza 21, 218
Richards, Audrey 52
Richelieu, Kardinal 212, 216, 233, 302, 395, 399
Richter, Charles 108
Ripa, Cesare 28
Risiko 103, 178, 182, 184, 194, 222, 247, 277, 312-16, 326, 411
Rob Roy 73
Robertson, William 56
Rockefeller, John D. 289, 408
Rockefeller, Nelson 304
Roebuck, John 261-17, 396
Rogers, Will 26
Rogier, Abraham 88
Rolandslied 86
Roosevelt, Franklin D. 308

Roscoe, John 82
Rousseau, Jean-Jacques 120, 273, 354, 379
Royal Society 137-38, 149, 213, 275
Rubroeck, Willem van 124
Rucellai Familie 311
Rudyerd, Benjamin 79, 370
Ruml, Beardsley 17
Rumsfeld, Donald 18-19, 355
Russell, Bertrand 150
Russell, Lord John 228
Rustichello da Pisa 148

Sacharow, Andrei 275
Sahlins, Marshall 30-31, 358, 367
Saint-Pierre, Bernardin de 15
Saint-Simon, Duc de 287
Salisbury, Robert Lord 143, 226
Salmon, Lucy 64
Samisdat 275
Sanches, Francisco 34
sanktionierte Unwissenheit 22
Santayana, George 344
Sarpi, Paolo 207, 286-87, 394, 407
SARS 256, 265-66
Saviano, Roberto 208, 394
Schall von Bell, Adam 130, 132, 381
Scheer, Robert 175
Schelling, Thomas 319, 413
Schicksal 30, 104, 142, 176-77, 229, 311
Schiebinger, Londa 65, 352, 355, 357, 361-62, 367, 374
Schleier 15, 292
Schlieffen, Alfred von 165
Schmuggeln 29, 144, 201-09
Schreck, Johann 130
schuldhafte Unwissenheit 24, 248
Schumpeter, Joseph 322
Schurman, Anna Maria van 44, 361
Schwartz, Peter 325
Schwarzkopf, Norman 165
Schwarzmarkt 201

Stichwortverzeichnis

Schweigen 7, 23, 41, 44, 72, 105, 119, 176, 186-87, 190, 209, 246, 266, 280-82, 297, 305, 336, 340
Scipio Africanus 164-65, 386
Scopes, John 113
Scott, James C. 39, 178, 181, 225, 237, 360, 395
Scott, Rick 266
Scott, Walter 73, 346
Sei Shōnagon 40, 360
Seitz, Frederick 108-09
Sekretäre 222, 232-33, 242
selektive Unwissenheit 24-25, 101, 333-34
Sellar, Walter 335
Sen, Amartya 253, 389, 402
Seton-Watson, Robert 230, 398
Sextus Empiricus 33, 92, 329, 358, 373
Shackle, George 322, 414
Shakespeare, William 121, 346
Shuja, Shah 169
Sidney, Philip 329
Siehe Papistenkomplott
Simic, Charles 13, 353
Simmel, Georg 18, 59, 355, 404, 410
Simulation 270, 405
Singapore District Signal Regiment 158
Singer, Fred 108-09
Sinjawskijs, Andrej 207
Skeptiker 33-35, 66, 68, 92-93, 330-31
Skripal, Sergei 292
Sky News 299
Smith, Adam 135, 198
Smith, Dorothy 51, 363
Smithson, Michael 12, 50, 59, 355, 366
Snopes.com 309
Snouck Hurgronje, Christiaan 137, 382
Snow, Charles P. 348, 378
Snow, John 263-64

Snowden, Edward 294-95, 404, 408
Sokrates 33, 53, 68, 75, 358
Sophia 45-46, 73, 362
South Sea Bubble 193, 196-99, 336, 391
South Sea Company 185, 196-99, 288
Southern, Richard 348, 378
Spanische Grippe 256, 266
Spence, Jonathan 148-49, 385
Spencer, Herbert 93, 101, 375
Spin 306, 410
Spionage 185, 282-85, 290, 295, 406
Spivak, Gayatri Chakravorty 22, 356, 360
Stalin, Joseph 213, 252, 254, 274, 283-84, 306, 308, 341, 406
Stanford, Peter 95, 374
Stanley, Henry 141, 143, 383
Starch, Daniel 186, 188
Stasi 301, 303
Stead, W. T. 288-89, 407
Steele, Richard 277, 392
Steffens, Lincoln 289, 407
Stendhal (Henri Beyle) 160-61
Stephen, Leslie 93
Stereotype 214
Steueroasen 204Stolypin, Pjotr 311
Stopes, Marie 71
Strachey, John 181
Strachey, Lytton 24, 356
Suchon, Gabrielle 45, 73, 361
Sunak, Rishi 197
Sündenbocksyndrom 248, 257
Sunzi (Sun Tzu) 157
Suplicy, Eduardo 220-21
symmetrische Unwissenheit 183
Szenarien, alternative 327

Tacitus 269
Tafur, Pero 122
Taleb, Nassim 314-15, 318, 322, 327, 352, 412-15
Taoismus 32, 126

Tarbell, Ida 289, 408
Täuschung 164-66, 269-71, 289, 307
Teixeira, Romualdo 261
Tempels, Placide 83
Terra nullius 118
Tetlock, Philip 320, 413
Thatcher, Margaret 294
The Cloud of Unknowing 355
The Golden Bowl 58, 365
The Two Cultures 378, 417
Thesiger, Wilfred 140, 382
Thomas, Antoine 63, 366
Thomas, Keith 152, 369, 385
Thomas, Lewis 60, 97, 101, 365
Thompson, Edward 334, 416
Thomson, William (Lord Kelvin) 100
Thoreau, Henry 15, 354
tiefe Unwissenheit 79, 175
Tisdall, Sarah 294
Tjan, Anthony 16, 355
Tocqueville, Alexis de 108, 310, 411
Tokugawa Ieyasu 135, 382
Tolstoi, Lew 160-61, 167, 176-77
Trevelyan, Charles 253, 402
Triaden 205, 210
Trotski, Leo 303
Trouillot, Michel-Rolph 23, 356
Truman, Harry 308, 344, 393
Trump, Donald
Tschechow, Anton 273
Tscheka 283-84
Tschernobyl 39, 248, 278-79, 314
Tschombé, Moïse 305
Tuckey, James 143
tugendhafte Unwissenheit 15-16
Twain, Mark 20, 27, 350, 357
Tyrannei der Entfernung 234

Überschwemmungen 156, 247-51
Umfragen 68, 71, 83, 94-96, 99, 114-17, 217-18, 220, 328, 334-35, 347, 350, 396

unbekanntes Bekanntes 19
unbekanntes Unbekanntes 18, 246
unbewusste Unwissenheit 19, 22
Undone Science 377
Ungewissheit 28, 30, 59, 97, 157, 162, 176, 184, 188, 193, 246, 310, 312-18, 321-22, 326, 330
Unsichtbarkeit 48
unvorhergesehene Unwissenheit 102
Unwissenheitsexplosion 55
Ussher, James 100, 375

Van Zandt, Dave 309
Vasco da Gama 87, 122, 372
Vasto, Marchese del 277
Vauban, Sébastien de 235
Vázquez, Juan 222
Vázquez, Mateo 233-34, 397
Verbiest, Ferdinand 130
Verbraucher, Unwissenheit bei 179, 188-90, 193, 208, 300
Vergessen 19, 28-29, 36, 60-61, 84, 107, 231, 258, 281-82, 320
Verne, Jules 59, 322, 351, 365
Verschleiern 27, 198, 203, 237, 269, 277, 281, 284, 286, 344
Verschwörungstheorien 214-15, 266
Versicherung 311-16, 412
Vespucci, Amerigo 120
Via negativa 93
Vicente de Salvador 140, 382
Vico, Giambattista 127
Viète, François 271
Vietnamkrieg 172-76, 309
Villani, Filippo 55
VOC (Dutch East India Company) 92-93, 384
Voltaire 66, 100, 127-28, 212, 272-73, 330-31, 369, 375, 415
vorgetäuschte Unwissenheit 22, 209
Vorhersagen 316-27

Stichwortverzeichnis

Vorurteil 24, 28, 30, 36, 48, 57, 175, 241, 266
Vries, Hugo de 104

Waffenhandel 205
Wähler, Unwissenheit der 68, 217-20, 328, 336
Wajda, Andrzej 280
Waldseemüller, Martin 120
Walpole, Robert 197, 277, 306
Wang Pan 131
Wang Zheng 130, 132, 381
Wappenkunde 72
Waquet, Françoise 9, 353
Washington Post 289, 291
Washington, George 13, 353
Watergate 289, 294, 408
Waterloo 160, 162, 162, 177, 334, 386
Watson, James 47, 362
Wavell, Archibald Lord 253
Weber, Max 232, 399
Wegener, Alfred 107
Wei Chün 132
Wei Yuan 133-34, 381
weibliche Unwissenheit 42-47, 64
Weiße Unwissenheit 24, 41
Wellington, Arthur, Herzog von 158, 160-62, 165, 334
Wells, H. G. 322-23, 414
Werner, Abraham 100
What Maisie Knew 58
Whig 67, 345, 367
Whistleblowing 152, 269, 287-93, 295
White, Andrew 105
Widerstand gegen Wissen 26, 99
WikiLeaks 290-91, 408
Wilberforce, Samuel 106
Wilde, Oscar 217, 396
Wilkins, Maurice 47
Willem van Rubroeck 124
Wilson, Harold 159
Wilson, Woodrow 227, 229-30, 398

Wissenshindernisse 29
Wissensverlust 13, 38, 54, 103-04
Witt, Jan de 313
Witte, Marlys 60, 366
Wolken 117
Wolken der Unwissenheit 56-57
Wollstonecraft, Mary 362
Woodward, Bob 289, 294, 408
Woolf, Virginia 44, 361
Wortley Montagu, Lady Mary 25, 260, 356, 403
Wren, Christopher 335
Wu Han 274, 405

Xavier, Francisco 135
Xenophanes 92
Xu Giangi 132

Yan Fu 135
Yan Lianke 282
Yuen, Kwok-Yung 280
Zamindars 239

Zeitalter der Unwissenheit 13, 66, 75, 86, 311
Zensur 65, 144, 207, 213, 220, 268, 271-74, 300
Zerubavel, Eviatar 120, 352, 378, 409
Zhuangzi 32
Zhukov, Georgy 166
Ziegenbalg, Bartholomäus 80
Zinoviev, Grigory 410
Zitatamnesie 29, 36, 47
Zitronenprinzip 183
Žižek, Slavoj 19, 355
Zola, Émile 167
Zukunftsforschung 316, 322-27, 413-14
Zumárraga, Juan de 88
Zwierlein, Cornel 67, 69, 71, 367-68, 371, 389